Siegfried Augustin, Mitglied der Karl-May-Gesellschaft, ist Herausgeber von mehr als fünfzig Büchern der Reise- und Abenteuerliteratur und der Geschichte Nordamerikas, Mitherausgeber der Roten Karl-May-Reihe in der Nymphenburger, Mitarbeiter der Zeitschriften »Americana. Zeitschrift für Indianistik« und »Geschichte mit Pfiff«. Er gilt als ausgewiesener Kenner der indianischen Geschichte.

Vollständige Taschenbuchausgabe März 1998
Droemersche Verlagsanstalt Th. Knaur Nachf., München
Copyright © 1995 für die deutschsprachige Ausgabe by nymphenburger
in der F. A. Herbig Verlagsbuchhandlung GmbH, München
Umschlaggestaltung: Agentur Zero, München
Umschlagfoto: AKG, Berlin
Umschlagfoto Mitte: AKG, Berlin
Satz: Filmsatz Schröter GmbH, München
Druck und Bindung: Ebner Ulm
Printed in Germany
ISBN 3-426-77267-1

5 4 3 2 1

Siegfried Augustin

DIE GESCHICHTE DER INDIANER

Von Pocahontas bis Geronimo 1600–1900

Mit 123 Abbildungen und 9 Karten

INHALT

Vorwort 9

TEIL I
DER OSTEN
12

Die Atlantikküste 18

Die Powhatan-Konföderation 22
Powhatan 24 · Pocahontas 26

Die Algonkin-Stämme Neu-Englands 34
Metacom 37 · Canonchet 42 · Uncas 46

Die Delawaren 55
Tammany 57 · Black Beaver 63

Der Nordosten 70

Die Mohawk 79
King Hendrick 80 · Joseph Brant 85

Die Cayuga 92
Logan 94

Die Seneca 98
Cornplanter 100 · Red Jacket 106

Die Huronen 111
Adario 113

Die Ottawa 118
Pontiac 119

INHALT

Die Miami 127
Little Turtle 129

Die Shawnee 135
Cornstalk 136 · Blue Jacket 142 · Tecumseh 149 · Tenskwatawa 152

Die Sauk und Fox 162
Black Hawk 163 · Keokuk 165

Der Südosten 176

Die Creek 180
William Weatherford 182

Die Seminolen 188
Osceola 191

Die Cherokee 198
Sequoya 200 · John Ross 206 · Stand Watie 210

TEIL II
DIE GROSSEN EBENEN
219

Die Prärien 224

Die Pawnee 228
Petalesharo 230

Die Mandan 235
Mato-topa 237

Die Ponca 242
Standing Bear 243

Die Santee-Sioux 248
Little Crow 251

INHALT

Die nördlichen Plains 256

Die Teton-Sioux 260
Red Cloud 262 · Sitting Bull 268 · Crazy Horse 274 · Gall 288 ·
Rain-in-the-Face 292 · Spotted Tail 297

Die Blackfoot 304
Crowfoot 305

Die Crow 315
Plenty Coups 316 · Curly 323

Die Cheyenne 328
Black Kettle 329 · Roman Nose 337 · Dull Knife 342 · Little Wolf 345

Die südlichen Plains 352

Die Kiowa 356
Satank 358 · Satanta 360 · Kicking Bird 366 · Lone Wolf 368

Die Comanchen 373
Ten Bears 375 · Quanah Parker 379

TEIL III
DER FERNE WESTEN
385

Der Nordwesten 390

Die Küstenstämme 394
Seattle 396

Die Yakima 400
Kamiaken 401

Die Nez Percé 410
Old Joseph 411 · Joseph 415

INHALT

Die Schoschonen 427
Sacagawea 429 · Washakie 434

Die Modoc 440
Captain Jack 441

Das Große Becken 450

Die Ute 453
Ouray 455

Die Paiute 460
Wovoka 461

Der Südwesten 468

Die Navaho 472
Barboncito 474 · Manuelito 482

Die Apachen 488
*Mangas Coloradas 490 · Cochise 498 · Victorio 505
Nana 512 · Geronimo 518*

Anhang 529
*Vertrag zwischen den Vereinigten Staaten von Amerika
und dem Stamm der Navaho von 1868 529*

Literatur- und Quellenverzeichnis 541

Personen- und Ortsregister 547

Danksagung 559

VORWORT

Die Darstellung historischer Ereignisse in Form von Lebensbeschreibungen maßgeblicher Persönlichkeiten ist schon seit Plutarch eines der am besten geeigneten Mittel, allgemeines Interesse für die Geschichte eines Volkes oder einer Epoche zu wecken. Vielfach wird nämlich in der Geschichtsschreibung der Mensch als Individuum, dessen Denken, Fühlen und Handeln durch Herkunft und Umwelt bestimmt werden, vernachlässigt. Dadurch bilden sich sehr leicht Klischeevorstellungen, die sich als äußerst hartnäckig erweisen. Besonders deutlich wird dies bei der Geschichte der Konfrontation zwischen Europäern und Amerikanern auf der einen und den nordamerikanischen Indianern auf der anderen Seite. Die weiße Seite, die im Gegensatz zur indianischen den Vorteil einer eigenen Geschichtsschreibung genoß, hatte wenig Interesse an einer differenzierten und objektiven Darstellung ihrer Gegenseite, so daß die Indianer, besonders ihre Anführer, mit wenigen Ausnahmen in den Ruf blutgieriger Bestien kamen. Forscher und andere Reisende hingegen, die oftmals der Überdruß an europäischen Verhältnissen in die Ferne getrieben hatte, schilderten die Indianer als einfache Naturkinder, was in der europäischen Geisteswelt zum Idealbild des »edlen Wilden« führte. Bei beiden Extremen werden die Indianer jedoch als einheitlicher und damit auch weitgehend anonymer Begriff angesehen.
In diesem Buch soll nun der Versuch unternommen werden, die Geschichte der Indianer mittels biographischer Porträts berühmter Indianer zu beschreiben und damit gleichzeitig die kulturelle und charakterliche Vielfalt der Völkerschaften Nordamerikas darzulegen.
Die Einteilung des Buches folgt der »Moving Frontier«, der in den drei Jahrhunderten von 1600 bis 1900 von der Atlantikküste bis zum Pazifik vorrückenden Grenze zwischen Indianern und Weißen, und zugleich kulturgeographisch-historischen Kriterien. Dabei ergeben sich drei große, im wesentlichen im Gebiet der heutigen Vereinigten Staaten von Nordamerika liegende Bereiche: der Osten mit den

VORWORT

Waldland-Indianern an der Atlantikküste, im Nordosten (dem »alten Nordwesten«) und im Südosten; die Großen Ebenen mit den Prärie- und Plainsindianern; der Ferne Westen mit den Indianern des Nordwestens, des Großen Beckens und des Südwestens. Kurze Einführungen in Geschichte und Kultur der einzelnen Regionen und Stämme bilden gleichsam den Rahmen für die Porträts.

Um kein einseitiges Bild zu erzeugen, beschränkt sich die vorliegende Auswahl nicht auf Persönlichkeiten, deren Ruhm in ihrer Tapferkeit, ihrem Edelmut oder ihrer Friedensliebe begründet liegt. Die Kriterien des Ruhms sind mannigfacher Natur, und sogar mancher Indianer wurde berühmt, der sich entweder nur durch Grausamkeit, Verrat oder Feigheit hervorgetan oder schlichtweg überhaupt nichts geleistet hatte. Auch bei den Indianern war das volle Spektrum menschlicher Eigenschaften anzutreffen: Mut und Feigheit, Wahrheitsliebe und Falschheit, Milde und Grausamkeit, Edelmut und Gemeinheit. Es gab große Feldherren wie den Sioux Crazy Horse, bedeutende Staatsmänner wie den Shawnee Tecumseh, mitreißende Redner wie den Irokesen Red Jacket, religiöse Eiferer wie den Paiute Wovoka, Verräter wie den Mohegan Uncas, Freiheitshelden wie den Cheyenne Roman Nose und geniale Denker wie den Cherokee Sequoya.

Neben diesen Grundtypen gibt es natürlich eine Vielzahl von nicht in Kategorien einzuordnenden Persönlichkeiten: Männer, die aufgrund äußerer Umstände oder innerer Entwicklung vom Freiheitskämpfer zum Kollaborateur wurden, wie der Miami Little Turtle, oder die aufgrund grausamer Schicksalsschläge vom friedlichen Jäger zum rasenden Rächer wurden, wie der Apache Geronimo und der Irokese Logan.

Das Bild wäre unvollständig, wenn nicht – wenigstens in zwei Beispielen – auch die indianische Frau in die Betrachtung einbezogen würde: die Powhatan-Prinzessin Pocahontas, die sogar von der englischen Königin empfangen wurde, und die einfache Schoschonenfrau Sacagawea, der gute Geist der Lewis-und-Clark-Expedition.

Mit der Kapitulation Geronimos und den Schüssen von Wounded Knee hatte der freie Indianer praktisch zu existieren aufgehört. Es gab nur mehr Reservationsindianer, die – obwohl sie vielfach abgeschrieben waren – im Laufe der Zeit erstaunliche Leistungen voll-

VORWORT

brachten und zahlreiche berühmte Persönlichkeiten aufzuweisen hatten. In der vorliegenden Auswahl wurden sie – da sie eine eigene umfassende Darstellung rechtfertigen – grundsätzlich nicht berücksichtigt.

Die Tatsache, daß der Begriff »berühmt« subjektiv ist, bringt es mit sich, daß die Auswahl an »berühmten Indianern« ebenfalls subjektiv ist. Gewiß wird es Leser geben, die einen bestimmten Indianer vergebens suchen, während ihnen ein anderer wieder entbehrlich erscheint. Nicht lexikalische Vollständigkeit, sondern repräsentativer Überblick war die Zielsetzung.

Die historischen Umstände brachten es mit sich, daß die berühmten Indianer ihren Ruhm zum überwiegenden Teil durch die Konfrontation mit den Weißen erlangten. Da diese in erster Linie feindseliger Natur war, stehen vor allem Männer des Krieges im Mittelpunkt. Eine unbarmherzige Geschichte ließ den Indianern einfach keine Zeit, sich kulturell zu voller Blüte zu entwickeln. Nur sporadisch blitzten in historischer Zeit geistig-kulturelle Leistungen auf, wie die Erfindung einer indianischen Schrift durch Sequoya. Im Zusammenhang mit dem durch diese ständige Konfrontation bedingten Spannungsfeld muß ein Gesichtspunkt hervorgehoben werden: Praktisch alle Informationen über die Eroberung Nordamerikas stammen aus Quellen der »Weißen«. Dies bedingt natürlich eine mehr oder minder starke Parteilichkeit; vielfach wurde in zeitgenössischen Berichten absichtlich ein falsches Bild gezeichnet, um den eigenen Ruhm zu erhöhen oder auch um Verbrechen nachträglich zu sanktionieren. Zwar werden derartige Berichte in der Indianistik schon längst mit entsprechender Vorsicht interpretiert, im allgemeinen Schrifttum hält sich aber als Relikt immer noch hartnäckig eine Terminologie, die keinen Anspruch auf historische Richtigkeit zu erheben vermag. So ist beispielsweise stets von »Überfällen« der Indianer, aber immer von »Angriffen« der weißen Seite die Rede; die Indianer »stehlen« grundsätzlich Pferde, während die Soldaten sie »erbeuten«. Es wurde versucht, hier eine gewisse verbale Ausgewogenheit herzustellen.
Ein Begriff wie »die Weißen«, der leider oft in unerfreulichem Zusammenhang verwendet werden muß, hat natürlich nur aus indianischer Perspektive Sinn, aus »weißer« Sicht – noch dazu aus europäischer – täuscht er eine Art Kollektivschuld vor, die natürlich nie

VORWORT

bestanden hat. Soweit es möglich war, wurden daher statt dessen die historisch präziseren Bezeichnungen Engländer, Franzosen, Amerikaner usw. verwendet; sie dürfen allerdings ebensowenig als pauschale Feststellungen angesehen werden.

Mehrfach kommt es vor, daß das Wirken zweier Persönlichkeiten so eng miteinander verknüpft ist, daß bei getrennter Beschreibung unweigerlich Wiederholungen auftreten würden. In diesen Fällen – z. B. bei Black Hawk und Keokuk oder bei Sitting Bull und Crazy Horse – wurde daher die Form von ineinander verschachtelten Porträts gewählt.
Bekanntlich tragen Indianer oftmals mehrere Namen. In diesem Buch wurde jeweils der bekannteste Name – ohne Rücksicht darauf, ob indianisch oder nicht – verwendet. Wo es möglich war, wurde auch die Bedeutung der Namen angegeben. Von einer Eindeutschung wurde aus prinzipiellen Erwägungen abgesehen; einerseits ist eine die richtige Bedeutung treffende Übersetzung oftmals schwierig, andererseits ist ein derartiges Vorgehen auch in anderen historischen Bereichen weder üblich noch sinnvoll. Außerdem wirken manche eingedeutschten Namen unfreiwillig komisch. Für die Stammesnamen wurde die in der heutigen Ethnologie übliche Form verwendet; dadurch entfällt auch das Plural-s. Lediglich bei einigen wenigen, im deutschen Sprachraum besonders gängigen Stammesnamen wurde die deutsche Pluralbildung beibehalten (Delawaren, Seminolen u. ä.).

Nicht von allen biographisch erfaßten Persönlichkeiten waren authentische Porträts verfügbar, existieren vielleicht gar nicht. Wenn möglich, wurde auf historische Porträts aus dem 19. Jahrhundert zurückgegriffen, um eine gewisse stilistische Einheitlichkeit zu bewahren.

TEIL 1
DER OSTEN

Der Osten als kulturgeographisch-historischer Begriff wird durch mehrere unterschiedliche Kriterien beschrieben und abgegrenzt: Rein geographisch umfaßt er das Gebiet des Waldlandes vom Golf von Mexiko bis zum St.-Lorenz-Strom. Der subarktische Teil des Waldlandes nördlich des St.-Lorenz-Stroms ist historisch und kulturell weniger interessant und brachte auch keine berühmten Persönlichkeiten hervor.
In diesem riesigen Waldgebiet, das von Wiesen unterbrochen war, entwickelte sich eine trotz aller unterschiedlichen Formen doch im großen und ganzen einheitliche Kultur, die sich deutlich von der der Prärieindianer, der »Nachbarn« im Westen, unterscheidet. Jagd und Fischfang sowie der Anbau von Mais, Bohnen und Kürbissen bestimmten Lebensweise, Organisation und Kultur der einzelnen Stämme, die es darin zu den unterschiedlichsten Entwicklungsstufen brachten.
Der Osten wurde, abgesehen von einigen kleineren Gruppen, vor allem von Stämmen dreier großer Sprachgruppen bewohnt: der Irokesen, Algonkin und Muskhogee. Entsprechend der historischen Entwicklung lassen sich im Osten drei historische Regionen unterscheiden: die Atlantikküste, an der sich die frühesten Phasen der Konfrontation mit den Europäern – im wesentlichen Schweden, Holländer, Franzosen und Engländer – abspielten; der Nordosten, dessen historischer Rahmen – soweit er mit der Geschichte der freien Indianer zu tun hat – von den ersten Begegnungen mit vornehmlich französischen Forschern und Entdeckern über die jahrzehntelangen Kämpfe zwischen England und Frankreich bis zu den Revolutionskriegen und dem Zusammenbruch der Ohio-Grenze reicht. Mit der Eroberung von Illinois war dann der endgültige Schlußstrich unter die Indianerkriege im Nordosten gezogen. Der Südosten schließlich, also die Gebiete südlich des Cumberland River, nahm wegen der gegenüber dem Nordosten unterschiedlichen Machtkonstellation eine getrennte historische und kulturelle Entwicklung. Neben Englän-

DER OSTEN

dern und Franzosen spielten hier auch die Spanier eine wichtige Rolle. Zudem waren die Stämme des Südostens wesentlich größer als die des Nordostens.

Im Gegensatz zur Atlantikküste kamen im Nord- und Südosten bei den Auseinandersetzungen zwischen Indianern und Weißen später noch die Amerikaner als Machtfaktor hinzu. Sie bestimmten jeweils die Endphasen der Eroberung dieser Gebiete. Im Südosten waren dies die Vertreibung der »Five Civilized Nations« und die letzten Kämpfe mit den Seminolen in Florida. Da diese Kämpfe offiziell nie beendet wurden und noch heute in Florida »wilde« Indianer leben, reicht die Geschichte genaugenommen bis in die Gegenwart.

Während sich die Eroberung der Großen Ebenen und des Fernen Westens im wesentlichen nur über einige Jahrzehnte erstreckte (eine Ausnahme bildet der Südwesten), dauerte die Eroberung des Ostens mehr als zwei Jahrhunderte. Deshalb ist es naheliegend, daß in diesem Bereich die Zahl der »berühmten Indianer« wesentlich größer ist als in den anderen beiden. Dies zwang zu noch stärkerer Auswahl, wobei jedoch Wert darauf gelegt wurde, daß auch die »berühmten Indianerstämme« möglichst angemessen vertreten sind.

Nach ihrer Unterwerfung spielten die Indianer des Ostens – der Großteil war allerdings in das Indianerterritorium vertrieben worden – nur mehr insofern eine Rolle, als sie teilweise mit den Kämpfen ihrer noch freien Brüder im Westen zu tun hatten. Unter diesem Aspekt ist es zu sehen, wenn sich unter den berühmten Indianern des Ostens auch ein »Reservationsindianer« befindet: ein Delawaren-Scout.

Die Persönlichkeiten und Ereignisse im Zusammenhang mit der Eroberung des Ostens sind insofern von besonderer historischer Bedeutung, als die Indianer damals – vereinfacht ausgedrückt – noch Chancen hatten, von der weißen Flut nicht völlig überrollt zu werden. Besonders deutlich wird dies in den Versuchen, einen eigenen »panindianischen« Staat zu gründen.

Doch weder ein staatsmännisches Genie wie Tecumseh noch ein hochentwickeltes Staatsvolk wie die Cherokee vermochten die Indianerpolitik der Vereinigten Staaten von ihrem kompromißlosen Kurs abzubringen, der nur zwei Alternativen kannte: Unterwerfung und damit Vertreibung oder Ausrottung.

DIE ATLANTIKKÜSTE

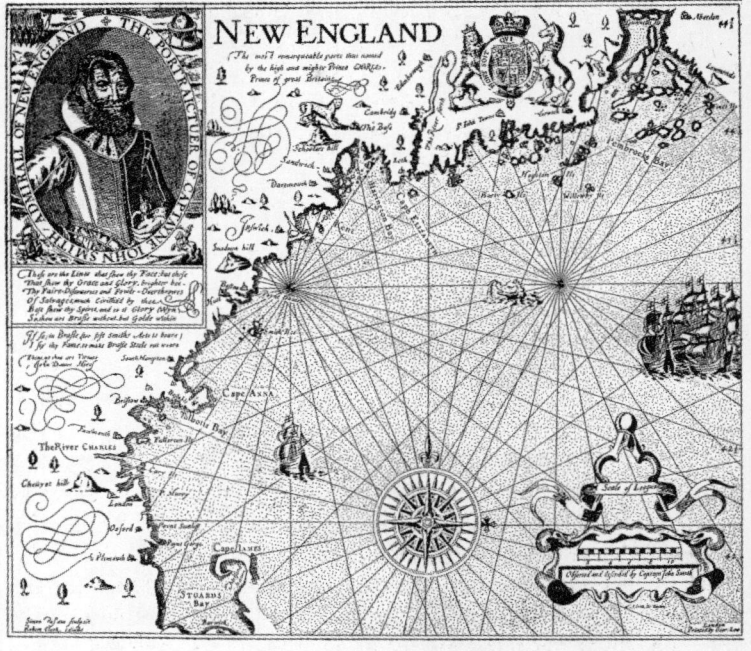

DER OSTEN

DIE ATLANTIKKÜSTE

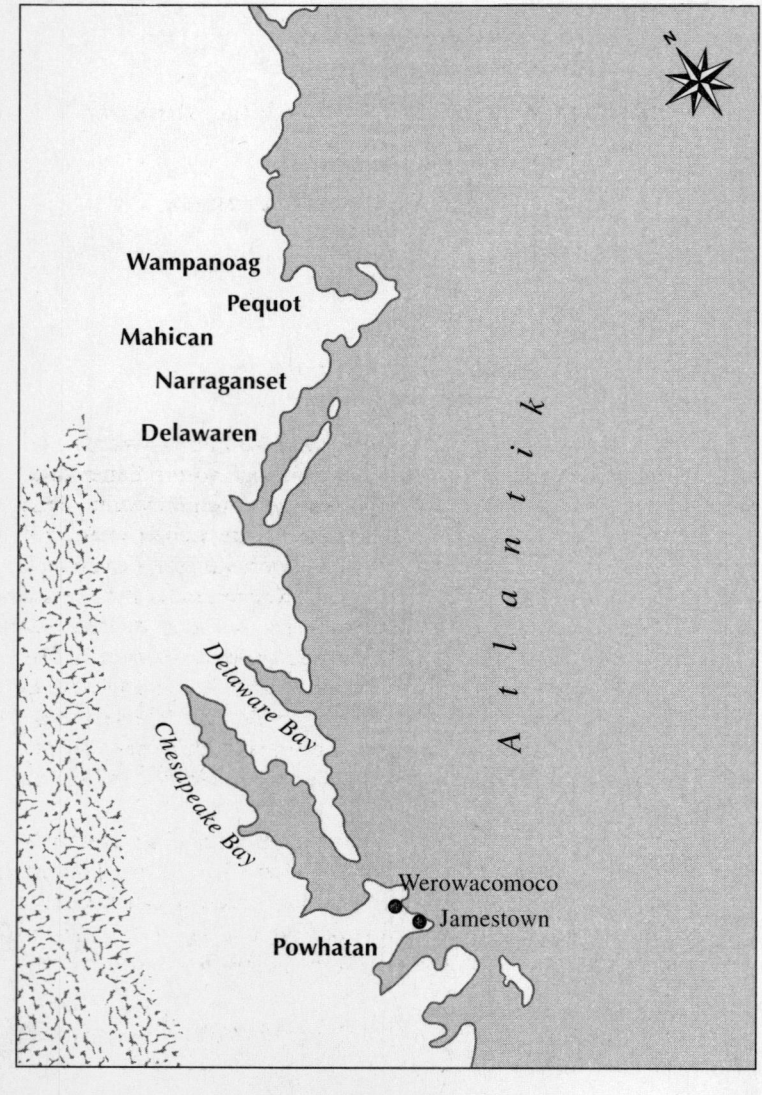

DIE ATLANTIKKÜSTE

DIE WICHTIGSTEN STÄMME: Powhatan-Konföderation
Narraganset
Pequot
Wampanoag
SPRACHGRUPPE: Algonkin
LEBENSGRUNDLAGEN: Fischfang, Jagd, Maisanbau
LEBENSFORMEN: Seßhaft
WOHNFORMEN: Langhäuser, Hütten

Die Atlantikküste des nordamerikanischen Kontinents wurde von Neufundland bis Nordcarolina fast ausschließlich von Indianerstämmen, die zur Sprachfamilie der Algonkin gehörten, bewohnt. Jagd und Fischfang sowie Ackerbau bestimmten ihre Lebensweise. Sie lebten über weite Gebiete verstreut und waren nur lose organisiert. Erst als die Konfrontation mit mächtigeren Stämmen des Binnenlandes, vor allem den kriegerischen Irokesen, sie zum Widerstand zwang, schlossen sie sich zu losen Konföderationen zusammen. Die bekanntesten und bedeutendsten Stämme und Stammesbünde an der Atlantikküste waren die Abnaki[1] im Norden, die Massachusett, Narraganset, Wampanoag, Mohegan, Pequot und Delawaren an der mittleren atlantischen Küste und die Powhatan-Konföderation im Süden.

Naturgemäß bildete die nordamerikanische Atlantikküste das wichtigste Ziel für europäische Entdeckungs- und Eroberungsfahrten. Als wichtigste seien hier nur die Fahrten John und Sebastian Cabots genannt, die unter englischer Flagge 1497 und 1498 an den Küsten von Neufundland, Neuschottland, Virginia und Nordcarolina ent-

---

[1] Zu diesem Stammesbund gehörten die Micmac, die Malecite, die Penobscot und die Passamaquoddy.

langgesegelt waren, und die Expeditionen der Spanier Panfilio de Narvaez – nach Florida (1528) – und Hernando de Soto, der von Florida aus auf dem Landweg nach Georgia, Süd- und Nordcarolina vordrang und sich dann nach Westen wandte. Während die Engländer nach den Fahrten der beiden Cabots für mehrere Jahrzehnte das Interesse an der Neuen Welt verloren, waren die Franzosen um so eifriger. König Franz I. beauftragte den italienischen Seefahrer Giovanni da Verrazano mit der Suche nach der legendären Nordwest-Passage.
Verrazano segelte 1524 die Atlantikküste von Nordcarolina nach Norden bis Neufundland, was Franz I. bereits veranlaßte, den nördlichen Teil der Küste für Frankreich zu beanspruchen. 1534 erforschte Jacques Cartier Neufundland und die Gebiete um den St.-Lorenz-Golf, wobei er erste feindliche Kontakte mit Indianern – den Micmac – hatte. Cartier unternahm noch zwei Reisen in dieses Gebiet, blieb allerdings bei der Suche nach der Nordwest-Passage neuerlich erfolglos. Die innenpolitischen Verhältnisse in Frankreich ließen weitere derartige Unternehmungen in den folgenden Jahrzehnten nicht mehr zu.
Trotzdem entwickelte sich ein reger Pelzhandel zwischen französischen Fischern und den Indianern. Der französische König plante die Gründung von Kolonien und förderte dies dadurch, daß er das Pelzhandelsmonopol mit der Ansiedlung von Kolonisten verknüpfte. 1603 unternahm Samuel de Champlain eine Expedition in das Gebiet des St.-Lorenz-Stroms; 1604 fuhr er abermals nach Neufrankreich und erforschte in den folgenden Jahren die Atlantikküste bis zu dem Ort, wo fünfzehn Jahre später die »Pilgerväter« an Land gehen sollten.
Die Engländer hatten sich erst seit 1576 wieder an der Suche nach der Nordwest-Passage beteiligt. Nach den Fahrten der Seefahrer Martin Frobisher und Humphrey Gilbert unternahm Walter Raleigh 1584 mit zwei Schiffen eine Expedition zur amerikanischen Küste. In der Tasche hatte er das königliche Patent, das ihm erlaubte, alle Länder, die sich nicht im Besitz eines christlichen Herrschers befänden, zu erforschen und dort eine Siedlung zu gründen. Raleigh erreichte Nordcarolina und segelte von dort aus nach Norden bis zur Insel Roanoake in der Pamlico-Bucht. Raleigh benannte das blühende Land nach seiner »jungfräulichen Königin«, der Virgin Queen Elisa-

DIE ATLANTIKKÜSTE

beth I., »Virginia«. Der Versuch, eine Kolonie zu gründen, schlug aber fehl, da die Siedler beinahe verhungert wären, wenn sie nicht Sir Francis Drake, der zufällig die Insel anlief, wieder nach England mitgenommen hätte. Ein weiterer Versuch wurde von den Indianern zunichte gemacht.

Voll Neid und Mißtrauen beobachtete König James I. von England die Erfolge seiner europäischen Konkurrenten, vor allem Frankreichs. Durch einen im Jahr 1606 ergangenen Erlaß schnitt er sich das seiner Meinung nach ihm zustehende Stück vom nordamerikanischen Länderkuchen ab. In diesem Erlaß stand, daß die Gebiete zwischen dem 34. und 45. Breitengrad für England »reserviert« seien. Der südliche Teil – vom 34. bis zum 41. Breitengrad – sollte von der »London«-Gesellschaft, der nördliche – vom 41. bis zum 45. Breitengrad – von der »Plymouth«-Gesellschaft erforscht, oder genauer gesagt, in Besitz genommen werden.

Im Dezember 1606 stachen drei Schiffe der »London«-Gesellschaft in See und erreichten im April 1607 die Küste Virginias. An Bord befanden sich einhundertfünf meist heruntergekommene Edelleute, die die erste dauernde englische Ansiedlung auf amerikanischem Boden gründeten: Jamestown. Unter den Ankömmlingen befand sich auch Captain Smith, ein Haudegen, der schon in den Niederlanden, in Rußland und Ägypten gefochten hatte und dem nunmehr die Aufgabe zuteil wurde, das Landesinnere zu erforschen. Captain Smith, der nachmalige Gouverneur und Präsident der Kolonie, war eine der wenigen sympathischen Gestalten auf seiten der Engländer. Er schrieb seine Erlebnisse in der Alten und Neuen Welt später nieder. Diese Aufzeichnungen sind die wichtigste Quelle für die frühe Geschichte von Virginia.

DIE POWHATAN-KONFÖDERATION

Anfangs galt die Bezeichnung Powhatan[1] nur für einen bestimmten Stamm Virginias, wurde von den Engländern aber später sowohl für die gesamte, aus vierundzwanzig Algonkinstämmen bestehende Konföderation als auch für deren obersten Häuptling verwendet. Diese Stämme bewohnten das Flachland von Virginia, die sogenannte »Tidewater Section«. Dieses Gebiet war außerordentlich wildreich und fruchtbar. Die Indianer betrieben neben Jagd und Fischfang auch Gartenbau, der ihnen vor allem Mais, Kürbisse und Bohnen lieferte. Die Stärke der Powhatan-Konföderation um das Jahr 1600 wird auf etwa neuntausend Köpfe geschätzt.
Die bekanntesten Stämme waren neben den Powhatan die Cheasapeake, Pamunkey, Potomac und Appomatoc.
Die Powhatan gehören zu den Stämmen, die am frühesten mit den Weißen zusammentrafen. Man vermutet sogar, daß schon John und Sebastian Cabot in den Jahren 1497 und 1498 in Virginia an Land gegangen waren, ohne allerdings eine Siedlung zu gründen.
1570 hatten spanische Jesuiten eine Mission gegründet, der die Indianer allerdings keine lange Lebensdauer gönnten. Damit war das Interesse der Spanier an diesem Land endgültig erloschen.
Die Begegnung zwischen den Indianern und der Besatzung der drei im Frühjahr 1607 vor der Küste Virginias vor Anker gegangenen Schiffe der »London«-Gesellschaft war auf indianischer Seite durch die Persönlichkeit des Powhatan-Häuptlings Wahunsonacock geprägt. Zusammen mit seinem Bruder Opechancanough, vor allem aber seiner Tochter Pocahontas bestimmte er das Verhalten seines Stammes in den folgenden Jahren.

---

[1] Sie bedeutet »falls in a current of water«.

DIE ATLANTIKKÜSTE

Dorf der Powhatan-Konföderation

DER OSTEN

POWHATAN

Wahunsonacock
Powhatan Konföderation
Geb. um 1545 · Gest. 1618

Darstellung aus dem 17. Jahrhundert

»WIR SIND
UNBEWAFFNET UND WOLLEN EUCH
GEBEN, WORUM IHR BITTET, WENN
IHR FRIEDLICH ZU UNS KOMMT UND
NICHT MIT SCHWERTERN UND BÜCH-
SEN, ALS OB IHR GEGEN EINEN FEIND
IN DEN KRIEG ZIEHEN WÜRDET«

DIE ATLANTIKKÜSTE

Durch kluge Politik, zum Teil auch mit Gewalt, war es Powhatan im Lauf der Zeit gelungen, dreißig der etwa vierzig virginischen Indianerstämme zu einigen und politisch zusammenzuschließen, was ihm später den Beinamen eines »indianischen Cäsars« einbrachte. Mit dieser Politik setzte er das Werk seines Vaters fort, der ebenfalls Häuptling gewesen war. Bedrängt von plündernden Spaniern, hatte dieser sich in den flachen, waldreichen Teil Virginias zurückziehen müssen. Es war ihm daraufhin gelungen, fünf Stämme zu einem Stammesbund zusammenzuschließen und damit ein Bollwerk gegen die Spanier zu bilden.

Auch der 1585 unternommene Versuch der Engländer, eine Siedlung zu gründen, hatte keinen Erfolg gehabt, so daß Powhatan unbeeinflußt von Weißen sein Einigungswerk durchführen konnte. Um die Wende vom 16. zum 17. Jahrhundert umfaßte sein Herrschaftsbereich etwa zweihundert Dörfer.

Powhatans Macht und Herrscherwürde äußerten sich in einer fast orientalisch zu nennenden Hofhaltung. Er hatte zahlreiche Frauen und entsprechend viele Kinder; zum Zeitpunkt des Zusammentreffens mit Captain Smith waren es zwanzig Söhne und elf Töchter. Die Residenz des Indianerfürsten, Werowacomoco, lag am Powhatan-Fluß in der Nähe des heutigen Yorktown. Dort traf Smith erstmals mit dem rechtmäßigen Herrn des Landes zusammen. Man tauschte Höflichkeiten und kleine Geschenke aus und versicherte sich gegenseitiger Freundschaft.

Opechancanough, ein jüngerer Bruder Powhatans und Häuptling der Pamunkey, des führenden Stammes der Konföderation, war mit dem freundlichen Verhalten gegenüber den Weißen keineswegs einverstanden. Er warnte vielmehr vor der Gefahr, die den Indianern drohe. Powhatan nahm die Warnungen nicht ernst, denn die Weißen hatten mit beträchtlichen Schwierigkeiten zu kämpfen, die hauptsächlich durch die eigene Arbeitsscheu entstanden. Die Nahrungsmittellieferungen der Indianer waren somit lebenswichtig.

Daß die Versorgung künftig wenigstens für einige Zeit sichergestellt sein sollte, war mit einem Ereignis verbunden, das schon bald Berühmtheit erlangte und dessen Beschreibung wohl in keiner Geschichte Virginias fehlt: der Rettung Captain Smiths durch Pocahontas, Powhatans Lieblingstochter.

DER OSTEN

POCAHONTAS
Matoaks
»Glänzender Strom zwischen zwei Bergen«
Powhatan-Konföderation
Geb. um 1594 in Virginia · Gest. 11. April 1617 in Gravesend, England

Sepiazeichnung Balduin Möllhausens (1825–1905)

»**P**OCAHONTAS, DES KÖNIGS GELIEBTE TOCHTER, DAMALS EIN KIND VON ZWÖLF ODER DREIZEHN JAHREN, RISKIERTE IM AUGENBLICK MEINER HINRICHTUNG, DASS MAN IHREN KOPF STATT DES MEINEN ZERSCHMETTERTE.«

Captain John Smith in einem Brief an Königin Anna von England.

DIE ATLANTIKKÜSTE

Captain Smith hatte noch im selben Jahr 1607 den Auftrag erhalten, das Land weiter zu erkunden und dabei eine Durchfahrt nach Indien zu suchen. Auf einer dieser Fahrten auf dem Chickahominy-Fluß wurde er von Opechancanough überrascht und gefangengenommen. Seine Begleiter fanden den Tod, er selbst wurde im Triumph nach Werowacomoco geschafft und verhört. Captain Smith berichtete später:

> »Powhatan saß auf einem bettähnlichen Gestell, in einen prächtigen Pelz gekleidet. Rechts und links von ihm saßen zwei junge Mädchen[1]...
> An den Längsseiten des Hauses saßen zwei Reihen von Männern, dahinter ebenso viele Frauen. Schultern und Köpfe waren rotbemalt. Alle trugen irgendeinen Kopfschmuck, meistens weiße Daunenfedern, und eine lange Perlenkette um den Hals... Nach einer langen Beratung wurden zwei große Steine vor Powhatan aufgestellt. Eine Gruppe Krieger schleppte mich zur Richtstätte, legte mein Haupt darauf und war schon daran, mir mit ihren Keulen den Schädel einzuschlagen, als Pocahontas, die Lieblingstochter des Indianerkönigs, deren Bitten bisher ungehört geblieben waren, aufstand und zu mir trat. Sie schlang ihre Arme um meinen Kopf und legte ihren darauf, um mich zu retten. Der König war nun zufrieden, ich sollte am Leben bleiben.«

Weil Smith in seinen Erinnerungen geschrieben hatte, er sei in der Türkei auf ähnliche Art aus der Gefangenschaft errettet worden, werden manchmal Zweifel an der Wahrheit dieser Begebenheit geäußert. Es muß jedoch erwähnt werden, daß es damals durchaus üblich war, daß ein Gefangener von einer Frau des Stammes für sich beansprucht und auf diese Weise gerettet werden konnte.
Am 10. September 1608 wurde Captain Smith zum Präsidenten der Kolonie gewählt. Nach wie vor hatten die Kolonisten mit Vorratsmangel zu kämpfen, denn der Handel mit den Indianern klappte noch nicht so, wie sie es sich vorgestellt hatten. Eine der ersten »Amtshandlungen« von Captain Smith war es, den Befehl von König

---

[1] Pocahontas und Nicketti, zwei seiner Töchter.

Pocahontas rettet Captain Smith (Sepiazeichnung Balduin Möllhausens [1825–1905])

James I., Powhatan zum König zu krönen und ihn reich zu beschenken, auszuführen. Er befürchtete, daß das ohnedies sehr ausgeprägte Selbstbewußtsein des indianischen Fürsten dadurch zu sehr steigen und das bisherige, einigermaßen freundschaftliche Verhältnis gestört werden könnte. Smith begab sich selbst zu Powhatan, um ihn nach Jamestown einzuladen. Dieser lehnte jedoch stolz ab:

> »Auch ich bin König, und dies ist mein Land. Ich will acht Tage hier bleiben und auf die Boten eures Königs warten.«

1609 wurde Powhatan in einer Zeremonie, die er selbst nicht ernst nahm, zum König gekrönt, ohne daß er eine Vorstellung von europäischem Königtum hatte oder die Bedeutung einer Krone kannte.

Trotz der Krönung Powhatans kam immer noch kein geregelter Handel zustande, vielmehr verbot Powhatan seinen Leuten, ihre Vorräte den Engländern zu verkaufen. Smith faßte daraufhin den Plan, den Häuptling gefangenzunehmen und seine Vorräte zu stehlen, fand aber bei seinen Leuten keine einhellige Zustimmung. Währenddessen kam ein Bote Powhatans, der Smith eine Schiffsladung Mais

DIE ATLANTIKKÜSTE

anbot. Als Gegenleistung verlangte er fünfzig Schwerter, Schußwaffen, Kupferkessel sowie die Bereitstellung von einigen Arbeitern. Smith schickte sofort drei deutsche und zwei englische Handwerker zu den Indianern und machte sich mit einigen seiner Leute auf den Weg nach Werowacomoco. Powhatan empfing ihn kühl und tat so, als wüßte er nichts von seinem Angebot. Smith wurde zornig und wies darauf hin, daß die Siedler ihre Waffen selbst bräuchten, da sie sonst verhungern müßten. Trotzdem wolle er die Freundschaft nicht brechen, es sei denn, Powhatan gebe ihm Anlaß dazu. Dieser hörte aufmerksam zu und versprach, innerhalb von zwei Tagen Mais herbeizuschaffen.

»Captain Smith, ich habe dich nicht so freundlich wie sonst empfangen können, da ich erfahren habe, daß du mein Land erobern willst. Deshalb wagen sich meine Leute mit dem Mais nicht heran; ich bitte dich, die Waffen abzulegen, die doch hier, unter Freunden, überflüssig sind.«

Smith aber war voller Argwohn und weigerte sich, die Waffen abzulegen. Im Gegensatz zu seinem kriegerischen Bruder Opechancanough war Powhatan sehr diplomatisch und wendete lieber List als Gewalt an. Er überraschte Smith mit folgender Ansprache, die seine Lebenseinstellung hervorragend charakterisierte:

»Ich habe zwei Generationen meines Volkes sterben sehen. Kein Mann außer mir ist von ihnen noch am Leben. Ich kenne den Unterschied zwischen Frieden und Krieg besser als irgendein anderer in meinem Land. Ich bin nun alt geworden und werde bald sterben müssen. Meine Macht muß an meine Brüder Opitchapan, Opechancanough und Catatough übergehen, dann an meine beiden Töchter. Ich wünsche, daß sie ebensoviel wissen wie ich und daß eure Liebe zu ihnen ebensogroß ist wie meine Liebe zu euch. Warum wollt ihr durch Gewalt nehmen, was ihr durch Freundschaft ohne weiteres haben könnt?
Warum wollt ihr uns vernichten, die wir euch mit Nahrungsmitteln versorgen? Was könnt ihr durch Krieg erreichen?
Wir können unsere Vorräte verstecken und in die Wälder laufen; dann werdet ihr hungern, weil ihr euren Freunden

Unrecht zugefügt habt. Warum seid ihr so mißtrauisch? Wir sind unbewaffnet und wollen euch geben, worum ihr bittet, wenn ihr friedlich zu uns kommt und nicht mit Schwertern und Büchsen, als ob ihr gegen einen Feind in den Krieg ziehen würdet. Ich bin nicht so dumm, um nicht zu wissen, daß es viel besser ist, gute Speisen zu essen, bequem zu schlafen, ruhig mit meinen Frauen und Kindern zu leben, mit den Engländern zu lachen und zu scherzen und von ihnen Kupfer und eiserne Äxte zu kaufen, als vor euch zu fliehen, frierend in den Wäldern zu liegen, von Eicheln, Wurzeln oder ähnlichem Zeug zu leben und so gehetzt zu sein, daß ich weder essen noch schlafen kann.«

Schließlich brachten die Leute Powhatans doch einige Körbe voll Mais herbei. In der Nacht vor der Abfahrt kam Pocahontas heimlich zu Smith, um ihn vor einem Überfall ihres Vaters zu warnen. Ein Geschenk lehnte sie weinend ab und verschwand wieder.
Es sollte sich herausstellen, daß Powhatan in den drei Deutschen wertvolle Berater und Helfer gefunden hatte. Sie schmiedeten Äxte für seine Krieger und unterrichteten sie im Gebrauch der Waffen. Smith versuchte mehrfach, die Deutschen gefangenzunehmen; sie sollen sich sogar bereit erklärt haben, an der Spitze indianischer Krieger über Jamestown herzufallen. Schließlich hatten sie aber doch Angst vor der eigenen Courage und gingen wieder nach Jamestown zurück. Als zwei von ihnen später wieder zu Powhatan zurückkehrten, ließ dieser ihnen als Verrätern die Köpfe zerschmettern.
Smith, der sich alle Mühe gab, die Kolonie am Leben zu erhalten, stand nach wie vor im Schußfeld versteckter und offener Angriffe seiner eigenen Leute. Sein Kampf gegen die Faulheit und Trägheit der Kolonisten war vergebens. Ein Unglücksfall im Jahre 1609 löste all seine Probleme schlagartig. Bei der Explosion eines Pulverfäßchens erlitt er schwere Verletzungen, so daß er nach England zurückkehren mußte. Nach seinem Weggang verlotterte die Kolonie noch mehr, da niemand mehr das arbeitsscheue Pack im Zaum halten konnte. Powhatan und Opechancanough nutzten die Situation und töteten mehrere Weiße, die auf allzu einfache Weise zu Lebensmitteln kommen wollten. Binnen kurzer Zeit waren von fünfhundert Siedlern nur noch sechzig ausgemergelte Gestalten am Leben.

DIE ATLANTIKKÜSTE

Gerade noch rechtzeitig trafen Schiffe Lord de la Warrs ein, der seit 1610 Gouverneur von Virginia war. Er zwang die demoralisierten Siedler zu bleiben; Thomas Dale, seinem Stellvertreter, gelang es, durch äußerste Härte langsam wieder Ordnung herzustellen. Doch auch unter seiner Führung wollten die Kolonisten ihren Lebensunterhalt lieber durch Erpressung als durch redliche Arbeit verdienen und beschlossen, Pocahontas in ihre Gewalt zu bekommen, um von Powhatan Lösegeld fordern zu können.
Captain Argall, ein englischer Seefahrer, der mit Dale zusammenarbeitete, ersann einen Plan, Pocahontas gefangenzunehmen. Die Prinzessin, die in all den Jahren treu zu den Kolonisten gehalten hatte, war 1612 bei Japazaw, dem Häuptling der Potomac, zu Besuch. Argall bestach Japazaw, Pocahontas auf das in der Nähe ankernde Schiff zu locken. Der habgierige Häuptling willigte ein, der Streich gelang, und Argall brachte Pocahontas sofort nach Jamestown. Die Kolonisten triumphierten und sandten einen Boten an Powhatan. Sie verlangten nicht weniger, als daß der indianische König sämtliche Gefangenen ausliefern und alle Waffen, die er von den Weißen genommen hatte, abgeben solle.
Drei Monate lang erhielten die Kolonisten keine Antwort. Dann kamen mehrere Indianer mit alten Gewehren und fünfhundert Scheffeln Mais. Die Entführer beharrten jedoch auf ihrer Forderung. Powhatan war wütend. Es kam zu Zwischenfällen, und auf längere Sicht wäre es den verräterischen Engländern wohl schlecht ergangen, hätte sich Pocahontas nicht während ihrer Gefangenschaft in John Rolfe, einen jungen Edelmann, verliebt. Sie war zwar mit einem Krieger namens Kocoum verheiratet, aber so genau schien man es auch damals nicht genommen zu haben.
John Rolfe war es übrigens, der als erster Tabak in Virginia anbaute und damit die Grundlage für die wirtschaftliche Gesundung der Kolonie schuf.
Der zürnende Powhatan gab seine Einwilligung und sandte drei seiner Verwandten als Vertreter zur Hochzeit, die im April 1613 mit großem Pomp gefeiert wurde. Vorher wurde Pocahontas noch getauft, wobei sie den weit weniger klangvollen Namen Rebecca erhielt. 1616 unternahm das Paar eine Reise nach England. Dale bestimmte einen Nachfolger und reiste ebenso mit wie einige indianische Verwandte.

In England stand die indianische Prinzessin im Mittelpunkt des Interesses[1]. John Smith schrieb Queen Ann und hob die Verdienste Pocahontas' hervor. Sie wurde von der Königin in Audienz empfangen; der Erzbischof von London begrüßte sie feierlich. Die Maler am Königshof rissen sich darum, sie zu malen. Sie traf auch mit John Smith, ihrem alten Bekannten, zusammen, den sie nun mit »Vater« anredete. Als er dies nicht annehmen wollte, weil sie schließlich eine Königstochter sei, erwiderte sie:

> »Damals, als du in meines Vaters Land kamst und all seinen Leuten außer mir Schrecken einjagen wolltest, hast du dich nicht gefürchtet, und nun fürchtest du dich, wenn ich dich Vater nenne? Ich sage dir, ich will es so und du sollst mich dein Kind nennen, und so will ich für immer und ewig deinesgleichen sein.«

John Rolfe unterrichtete seine Frau im Gebrauch der englischen Sprache und in allen Belangen des gesellschaftlichen Lebens. Es wird berichtet, daß Pocahontas in ihrem Auftreten keiner englischen Lady nachstand. Das Glück war vollkommen, als sie einen Sohn gebar. Er wurde auf den Namen Thomas getauft. Im Frühjahr 1617 wollte die junge Familie wieder nach Virginia zurückfahren, doch kurz vorher erkrankte Pocahontas an einer Erkältung, gegen die sie als Indianerin keine Widerstandskraft hatte. Am 11. April starb sie und wurde in der Kirche von Gravesend beigesetzt. Im Kirchenbuch von Gravesend steht folgender Eintrag:

> »1617 May 2j Rebecca Wrolfe, wyff of Thomas Wrolf gent, a Virginia lady borne, here was buried in ye chauncell«.[2]

Ihr Sohn Thomas blieb in England und wurde von seinem Onkel Henry erzogen. John Rolfe kehrte nach Virginia zurück und wurde hoher Beamter in Jamestown. Jahre später kam auch Thomas Rolfe in die Heimat seiner Mutter, wo er Kommandant von Fort James am Chickahominy-Fluß wurde. Er brachte es zu Ansehen und Reichtum.

---

[1] Eine Ehe zwischen einem Engländer der besseren Gesellschaft und einer »Farbigen« war damals eine noch größere Sensation als heute.
[2] »Am 2. Mai 1617 wurde Rebecca Wrolfe, Frau des Edelmannes Thomas Wrolfe, eine aus Virginia gebürtige Dame, hier unter der Kanzel begraben«.

DIE ATLANTIKKÜSTE

Eine der vornehmsten amerikanischen Familien, die Randolphs, leiten ihre Abkunft von ihm her und weisen stets stolz auf Pocahontas, ihre indianische Stammutter, hin.

Ein Jahr nach dem Tod seiner Tochter starb auch Powhatan. Bis zuletzt war es ihm gelungen, kriegerische Auseinandersetzungen mit den Weißen zu vermeiden. Opechancanough wurde sein Nachfolger. Immer stärker mißtraute er den sich ständig weiter ausbreitenden Weißen. Am 1. April 1622 griff er sie an und tötete mehr als dreihundert von ihnen. Sie vergalten es mit einem furchtbaren Gemetzel am James-Fluß. Noch einmal, im Jahr 1644, grub der greise Häuptling das Kriegsbeil aus, errang anfangs auch Erfolge, wurde dann aber gefangengenommen und nach Jamestown geschleppt. Dort sperrten ihn die rachsüchtigen Sieger in einen Käfig und setzten ihn dem Treiben der weißen Meute aus, wobei der neunzigjährige Kriegsheld einen unverdient schmachvollen Tod fand. Damit war die Macht der Powhatan-Konföderation gebrochen. Heute leben nur noch geringe Reste dieser einstmals mächtigen Stämme, meist Mischlinge mit Schwarzen. Daß ihr Name nicht gänzlich in Vergessenheit geriet, verdanken sie nicht zum geringen Teil Pocahontas, der schönen Tochter ihres Königs Powhatan.

Tod Opechancanoughs

DER OSTEN

DIE ALGONKIN-STÄMME NEU-ENGLANDS

Viele dieser Stämme waren zu Beginn des 17. Jahrhunderts, als die »Plymouth«-Gesellschaft ihre Aufmerksamkeit auf die Küstengebiete Neu-Englands[1] richtete, schon mit Weißen in Berührung gekommen. Meist waren es französische Fischer, die von Neufundland nach Süden segelten, da sie den Fischreichtum dieser Gewässer kannten. Die ersten englischen Seefahrer, die in diese Gegend kamen, waren Bartolomeu Gosnold, der 1602 auf der Suche nach der vielbegehrten Sassafras-Rinde nach Maine gelangte, und George Waymouth, der 1606 abermals die Küste von Maine erkundete.
Aufgrund der begeisterten Berichte George Waymouths sandte die »Plymouth«-Gesellschaft eine Gruppe Kolonisten nach Maine. Ihren Versuchen, eine Kolonie zu gründen, war aber kein Erfolg beschieden, weshalb sich Sir Ferdinando Gorges, einer der Geldgeber der Gesellschaft, 1614 an Captain John Smith wandte und ihn beauftragte, die Küstengebiete Neu-Englands zu erforschen. Nach der erfolgreichen Erledigung dieses Auftrags sollte Smith im darauffolgenden Jahr eine Kolonie gründen. Auf der Überfahrt wurde sein Schiff aber von französischen Seeräubern gekapert. In der mehrmonatigen Gefangenschaft zeichnete Smith eine Karte der von ihm erforschten Küste. Diese Karte war die Grundlage für die Fahrt der »Mayflower«, die einhundertundzwei Puritaner in die Neue Welt brachte. Der beschauliche Name »Pilgrim Fathers«, unter dem sie allgemein bekannt wurden, täuscht über die Wirklichkeit hinweg. Es handelte sich zum Großteil um religiöse Fanatiker übelster Art, über deren Abreise man in England heilfroh war. Sie selbst wollten in der Neuen Welt ein Gemeinwesen nach ihren eigenen Vorstellungen errichten. Daß dabei die Indianer nur »heidnisches Ungeziefer« waren, das auszurotten ihrer Meinung nach gottgefällig war, unterschied sie

---

[1] Genaugenommen hießen diese Gebiete damals noch »Northern Virginia«; erst John Smith gab ihnen auf seiner berühmten Karte (1616) den Namen »New England«.

wesentlich von den Spaniern, die trotz allem immer noch die Idee der Missionierung hochhielten. Allerdings zeigten sie ihren wahren Charakter erst dann, als sie nicht mehr auf die Hilfe der Indianer angewiesen waren.

Die Stämme der Wampanoag, Narraganset, Pequot und wie sie alle hießen ahnten nicht, daß die Puritaner, denen sie anfangs so bereitwillig halfen, die Vorboten ihres Untergangs waren.

Die Wampanoag, deren Name »östliches Volk« bedeutet, bewohnten den östlich der Narraganset Bay gelegenen Teil von Rhode Island, das Bristol County in Massachusetts und den südlichen Teil des Plymouth County. Sie waren einer der Stämme, die sich zu dem mächtigen Pokanoket-Bund zusammengeschlossen hatten. Die Narraganset (»people of the small point«) lebten im westlich der Narraganset Bay gelegenen Teil von Rhode Island. Die Pequot, deren Name »zerstören« bedeutet, lebten an der Küste des New London County zwischen dem Niantic River bis zur Grenze von Rhode Island. Früher hatten sie auch Teile von Rhode Island bewohnt, waren von den Narraganset aber zurückgedrängt worden. Eng verwandt mit den Pequot waren die Mohegan, die ursprünglich am Oberlauf der Thames und ihrer Nebenflüsse wohnten, sich später aber stark ausbreiteten. Sie sind nicht mit den Mahican – den Mohikanern – zu verwechseln, die einen anderen Dialekt als die Mohegan sprachen und am Oberlauf des Hudson River wohnten.

Die herausragendsten Persönlichkeiten, die diese Stämme in dem nur etwa sechs Jahrzehnte umfassenden Zeitraum von der Ankunft der Puritaner bis zum Versinken in völlige Bedeutungslosigkeit her-

Typisches Rundwigwam der Waldland-Indianer

vorbrachten, waren teils Männer des Friedens wie Squanto oder der Wampanoag-Häuptling Massasoit, teils Kriegshelden wie die Führer des großen Aufstandes der Neu-England-Indianer, der Wampanoag Metacom und der Narraganset Canonchet. Eine in jeder Hinsicht zweifelhafte Stellung nimmt Uncas, der Häuptling der Mohegan, ein. Eine der größten Überraschungen für die Puritaner war es, als im März 1621 ein Indianer in ihre Siedlung kam und sie in englischer Sprache willkommen hieß. Es war Samoset, der Häuptling der Monhegan-Insel, der schon mehrfach mit englischen Händlern und Fischern zu tun gehabt hatte. Er kündigte das Kommen zweier Freunde der Engländer an, des mächtigen Häuptlings Massasoit und seines Beraters Squanto, eines weitgereisten Mannes, der schon England besucht hatte.

Massasoit[1] war Oberhäuptling der Wampanoag und gleichzeitig Führer des Pokanoket-Bundes. Squanto kündigte den Puritanern die Ankunft Massasoits an, der am 22. März 1621 mit sechzig Kriegern nach Plymouth kam. Wegen der häufig vorgekommenen Übergriffe von Schiffsbesatzungen war diese Vorsicht durchaus begründet. Squanto fungierte als Dolmetscher und war maßgeblich daran beteiligt, daß das gegenseitige Mißtrauen abgebaut wurde. Schließlich wurde ein Vertrag geschlossen, der mehr als fünfzig Jahre lang eingehalten werden sollte. Trotzdem haben die ach so christlichen Puritaner die Indianer gehörig übers Ohr gehauen.

---

[1] »Massasoit« bedeutet »Großer Häuptling«. Der eigentliche Name des Häuptlings war Woosamequin, »Gelbe Feder«.

DIE ATLANTIKKÜSTE

METACOM

Metacomet, King Philip
Wampanoag
Geb. um 1635 in Massachusetts[1] ·
Gest. 12. August 1676 bei Mount Hope, Rhode Island

Darstellung nach einem alten Druck des 18. Jahrhunderts

»**N**OCH HABEN WIR EINEN REST DES BESITZES UNSERER VORFAHREN. ICH BIN ENTSCHLOSSEN, NICHT SO LANGE ZU WARTEN, BIS ICH GAR KEIN LAND MEHR HABE.«

[1] Über das Geburtsdatum Metacoms gibt es nur vage Anhaltspunkte. Es ist anzunehmen, daß er beim Tod seines Vaters etwa Mitte Zwanzig war.

DER OSTEN

Als Massasoit 1661 sein Leben zu Ende gehen fühlte, begab er sich mit seinen beiden Söhnen Wamsutta und Metacom nach Plymouth, um ihnen vom Gouverneur als Freundschaftsbeweis englische Namen geben zu lassen. In Anlehnung an die beiden berühmten makedonischen Könige erhielt Wamsutta den Namen Alexaner und Metacom den Namen Philipp. Die Brüder heirateten die Töchter des Häuptlings Pocasset, Wetamoo und Wootonekauske.
Im Mai 1661 starb Massasoit. Wamsutta wurde sein Nachfolger als Oberhäuptling der Wampanoag, Metacom wurde Kriegshäuptling. Mit Sorge verfolgten sie, wie sich die Weißen immer mehr ausbreiteten, bis letztlich nur mehr die beiden Halbinseln Bristol – mit der indianischen Hauptstadt Pokanoket – und Tiverton an der Ostküste der Narraganset Bay den Indianern gehörten.
Das bislang einigermaßen friedliche Verhältnis zwischen Weißen und Indianern wurde durch das sich immer stärker bemerkbar machende gewissenlose Gesindel unter den Kolonisten empfindlich gestört. Als die Siedler merkten, daß Wamsutta ihnen nicht mehr so freundlich gesinnt war wie sein Vater, erdreisteten sie sich, ihn wegen geplanten Aufruhrs vor Gericht anzuklagen. Selbstverständlich weigerte er sich, vor diesem lächerlichen Tribunal zu erscheinen, wurde deshalb in rücksichtslosester Weise verhaftet und starb wenige Tage später – im Sommer 1662 – unter ominösen Umständen; an Gift, vermuteten seine mit Recht mißtrauischen Stammesbrüder.
Sein Nachfolger als Oberhäuptling der Wampanoag und Führer des Pokanoket-Bundes wurde sein jüngerer Bruder Metacom, den die Weißen King Philip nannten. Wenige Jahre später sollte dieser Name als Schreckensschrei durch die Neu-England-Kolonien gellen.
Das unaufhörliche Vordringen der Engländer, ihre unerträgliche Anmaßung, in einem Land, dessen rechtmäßige Herren sie nicht waren, Recht sprechen zu wollen, und der ominöse Tod Wamsuttas ließen in Metacom den Entschluß reifen, die verhaßten Eindringlinge zu vertreiben oder selbst unterzugehen. Dabei wollte er aber den verhängnisvollen Fehler vermeiden, den andere Häuptlinge bei ähnlichen Versuchen gemacht hatten, nämlich ohne ausreichende Kriegsvorbereitung und auf eigene Faust zu kämpfen. Im geheimen schloß er also Bündnisse mit Nachbarstämmen, sammelte Waffen und Munition, legte Vorratslager an und schulte seine Krieger in der Handhabung von Feuerwaffen, während er die Weißen durch ständige Friedens-

und Freundschaftsbeteuerungen in Sicherheit zu wiegen suchte. Doch die zwar ruhige, aber unheilschwangere Atmosphäre erfüllte die Siedler alsbald mit Mißtrauen und Angst. Wieder fand man die Frechheit, den Häuptling nach Taunton vorzuladen, um ihn dort zur Rede zu stellen. Metacom erschien mit seiner Leibwache und brachte seine Anliegen mit derartigem diplomatischem Geschick vor, daß die Engländer seinen Friedensbeteuerungen Glauben schenken mußten. Ohne mit der Wimper zu zucken, unterschrieb Metacom, der noch Zeit gewinnen wollte, einen neuen Friedensvertrag, in dem er sich verpflichtete, alle Waffen abzuliefern. Demonstrativ legten er und seine Leibwache ihre Waffen ab.

Als er wieder in seiner Residenz in Mount Hope war, dachte er natürlich gar nicht daran, weitere Waffen auszuhändigen; im Gegenteil, er setzte seine Kriegsvorbereitungen nur noch intensiver fort. Als ihm die Weißen ein Ultimatum stellten, spielte er mit kluger Diplomatie die beiden Kolonien Massachusetts und Plymouth gegeneinander aus und unterzeichnete neuerlich einen Vertrag.

Seine Kriegspläne nahmen indes greifbare Formen an: Der Beginn der Kampfhandlungen wurde für das Frühjahr 1676 festgesetzt. Im ganzen Land sollte zum gleichen Zeitpunkt losgeschlagen werden, um den gegenseitigen Nachschub der Engländer unmöglich zu machen. Mit Ausnahme der Mohegan und der Reste der Pequot, die aus vergleichsweise geringfügigem Anlaß 1637 von den Engländern fast ausgerottet worden waren, standen alle Stämme Neu-Englands auf der Seite Metacoms. Je erfolgreicher seine Unternehmungen verliefen, desto kühner und selbstbewußter wurde er. Einem weißen Freund, der versuchte, ihn von seinen Kriegsplänen abzubringen, antwortete er:

> »Als die Engländer erstmals dieses Land betraten, waren sie nur eine Handvoll heruntergekommener, verzweifelter Leute. Mein Vater hat ihnen geholfen, wo er nur konnte. Es kamen aber immer mehr. Die Ratgeber meines Vaters begannen, sich Sorgen zu machen, und baten ihn, die Engländer rechtzeitig zu vernichten, bevor sie zu stark würden. Dann nämlich könnten sie den Indianern ihr Land rauben und ihnen Gesetze vorschreiben. Mein Vater hörte nicht darauf und blieb ihr Freund. Leider hat die Erfahrung bestätigt, wie recht seine Ratgeber hatten.«

DER OSTEN

Daß der große Führer der Neu-England-Indianer und grimmige Kriegsheld auch seine kleinen Schwächen hatte, soll der folgende Brief zeigen, den Metacom durch einen Boten an Captain Hopestill Forks in Dorchester schickte:

»Sehr geehrter Herr!
Haben Sie die Güte, sich zu erinnern, daß Sie mir, als ich Sie zuletzt am Wading River sah, sechs Pfund verschiedener Waren versprochen haben. Ich fordere nun von Ihnen, daß Sie mir durch diesen Indianer fünf Yards hellgefärbten Wollstoff für einen Mantel und ein gutes holländisches, bereits fertiges Hemd sowie ein Paar guter indianischer Hosen schicken lassen; all das brauche ich. Deshalb bitte ich Sie, sehr geehrter Herr, nicht zu verabsäumen, mir dies unter Nennung der einzelnen Preise zu schicken; dazu Seide, Knöpfe und sieben Yards Borten zum Aufputzen. Ich möchte Sie nun nicht mehr weiter belästigen und verbleibe

King Philip, his Majesty, P. P.
Mount Hope, am 15. Mai 1672«

Ein Vorfall warf den Funken ins Pulverfaß: John Sassamon, ein getaufter Wampanoag, der einige Zeit bei den Engländern gelebt hatte und Privatsekretär Metacoms war, verriet die Pläne seines Häuptlings an die Engländer. Diese sicherten ihm Stillschweigen zu, worauf er Metacom verließ und als Prediger nach Middleborough zurückkehrte. Wenig später fand man ihn tot unter dem Eis eines Weihers bei Plymouth. Das schlechte Gewissen ließ die Weißen das richtige vermuten: Man verhaftete drei Krieger, darunter Tobias, einen Berater Metacoms, verurteilte sie und richtete sie hin. Metacom war erzürnt über die neuerliche Einmischung der Weißen in indianische Angelegenheiten und gab den Befehl zum Losschlagen.

»Brüder, ihr seht dieses weite Land vor uns, das der Große Geist unseren Vätern und uns gegeben hat; ihr seht Hirsche und Büffel, von denen wir leben. Brüder, ihr seht unsere Frauen und Kinder, die ohne uns hungern und frieren müßten. Ihr seht jetzt auch den Feind, der immer dreister und frecher wird, der unsere alten Sitten ignoriert, unsere und unserer Väter Verträge bricht und uns alle aufs schwerste beleidigt... Vor unseren Augen werden unsere Brüder hingeschlachtet, und ihre Seelen fordern uns auf, sie zu rächen. Brüder, diese Menschen aus einer fremden Welt werden unsere Bäume fällen, unsere Jagdgründe und Felder zerstören und uns und unsere Kinder von den Gräbern unserer Väter und von unseren Ratsfeuern vertreiben; sie werden unsere Frauen und Kinder zu Sklaven machen!«

Während der nun folgenden Ereignisse, die als »King Philip's War« in die Geschichte Neu-Englands eingingen, war das Schicksal Metacoms eng mit dem seines treuen Waffengefährten Canonchet, des edlen Häuptlings der Narraganset, verbunden.

Philips Sitz am Mount Hope

CANONCHET

Nanuntenoo, Quanachit
Narraganset
Geb. um 1630 nahe New Haven, Connecticut · Gest. 10. April 1676
bei Bridgeport, Connecticut

Darstellung aus Coopers »Canonchet« (ca. 1870)

»ICH WERDE STERBEN, EHE MEIN HERZ
WEICH GEWORDEN IST ODER EHE ICH
ETWAS GESAGT HABE, WAS MEINER
UNWÜRDIG WÄRE.«

(Worte vor seiner Hinrichtung)

DIE ATLANTIKKÜSTE

Als die Pilgerväter Plymouth gründeten, wurde der mächtige Stamm der Narraganset von seinem Häuptling Canonicus und seinem Neffen Miantonomo geführt. Während ihrer Regierungszeit wurde der Stamm von einem schweren Schicksalsschlag getroffen: 1633 starben über siebenhundert Narraganset an Blattern, einer Krankheit, die die Weißen eingeschleppt hatten und die den Indianern bislang völlig unbekannt gewesen war. Nach Mriksah, dem ältesten Sohn von Canonicus, wurde der Sohn Miantonomos, Canonchet, Oberhäuptling der Narraganset. Ebenso wie sein Vater war er ein Freund des ob seiner Toleranz und seines Freiheitssinns von den Puritanern in die Wildnis verstoßenen Roger Williams. Dieser wollte ihn davon abbringen, sich mit Metacom zu verbünden, weil die Engländer bereits zu zahlreich seien und ein Krieg aussichtslos sei. Stolz wies Canonchet dieses Ansinnen zurück.

Zum Zeitpunkt, als Metacom mit dem Angriff auf die Ortschaft Swansea am 20. Juni 1675 den Krieg eröffnete, waren die Narraganset allerdings noch mitten in ihren Vorbereitungen. So konnten die Truppen von Massachusetts in das Land dieses Stammes einfallen und die Indianer mit schonungsloser Härte zu einem Vertrag zwingen. Sie setzten sogar Kopfpreise auf Metacom und seine Wampanoag aus und versuchten dadurch, Zwietracht zwischen den Stämmen zu säen. Zum Schein ging Canonchet auf den Vertrag ein.

Inzwischen wurde Metacom nach einem gnadenlosen Vernichtungskrieg, dem viele Ortschaften und Gehöfte zum Opfer gefallen waren, zum vorläufigen Rückzug gezwungen. Canonchet nahm ihn und seine Krieger bei sich auf. Gemeinsam errichteten sie eine starke Festung mitten im Sumpfgebiet in der Nähe des heutigen South Kingstown in Rhode Island. Sie bestand aus etwa fünfhundert fast kugelsicheren Hütten; den einzigen Zugang zur Festung bildete ein Baumstamm, der über einen breiten Wassergraben gelegt war.

Metacom und Canonchet hatten nun ungefähr dreitausend Krieger unter ihrem gemeinsamen Kommando. Am 19. Dezember 1675 wurde die Festung unvermutet von den Engländern überfallen, denen ein verräterischer Narraganset die Lage beschrieben hatte. Bei Schneesturm und bitterer Kälte entbrannte eine dreistündige Schlacht. Der Anführer der Engländer, Captain Church, konnte an einer rückwärtigen Stelle in die Festung eindringen und befahl sogleich, die Wigwams anzuzünden. Die Indianer mußten sich in die Sümpfe zurückziehen und in ohnmächtiger Wut zusehen, wie Frauen, Kinder und Greise bei lebendigem Leib verbrannten oder von den Engländern niedergemetzelt wurden.

Metacom, der fast eintausend Leute verloren hatte, fand Zuflucht bei den Nipmuc im Inneren von Massachusetts, wo er den Winter über blieb. Im Frühjahr 1676 begann der Krieg von neuem. Wie ein Feuersturm raste er über das Land, immer verzweifelter kämpften die Indianer. Die Städte Lancaster, Medfield, Weymouth, Groton und Marlboro sanken in Schutt und Asche. Die Schlacht um Neu-England tobte, bis letztlich die bessere Ausrüstung der Engländer die Entscheidung herbeiführte.

Im April 1676 gelang es den Engländern, Canonchet gefangenzunehmen. Verächtlich lehnte der Häuptling das schmutzige Ansinnen seiner Gegner ab, seine Verbündeten zu verraten, um sein Leben zu retten:

> »Nicht ein einziger Wampanoag noch der Span des Nagels eines Wampanoag wird ausgeliefert.«

Mit stolz erhobenem Haupt empfing er die tödlichen Schüsse.

Es ist nur zu verständlich, daß Metacom der Tod seines Freundes und Kampfgefährten sehr nahe ging. Alles schien sich gegen ihn zu wenden. Nahrungsmittel und Munition gingen langsam zu Ende. Die sich Christen nennenden Weißen hatten die Ernten der Indianer vernichtet; es bestand keine Möglichkeit, neuen Mais zu säen. Entmutigt durch diese Schwierigkeiten, legten einige Stämme des Bundes die Waffen nieder oder traten auf die Seite der Kolonisten, zu deren Oberkommandierenden jener skrupellose Captain Church ernannt wurde, der für das erbarmungslose Niedermetzeln und Verbrennen wehrloser Menschen verantwortlich war.

Wetamoo, die tapfere Witwe Wamsuttas, blieb mit ihren Getreuen bei Metacom, doch durch Verrat gelang es den Engländern, sie zu überfallen und zu töten. Die auf ihre Zivilisation pochenden Sieger schnitten ihr den Kopf ab, spießten ihn auf und stellten ihn in Taunton öffentlich aus.

Wie ein Bluthund heftete sich Church auf Metacoms Fährte. Am 1. August 1676 griff er Metacom an, tötete einhundertdreißig seiner Leute und nahm Frau und Sohn des Häuptlings gefangen. Das Scheusal, dessen Name groteskerweise noch »Kirche« bedeutet, ver-

kaufte sie als Sklaven nach Westindien. Nach der Vernichtung der Narraganset und nach dem Abfall vieler Verbündeter waren die Wampanoag weitgehend auf sich selbst angewiesen. Inmitten eines fast unzugänglichen Sumpfes errichtete Metacom sein letztes Hauptquartier. Wieder war es Verrat, der Church den richtigen Weg wies: Ein Krieger hatte Metacom geraten, sich zu ergeben. Ergrimmt über dieses Ansinnen ließ der Häuptling ihn töten. Der Bruder des Getöteten lief daraufhin zu den Engländern über und verriet die Lage des Verstecks. Church ließ es umzingeln; ein Schuß fiel, Metacom lief auf die Stelle zu, von der der Schuß kam, und wurde von zwei Kugeln des Verräters tödlich getroffen.
Nach der endgültigen Niederlage der Wampanoag verbot Church, daß Metacoms Leichnam begraben werde; vielmehr soll er ihm sogar eigenhändig den Kopf abgeschnitten haben. Den Körper ließ er vierteilen und an Bäume nageln, den Kopf in Plymouth zwanzig Jahre lang öffentlich zur Schau stellen.
So endete der Held des »King Philip's War«, des Entscheidungskampfes um die Existenz der Neu-England-Kolonien. Dreizehn Städte und sechshundert Häuser der Weißen waren vernichtet, die sich diese Verluste allerdings selbst zuzuschreiben hatten, ihrer Habgier und ihrem puritanischen Hochmut, der in den Indianern nicht den Nächsten, sondern heidnisches Ungeziefer sah, das auszurotten nur ein Verdienst sei. Verständlich, daß auf beiden Seiten mit äußerster Erbitterung gekämpft wurde; zur Ehre Metacoms sei aber gesagt, daß seine Hauptcharakterzüge, Edelmut und Dankbarkeit, auch in der schrecklichen Zeit des Krieges zum Ausdruck kamen und auf seinen Befehl niemals Grausamkeiten an Gefangenen verübt wurden, was ihn turmhoch über das charakterliche Niveau seiner Gegner stellte. Mit seinem Tod war der Widerstandswille der Algonkinstämme Neu-Englands gebrochen. Geblieben ist die Erinnerung an einen der größten indianischen Führer, dem später selbst weiße Geschichtsschreiber Respekt und Anerkennung nicht versagen konnten.

Eine Persönlichkeit, die in mehrfacher Hinsicht das genaue Gegenteil von Metacom und Canonchet darstellt, war der Mohegan-Häuptling Uncas; bereits hier sei darauf hingewiesen, daß er mit dem gleichnamigen »Letzten Mohikaner« Coopers nichts zu tun hat.

UNCAS

Poquim (»Häuptling«)
Mohegan
Geb. um 1600 in Connecticut · Gest. um 1683 in Connecticut

Grabmal Uncas[1]

»DIESES HERZ GEHÖRT NICHT MIR, SONDERN EUCH. DIESE KRIEGER SIND AUCH NICHT MEINE KRIEGER, SONDERN EURE. ORDNE NUR IRGENDEINE SCHWIERIGE AUFGABE AN, ICH WERDE SIE AUSFÜHREN. ICH GLAUBE KEIN WORT, DAS EIN INDIANER GEGEN DIE ENGLÄNDER SAGT.«

---

[1] Es gibt kein authentisches Bild von Uncas

DIE ATLANTIKKÜSTE

Unter allen berühmten Indianern Nordamerikas ist der Mohegan-Häuptling Uncas der charakterlich minderwertigste. Sein über acht Jahrzehnte währendes Leben ist eine einzige Kette von Verrat, Raub und Mord; nicht etwa im Zuge eines Widerstandes gegen die weißen Eindringlinge, sondern aus Rachsucht und Habgier gegen benachbarte indianische Stämme, sogar gegen seinen eigenen Stamm.
Uncas' Eltern waren der Pequot-Häuptling Owenoco und die Schwester des Häuptlings Woipeguand, Meckunumps. Da Woipeguands Frau die Tochter Wekoums, des obersten Häuptlings der Narraganset war, stand Uncas in verwandtschaftlicher Beziehung zu diesem mächtigen Stamm.
1626 heiratete Uncas die Tochter des nunmehrigen Pequot-Häuptlings Sassacus, der ebenfalls aus der Häuptlingsfamilie der Pequot stammte, und vertiefte dadurch das verwandtschaftliche Verhältnis zum »Herrscherhaus«. Niemand ahnte damals, daß dies eine der Wurzeln zum Untergang zweier bedeutender Stämme, der Pequot und der Narraganset, sein sollte.
Es dauerte nicht lange, da empörte sich Uncas gegen Sassacus. Vermutlich strebte er selbst unter Hinweis auf seine Zugehörigkeit zur Häuptlingsfamilie nach der Häuptlingswürde und versuchte, die Krieger gegen Sassacus aufzuhetzen. Es kam zu offenen Auseinandersetzungen, doch die überwiegende Mehrheit des Stammes blieb loyal. Uncas mußte nach diesem Fehlschlag fliehen und fand bei den Narraganset Unterschlupf. Als er glaubte, daß Gras über die Sache gewachsen sei, ließ er durch einen Boten bei Sassacus um Gnade bitten und erhielt die Erlaubnis zur Rückkehr. Es dauerte nicht lange, und er geriet wieder in den Verdacht politischer Umtriebe, mußte fliehen, wurde nochmals begnadigt und mußte schließlich abermals das Land verlassen, weil Sassacus nun endgültig genug hatte von den Ränkespielen seines Verwandten. Die meisten Krieger, die bisher Uncas die Treue gehalten hatten, sagten sich von ihm los. Es wird berichtet, daß sein Land und die Zahl seiner Leute nunmehr so klein waren, daß er nicht einmal einen größeren Jagdzug zu veranstalten imstande war. Diese Schmach bohrte in ihm, und er suchte nach einem Weg, seine Rachsucht und seinen krankhaften Ehrgeiz zu befriedigen.
Zu dieser Zeit hatten sich etwa fünfzig Krieger vom Stamme der Mohegan am Connecticut niedergelassen. Uncas nahm Verbindung

mit ihnen auf und wurde von ihnen als Anführer akzeptiert. Ein Mann mit seinen kriegerischen Fähigkeiten, seiner Aggressivität und Beutegier war ihnen gerade recht. Uncas seinerseits hatte nun ein Werkzeug, sich an seinen früheren Stammesbrüdern zu rächen. Bald sollte er auch Gelegenheit dazu finden.

Die Pequot hatten schon lange mit Mißtrauen beobachtet, wie die weißen Siedler immer tiefer in das Land eindrangen und sich festsetzten. Einige kleinere Zwischenfälle hatten zur Verschärfung der Situation beigetragen. Die Pequot wandten sich an die Narraganset, um diese zu gemeinsamen Aktionen gegen die immer dreister werdenden Kolonisten zu bewegen. Da die Narraganset aber ablehnten, überfielen die Pequot auf eigene Faust Siedlungen und Gehöfte. Die Kämpfe weiteten sich immer mehr aus, bis schließlich etwa eintausend Pequot-Krieger auf dem Kriegspfad waren.

Die Engländer ergriffen nun Gegenmaßnahmen und fanden bei den Kolonien Plymouth und Massachusetts Unterstützung. Doch sie sollten noch weitere, allerdings unerwartete Hilfe finden. Uncas erschien in Begleitung einer kleinen Kriegerschar in Hartford und bot sich den Engländern als Bundesgenosse im Kampf gegen die Pequot an. Die Engländer nahmen diese Hilfe natürlich an, wenngleich einige Offiziere sehr mißtrauisch waren und Verrat witterten. Durch einige Hinterhalte, die er den Pequot legte und bei denen er etliche seiner Stammesbrüder tötete, räumte Uncas auch die letzten Zweifel an seiner Loyalität aus. Daß die Motive hierfür Rachsucht und verletzte Eitelkeit waren, blieb den Engländern freilich verborgen. Uncas leistete in der Folge mit seinen etwa siebzig Kriegern wertvolle Scoutdienste, griff aber auch selbst in die Kämpfe ein.

Im Mai 1637 zogen etwa achtzig Engländer unter der Führung von John Mason mit ihren indianischen Verbündeten gegen die Pequot; unterwegs schlossen sich ihnen noch einige von Uncas aufgehetzte Narraganset an. In der Nacht zum 26. Mai wurde das Lager der Pequot überfallen und angezündet. In einer blutigen Schlacht wurden die Pequot vernichtend geschlagen. Mason gab sich damit aber noch nicht zufrieden, holte an der Küste nochmals Verstärkung und rottete in einem weiteren wüsten Gemetzel die Pequot fast zur Gänze aus.

Die Überlebenden flohen und suchten Schutz bei benachbarten

Stämmen. Sassacus fand auf der Flucht den Tod. Die Narraganset hatten sich vertraglich verpflichtet, keine Flüchtlinge aufzunehmen, und lieferten die Schutzsuchenden an die Engländer aus, die sie als Sklaven auf die Bermudas verkauften. Uncas hingegen nützte die Notlage der Pequot aus und zeigte sich plötzlich als großzügiger Retter. Er nahm etliche Flüchtlinge in seinen Stamm auf, um seine Macht zu stärken. Die Narraganset meldeten dies jedoch den Engländern, die darüber sehr erzürnt waren.

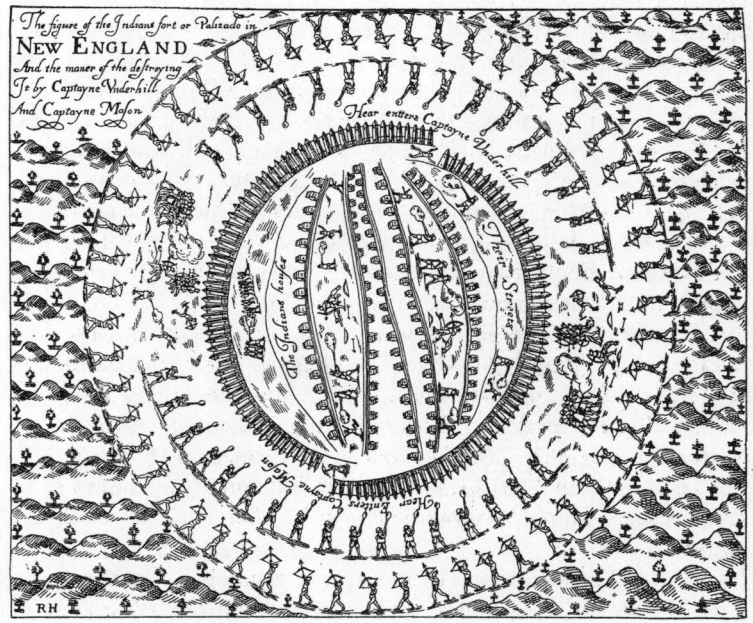

Überfall auf das Lager der Pequot (Darstellung aus dem 17. Jahrhundert)

Als Uncas im Jahr 1638 mit siebenunddreißig Kriegern Boston besuchte, um Gouverneur Winthrop seine Aufwartung zu machen, wurde ihm sein rücksichtsloses Verhalten gegenüber dem Stamm der Pequot vorgeworfen. Obwohl er innerlich vor Wut kochte, beteuerte er demütig seine Unschuld. Er legte die Hand auf sein Herz und sprach feierlich:

»Dieses Herz gehört nicht mir, sondern euch. Diese Krieger sind auch nicht meine Krieger, sondern eure. Ordne nur irgendeine schwierige Aufgabe an, ich werde sie ausführen. Ich glaube kein Wort, das ein Indianer gegen die Engländer sagt. Wenn einer meiner Leute einen Engländer töten wollte, so würde ich den, der dies wagte, mit eigener Hand umbringen.«

Diesem »Credo« blieb Uncas bis an sein Lebensende treu, allerdings nur, wenn er Nutzen daraus ziehen konnte. Gouverneur Winthrop vertraute Uncas, schenkte ihm einen prächtigen roten Rock und stellte ihm einen Schutzbrief aus. Reich mit Vorräten versehen, trat Uncas die Heimreise an. In ihm bohrte nun der Haß gegen die Narraganset, die ihn bei den Engländern angeschwärzt hatten. Anläßlich einer in Boston stattfindenden Beratung über das Schicksal der restlichen Pequot, zu der Uncas und Miantonomo hinzugezogen worden waren, kam es zur ersten Konfrontation. Die gegenseitige Abneigung zwischen den Mohegan und den Narraganset vertiefte sich in den folgenden Monaten immer mehr und artete schließlich in offene Streitigkeiten aus. Miantonomo beklagte sich bei den Behörden, die die beiden Streithähne vorlud.
Uncas erschien jedoch nicht und ließ sich damit entschuldigen, daß er gerade ein lahmes Bein habe. Als man ihm ausrichten ließ, die Ausrede sei ebenso lahm, erschien er eilig und wies alle Anschuldigungen zurück. Schließlich lenkte Miantonomo auf Bitten des Magistrats ein und erklärte sich zu einer Aussöhnung bereit. Uncas weigerte sich aber, an einem Versöhnungsmahl teilzunehmen, da er Angst hatte, vergiftet zu werden.
Durch die Aufnahme von etwa einhundert Pequot, die von den Engländern letztlich doch legalisiert wurde – Uncas mußte dafür jährlich Tribut zahlen –, war Uncas' Stamm auf das Doppelte angewachsen. Die Narraganset hatten in diesem 1638 geschlossenen Vertrag ebenfalls etwa einhundert Pequot zugewiesen bekommen. Etliche außerhalb ihrer Stämme lebende Indianer schlossen sich mehr oder weniger freiwillig den Mohegan an. Auch auf andere Weise suchte Uncas seinen Machtbereich zu vergrößern. Er heiratete Sebequanash, die Tochter des Häuptlings der Hammonasset, und gewann dadurch ein großes Stück Land dazu. Durch Verkauf von Ländereien an Siedler verschaffte er sich einerseits Reichtum, ande-

DIE ATLANTIKKÜSTE

rerseits machte er sich bei den Engländern beliebt. Er ging sogar so weit, gegen fünf Yard Kleiderstoff und einige Paar Strümpfe den Siedlern von Connecticut das Vorkaufsrecht am Land der Mohegan abzutreten. Gegen Bezahlung diente er ihnen auch als Spion und bespitzelte Häuptlinge anderer Stämme. Dadurch machte er sich bei diesen derartig unbeliebt, ja verhaßt, daß man einen Anschlag gegen ihn plante. Uncas bekam Wind davon, erstattete den Engländern Meldung und beschuldigte gleichzeitig Miantonomo, der Rädelsführer des Komplotts zu sein. Dieser konnte sich aber in Boston glänzend rechtfertigen, zumal Uncas sich weigerte, ihm Auge in Auge gegenüberzutreten.

Intensiv beschäftigte sich Uncas nun damit, Miantonomo in seine Gewalt zu bekommen. Er ließ ihn durch einen Boten zu Verhandlungen auffordern; diese fanden auch statt, wobei sich die Krieger der beiden Stämme in Schußweite von den beiden Häuptlingen befanden. Uncas schlug Miantonomo einen Zweikampf vor, doch dieser lehnte ab. Blitzschnell warf sich Uncas zu Boden, seine Krieger sandten einen Schauer von Pfeilen auf Miantonomo, den sein englischer Harnisch an der Flucht hinderte. Er fiel in die Hände der Mohegan, die ihn im Triumph in ihr befestigtes Lager schafften. Die Narraganset schickten Wampums als Lösegeld, Uncas steckte sie ein und behauptete später, damit sollte er nur veranlaßt werden, Miantonomo an die Engländer auszuliefern. Als ihn auch Siedler aufforderten, den Narraganset-Häuptling auszuliefern, brachte er Miantonomo nach Hartford. In einer Beratung kam man zu dem Schluß, es gäbe keinen Grund, Miantonomo zum Tode zu verurteilen. Aus unerfindlichen Gründen verurteilten ihn die Engländer in einer weiteren Versammlung dennoch zum Tode und beauftragten Uncas, das Urteil auszuführen.

Wenn er es ablehne, müsse er Miantonomo ausliefern und nach Boston bringen; wenn er damit einverstanden sei, so stehe er unter englischem Schutz.

Die Entscheidung fiel Uncas nicht schwer. Er machte sich mit seinem Bruder Wawequa und einigen Kriegern sowie Miantonomo auf den Weg nach Hartford. Wawequa ging hinter Miantonomo; auf ein Zeichen von Uncas erhob er lautlos seinen Tomahawk und schlug ihn mit voller Wucht in den Schädel des nichtsahnenden Narraganset-Häuptlings. Der Mord wurde genau an jenem Ort verübt, an dem

Miantonomo gefangengenommen worden war. Es wird berichtet, daß Uncas in wildem Triumph ein Stück Fleisch aus der Schulter seines toten Feindes geschnitten und es gegessen habe. Dabei soll er ausgerufen haben:

> »Es ist das süßeste Fleisch, das ich je aß; es macht mein Herz stark!«

Obwohl die Engländer alles daransetzten, die wütenden Narraganset vor einem Angriff auf Uncas und seine Mohegan abzuhalten und dies auch durch einen am 29. September 1644 abgeschlossenen Vertrag sicherzustellen versuchten, überfielen die Krieger Miantonomos unter der Führung von Pessicus die Mohegan. Uncas floh in sein Fort, bei dessen Bau ihm die Engländer geholfen hatten.
Trotz der Belagerung durch die Narraganset gelang es Uncas, einen Boten an die Engländer zu schicken, der mit einem großen Kanu voll Vorräte zurückkehrte und es ungesehen ins Fort schaffen konnte. Die Mohegan gebrauchten dieselbe List wie schon viele Bewohner belagerter Burgen oder Städte: sie zeigten den Belagerern, wie viele Vorräte sie noch besäßen. Da zudem auch noch Engländer heranrückten, brachen die Narraganset die Belagerung ab und verschwanden. Kurz danach griffen sie die Mohegan aber neuerlich an und fügten ihnen schwere Verluste zu. Die Siedler sahen ihren Günstling Uncas in Gefahr und intervenierten; eingeschüchtert durch ihre Drohungen schlossen die Narraganset am 5. September 1645 neuerlich einen Vertrag.
Uncas wurde daraufhin immer dreister. Er spielte sich als »Polizei« auf, mischte sich in alle Angelegenheiten ein, raubte und plünderte, entführte Frauen und stiftete Unfrieden, wo er konnte. Sogar den Siedlern wurde es zu bunt, sie klagten Uncas mehrmals an. Diesem gelang es jedoch immer wieder, sich durch die unglaublichsten Lügen herauszureden.
Eines von Uncas' gefährlichsten Mitteln war die Denunziation. 1653 berichtete er den Engländern von einer Verschwörung der Narraganset und der Holländer, um sich neuerlich rächen zu können. Im Jahr darauf griffen die Narraganset ihn von neuem an, doch wieder kamen ihm die Engländer zu Hilfe.
Selbst Stämme, die unter dem Schutz der Engländer standen, waren vor ihm nicht sicher. So überfiel er 1661 die Quabaug, Verbündete

des friedlichen Wampanoag-Häuptlings Massasoit, und begründete dies damit, daß er nichts davon gewußt habe. Die Engländer schenkten ihm Glauben, die Wampanoag drohten ihm aber mit Vergeltung. Im »King-Philip-Krieg« standen er und sein Sohn Owenoco treu auf der Seite der Engländer. Er nahm an den Kämpfen bei Pocasset teil und war auch an der Gefangennahme des Narraganset-Häuptlings Canonchet beteiligt. Die Mohegan marterten ihre Gefangenen grausam, nahmen nach Metacoms Niederlage aber viele in den Stamm auf. Einige, die den Stamm später wieder verließen, wurden bald darauf ermordet aufgefunden. Uncas' Charakter war auch im hohen Alter unverändert geblieben.

Den Missionaren stand er ablehnend gegenüber; er erkannte, daß das Christentum die Autorität der Häuptlinge gefährdete. Der Missionar James Fitch hatte sich eine besondere Methode ausgedacht, die Indianer zu bekehren. Er schenkte denjenigen Indianern, die zum Christentum übertraten, Land, das ihnen so lange gehören sollte, solange sie Christen seien. Nun wurde sogar der Unhold Uncas fromm, allerdings nur zum Schein. Fitch durchschaute ihn jedoch, woraufhin Uncas höchst ungnädig wurde und den Missionaren mitteilen ließ, sie sollten ihre Tätigkeit einstellen.

Gookin, einer der Missionare, schildert treffend, welches Bundesgenossen sich die Engländer damals bedienten. Uncas sei »ein alter, böser, halsstarriger Mann, ein Trunkenbold, der auch sonst allerhand Lastern frönt«. Und Fitch nennt ihn einen »Lügner«, »Mörder« und »Anstifter zum Unheil«. Sogar vielen Engländern erschien er nur als notwendiges Übel.

In all den Jahren hatte Uncas zusammen mit seinem Bruder und seinen Söhnen das ganze Land seines Stammes verschachert und sich dadurch bereichert. 1679 forderte er die Engländer auf, durch ihren Gerichtshof die Grenzen seines Landes festlegen zu lassen. Auf Verlangen des Gerichts gab er eine Loyalitätserklärung ab:

> »Ich, Uncas, Häuptling der Mohegan, verspreche in meinem Namen, zu der Bevölkerung von Connecticut freundlich zu sein und jedes Unrecht, das ich oder ein anderer aus meinem Stamm ihr zufügen sollte, wiedergutzumachen. Ich übergebe all mein Land den Behörden der Kolonie und will darüber nicht anders verfügen, als es dem Gouverneur und den Depu-

tierten angenehm ist. Dieses Land soll auf Farmen und Dörfer verteilt werden, wie der Oberste Gerichtshof es beschließt; andererseits werde ich dafür Entschädigung erhalten, entsprechend unseren künftigen Vereinbarungen...
Ich verspreche, in allen Fällen von Bedeutung den Rat des Obersten Gerichtshofs einzuholen, besonders wenn es um Frieden oder Krieg oder um den Abschluß von Bündnissen geht; ich werde kein Bündnis mit irgendeinem Volk schließen, das mit der Kolonie verfeindet ist. Schließlich verpflichte ich mich, wenn es nötig ist, der Kolonie beizustehen, mit einer entsprechenden Anzahl Krieger und auf eine Weise, wie es der Regierung am besten erscheint.«

1682 oder 1683 starb Uncas. Weder das Datum noch die Umstände seines Todes sind bekannt. In mehrfacher Hinsicht nimmt Uncas unter den berühmten Indianern Nordamerikas eine Sonderstellung ein: Er ist die mit Abstand negativste Persönlichkeit, geradezu vollkommen in seinen schlechten Eigenschaften. Er stellt den Gegenpol zu indianischen »Ideal«-Gestalten wie Tecumseh oder Joseph dar und bildet somit einen wichtigen Bestandteil im Spektrum indianischer Charaktere. Sein Ruhm ist nur zum Teil verdient; nicht wenig trug dazu J. F. Coopers »Letzter Mohikaner« Uncas bei, der mit der historischen Gestalt des Mohegan-Häuptlings nur den Namen, oder besser gesagt, den Titel gemeinsam hat; »Uncas« bedeutet nämlich soviel wie »Häuptling« oder »Anführer«.
Noch eine weitere Besonderheit knüpft sich an Uncas: In seiner Jugend erlebte er noch die Zeit vor der Landung der ersten Weißen, er sah, wie sie hilfesuchend kamen und freundlich empfangen wurden. Den Großteil seines mehr als acht Jahrzehnte währenden Lebens verbrachte er aber damit, den Untergang der Neu-England-Stämme, letztlich also seines eigenen Volkes, herbeizuführen und zu beschleunigen.

DIE DELAWAREN

Zwei Jahre nach der Landung der Engländer in Virginia waren die Holländer den Hudson hinaufgefahren und dabei auf das Volk der Delawaren getroffen. Dieses hatte seinen Namen vom Delaware River, der wiederum nach dem zweiten Gouverneur von Virginia, Lord de la Warr benannt worden war. Die Delawaren bestanden aus drei Hauptgruppen, den Munsee (»Bergbewohner«), die in den Bergen nahe dem Ursprung des Delaware River wohnten, den Unami (»Menschen unten am Fluß«), die am rechten Ufer des Flusses siedelten, und den Unalachtigo (»Menschen, die am Meer wohnen«), die im heutigen Bundesstaat Delaware wohnten. Es waren Munsee und Unami, auf die die Holländer bei ihrer Entdeckungsfahrt stießen, während die Unalachtigo zuerst mit den Schweden in Berührung kamen. Trotz der engen Verwandtschaft der drei Gruppen trafen sie ihre Entscheidungen ziemlich selbständig. Dies wurde von den Weißen, besonders von den Engländern, sehr schlau ausgenützt. Manch biederer Dorfhäuptling wurde plötzlich als König empfangen und mit Geschenken überhäuft. Man legte ihm Verträge vor, die er in ihrer Tragweite weder vertreten noch überblicken konnte, die er aber, geschmeichelt ob der Ehren, willig unterzeichnete.

Die Delawaren nannten sich selbst Lenape oder Leni Lenape, was »Unsere Männer« oder »Wirkliche Männer« bedeutet. Über ihr Kernland, das Tal des Delaware River, hinaus erstreckte sich ihr Gebiet vom südöstlichen Gebiet des Staates New York bis in das östliche Pennsylvania und über die heutigen Staaten New Jersey und Delaware.

Unter den benachbarten Algonkinstämmen genossen die Delawaren hohes Ansehen; der Stamm wurde als »Großvater« der anderen Stämme bezeichnet, wodurch seine führende politische Rolle dokumentiert wird.

Das Schicksal der Delawaren steht in der Geschichte der nordamerikanischen Indianer insofern einzigartig da, als durch mehr als einhundertfünfzig Jahre jede Generation einen anderen Lebensraum hatte. Bis zum Beginn des 18. Jahrhunderts bewohnten sie ihre ursprünglichen Stammesgebiete an der Atlantikküste und dem Delaware River, dann wurden sie von weißen Siedlern, aber auch von anderen Stämmen nach Westen gedrängt. 1724 hatten sie bereits die Alleghany erreicht, 1742 waren sie schon in Wyoming. 1751 siedelten sie mit Erlaubnis der Huronen im Osten des Ohio-Gebietes. Dort beteiligten sie sich an den verschiedenen Kriegen der Stämme des »alten Nordwestens«. Um 1770 zog ein Teil von ihnen nach Indiana; 1789 überquerten sie den Mississippi und erhielten von den Spaniern die Erlaubnis, sich im damals noch spanischen Gebiet des Missouri niederzulassen. Ein anderer Teil des Stammes, der auf seiten der Engländer gestanden war, zog nach Kanada. 1829 mußten auch die letzten Delawaren Ohio verlassen. Ihre Brüder in Missouri mußten im selben Jahr ihr Land aufgeben und ins östliche Kansas ziehen. 1867 übersiedelte der Großteil des Stammes nach Oklahoma, wohin die ersten Delawaren schon 1812 gelangt waren. Dort leben die Delawaren heute noch.

In den Lebensbeschreibungen von zwei der berühmtesten Delawaren, Tammany und Black Beaver, spiegeln sich nicht nur die verschiedenen Phasen der Geschichte der Delawaren wider, sondern auch die Wandlungen, denen das Bild bedeutender Persönlichkeiten dieses Stammes unterworfen war.

Tammany, die weitaus berühmteste, keineswegs aber bedeutendste Persönlichkeit der Delawaren, war einer der ersten Vertragspartner der Engländer. Black Beaver hingegen spielte im Stammesleben kaum noch eine Rolle, war aber einer der berühmtesten Scouts der amerikanischen Armee.

DIE ATLANTIKKÜSTE

TAMMANY

Tamenend[1] (»Der Leutselige«)
Delaware
Geb. 1. Hälfte des 17. Jahrhunderts · Gest. nach 1697

Darstellung aus dem 19. Jahrhundert

»**D**ER NAME TAMENENDS GENIESST BEI DEN INDIANERN HÖCHSTE VEREHRUNG. VON ALLEN HÄUPTLINGEN UND GROSSEN MÄNNER, DIE DIE LENAPE[2] JEMALS HATTEN, STAND ER AN VORDERSTER STELLE.«

Missionar Heckewelder, 1817

[1] Für seinen Namen gibt es sehr viele unterschiedliche Schreibweisen.
[2] So nannten sich die Delawaren selbst.

DER OSTEN

Bevor William Penn zum erstenmal nach Neu-England reiste, schickte er seinen Vetter William Markham voraus, um alle Vorbereitungen für seine Ankunft zu treffen und die Voraussetzungen für die Errichtung von Handelsstationen zu schaffen. Markham wandte sich um Rat an Captain Lasse Cock, einen im Umgang mit den Delawaren erfahrenen Mann, der bei den Indianern hohes Ansehen genoß und ihre Sprache fließend beherrschte.
In ersten Verhandlungen mit den Delawaren erwarb Markham ein schönes Stück Land am Delaware River, das von den Fällen gegenüber Trenton bis zum Neshaminy Creek in Bucks County reichte. Als Penn in der Kolonie eintraf, bemühte er sich sofort um weitere Landkäufe. Seine Verhandlungspartner waren die Häuptlinge Metamequan und Tammany. Obwohl es später vielfach so dargestellt wurde, war Tammany keineswegs der »König aller Delawaren«, er war vielmehr einer der zahllosen Delawaren-Häuptlinge, die lediglich begrenzte Macht über eine relativ kleine Anzahl von Leuten hatten. Penn besuchte ihn im Mai 1683 in seinem Dorf Perkasie, wo er seinen Sitz hatte. Bei den Verhandlungen vom 23. Juni konnte Penn ein weiteres Gebiet dazukaufen, das an das von Markham erworbene angrenzte. Penn schilderte später den Ablauf derartiger Verhandlungen. In der Mitte saß der Häuptling, ihm zur Seite die alten, weisen Mitglieder des Stammesrates. Der Häuptling sagte nichts, was er nicht sicher mit seinen Beratern besprochen hatte. Wenn einer aufstand, um zu sprechen, schwiegen die anderen und hörten aufmerksam zu.
Im neuerbauten Friends Meeting House in Philadelphia wurde der Kauf perfekt gemacht. Die beiden Häuptlinge wurden eingeladen, über Nacht zu bleiben und am nächsten Tag an einem Quäker-Treffen teilzunehmen. Der Kaufpreis für das Land bestand aus verschiedenen, für die Indianer sehr wertvollen Waren, wie Messern, Gewehren, Angelhaken, Decken, Hüten und ähnlichem.
Eines der denkwürdigsten Ereignisse in der frühen Geschichte Pennsylvanias war übrigens der Abschluß des Vertrages von Shakamaxon. Die Zeremonie fand unter einer riesigen Ulme statt und wurde in dem berühmten Gemälde von Benjamin West der Nachwelt überliefert. Shakamaxon befand sich auf dem Boden des heutigen Kensington-Viertels von Philadelphia und war ein traditioneller Versammlungsplatz der Delawaren. Die Ulme von Shakamaxon

stand noch bis zum Jahre 1810, als sie vom Sturm niedergerissen wurde. Der Vertrag sollte für viele Jahre das Zusammenleben zwischen den Weißen und den Delawaren positiv beeinflussen. Er wurde mit Häuptlingen der Unami – unter ihnen Tammany – und der Unalachtigo geschlossen und stellt die Keimzelle von Tammanys Ruhm dar.
Allerdings gibt es Dokumente, aus denen hervorgeht, daß Tammany keineswegs die – aus der Sicht der Weißen – ideale Gestalt war, als die er später dargestellt wurde. In einem Brief vom 8.12.1684 schrieb Thomas Holme, einer von Penns Leuten, an seinen inzwischen wieder nach England zurückgekehrten Herrn:

> »Schon in einem früheren Brief schrieb ich, daß sich Tammany schurkisch benahm, als er verhinderte, daß unsere Leute ihr zugewiesenes Land bebauen und dort siedeln konnten. Er droht ihnen, ihre Häuser in Brand zu stecken. Ich habe in den Papieren des Gouverneurs nachgesehen und finde nun, daß er all sein Land zwischen Pemapecca und dem Neshaminy Creek abgetreten hat... Er hat unsere Leute so entmutigt, daß wir sie nicht mehr dazu bringen können, nach Bucks County zu gehen und sich dort anzusiedeln.«

William Penn reagierte darauf mit einem scharfen Antwortschreiben, in dem er Holme aufforderte, für die Einhaltung der Verträge zu sorgen. Er erwarte, daß Tammany zu seinem Wort stünde.
Allerdings hatten Tammany und einige andere Häuptlinge offenbar Grund für ihre feindselige Haltung. Sie beschwerten sich bei den Engländern und forderten bei einem Treffen am 28. Mai 1692 unter anderem zehn wollene Decken und neun Gewehre, die ihnen zugesichert worden wären, die sie aber niemals bekommen hätten. Kurz darauf bekamen die Häuptlinge sechs Gewehre, zehn Decken, zehn Kochkessel und einige Lebensmittel.
Noch einmal taucht der Name des Häuptlings auf, über dessen Leben sehr wenig bekannt ist und das sicherlich auch nicht allzuviel Berichtenswertes enthielt: Am 5. Juli 1697 bestimmte er, daß Weheequeckhon nach seinem Tode König sein solle. Weheequeckhon war vermutlich ein Bruder oder Neffe Tammanys, da es bei den Delawaren üblich gewesen zu sein schien, daß der Nachfolger immer aus der Linie der Mutter stammen mußte, weshalb die beiden Söhne Tam-

manys, Yaqueekhon und Quenameckquid, für seine Nachfolge nicht in Frage kamen.

Es ist niemals eindeutig geklärt worden, warum die Engländer Tammany plötzlich so in den Himmel hoben und ihn als den gütigsten, weisesten und friedliebendsten Indianer hinstellten. In Windeseile verbreitete sich sein Ruhm, zahllose Legenden entstanden, die später sogar dazu führten, daß man ihn gleichsam inoffiziell heilig sprach und St. Tammany nannte. Der Verdacht liegt nahe, daß es eine geschickte Politik der Engländer gegenüber den Indianern war, die gar nicht merkten, wie ihr Land von Jahr zu Jahr kleiner wurde.

In den folgenden Jahrzehnten – Tammany war sicher schon lange tot – stieg sein Ruhm ins schier Unermeßliche. Der berühmte Missionar Heckewelder pries 1817 den Delawaren-Häuptling als den edelsten Delawaren, den es je gab:

> »Der Name Tamenends genießt bei den Indianern höchste Verehrung. Von allen Häuptlingen und großen Männer, die die Lenape jemals hatten, stand er an vorderster Stelle. Aber obwohl es viele Legenden über ihn gibt, weiß man doch sehr wenig über ihn.
>
> Alles, was wir über Tammany wissen, ist, daß er ein früher Delawaren-Häuptling war, der niemals seinesgleichen hatte. Er war in höchstem Maß mit Weisheit, Mut, Barmherzigkeit, Sanftmut und Gastfreundlichkeit begabt, kurz, er besaß jede edle und gute Eigenschaft, die ein Mensch nur besitzen kann. Man sagt, er hätte direkte Verbindung zum Großen und Guten Geist gehabt, denn ihm war alles fremd, was schlecht war.
>
> Der Ruf dieses großen Mannes erstreckte sich sogar bis zu den Weißen, die zahllose Legenden über ihn erfanden. Im Revolutionskrieg ernannten ihn seine enthusiastischen Bewunderer zum Heiligen, und der Name St. Tammany bürgerte sich ein. Er wurde der Patron von Amerika, sein Name stand in vielen Kalendern und sein Fest wurde am 1. Mai begangen.«

Im weiteren berichtet Heckewelder auch, auf welche Weise der St.-Tammany-Tag gefeiert wurde.

> »An diesem Tag zog eine große Anzahl seiner Anhänger in einer Prozession durch die Straßen von Philadelphia...

DIE ATLANTIKKÜSTE

Anschließend versammelten sie sich auf einem schönen Platz vor der Stadt, wo ihr Wigwam war; nach langen Gesprächen oder einer indianischen Rede, wobei auch das Kalumet oder die Friedens- und Freundschaftspfeife geraucht wurde, brachten sie den Tag fröhlich und festlich hin. Nach dem Mittagessen wurden auf dem Platz vor dem Wigwam indianische Tänze aufgeführt. Nachdem nochmals das Kalumet geraucht worden war, ging die Versammlung auseinander.«

Die »Tammany«-Gesellschaft war am 1. Mai 1772 gegründet worden; die Mitglieder nannten sich »Söhne König Tammanys«.
1786 gründete William Mooney, ein Veteran der Revolutionskriege, die »Tammany-Society«, eine ursprünglich wohltätige, patriotische Organisation, die später in New York ein maßgeblicher Faktor der Politik der Demokraten wurde. 1789 erhielt die »Tammany-Society« eine eigene Verfassung, in der – was die organisatorische Seite betraf – viel indianisches Gedankengut enthalten war. Sitz der Gesellschaft und politisches Organ ist die »Tammany Hall«, während die »Tammany Society« die sozialen Belange wahrnimmt. Beide existieren noch heute.
Sogar ins Reich der Töne fand Tammany Eintritt, auch hierin sicher ein Sonderfall in der Geschichte indianischer Persönlichkeiten: 1794 brachte die »Tammany-Society« in New York die Oper »Tammany, or the Indian Chief« des Violinisten und Komponisten James Hewitt (1770–1827) zur Erstaufführung. Schon damals dachte kaum noch jemand daran, wer sich hinter dieser Idealgestalt eines Indianers wirklich verbarg: ein einfacher, unbedeutender Delawaren-Häuptling.
Nach dem Tod William Penns hatten dessen Nachfolger ihren Anspruch auf das Land der Delawaren durch den berüchtigten »Walking Purchase«, der am 20. September 1737 abgeschlossen wurde, untermauert. Darin traten die Delawaren alles Land ab, das ein Weißer innerhalb von eineinhalb Tagen abschreiten konnte. Sie rechneten nicht damit, daß die betrügerischen Weißen eigens dazu trainierte Läufer einsetzten, so daß ein großer Teil des Landes verlorenging. Der »Walking Purchase« war der äußere Wendepunkt in den bisher so freundlichen Beziehungen zwischen Delawaren und Engländern. Die wahre Ursache war aber die Änderung in der englischen Politik.

DER OSTEN

Während Penn Wert auf ein gutes Verhältnis zu den Delawaren legte, betrieb sein Nachfolger Logan eine Politik der Stärkung der Irokesen, denen es in den zwanziger Jahren des 18. Jahrhunderts gelungen war, die Delawaren in ihre Abhängigkeit zu bringen. Als diese sich weigerten, an Kämpfen gegen die weißen Einwanderer teilzunehmen, wurden sie von den Irokesen als »Weiber« verspottet, was den Stamm in seinem Stolz sehr traf, wogegen er aber nichts unternehmen konnte.
Der Stamm befand sich in einer schwierigen Lage. Er hatte kein eigenes Land mehr, mußte in fremdem Gebiet siedeln, um das sich bereits England und Frankreich zu streiten begannen, und stand außerdem unter dem Druck der Irokesen. In dieser unruhigen Zeit war Teedyuskung einer der einflußreichsten und wichtigsten Häuptlinge der Delawaren.
Zu Ehren dieses großen indianischen Diplomaten, der es verhinderte, daß das Ohio-Gebiet unter französische Oberhoheit kam, wurde in Fairmount Park, Philadelphia, ein Denkmal errichtet.
Das Schicksal der Delawaren in den folgenden Jahrzehnten wurde schon kurz geschildert. In den Kriegen der Ohio-Stämme gegen die Amerikaner spielten sie eine wesentliche Rolle und brachten auch bekannte Persönlichkeiten hervor. Erwähnt sei hier nur Buckongahelas (Pachgantschilhilas), einer der Anführer in der Schlacht am Point Pleasant. Nach dem Zusammenbruch der Ohio-Grenze hatten die Delawaren als Stamm in der nordamerikanischen Geschichte nur mehr wenig Bedeutung. Ihren kriegerischen Ambitionen konnten sie jedoch als Scouts der amerikanischen Armee nachkommen.
Schon in den Kämpfen gegen die Seminolen, vor allem aber in den Kriegen gegen die Plains-Indianer dienten zahlreiche Delawaren als Armeescouts. Der berühmteste von ihnen war zweifellos Black Beaver.

BLACK BEAVER

Suck-tum-mah-kway (»Schwarzer Biber«)
Delaware
Geb. 1806 im heutigen Belleville, Illinois · Gest. 8. Mai 1880 in
Anadarko, Oklahoma

Fotografie

»**D**IE BISONHERDEN WERDEN IMMER SELTENER. WENN SIE EINMAL GANZ VERSCHWUNDEN SIND, DANN WIRD AUCH DER INDIANER VERLOREN SEIN, WENN ER NICHT DIE STRASSE DES WEISSEN MANNES NIMMT.«

Erstmals tauchte der Name Black Beavers als Mitunterzeichner eines Briefes auf, den Chief Anderson und Natcoming im Februar 1824 an General Clark richteten. Darin wird die Situation, in der sich die Delawaren damals befanden und in der Black Beaver seine Jugend verbringen mußte, plastisch geschildert:

> »Vorigen Sommer starben viele unserer Leute, weil sie nichts zu essen hatten... Wir kamen in ein Land, wo wir das nicht vorfinden, was man uns versprach..., und wir bekommen auch nicht das zugestanden, was man uns im Vertrag von St. Marys versprochen hatte. Vater! Wir haben nicht geglaubt, daß diese großen Männer uns Dinge sagen würden, die nicht wahr sind. Wir haben ein ödes, hügeliges und steiniges Land vorgefunden, und was das schlimmste ist, es gibt hier kein Wild, das wir erlegen könnten. Vorigen Sommer stand es um das Getreide sehr gut, bis ein heftiger Regen über drei oder vier Tage das Wasser so hoch stehen ließ, daß wir gerade noch die Spitzen der Ähren in einigen Feldern sehen konnten; er zerstörte den größten Teil unserer Getreide-, Kürbis- und Bohnenernte. Viele Angehörige meines Stammes kamen noch nach, und wir mußten unseren kleinen Vorrat mit ihnen teilen. Letzten Sommer gab es hier einige Rehe und auch einige Wildschweine, doch wir wurden gezwungen, alle zu töten – auch einiges Wild, das uns nicht gehörte –, doch in diesem Sommer gibt es überhaupt kein Wild... und meine Leute und Kinder müssen leiden. Vater! Du weißt, es ist hart, wenn man Hunger leiden muß, und solltest du es nicht wissen, wir armen Indianer wissen es.«

Schon in seiner Jugend verbrachte Black Beaver einige Jahre in den Rocky Mountains, wo er bald einen ausgezeichneten Ruf als Jäger und Trapper genoß. In dieser Zeit erwarb er sich seine ungewöhnlichen Ortskenntnisse, was dazu führte, daß er an fast allen Expeditionen, die quer durch den Kontinent führten, als Scout und Dolmetscher teilnahm.
Berühmt wurde er allerdings, als es ihm gelang, erstmals ein großes Treffen der Amerikaner mit den Comanchen, Kiowa und Wichita zustande zu bringen. Diese Zusammenkunft fand im Jahre 1834 am Red River statt, Vertreter der Amerikaner war Colonel Richard

DIE ATLANTIKKÜSTE

Dodge. Black Beaver fungierte als Dolmetscher. Er erwarb sich dabei so große Verdienste, daß er von da an in den Diensten der amerikanischen Regierung stand, die ihn vor allem in der südlichen Prärie als Dolmetscher und Scout einsetzte.

Als 1846 der Krieg gegen Mexiko ausbrach, stellte Black Beaver für General Harney eine Kompanie aus weißen und roten Scouts zusammen. Im Jahre 1849 machte er sich besonders verdient, als er – mittlerweile war er selbst Captain der amerikanischen Armee geworden – gemeinsam mit Captain Marcy einen großen Wagentreck mit Siedlern und Goldgräbern von Fort Smith in Arkansas unbeschadet nach Kalifornien brachte. In der Folge wurde er häufig in offiziellen Meldungen und Expeditionsberichten lobend erwähnt. Er führte und begleitete amtliche Vermessungstrupps, wissenschaftliche und militärische Expeditionen und stand Indianeragenten bei Verhandlungen mit Rat und Tat zur Seite. Im Juni 1851 war er Captain Stevenson bei der Errichtung von Fort Belknap in Texas behilflich und nahm an zahlreichen Streifzügen gegen umherschweifende Indianer teil, darunter an einem Zug gegen die Comanchen im Jahre 1854.

Ein Jahr zuvor war Leutnant Whipple von Fort Smith aufgebrochen, um die günstigste Strecke für die geplante transkontinentale Eisenbahn festzustellen. Er versuchte, den berühmten Delawaren als Scout für seine Expedition zu gewinnen. Über das Zusammentreffen und die Verhandlungen mit Black Beaver berichtet Heinrich Balduin Möllhausen, Begleiter der Expedition und später berühmter Abenteuerschriftsteller, in seinem Buch »Wanderungen durch die Prärien und Wüsten des westlichen Nordamerika«:

> »Si-ki-to-ma-ker, der Schwarze Biber, und John Bushman, sein Nachbar, haben sich als Führer weit und breit Ruf erworben, und es hatte sich daher unsere in Fort Arbuckle einkehrende Expedition vorgenommen, alles Mögliche aufzubieten, um wenigstens einen derselben zur Mitreise zu bewegen.
> Als die unserem Zuge Vorausgeeilten über den geräumigen Hof schritten und bei den in der Sonne lagernden Weibern und Kindern nach dem Biber fragten, wurden sie nach dem kleinsten Blockhause gewiesen, wo unter einem einfachen Corridor ein Indianer mit untergeschlagenen Beinen auf

einem rohgezimmerten Ruhebette saß und, ruhig seine Pfeife rauchend, den Besuch erwartete. Er war ein hagerer Mann von mittlerer Größe, seine langen schwarzen Haare faßten ein kluges Gesicht ein, welches einen trüben Ausdruck von Krankheit und Leiden trug, obgleich noch nicht mehr als vierzig Winter darüber hingezogen waren.

Die Ankunft von Fremden unterbrach seine äußere Ruhe nicht im mindesten: doch die Leichtigkeit und Unbefangenheit, mit der er sich benahm, bewiesen genugsam, daß er vielfach im Verkehr mit den Weißen gewesen sein mußte. Er sprach geläufig englisch, spanisch, französisch und vielleicht noch an acht verschiedene indianische Sprachen. Nach den ersten Bewillkommnungen und Begrüßungen wurde also dem Biber der verlockende Vorschlag gemacht, mit an den Stillen Ocean zu reisen. Die Augen des Indianers leuchteten einen Augenblick in ihrem gewohnten Feuer, nahmen aber gleich wieder den trüben Ausdruck an, als er antwortete:

›Siebenmal bin ich an sieben verschiedenen Stellen am stillen Meer gewesen; ich habe die Amerikaner in drei Kriegen begleitet und habe von meinen Jagdzügen mehr Skalpe mit heimgebracht, als einer von Euch mit einem Male zu heben vermag; ich möchte das große Salzwasser zum achten Male wiedersehen, aber ich bin krank. Ihr bietet mir mehr Geld, als man mir jemals angeboten, doch kann ich nicht fort, ich bin krank; ich leide keine Noth, denn mein Neger muß die Tauschgeschäfte besorgen, und meine Verwandten helfen ihm; ziehe ich mit Euch, so sterbe ich, und wenn ich sterben soll, will ich von den Meinigen bestattet werden.‹

Da half kein Zureden, es halfen keine Anerbietungen; der Indianer blieb bei seinem Vorsatz, der aus der Idee entsprang, daß diese Reise die Ursache zu seinem Tode sein würde. Dieser Gedanke schien von seiner Frau herzurühren, die abwechselnd mit ihrem einzigen Sohne und einem jungen schwarzen Bären spielte, nebenbei auch ihre für uns unverständlichen Worte an ihren kranken Gatten richtete. Es lag am Tage, daß sie ihn nicht wollte ziehen lassen, wohl voraussehend, daß, wenn derselbe erst unterwegs, er auch in langer Zeit nicht zurückkehren würde. Seine Kränklichkeit schlau benutzend, hatte sie ihm so viel von bösen Ahnungen und Träumen erzählt, daß zuletzt aller Frohsinn und Lebensmuth den erprobten Krieger verlassen hatte, der jetzt seine Waffen nur noch gebrauchte, um seinen Bedarf an Hausthieren damit zu schlachten. Drei Tage gingen vergebens mit den Bemühungen hin, den Schwarzen Biber dem Einfluß der Seinigen zu entziehen. War er am Abend überzeugt, daß, einmal zurückgekehrt in sein Element, er wieder genesen und in den vollen Besitz seiner Kräfte gelangen würde, und war er dann halb entschlossen, uns durch die Steppen zu begleiten, so fand man ihn am nächsten Morgen wieder in seinen Starrsinn zurückgesunken, und es blieb zuletzt nichts weiter übrig, als die wenige Zeit zu benutzen, den Rathschlägen des klugen Indianers zu lauschen, um dieselben späterhin in Anwendung bringen zu können.«

Die Ratschläge Black Beavers bezogen sich nicht nur auf die Beschreibung des Weges, sondern auch auf die Gefahren der Wildnis wie feindliche Indianer und wilde Tiere:

»Die Goldmountains in Neu-Mexiko, an denen Eure Straße vorbeiführt, sind noch voller grauer Bären (Ursus ferox Lewis-Clark); vermeidet aber denselben anzugreifen, wenn Ihr nicht zu Zweien oder Mehreren seid. Wem der Anblick eines solchen riesenhaften Burschen neu ist, der kann leicht etwas von der nöthigen Ruhe verlieren: er wird sein Ziel verfehlen und eine leichte Berührung von den Krallen seines wüthenden Feindes reicht hin, um ihm jede Jagdlust auf ewig zu vertreiben. Der Bär, wenn er wüthend, verliert ganz und gar sein ehrliches Aeußeres, die Ohren verschwinden, die kleinen Augen sprühen Feuer, und man glaubt nichts zu sehen als lauter Blitze und Zähne, und seine Geschwindigkeit übertrifft die eines Pferdes.
Als ich vor einigen Jahren mit mehreren Weißen durch die Felsengebirge zog, hatte ich einen solchen unerfahrenen Jäger bei mir, der sich hoch und theuer verschwor, den ersten grauen Bären, den er sehen würde, anzugreifen. Er hat Wort gehalten, aber kann nicht genug von Glück sagen, daß er mit dem Leben davon gekommen ist, und ich bin überzeugt, daß er bei der nächsten Gelegenheit Bedenken tragen wird, so rasch und un-

besonnen einer solchen Bestie entgegenzutreten. Wir hatten nämlich unserer Pferde wegen unser Nachtquartier auf einer grünen Wiese nahe dem Fuße eines Berges aufgeschlagen, so daß wir wohl tausend Schritte gehen mußten, um an eine Quelle zu gelangen, von welcher wir in Schläuchen den Bedarf an Wasser zu unserer einfachen Küche heranholen mußten. Zu diesem Zwecke nun war ich mit dem jungen oder vielmehr grünen Jäger an den Bach gewandert. Im Begriff, von dem klar rieselnden Bache zu schöpfen, bemerkten wir plötzlich einen dieser silbergrauen Bären, der, wahrscheinlich durch unsere Pferde angelockt, dem Lager zutrabte. Ich trug nur eine lange Dragoner-Pistole im Gürtel, während mein junger Kamerad seine Büchse mitgenommen hatte. Trotz meiner Gegenrede stellte er sich so hin, daß der riesige Geselle, der sich mit dem Winde näherte, auf sichere Schußweite an ihm vorüber mußte. Ich beobachtete beide aus der Nähe. Der Schuß fiel, der Bär krümmte sich zusammen, stürzte aber augenblicklich dem unglücklichen, fliehenden Schützen nach; wenige Schritte von mir erreichte er sein Opfer, warf es zu Boden und riß ihm mit den Zähnen die halbe Schulter fort. Als er zum zweiten Male zufassen wollte, sprang ich hinter ihn, setzte ihm die Mündung der Pistole auf das Genick, und auf die Gefahr hin, den am Boden Liegenden mit zu verwunden, gab ich Feuer; der Bär stürzte todt zusammen, mein Kamerad war gerettet, befand sich aber in einem so elenden Zustande, daß wir mehrere Wochen warten mußten, ehe er wieder sein Pferd besteigen konnte.«

Auch im amerikanischen Bürgerkrieg konnte sich Black Beaver bewähren: 1861 gelang es ihm, die auf der Seite der Union stehenden Garnisonen der Forts Smith, Washita, Arbuckle und Cobb in Sicherheit zu bringen, indem er sie durch die Wildnis nach Fort Leavenworth geleitete. Aber auch er blieb von den negativen Auswirkungen des Krieges nicht verschont: Im selben Jahr zerstörten Truppen der Konföderierten sein Haus am Washita River. Dabei wurde die von ihm als kostbarer Schatz gehütete Kopie des berühmten Vertrages von Shakamaxon, der 1682 zwischen seinem Stamm und William Penn geschlossen worden war, ein Raub der Flammen.

DIE ATLANTIKKÜSTE

Im Jahre 1867 fand in Medicine Lodge, Kansas, eine große Versammlung statt, an der von indianischer Seite Cheyenne, Arapaho, Comanchen, Kiowa und Apachen teilnahmen und die dazu dienen sollte, immerwährenden Frieden in den Prärien und in den Plains zu schaffen. Bei dieser letzten prunkvollen »Gipfelkonferenz«, in der die Stämme der Plains noch einmal mit all ihrem Stolz und ihrer Farbenpracht auftraten, waren auch einige der berühmtesten Scouts anwesend, darunter ihr »großer alter Mann« Black Beaver. Mit düsterem Blick und unbewegtem Gesicht verfolgte er die Verhandlungen, bei denen die weißen Unterhändler die gleichen Phrasen droschen und die gleichen Versprechungen machten, wie sie die Delawaren im Verlauf von über achtzig Jahren in fast fünfzig Verhandlungen hatten anhören müssen. Trotz aller Verträge waren die Delawaren unaufhörlich gejagt und gehetzt worden, warum sollte es den Plainsindianern anders gehen?

Nach der ausschließlich von Indianern veranstalteten und besuchten Beratung vom 25. Juni 1872 fand ein neuerliches Treffen mit Vertretern der amerikanischen Regierung statt, diesmal am Leepers Creek in der Nähe der Washita-Agentur. Black Beaver war wieder als Vermittler hinzugezogen worden. Ein Reporter des »New York Herald« berichtete, daß der Scout, »ein alter, weißhaariger Mann«, am äußersten Rand des Kreises der Häuptlinge gesessen sei. Comanchen und Kiowa weigerten sich, in Reservationen zu leben, und so endete die Beratung ohne greifbare Ergebnisse. Black Beaver wußte aus der traurigen Erfahrung seines eigenen Volkes, daß dies nur eine zeitliche Verschiebung um einige Jahre bedeutete.

Es ist verständlich, daß Black Beavers Ansehen unter den Indianern sehr unterschiedlich war; teils wurde er als Weiser, teils als Verräter betrachtet. Die Wertschätzung, die die Amerikaner dem Delawaren entgegenbrachten, war allerdings unbestritten und wird durch die Tatsache dokumentiert, daß ein amerikanischer Offizier, Major Vore, die Lebensgeschichte Black Beavers niederschrieb.

DER OSTEN

DER NORDOSTEN

DER NORDOSTEN

DIE WICHTIGSTEN STÄMME: a) Irokesen
Cayuga · Mohawk · Oneida
Onondaga · Seneca
Huronen
b) Ottawa
Potawatomi
Shawnee
Miami
Chippewa (Odjibwä)
Illinois
Sauk und Fox
SPRACHGRUPPEN: a) Irokesisch
b) Algonkin
LEBENSGRUNDLAGEN: Jagd, Ackerbau (Mais, Kürbis, Bohnen), später Pelzhandel, Wilder Reis (Chippewa)
LEBENSFORMEN: Seßhaft, bei den Irokesen straffe, föderative Struktur
WOHNFORMEN: Langhäuser, runde Stroh-, Rinden- oder Fellhütten

Der kulturgeographische Begriff des »Nordostens«, genauer gesagt, des nordöstlichen Waldlandes, umfaßt ein Gebiet, das im Norden vom St.-Lorenz-Strom, im Süden vom Cumberland River, im Westen vom Mississippi und im Osten vom Atlantik begrenzt wird. Da die Stämme an der Atlantikküste eine eigenständige historische Entwicklung verzeichneten, wurde dieser Bereich jedoch herausgelöst und getrennt behandelt.

Die Lebensgrundlage der in diesem Bereich beheimateten Stämme bildete auch hier einerseits die Jagd auf das in den riesigen Wäldern reichlich vorkommende Wild, andererseits ein intensiv betriebener Anbau von Mais, Kürbissen und Bohnen. Nach der Ankunft der Europäer kamen die Pelztierjagd und der Handel mit Pelzen als wesentlicher, sich auch politisch stark auswirkender Faktor hinzu.

Der Nordosten wurde im wesentlichen von Stämmen zweier großer Sprachfamilien bewohnt: der Algonkin und der Irokesen. Die Spannungen zwischen den wichtigsten Vertretern dieser beiden großen Gruppen beeinflußten die historische Entwicklung des Nordostens sowohl vor Ankunft der Weißen als in besonderem Maße auch nachher in gravierender Weise. Als erste europäische Macht drang Frankreich – genannt seien nur die Namen Champlain und Cartier – tiefer in das Innere des noch unbekannten Kontinents ein und knüpfte mit den Indianern die ersten Handelskontakte. Wettbewerbsdenken und Neid, die zwischen den einzelnen Indianerstämmen untereinander ebenso herrschten wie zwischen den europäischen Mächten, führten zur Bildung verschiedener Bündnisse und zu den ersten Kriegen. Mehrfach luden die Europäer exponierte Persönlichkeiten ihrer indianischen Verbündeten in die europäischen Hauptstädte ein.

Zwischen den an den Großen Seen lebenden Algonkin-Stämmen (Chippewa, Potawatomi, Menominee, Ottawa, Illinois usw.) und den Franzosen hatte sich im Lauf der Zeit ein bisweilen sogar freundschaftliches Verhältnis entwickelt. Im großen und ganzen verstanden es die Franzosen besser, sich auf die Mentalität der Eingeborenen einzustellen als beispielsweise die Engländer, für die Einfühlungsvermögen auch heute noch nicht unbedingt zu den Nationaleigenschaften zählt. Maßgeblichen Anteil an dem guten Verhältnis hatten französische Jesuiten, die sich durch ihre Toleranz und ihr praktisches Christentum wohltuend von den fanatischen und überheblichen Pilgrim Fathers abhoben. So war es naheliegend, daß diese Stämme bei den jahrzehntelangen Auseinandersetzungen zwischen Frankreich und England auf der Seite Frankreichs kämpften.

Doch auch die Engländer, die vor allem die Irokesen umwarben, konnten sich in diesem Fall von ihrer besten Seite zeigen, wenngleich es meist kalte Machtpolitik war, die ihr Verhalten beeinflußte.

Die Beziehungen zwischen Indianern und Weißen veränderten sich grundlegend, als die ersten Siedler kamen, um Land – vorerst meist noch friedlich – in Besitz zu nehmen. Die Vorstellung, Land als persönliches Eigentum zu betrachten, war den Indianern, denen nur eine Art Nutzungsrecht bekannt war, völlig fremd. Aus dieser Diskrepanz der Auffassungen resultierten die ersten Streitigkeiten, die später, als die Siedler sich Land gewaltsam aneigneten, in schwere Auseinandersetzungen ausarteten, die oft von unvorstellbaren Grausamkeiten begleitet waren. Oftmals wurden die Indianer, die angesichts der massiven Bedrohung immer häufiger zur Bildung von Stammesbünden oder Konföderationen tendierten, von Pelzhändlern mit Waffen und Munition unterstützt. Das Vordringen der Siedler brachte nämlich stets eine starke Abnahme des Wildbestandes in den Wäldern mit sich.

Besonders unübersichtlich wurde die Lage in der zweiten Hälfte des 18. Jahrhunderts, als auf weißer Seite die Rivalität zwischen Engländern und Franzosen noch von den Unabhängigkeitsbestrebungen der »Amerikaner« überlagert wurde. Auf indianischer Seite schwankten die Sympathien zwischen England und Frankreich, wobei auch hier wirtschaftliche Belange eine keineswegs gering einzuschätzende Rolle spielten. Nur einige wenige Stämme stellten sich auf die Seite der Vereinigten Staaten, die allerdings wenig zu bieten hatten; ihr Vorgehen gegen die Indianer war von unglaublicher Brutalität gekennzeichnet und nur darauf gerichtet, möglichst viel Land auf möglichst »billige« Weise zu »erwerben«, wobei Vertragsbruch zum beinahe legitimen Mittel wurde.

Deshalb waren ihnen die Bestrebungen Tecumsehs, des berühmten Shawnee-Häuptlings, alle Landverkäufe an Amerikaner zu verbieten und einen eigenständigen indianischen Staat zu gründen, ein Dorn im Auge. Tecumseh war damit noch weitergegangen als King Philip, Pontiac und Little Turtle, die zahlreiche Stämme zu Bündnissen zusammengeschlossen hatten, allerdings nur militärisch und zeitlich begrenzt. Mit Tecumsehs Tod war der Widerstand der Ohio-Stämme gebrochen. Zwei Jahrzehnte später endete auch der letzte Versuch von Indianern des Nordostens, ihre Heimat zu verteidigen, mit einer Niederlage: Black Hawk, der Häuptling der Sauk und Fox, mußte sich ergeben. Damit war der »alte Nordwesten«, wie das nordöstliche Waldland oft genannt wird, endgültig erobert.

Die Irokesen, die zu den bekanntesten indianischen Völkerschaften überhaupt zählen, nehmen nicht nur in historischer, sondern auch in ethnologischer Hinsicht eine zentrale Stellung im Nordosten ein. Sie sind die wichtigsten Vertreter der nach ihnen benannten Sprachfamilie, zu der außerdem noch die Huronen, Tuscarora, Erie, Susquehanna und Attiwandaronk sowie einige kleinere Stämme gehören. Mit den Irokesen verwandt sind auch die Cherokee.

Der Name »Irokesen« leitet sich aus dem Algonkin-Wort »Iria Khoiw« ab, das »echte Nattern« bedeutet. Sie selbst nennen sich Ongwanosionni[1], »Volk des Langhauses«.

---

[1] Auch Ho-de-no Sau-nee.

Irokesisches Langhaus (Federzeichnung von Klaus Schmid)

Zu der Zeit, als Cartier seine Reisen unternahm, waren die Stämme der Mohawk, Seneca, Cayuga, Oneida und Onondaga sicher noch völlig unabhängig voneinander und bekriegten sich erbittert. Ihre Wohngebiete lagen im Seengebiet des heutigen Staates New York sowie im mittleren und oberen Teil des Mohawk-Tales. Sie waren ringsum von ihnen feindlich gesinnten Völkerschaften umgeben, darunter den Mahican und Delawaren im Osten, den Huronen und deren Verbündeten im Norden und den Susquehanna im Süden. Obwohl es Zeiten gab, in denen die Irokesen mit ihren Nachbarn in Frieden lebten, legte die ständige Ungewißheit den Gedanken der Schaffung einer Konföderation nahe. Der Überlieferung nach leiteten zwei Männer um 1570 das Einigungswerk ein: Dekanawida und Hiawatha. Von Dekanawida, einem gebürtigen Huronen, berichtet die Legende:

> »Nördlich des schönen Ontario Sees, im Land der gekrümmten Zungen[1], lag eine lange Bucht... In einem Dorf lebte eine brave Frau, die eine jungfräuliche Tochter hatte. Es war sonderbar, doch diese Jungfrau empfing ein Kind, und ihre Mutter wußte, daß sie ein Kind gebären würde. In dieser Zeit verfiel die Tochter in einen tiefen Schlaf und träumte, daß ihr Kind

[1] Gemeint sind damit die Huronen (Wyandot) wegen ihres anderen Dialekts.

ein Sohn sein würde und daß sie ihn Dekanawida[1] nennen sollte. Der, der ihr diese Botschaft im Traum überbrachte, sagte ihr, daß ihr Sohn ein großer Mann werden würde... Es stimmte, was ihr verheißen worden war; die Jungfrau gebar einen Sohn.«

Als Dekanawida herangewachsen war, verließ er die Huronen und zog fort. Wenn er gefragt wurde, wer er sei, antwortete er:

»Der große Schöpfer, von dem wir alle abstammen, sandte mich, um unter euch den großen Frieden zu stiften. Ihr sollt nicht länger jemanden umbringen, und die Stämme sollen aufhören, sich zu bekriegen. Dies alles ist nämlich von Grund auf schlecht und er, euer Schöpfer, verbietet es. Friede und Trost sind besser für das Wohl des Stammes als Krieg und Elend.«

Während Dekanawida versuchte, die Mohawk mit ihren Nachbarstämmen zu vereinigen, kam Hiawatha, ein gebürtiger Onondaga, dessen Name »Er macht Flüsse« bedeutet, mit ähnlichen Plänen. Die beiden legendären Persönlichkeiten gingen nun gemeinsam vor; sie gewannen die Unterstützung von Jikonsaseh, der Führerin der Attiwandaronk, die sie auf ihren Reisen begleitete. Es gelang ihnen zwar nicht, alle Stämme für die geplante Konföderation zu gewinnen, immerhin aber schlossen sich nach etlichen Schwierigkeiten die einleitend genannten fünf Stämme zur »League of the Ho-de-no Saunee«, oftmals auch kurz »Five Nations« genannt, zusammen; um 1760 kamen noch die Tuscarora hinzu, so daß von da an meist von den »Six Nations« die Rede ist. Hiawatha hatte anfangs bei den Onondaga keinen Erfolg und wandte sich deshalb den Mohawk zu. Seinen ersten Erfolg hatte er aber bei den Oneida, die sich hierauf mit den Mohawk und Cayuga vereinigten. Als schließlich noch die Seneca hinzustießen, entschlossen sich auch die Onondaga zur Teilnahme, was allgemein auf Hiawathas übernatürliche Fähigkeiten zurückgeführt wurde.

Es ist hier nicht der Platz, auf die Organisation des Stammesbundes einzugehen, es sei nur soviel gesagt, daß jedem Stamm eine bestimmte Rolle zugeteilt war. Die Irokesen verglichen ihre Konföde-

---

[1] Der Name bedeutet »Zwei Flüsse fließen ineinander«.

ration mit einem Langhaus, ihrer typischen Hausform. Die Onondaga waren darin die »Hüter des Feuers« und hatten somit den Vorsitz im Stammesrat; die Mohawk als östlicher Stamm hatten die Aufgabe, das »östliche Tor« des Langhauses zu bewachen, die Seneca am Genesee River das »westliche Tor«; die Oneida und Cayuga, die »jüngeren Brüder«, saßen entlang der »nördlichen und südlichen Wand«, also am St.-Lorenz-Strom und am Susquehanna. Es gab innerhalb der Konföderation natürlich auch Meinungsverschiedenheiten; beispielsweise empfanden die Mohawk und Seneca niemals große Sympathien füreinander, und die restlichen drei Stämme hatten immer gewisse Bedenken wegen der großen militärischen Überlegenheit der beiden anderen.

Zum ersten Oberhaupt der Konföderation, die das am höchsten entwickelte Staatswesen nördlich von Mexiko war, wurde der Onondaga Adodarhoh bestimmt. Die straffe Organisation und die unbestreitbaren Fähigkeiten in der Kunst der Kriegführung brachten den Irokesen den Beinamen »Römer der Wildnis« ein.

Als die Irokesen zu Beginn des 17. Jahrhunderts von den Holländern Feuerwaffen erhielten, nützten sie ihre Überlegenheit gegenüber ihren Nachbarstämmen rücksichtslos aus. Sie dehnten ihren Machtbereich nach Westen bis zum Mississippi und nach Osten bis Maine aus. Auf ihren Kriegszügen, die sich oft über mehr als eintausend Kilometer erstreckten, bedienten sie sich meist der Wasserwege. Die überlegenen Waffen, die Schnelligkeit ihres Auftauchens und die schonungslose Kriegführung machten die Irokesen zum Schrecken aller Stämme des Nordostens. In der historischen Entwicklung dieser Region bildeten die Irokesen einen politischen Faktor, dessen Bedeutung sowohl Frankreich als auch England und das neuentstandene Staatengebilde der USA wohl oder übel anerkennen mußten.

Im Lauf ihrer Geschichte hatten die Irokesen zahlreiche bedeutende und berühmte Persönlichkeiten zu verzeichnen. Von den beiden historisch-legendären Gründern der »League of Iroquois« reicht die Kette über die beiden Mohawk-Häuptlinge King Hendrick und Joseph Brant sowie den von Tragik umwitterten Cayuga-Häuptling Logan bis zu den großen Persönlichkeiten der Seneca, Cornplanter und Red Jacket. Ein Nachkomme des Seneca Ely Parker, des ersten indianischen Kommissars des »Bureau of Indian Affairs«, der sich selbst schon um die Erforschung von Geschichte, Sitten und Gebräuchen seines Volkes verdient gemacht hatte, war der Ethnologe Anthony Parker, dessen Arbeiten auf diesem Gebiet von unschätzbarem Wert sind. Seine Ausführungen über die historische Bedeutung der Irokesen sollen den allgemeinen Teil dieses Kapitels beschließen.

»Wir hoffen, daß dieses kurze Dokument eine leicht zu lesende und leicht verständliche Darstellung des Volkes, dem Amerika so viel verdankt, darstellt. Wir haben hierin gezeigt, daß durch die lebhafte Parteinahme der Irokesen einem englischsprechenden Volk die Herrschaft über das Gebiet am mittleren Atlantik erhalten geblieben ist. Dies steht außer Frage, denn die Macht Frankreichs hätte sich natürlicherweise so ausgedehnt, daß Frankreich Kanada, New York und Ohio unter Kontrolle gehabt hätte, hätte Frankreich nicht die Feindschaft der Iroquois gefürchtet; außerdem hätte Frankreich einen Verbindungsweg entlang des Mississippi eingerichtet und so die zwei Gebiete miteinander verbunden. Mit dieser Operation wären die Engländer verdrängt worden, und wenn auch ihre Siedler kleine und geschützte Siedlungen gegründet hätten, hätte eine eingesessene Körperschaft französischer Siedler einen Ausbau der britischen Kolonien sehr schwer gemacht und hätte dadurch schließlich den späteren Aufstieg der Vereinigten Staaten verhindert.
Darüber hinaus hatte der Widerstand, den die östlichen Indianer zeigten, sehr viel damit zu tun, daß der amerikanische Charakter offenbar wurde. Der Siedler war gezwungen, an der Küste und östlich der Alleghanies zu leben. Ein Vordringen in das Innere des Kontinentes machten die Indianer, die im Landesinnern lebten, schwierig und verhinderten dadurch, daß einzelne Gruppen von europäischen Siedlern, die beabsichtigten, unabhängige Kolonien und eigene Staaten zu gründen, durch das Gebiet wanderten. Wäre dies nicht so gewesen, könnte hier nun ein schwedischer Staat, ein spanisches Königreich, eine französische Kolonie, eine holländische Republik, etliche englische Hoheitsgebiete und möglicherweise ein Neger-Königreich sein. Der Widerstand des roten Mannes jedoch hielt die Europäer in ein Gebiet gepfercht, wo sie ein Nationalbewußtsein entwickeln konnten.

Als die Unabhängigkeitskriege die amerikanischen Siedler frei machten und als Staaten gegründet wurden, erhob sich dieses Reservoir an europäischem Blut über seine Grenzen hinaus.

Es brach den Damm und ergoß sich westwärts über den ganzen Kontinent. Hindernisse wurden weggefegt und, ähnlich der Flut, floß es westwärts bis zum Pazifik. So verteilten sich die Amerikaner über den gesamten Kontinent. Sie wanderten geschlossen als ein Volk, sprachen eine Sprache, waren einer Flagge untertan, waren entschlossen, ein geschlossenes Land zu haben und ein alles überragendes nationales Ideal.

Als sich diese Kräfte herauskristallisierten, spielte der Indianer eine wichtige, ja sogar essentielle Rolle. Wir müssen ihm zugestehen, daß er ein besonders konstruktiver Faktor in der amerikanischen Geschichte ist, und wir müssen seine Verbitterung genauso sehen wie die Geburtswehen.«

DER NORDOSTEN

DIE MOHAWK

Die Mohawk, die am Oberlauf des gleichnamigen Flusses lebten, beherrschten ein Gebiet, das von Frankfort bis Schenectady und vom St.-Lorenz-Strom im Norden bis zum Delaware County im Süden reichte. Das Mohawk-Tal war ursprünglich von Mahican bewohnt, die aber während des fast fünfzig Jahre dauernden Krieges zwischen den Irokesen und den Algonkin (1575 bis 1622) von Irokesen aus der Gegend von Montreal und Quebec verdrängt worden waren. Diese wurden fortan Mohawk genannt, ein Name, der »Sie essen lebende Wesen« bedeutet und vermutlich von den Algonkin stammt. Sie errichteten befestigte Dörfer, um sich gegen etwaige Angriffe der Algonkin schützen zu können. In den darauffolgenden Jahrzehnten bewährte sich die »League of Iroquois« aufs beste, durch ihre Politik, Gefangene zu adoptieren und als gleichberechtigte Mitglieder in den Stamm aufzunehmen, gewann sie trotz der vielen Kriegszüge an Stärke. Allerdings wurden auch die Irokesen in die Machtkämpfe der europäischen Kolonialstaaten miteinbezogen, was zwar Ruhm und Ehre, auf Dauer aber keine Vorteile brachte. Die Irokesen standen dabei stets auf der Seite der Engländer und hatten im Lauf der Zeit schon hohen Blutzoll geleistet.
Im Jahr 1744, nach der Kriegserklärung Frankreichs an England, schlugen die Wogen des Österreichischen Erbfolgekrieges auch auf Nordamerika über. Dieser vier Jahre dauernde Krieg ging als »King George's War« in die nordamerikanische Geschichte ein. Da die Siedler in der Kolonie New York nur wenig Ambitionen zum Kämpfen zeigten und die Irokesen darüber verständlicherweise erbittert waren, fürchteten die Engländer, daß die Irokesen sich auf die Seite Frankreichs stellen oder neutral verhalten könnten.
Damit wäre die Kolonie für England verloren gewesen. Daß dies nicht eintrat, war das Verdienst von William Johnson, einer der bemerkenswertesten Gestalten der amerikanischen Geschichte. Sein wichtigster Partner auf irokesischer Seite war der mächtige Mohawk-Häuptling King Hendrick.

DER OSTEN

KING HENDRICK

Soi-en-ga-rah-ta
Mohawk
Geb. um 1680 im Staat New York · Gest. 8. September 1755
am Lake George, New York

Zeitgenössische Darstellung

»WIR DANKEN EUCH, DASS IHR DIE KETTE DES BUNDES ERNEUERT UND WIEDER BLANK GEMACHT HABT. WIR WOLLEN DIESEN WAMPUMGÜRTEL ZU DEN ONONDAGA MITNEHMEN, WO UNSERE BERATUNGSFEUER STÄNDIG BRENNEN, UND IHN SO SICHER VERWAHREN, DASS WEDER DONNER NOCH BLITZ IHN ZERSTÖREN KÖNNEN.«

King Hendricks Vater war ein Mahican, seine Mutter eine Mohawk-Indianerin. Hendrick, ein ebenso intelligenter wie furchtloser Krieger, brachte es nicht nur zum mächtigsten Häuptling der Mohawk, sondern auch zum Colonel der britischen Kolonialarmee.
1710 war er zusammen mit drei anderen Irokesen-Häuptlingen in London, um einen Beistandspakt zu unterzeichnen. Die Engländer betrachteten damals die Irokesen als Bollwerk gegen Frankreich. Ihre Bedeutung geht auch daraus hervor, daß die vier Häuptlinge mit großen Ehren empfangen wurden und eine Audienz bei Queen Ann hatten.
William Johnson hatte sich im Mohawk-Tal niedergelassen und lebte dort als Farmer und Pelzhändler. Durch seine korrekte und freundliche Art gewann er das Vertrauen King Hendricks.
Besonders charakteristisch für die außerordentlich schlaue, aber auch großmütige Art des Häuptlings ist folgende Episode: Als Johnson eine Lieferung schöner Kleider aus England bekam, erzählte der schlaue Hendrick, er habe geträumt, Johnson hätte ihm eines der Kleider gegeben. Johnson konnte daraufhin nicht anders und schenkte Hendrick eine scharlachrote Uniform. Er erzählte dem Häuptling nun allerdings ebenfalls von einem Traum, in dem ihm Hendrick fünfhundert Acres des besten Landes im Mohawk-Tal geschenkt habe. Hendrick erwiderte: »Es soll dir gehören, fortan will ich aber nicht mehr mit dir träumen.« Johnson wurde später von den Mohawk sogar zum Häuptling ernannt.
Sein Einfluß war so groß, daß sie bereit waren, ohne Zustimmung der anderen Stämme mit ihm gegen die Franzosen zu ziehen. Seiner Überredungskunst gelang es schließlich, auch die übrigen Stämme der »League of Iroquois« zu bewegen, ihre Neutralität aufzugeben. 1746, nach dem Tod seiner ersten Frau, trachtete er, die Bande zu den Mohawk noch enger zu knüpfen und die Nichte King Hendricks zu heiraten.
Johnson war sich der politischen Bedeutung seines Schrittes bewußt, als er den Häuptling bat, ihm seine Nichte zur Frau zu geben. King Hendrick willigte ein, forderte allerdings, daß die Verbindung gesetzmäßig sei; trotz der Proteste puritanischer Kreise, deren Religions- und Rassendünkel eine derartige Ehe nicht zuließ, heiratete Johnson die schöne Caroline. Die enge Freundschaft zwischen King Hendrick und Johnson bewirkte letztlich, daß das Mohawk-Tal von den Ein-

wirkungen des »King George's War« weitgehend verschont blieb, da sich die Franzosen anderen Zielen zuwandten. Der Frieden von Aix-la-Chapelle beendete zwar den Krieg, doch die Franzosen versuchten nun, Unfrieden zwischen den einzelnen Stämmen zu stiften, um die Engländer zu schwächen. Tatsächlich kam es zu einem Krieg, der aber durch das Eingreifen Johnsons und die vernünftige Haltung Hendricks bald beendet wurde. Hendrick und andere Irokesenhäuptlinge forderten Gouverneur Clinton auf, Johnson neuerlich als Kommissar für die Indianer einzusetzen. Johnson lehnte allerdings ab, war aber nach wie vor bemüht, seinen Einfluß in positiver Weise geltend zu machen.

Als die Franzosen 1753 eine große Streitmacht den St.-Lorenz-Strom hinaufschickten und sich bemühten, das Ohio-Gebiet unter ihre Kontrolle zu bringen, sandten die wütenden Irokesen King Hendrick nach New York, wo er drohte, die gesamte Irokesen-Nation werde sich auf die Seite Frankreichs stellen und über die englischen Kolonien herfallen, wenn England nicht die Rechte der Irokesen schütze. Wieder war es Johnson, der die Lage rettete, indem er vor der großen Versammlung der »Five Nations« sprach und die Irokesen von ihrem Schritt abhielt.

Am 19. Juni 1754 wurde in Albany eine große Versammlung abgehalten. Den Vorsitz hatte der neue Gouverneur von New York, de Lancey. King Hendrick war der Hauptredner der Irokesen; er wurde nicht nur wegen seines Alters mit größter Aufmerksamkeit behandelt. Nach der Eröffnungsrede de Lanceys, in der dieser die Erneuerung des Bündnisses beschworen hatte, ergriff der grauhaarige Mohawk-Häuptling das Wort:

> »Wir danken euch, daß ihr die Kette des Bundes erneuert und wieder blank gemacht habt. Wir wollen diesen Wampumgürtel zu den Onondaga mitnehmen, wo unsere Beratungsfeuer ständig brennen, und ihn so sicher verwahren, daß weder Donner noch Blitz ihn zerstören können. Aber verstärkt euch selbst und bringt so viele Soldaten, wie ihr nur könnt, in dieses Bündnis mit. Seht euch die Franzosen an! Sie sind Männer, sie errichten überall Befestigungen; ihr aber, wir müssen es euch wohl oder übel sagen, ihr seid wie Weiber, nackt und wehrlos; nirgends habt ihr Befestigungen gebaut. Es ist nur ein Schritt

von Kanada hierher; die Franzosen können ohne Mühe kommen und euch hinauswerfen.«

Zwar verfehlten diese Worte ihre momentane Wirkung nicht, doch blieben die Anstrengungen des Gouverneurs zum Schutz der englischen Siedler gering. Ohne daß von einer Seite der Krieg erklärt worden wäre, begannen neuerlich Kampfhandlungen zwischen England und Frankreich. Auslösendes Ereignis war die Eroberung von Fort Necessity am 4. Juli 1754. Der »French and Indian War« begann. Einer der Höhepunkte war die vernichtende Niederlage General Braddocks bei Fort Duquesne am 9. Juli 1755. Als die Franzosen kurz darauf mit einer Armee von eintausendvierhundert Mann an der South Bay landeten und in Eilmärschen gegen Fort Edwards vorrückten, hieß es für die Engländer, schnell zu handeln. Unverzüglich wurde Anfang September eine Armee von eintausend Mann unter Colonel Ephraim William ausgesandt, um Fort Edwards zu schützen. Anfangs fanden sich nur fünfzig Irokesen-Krieger unter Führung von King Hendrick ein, später kamen noch etwa zweihundert Krieger hinzu. Als der Plan geäußert wurde, eine kleine Abteilung den Franzosen entgegenzuschicken, winkte der kampferprobte, greise Mohawk-Häuptling lakonisch ab:

»Wenn sie kämpfen sollen, sind es zu wenige, wenn sie sterben sollen, sind es zu viele.«

Auch den Vorschlag, die Truppe in drei Abteilungen zu teilen, lehnte er ab. Er ergriff drei Holzstöcke und sagte:

»Haltet sie zusammen, so könnt ihr sie nicht zerbrechen; nehmt ihr sie einzeln, so könnt ihr sie leicht zerbrechen.«

Kurz vor der Schlacht stieg Hendrick auf eine Kanonenlafette und hielt eine Ansprache an seine Krieger. Er forderte sie auf, tapfer zu sein und ihren Verbündeten die Treue zu halten. Ein englischer Offizier berichtete später, er habe zwar kein Wort verstanden, doch allein die Stimme, der Blick und die Gebärden des alten Recken seien so gewaltig und voll Begeisterung gewesen, daß jene Rede ihn tiefer ergriffen habe als irgendeine andere, die er jemals gehört habe. Die englische Voraus-Abteilung kam am 8. September 1755 bis auf vier Meilen an das Lager der Franzosen heran. Baron Dieskau, der

Anführer der Franzosen und ihrer Verbündeten, hatte aber einen Hinterhalt gelegt. Plötzlich wurden die Engländer und Irokesen von einem Hagel von Kugeln und Pfeilen empfangen. Williams und King Hendrick, die einzigen Berittenen, fielen unter der ersten Salve. Die geschlagene Abteilung zog sich daraufhin zurück. Als Hendricks Sohn vom Tod seines Vaters erfuhr, legte er seine Hand aufs Herz und sagte:

»Mein Vater lebt hier noch immer. Nun ist der Sohn der Vater und steht hier zum Kampf bereit.«

King Hendrick, der große Mohawk-Häuptling, war tot. Seine Krieger kehrten nach Hause zurück und trauerten; unter ihnen befand sich ein dreizehnjähriger Knabe, der den Ruhm des Toten noch weit übertreffen sollte: Joseph Brant.

Ansprache King Hendricks

JOSEPH BRANT

Thayendanegea (»Ein Bündel Stäbe«)
Mohawk
Geb. 1742 am Ohio · Gest. 24. November 1807 in Brantfort,
Ontario, Kanada

McKenney-Hall-Porträt

»**I**CH HABE DIE VERBINDUNG DER
INDIANERSTÄMME MIT DEM KÖNIG
STETS ALS EINE HEILIGE SACHE
BETRACHTET.«

DER OSTEN

Daß die wohl berühmteste Persönlichkeit, die der Bund der Irokesen hervorbrachte, unter dem gänzlich unindianischen, fast gutbürgerlich klingenden Namen »Joseph Brant« in die blutige Chronik des Nordostens einging, ist eine der leisen Ironien der Geschichte.
Thayendanegea war der Sohn eines Unterhäuptlings der Mohawk. Nach dem Tode seines Vaters zog seine Mutter mit ihren beiden jüngsten Kindern Joseph und Mary (Molly) wieder an den Mohawk nach Canajoharie Castle. Ihr zweiter Mann war ein Indianer, der von den Weißen den Beinamen »Brent« (glatt) erhalten hatte, was sich später in Brant umwandelte und auch auf seinen Stiefsohn überging. Mentor der Familie wurde Sir William Johnson, britischer Superintendent und langjähriger Freund der Irokesen, dem Häuptling Hendrick ein großes Stück Land zwischen Mohawk und Canady Creek geschenkt hatte und der somit der reichste Grundbesitzer der Kolonie war.
Als seine Frau Caroline starb, nahm er die Schwester Joseph Brants zu sich und heiratete sie, wodurch sein gutes Verhältnis zu den Indianern noch intensiviert wurde. Er ermöglichte Joseph den Besuch des berühmten Dartmouth-Colleges in Lebanon, Connecticut, einer Missionsschule, in der der junge Indianer nicht nur die englische Sprache in Wort und Schrift perfekt beherrschen lernte, sondern sich auch mit Literatur und Geschichte befassen mußte. Es sind mehrere Briefe seines Lehrers, Dr. Eleazar Wheelock, überliefert, in denen Fleiß und Intelligenz seines Schülers gelobt werden. Doch auch als Krieger wurde Joseph Brant frühzeitig ausgebildet und nahm schon 1755, als Dreizehnjähriger, auf seiten der Briten an der Schlacht am Lake George teil.
Nach Abschluß seiner Schulausbildung wurde Joseph Brant von Sir Johnson als Dolmetscher eingestellt und mußte in dieser Funktion lange Reisen zu westlichen Stämmen mitmachen; dabei konnte er auch sein diplomatisches Können unter Beweis stellen. 1759 nahm er an der Niagara-Expedition Sir Johnsons teil, 1763 kämpfte er auf englischer Seite gegen Pontiac. Er trat zur anglikanischen Kirche über und wirkte bei der Überarbeitung eines Mohawk-Gebetbuches sowie bei der Übersetzung der Apostelgeschichte in die Mohawksprache mit. 1765 heiratete er die Tochter eines Oneida-Häuptlings, die aber schon nach sechsjähriger Ehe starb. Um seine beiden Kinder, einen Sohn und eine Tochter, nicht ohne Mutter aufwachsen zu

lassen, heiratete Brant nochmals, und zwar eine Halbschwester seiner ersten Frau.
Nach dem Tod Sir William Johnsons wurde dessen Neffe Guy Johnson Indianeragent der britischen Regierung. Er engagierte Brant als Privatsekretär. Auch zu Sir Williams Sohn aus erster Ehe, John Johnson, hatte Brant ein freundschaftliches Verhältnis, was zusammen mit seinen überragenden Fähigkeiten die Grundlage dafür bildete, daß er schon in jungen Jahren der einflußreichste Kriegshäuptling nicht nur seines Stammes, sondern der gesamten »League of Iroquois« wurde. Er begleitete Guy Johnson 1775 nach England, wo er, ebenso wie Pocahontas eineinhalb Jahrhunderte vorher, größtes Aufsehen erregte und auch bei Hof zu Gast war. Einem zeitgenössischen Bericht ist zu entnehmen:

> »Er trug die besten europäischen Anzüge. Sein tadelloses Benehmen und seine einwandfreie englische Aussprache verschafften ihm Umgang mit eleganten Herren und juwelengeschmückten Damen, die gar nicht glauben konnten, daß dieser distinguierte Herr mit der vorzüglichen Haltung eigentlich ein Indianer war, der es gewohnt war, seine laut schreiende Kriegsschar in nächtliche Massaker zu führen.«

Auf Wunsch des Earl of Warwick wurde der Häuptling von dem prominenten Maler Romney porträtiert. Der Großmeister der Freimaurer, der Earl of Moira, setzte sich für die Aufnahme Joseph Brants in den Freimaurerbund ein.
Joseph Brant wird als imposanter, ehrfurchtgebietender Mann von ebenmäßiger Erscheinung beschrieben, als Typ des geborenen Anführers, dessen Name allein bei den wilden Kriegern der irokesischen Stämme schon Respekt hervorrief. Weithin war er wegen seines ungewöhnlichen Mutes, seiner Intelligenz und Umsicht berühmt und gefürchtet.
Vor seiner Rückkehr versicherte Brant, für die britische Krone dreitausend Krieger zur Verfügung zu stellen. Dieses Versprechen löste er auch unmittelbar nach seiner Ankunft in Kanada ein. Seinem und seiner Schwester Molly Einfluß war es zuzuschreiben, daß sich vier Stämme des ursprünglich neutralen Irokesen-Bundes, nämlich die Mohawk, Cayuga, Seneca und Onondaga auf die Seite Englands stellten. Nördlich von Montreal traf er – inzwischen Colonel der

britischen Armee – mit sechshundert Kriegern und einem Trupp britischer Soldaten auf die Amerikaner, deren Kommandeur Bedell desertierte. Sein Nachfolger, Major Butterfield, ergab sich sofort. Die kurz darauf eingetroffene Verstärkung wurde nach schweren Kämpfen besiegt. Dabei fiel Captain McKinistry in die Hände der Indianer. Als er bereits am Marterpfahl stand und niemand mehr etwas für sein Leben gegeben hätte, machte er das Not- und Hilfszeichen der Freimaurer, worauf ihm Joseph Brant unter Aufbietung seines ganzen Einflusses das Leben rettete. Fortan verband lebenslange Freundschaft die beiden; immer wieder hat sich McKinistry für die Wahrheit der geschilderten Episode verbürgt. Ähnliches passierte dem amerikanischen Leutnant Boyd, in diesem Fall reichte aber Brants Einfluß nicht aus, dem Gefangenen das Leben zu retten.

1776 wurde Joseph Brant oberster Kriegshäuptling der Five Nations, aus denen später, als die Tuscarora hinzukamen, der Bund der Six Nations wurde. In den folgenden Jahren war er an fast allen Aktionen des britischen Militärs im Grenzgebiet maßgeblich beteiligt und wurde zu einem der meistgehaßten Feinde der Amerikaner.

Als er 1777 ein Heer gegen Cherry Valley führte, war General Herkimer der Anführer der Amerikaner. Bei Verhandlungen, in denen Herkimer die Auslieferung der königstreuen Weißen forderte, wurde keine Einigung erzielt. Der heimtückische Plan Herkimers, Brant und seine drei Begleiter zu ermorden, mißlang, worauf Brants Krieger das Grenzgebiet verwüsteten und gemeinsam mit englischen Soldaten nach Fort Stanwix am Mohawk zogen. Bei einem erbitterten Treffen wurden die Amerikaner geschlagen, Herkimer starb kurz darauf an den Folgen einer Verwundung. Die Engländer forderten Fort Stanwix zur Übergabe auf, andernfalls würden Brant und seine Mohawks die Grenze verwüsten. Durch eine List gelang es dem Kommandeur von Stanwix, die Gefahr wenigstens für den Moment zu beseitigen. Doch wenige Monate später erfüllte sich die Drohung. Joseph Brant und seine Irokesen-Krieger wurden zum »Schrecken der Grenze«.

Wie einst Neu-England im »King Philip's War«, so erzitterten nun die Gebiete am Mohawk unter dem Feuersturm der Indianer. Man schrieb das Jahr 1778. Das Cherry Valley fiel in Schutt und Asche. German Flats wurde vernichtet. In einem Rachefeldzug vernichteten die Amerikaner Oquaga und Unadilla, zwei von Indianern verlassene Orte, und zerstörten die Ernte auf den Feldern. Doch Brant revanchierte sich. Noch im selben Jahr zog er neuerlich gegen Cherry Valley; die englischen Soldaten gingen mit äußerster Grausamkeit vor, Brant rettete ein Kind vor dem Tod durch die Engländer. Im darauffolgenden Jahr zogen die wütenden Amerikaner mit fünftausend Mann unter dem Oberbefehl von General Sullivan gegen die vereinigten Engländer und Irokesen unter John und Guy Johnson und Brant. Nach einer langen und erbitterten Schlacht bei Newton – dem heutigen Elmira – mußten die Indianer fliehen. Die Amerikaner machten vierzig dicht bevölkerte indianische Siedlungen dem Erdboden gleich, zerstörten sämtliche Obstgärten und Maisfelder. Nach zeitgenössischen Berichten wurden fünfzehntausend Pfirsichbäume und einhundertfünfzig Scheffel Getreide vernichtet. Weiter heißt es:

> »Die Landschaft war nicht länger buntfarbig gefleckt mit goldenen Kornfeldern, fruchtbeladenen Obstgärten, blühenden Weiden und Wäldern alter Bäume. Soweit das Auge blickte, sah man dieselbe scheußliche Kohle-Landschaft. Der amerikanische General war glücklich.«

Diese barbarische Aktion ist wahrlich kein Ruhmesblatt der amerikanischen Geschichte und eines der vielen Kapitel, das von der offiziellen Geschichtsschreibung meist sehr einseitig dargestellt wird. Wie es bei kritischen Situationen heute noch zu sein pflegt, gab es auch bei den Irokesen nach den geschilderten Ereignissen »Falken« und »Tauben«. Der Repräsentant der »Falken« war Joseph Brant, Anführer der »Tauben« der junge Seneca-Häuptling Red Jacket, ein blendender Redner, der die Schuld am Verlust und an der Verwüstung des einst blühenden Mohawk-Tales zwar den Engländern gab, dessen Vorwurf sich aber unmittelbar an den englandtreuen Joseph Brant richtete. Außerdem setzte er sich in Widerspruch zu einem anderen Seneca-Häuptling, zu Cornplanter. Gemeinsam mit diesem gelang es Brant aber, den Versuch Red Jackets zu vereiteln, mit den Amerikanern Geheimverhandlungen aufzunehmen. Seitdem war Red Jacket Brants erbittertster Feind und schärfster Rivale.
Mitten in diese Zwistigkeiten platzte die Nachricht, daß sechshundert Amerikaner unter Oberst Brodhead in den Alleghanies erneut friedliche Siedlungen und Maisfelder zerstörten. Vier Wochen währte diese verbrecherische Aktion. Voller Zorn rüstete Brant eine

Armee von eintausend Indianern und Engländern aus, die unter seiner, Johnsons und Cornplanters Führung neuerlich die Siedlungen am Mohawk in rauchende Trümmerhaufen verwandelte. Mit größter Genauigkeit wurden aber die Besitztümer der königstreuen Engländer geschont, was zur Folge hatte, daß deren Häuser von erbosten amerikatreuen Nachbarn in Brand gesteckt wurden. Ein wütendes Gefecht zwischen den Leuten Brants und den Amerikanern unter General Van Rensselaer blieb ohne zählbaren Erfolg; die Indianer zogen sich im Dunkel der Nacht zurück.
Am 24. Oktober 1781 trafen Irokesen und Briten bei Johnson Hall neuerlich auf die Amerikaner, erlitten diesmal aber eine Niederlage. Als bei Friedensschluß zwischen England und den USA die Irokesen völlig ignoriert wurden, war Joseph Brant tief verletzt und zog sich mit dem Großteil der Mohawk nach Kanada zurück, wo er von den Engländern ein Gebiet am Grand River bekam. Unter dem Eindruck der amerikanischen Indianerpolitik erkannte er, daß nur ein Zusammenschluß aller Stämme dem expansiven Vordringen der Amerikaner Einhalt gebieten, könne. Auch er versuchte nun, den alten Traum Metacoms und Pontiacs von einem großen Bund der Indianerstämme zu verwirklichen – vergebens. Die Ohio-Stämme – Chippewa, Potawatomi, Wyandot, Shawnee, Delawaren, Miami und Ottawa – waren aufgrund ihrer früheren schlechten Erfahrungen mit den Irokesen mißtrauisch und schlossen sich ihrerseits zu einem neuen Bund, der »Western Confederation«, zusammen, um den Amerikanern in Krieg und Frieden wirkungsvoll entgegentreten zu können.
1785 besuchte Joseph Brant England zum zweiten Mal. Seine Verhandlungen hatten beachtlichen Erfolg; England entschädigte ihn für die Verluste im Krieg und sprach ihm ein Gehalt als Oberst der britischen Armee zu. Hinsichtlich seiner Einigungspläne stieß er allerdings auf wenig Begeisterung. Nach seiner Rückkehr bemühte er sich, sein Volk für den Ackerbau zu begeistern. Ein Angebot der Amerikaner, in ihrem Auftrag die westlichen Stämme zu befrieden, lehnte er empört ab.
In seinem schönen Haus am Westufer des Ontario-Sees lebte er – umgeben von zahlreicher Dienerschaft – seinen gesellschaftlichen und geistigen Interessen, empfing Besuche und führte eine umfangreiche Korrespondenz.

Aber Red Jacket, sein alter Rivale, ruhte nicht. Auf sein Betreiben hin wurde Brant in Abwesenheit angeklagt und seiner Häuptlingswürde entkleidet. Brant, selbst ein großer Redner, berief daraufhin den Stammesrat ein, hielt eine zündende Rede und feierte einen Triumph über seinen Gegner. Er erhielt die Häuptlingswürde zurück.

1807 starb er und wurde neben der von ihm erbauten Kirche in Grand River begraben. Mit ihm war eine der faszinierendsten indianischen Persönlichkeiten dahingegangen, die, wäre sie in eine andere politische Konstellation hineingeboren worden, die Fähigkeiten besessen hätte, das in die Tat umzusetzen, was vor ihm Metacom und Pontiac nicht gelungen war und was nach ihm auch Tecumseh vergebens versuchte: die Errichtung eines selbständigen indianischen Staates. Doch letztlich scheiterten alle derartigen Pläne an der Uneinigkeit der indianischen Stämme und Häuptlinge, die ein brutaler und indianischen Interessen völlig verständnislos gegenüberstehender Gegner skrupellos auszunutzen wußte.

Porträt Joseph Brants mit Unterschrift [1]

DER OSTEN

DIE CAYUGA

Die Cayuga lebten ursprünglich an den Ufern des Cayuga-Sees und bildeten die »südliche Wand« des »Langhauses« der »Five Nations«. Ihr Name leitet sich von dem Wort »Kweniogwe« ab, was »Der Ort, von dem die Heuschrecken entfernt wurden« bedeutet. Zu Beginn des Revolutionskrieges wanderte ein Großteil des Stammes nach Kanada aus. Der Rest lebte verstreut in New York und im Ohio-Gebiet, oftmals gemeinsam mit ebenfalls versprengten Mitgliedern anderer Irokesenstämme. Diese Indianer wurden gemeinhin als »Mingoes« bezeichnet. Innerhalb des Stammesverbandes spielten sie praktisch keine Rolle mehr; oftmals schlossen sie sich auch als Verbündete den Algonkinstämmen bei ihrem Kampf gegen die Amerikaner an. Der wohl berühmteste »Mingo« war der Cayuga Logan. Der historische Hintergrund seines tragischen Schicksals war »Lord Dunmore's War«.
Im Grenzregelungskongreß, der im Spätherbst 1768 in Fort Stanwix stattgefunden hatte und an dem Regierungsbeauftragte, Vertreter der verschiedenen Kolonien und etwa dreitausend Indianer teilgenommen hatten, war der Ohio als Grenze festgelegt worden. Dabei hatten die Irokesen ein gewichtiges Wort mitgesprochen und einige Regelungen durchgesetzt, die für die mit ihnen verfeindeten Shawnee und Cherokee sehr ungünstig waren. Vor allem wollten sich die Shawnee die wildreichen Jagdgründe Kentuckys nicht wegnehmen lassen. Der Unmut der Indianer äußerte sich in kleineren Überfällen auf einsame Siedlungen am Kanawha, auf Gehöfte, reisende Händler und Fallensteller. Dabei wurde peinlich genau zwischen Virginiern und Pennsylvaniern unterschieden: Während die von brennendem Haß auf die Indianer erfüllten Virginier gnadenlos getötet und skalpiert wurden, gewährte man den ob ihres Geschäftssinnes gefürchteten, gegenüber den Indianern aber immer toleranten Pennsylvaniern Pardon und vergriff sich höchstens an ihrem Eigentum.
Um in dieser brodelnden Ecke Ruhe zu schaffen, entsandte der Gouverneur von Virginia, Lord Dunmore, den irischen Hauptmann

Conolly mit etlichen Grenzern und Abenteurern an die pennsylvanische Grenze. Wieder einmal lautete die Devise, den Indianern gegenüber keine Milde walten zu lassen. Eine der Horden Conollys unter Führung von Captain Cresap ermordete in übermütigem Blutdurst mehrere friedliche Shawnee und zog weiter zum Yellow Creek, dem Sitz eines wegen seiner Friedensliebe weitum bekannten Cayuga-Häuptlings: Das Drama des unglücklichen Logan begann.

Weiße Gefangene unter Indianern

DER OSTEN

LOGAN

Tah-gah-juta (»Alleseher«)
Cayuga
Geb. um 1725 in Shamokin, Susquehanna River, Pennsylvania ·
Gest. 1780 auf dem Heimweg von Detroit

Es gibt kein authentisches
Bild von Logan

»**N**UN RINNT KEIN TROPFEN MEINES
BLUTES MEHR IN IRGENDEINEM
LEBENDEN WESEN. DAS FORDERT
RACHE. LOGAN HAT DIE RACHE
GESUCHT. LOGAN HAT VIELE GETÖTET.
LOGAN HAT SEINEN DURST VOLL
GESTILLT.«

DER NORDOSTEN

Logans Vater war der Cayuga-Häuptling Shikellamy, der aus Freundschaft zu James Logan, dem Freund William Penns und Sekretär des Gouverneurs von Pennsylvania, seinem zweiten Sohn den Namen Logan gab. Nicht beweisbar ist die bisweilen aufgestellte Behauptung, Shikellamy sei ein in Montreal geborener, von den Oneida gefangener und später adoptierter Franzose gewesen. Diese Theorie stützt sich lediglich auf die auffallende Zuneigung Logans zu den Weißen.

Logan führte mit seiner Familie und einigen seiner Leute ein friedliches zurückgezogenes Leben als Ackerbauer und Jäger. Sein Anwesen befand sich an der Mündung des Yellow Creek in den Ohio. Da ihn seine Jagdzüge durch ganz Pennsylvania führten, war er allerorten bekannt und beliebt. Daß einige seiner Verwandten von Weißen ermordet worden waren, hatte er längst vergeben. Wo er nur konnte, war er den weißen Siedlern mit Rat und Tat behilflich. Mancher Weiße hatte Logans rechtzeitigem Eingreifen Skalp und Leben zu verdanken. Seine Hilfsbereitschaft und Friedensliebe, besonders seine Liebe zu Kindern, waren geradezu sprichwörtlich, bis zu jenem verhängnisvollen 30. April des Jahres 1774.

Captain Cresap hatte seine blutgierige Meute noch rechtzeitig von einem Überfall auf Logan abhalten können; er wußte um die Popularität des Häuptlings und fürchtete die Folgen. Aber Daniel Greathouse, ein Kaschemmenwirt, der trotz ausdrücklichen Verbots Feuerwasser an Indianer ausschenkte, hatte ebenfalls Conollys Parole gelesen. Als Logans Frau, seine Söhne, Töchter und Enkel in der Schenke einkehrten, verständigte Greathouse rasch seine Nachbarn, machte die Indianer betrunken und ermordete sie alle. Es wird sogar berichtet, er und seine Kumpane hätten ihre Opfer auf ein Floß geworfen, es den Ohio hinabtreiben lassen und ein greuliches Scheibenschießen veranstaltet.

Diese Nachricht traf Logan wie ein Peitschenhieb. Seine bisherige Liebe zu den Weißen schlug plötzlich in tödlichen Haß um. Wie einst King Philip's Name als Schreckensruf Neu-England durchgellte, so wurde nun Logans Name zum Angstschrei pennsylvanischer Siedler. Schier unüberwindlich war er in seinem Rachedurst. Er überfiel Siedlungen und Gehöfte, lockte einen Trupp Siedler, die ihn verfolgten, in einen Hinterhalt und skalpierte den Anführer. Reich beladen mit Skalpen kehrte er von seinen Rachezügen zurück. Im veröderen

Haus einer gnadenlos getöteten Siedlerfamilie ließ er einen Brief zurück, den Aufschrei einer gequälten Seele:

> »Captain Cresap! Warum hast Du meine Angehörigen am Yellow Creek getötet? Einst habt Ihr Verwandte von mir bei Conestoga erschlagen, und ich verzieh und vergaß. Aber jetzt habt Ihr alle meine Leute umgebracht; da wurde mir klar, daß nun an mir die Reihe sei, und seither bin ich dreimal gegen Euch ausgezogen. Aber nicht die Indianer zürnen; nur ich.
>
> 21. Juni 1774 John Logan«

Die Ermordung der Familie Logans war auch für andere Stämme des Ohio-Gebietes ein Fanal für den Kampf gegen die Weißen. Ein erbitterter Krieg entbrannte, an dem auch Logan an vorderster Front mitkämpfte. Höhepunkt und Abschluß war die Schlacht von Point Pleasant am 1. Oktober 1774, nach der allerdings zahlreiche Häuptlinge kriegsmüde waren und in Verhandlungen eintraten, die schließlich zu einem Friedensschluß führten.

Einer hatte sich an den Verhandlungen nicht beteiligt: Logan. Barsch wies er die Gesandten Dunmores zurück. Endlich fand ein alter Grenzjäger namens Gibson bei Logan Gehör und konnte ihm die Botschaft des Lords überbringen. Die Antwort des verbitterten Häuptlings, die von Gibson Wort für Wort niedergeschrieben wurde, erlangte Unsterblichkeit als eines der ergreifendsten Dokumente der nordamerikanischen Geschichte:

> »Ich fordere jeden Weißen auf zu sagen, ob er Logans Hütte jemals hungrig betreten und keine Speise bekommen habe, ob er jemals frierend und nackt gekommen sei und keine Kleidung erhalten habe! Während des jüngsten, langen und blutigen Krieges[1] blieb Logan ruhig in seiner Hütte, als Anwalt des Friedens. So groß war meine Liebe zu den Weißen, daß meine eigenen Stammesbrüder riefen, wenn sie mich sahen ›Logan ist ein Freund der Weißen‹. Ich hätte auch weiterhin mit euch in Frieden leben wollen, wenn nicht das Verbrechen jenes einen Mannes alles zunichte gemacht hätte. Im vergangenen Frühling ermordete Colonel Cresap kaltblütig und ohne

---

[1] Gemeint ist der »French and Indian War«.

Grund alle Angehörigen Logans und schonte nicht einmal meine Frauen und Kinder. Nun rinnt kein Tropfen meines Blutes mehr in irgendeinem lebenden Wesen. Das fordert Rache. Logan hat die Rache gesucht. Logan hat viele getötet. Logan hat seinen Durst voll gestillt. Für mein Land freue ich mich über das Licht des Friedens. Aber glaubt nur ja nicht, dies sei eine Freude, die aus der Furcht erwachsen ist. Logan kannte niemals Furcht. Er wird niemals seine Gesinnung ändern, um sein Leben zu retten. Wer ist noch da, der um Logan trauern würde? Niemand.«

Ebenso berühmt wie Logans Rede waren die Worte, mit denen sich Thomas Jefferson dazu äußerte:

»Ich müßte sämtliche Reden des Demosthenes, Ciceros oder eines noch hervorragenderen Redners durchgehen, um auch nur eine Stelle darin zu finden, die der Rede Logans, eines Mingo-Häuptlings..., überlegen wäre!«

Logan unternahm fortan keine Kriegszüge mehr. Über sein Ende gibt es mehrere Versionen. Eine Version lautet, er habe sich nach und nach dem Trunk ergeben und sei bei einem Gelage von einem Indianer getötet worden. Nach einer anderen Version sollen ihm die Engländer, als er in Detroit zu Besuch weilte, Whisky verweigert haben. Daraufhin habe er gedroht, zu den Amerikanern zu gehen. Die Engländer sollen aus Furcht, er würde seine Krieger aufwiegeln, Mörder gedungen haben; Wissler meint, daß ein Neffe Logans die Tat vollbracht habe, während ein anderer Autor behauptet, Logan sei auf dem Rückzug von Detroit von einer Gruppe Weißer umgebracht worden.

DER OSTEN

DIE SENECA

Die Seneca, deren Name »Felsenbewohner« bedeutet, waren der größte Stamm innerhalb der Irokesen-Konföderation.
Zur Zeit der Ankunft der ersten Weißen lebten sie zwischen dem Genesee River und dem Seneca See. Um die Mitte des 17. Jahrhunderts, nach der Vernichtung der Huronen und der Erie, drangen sie weiter nach Westen, zum Erie-See und zum Alleghany-River, vor.
Im Jahre 1657 hatten die Seneca bereits elf Völker in den Stamm integriert, was im Sinne der Konföderation war. 1687 versuchten die Franzosen gemeinsam mit ihren indianischen Verbündeten, die Seneca-Dörfer zu überfallen, wurden aber von etwa siebenhundert Seneca-Kriegern geschlagen. Im 18. Jahrhundert sympathisierten die Seneca, die sich von der schnellen englischen Landnahme bedroht fühlten, zeitweise mit den Franzosen, wandten sich aber zu Beginn der Revolutionskriege – mit wenigen Ausnahmen – endgültig den Engländern zu.
Anthony Parker würdigte die geschichtliche Bedeutung seines Volkes im Vorwort zu seiner »History of the Seneca Indians« mit folgenden Worten:

> »Keine Nation ist wahrhaft groß, wenn sie nicht eine Krise überstanden hat und wenn sie nie Widerstand gekannt hat. In der Geschichte dieses Kampfes eines Volkes zum Schutz der Heimat haben wir gezeigt, wie der Seneca auf die konfliktreichen und verwirrenden Ereignisse um ihn herum reagierte, und wir haben schließlich gezeigt, wie der Stamm der Seneca loyaler Parteigänger einer Nation wurde, die sich mächtig über ihren alten Machtbereich erhob. Und auch der Seneca hat sich bewährt in der Krise, er verließ seine eigene kulturelle Umgebung und ging dorthin, wo der Weiße ihm einen Staat vorbereitet hat. Er hat den Franzosen widerstanden, den Holländern, den Engländern und den Ausbreitungsbestrebungen der

amerikanischen Republik, und er bildet heute den größten Indianerstamm des Ostens und er lebt noch immer in seinem ehemaligen Heimatland.«

Die Seneca brachten entsprechend ihrer politischen Bedeutung zahlreiche bedeutende Persönlichkeiten hervor. Als erster sei hier Cornplanter genannt, ein Häuptling, der im Gegensatz zu dem zeit seines Lebens englandtreuen Joseph Brant seine ursprüngliche Haltung änderte und sich auf die Seite der Amerikaner stellte.

DER OSTEN

CORNPLANTER

Kayethwahkeh (»Maispflanzer«, »Mit dem man anpflanzt«)
Seneca
Geb. um 1735 in Conewaugus, Genesee River, New York ·
Gest. 18. Februar 1836 auf seinem Gut am Alleghany River,
Pennsylvania

McKenney-Hall-Porträt

»DU HAST UNS GEZWUNGEN, ETWAS ZU TUN, WOFÜR WIR UNS SCHÄMEN MÜSSEN... DU HAST GESAGT, WIR SEIEN IN DEINER HAND, DU KÖNNTEST UNS ZU NICHTS ZERQUETSCHEN, WENN DU WOLLTEST. BIST DU ENTSCHLOSSEN, UNS ZU VERNICHTEN?«

Cornplanter war der Sohn eines weißen Händlers namens John O'Bail und einer Seneca-Indianerin. Über seine Abstammung berichtete er:

> »Als ich als Knabe mit den Indianerkindern spielte, bemerkten sie, daß meine Haut eine andere Farbe hatte als die ihre, und redeten darüber. Ich fragte meine Mutter, und sie sagte, daß ein Weißer mein Vater sei.«

Cornplanter wuchs auf, ohne seinen Vater zu kennen. Als junger Krieger soll er an den Kämpfen zwischen Engländern und Franzosen teilgenommen haben, so 1755 an der Schlacht gegen General Braddock. Als er jung verheiratet war und zu einem kompletten Hausstand noch allerhand fehlte, riet ihm seine Mutter, seinen Vater aufzusuchen, der mit seiner weißen Frau in Albany wohnte. Cornplanter machte sich auf den Weg, traf seinen Vater auch an und wurde bewirtet, mußte sich aber mit leeren Händen wieder auf den Heimweg machen. Sein geiziger Vater erfüllte weder die Bitte seines Sohnes nach einem Kochkessel und einem Gewehr noch gab er ihm Proviant auf den langen Weg mit.

Jahre später, bei einem der Kriegszüge, die Cornplanter zusammen mit Joseph Brant gegen die Siedlungen im Mohawk-Tal unternahm, traf er seinen Vater wieder, behandelte ihn allerdings besser als dieser ihn.

> »Du bist jetzt mein Gefangener und hast dich den Sitten der indianischen Kriegsführung zu unterwerfen. Es soll dir aber nichts passieren. Ich bin ein Krieger, der viele Skalpe erbeutet hat und viele Gefangene zu Tode gemartert hat. Du brauchst aber keine Angst zu haben. Ich bin dein Sohn. Ich hatte Sehnsucht, dich zu sehen und dich in Freundschaft zu begrüßen. Dein Leben soll geschont werden, denn die Indianer lieben ihre Verwandten und Freunde und behandeln sie gut. Wenn du zu deinem mischblütigen Sohn kommen und bei unserem Stamm wohnen willst, dann will ich für dich auf die Jagd gehen und dir deine alten Tage angenehm gestalten. Ist es aber dein Wunsch, zu deinen Feldern zurückzugehen und bei deinen weißen Kindern zu leben, so werde ich dich von einer Schar zuverlässiger junger Krieger nach Hause bringen lassen. Ich

schätze dich hoch, Vater! Du warst freundlich gegen die Indianer, daher sind auch sie deine Freunde.«

O'Bail entschied sich für die zweite Alternative und konnte unter dem Schutz seines Sohnes heimkehren.

1784 fanden Verhandlungen zwischen den Vereinigten Staaten und den Six Nations sowie den Ohio-Stämmen statt. Joseph Brant und einige andere Delegierte der Indianer hatten aus Protest gegen das herausfordernde und brutale Auftreten der Amerikaner die Konferenz verlassen. Cornplanter aber blieb und unterzeichnete den zweiten Vertrag von Fort Stanwix. Darin mußten die Irokesen auf die Gebiete westlich von Pennsylvania verzichten, außerdem wurde das gesamte von den Engländern an die Vereinigten Staaten abgetretene Indianerland zum Territorium der USA erklärt.

Nach dem Vertragsabschluß von Fort Stanwix gab George Washington seiner Wertschätzung gegenüber Cornplanter Ausdruck:

> »Die Verdienste Cornplanters und seine Freundschaft für die Vereinigten Staaten sind mir wohlbekannt und sollen nicht vergessen werden. Ich habe das Kriegsministerium angewiesen, ihm als Zeichen der Wertschätzung ein Geschenk von 250 Dollar, entweder in Waren oder in Geld – wie Cornplanter es lieber hat – zukommen zu lassen.«

Der Wert des Geschenkes stand natürlich in keinem Verhältnis zu dem, was sich die Vereinigten Staaten durch Cornplanters Politik ersparten und künftig noch ersparen sollten.

Trotzdem hatte der schlaue Cornplanter die Amerikaner überlistet. Er hatte nämlich ein Gebiet abgetreten, das gar nicht seinem Stamm gehörte: das Gebiet nordwestlich des Ohio. Erst viel später sollte den Amerikanern ihre Rolle als betrogene Betrüger klarwerden. Die solcherart ebenfalls betrogenen Ohio-Indianer schlossen sich daraufhin enger zusammen und konnten in den folgenden Jahren den Amerikanern derartige Schwierigkeiten bereiten, daß diese im Jahr 1789 gezwungen waren, neuerliche Verhandlungen aufzunehmen, die in Fort Harmar stattfanden.

Wegen des unverändert arroganten Auftretens der amerikanischen Delegierten blieb allerdings ein Großteil der indianischen Führer den Beratungen in Fort Harmar fern. Cornplanter, der seit dem Ver-

trag von 1784 den USA gegenüber loyal geblieben war, nahm teil und schloß zwei Verträge: Einen Vertrag mit den USA, in dem die Beschlüsse von Fort Stanwix bestätigt wurden, und einen Vertrag mit dem Staat Pennsylvania, dem er ein Gebiet westlich des Chautauqua-Sees abtrat. Es gelang ihm aber, ein kleines Gebiet vom Staat Pennsylvania zurückzubekommen.
1791 besuchte Cornplanter General George Washington in Philadelphia, der damaligen Hauptstadt des jungen Staates. Er wollte dabei erreichen, daß sein Stamm das durch den Vertrag von Fort Stanwix verlorengegangene Land wieder zurückbekäme. In einer eindrucksvollen Rede legte er die Probleme seines Stammes dar:

> »Vater! Die Stimme der Seneca spricht zu dir, dem großen Ratgeber deines Volkes, in dessen Geist die Weisheit aller Weisen der dreizehn Ratsfeuer vereinigt ist. Was wir sagen wollen, mag in deinen Ohren vielleicht unbedeutend erscheinen, aber wir bitten dich, uns trotzdem anzuhören, denn wir sprechen über Dinge von großer Wichtigkeit.
> Als sich dieses große Land ergeben hatte, waren nur wenige Häuptlinge da, und diese wurden gezwungen, das Land aufzugeben. Nicht nur die Six Nations werfen diesen Häuptlingen vor, das Land aufgegeben zu haben; auch die Chippewa und all die Stämme, die in diesen Gebieten nach Westen hin wohnten, fragen uns: ›Bruder unserer Väter, wo ist der Platz, den ihr für uns übriggelassen habt und an dem wir uns zur Ruhe legen können?‹
> Vater! Du hast uns gezwungen, etwas zu tun, wofür wir uns schämen müssen. Wir können den Kindern der Brüder unserer Väter nichts antworten. Als sie uns im vergangenen Frühling zum Kampf aufriefen, forderten wir sie auf, ruhig zu sein, bis wir mit dir gesprochen hätten...
> Du hast gesagt, wir seien in deiner Hand, du könntest uns zu Nichts zerquetschen, wenn du wolltest. Bist du entschlossen, uns zu vernichten?
> Vater! Unschuldige Männer unseres Stammes wurden von euren Leuten getötet, einer nach dem anderen, aber keiner dieser Mörder wurde von euch bestraft. Wir fragen dich nun: War es Absicht, daß eure Leute diese Seneca töten sollten, und

nicht nur unbehelligt blieben, sondern sogar von euch vor der Rache der Verwandten der Opfer geschützt werden?
Dies sind unsere großen Probleme. Wir wissen, daß du sehr mächtig bist – wir haben auch gehört, du seiest weise –, und wir warten nun auf deine Antwort, damit wir wissen, ob du auch gerecht bist.«

Durch Washingtons Einsatz konnte Cornplanter einigermaßen beschwichtigt werden. Der Gerechtigkeitssinn des Häuptlings sollte allerdings bald starken Schwankungen ausgesetzt sein. Im Zusammenhang mit dem Ausverkauf des Stammeslandes der Seneca spielte er in den darauffolgenden Jahren eine nicht gerade rühmliche Rolle. Sowohl er als auch Red Jacket ließen sich von dem Spekulanten Morris durch Geld bestechen und unterzeichneten am 16.9.1797 den Vertrag von Big Tree, in dem die Seneca ihr gesamtes Land bis auf etwas mehr als dreihundert Quadratmeilen, die sie als Reservationen behielten, verkauften. Cornplanter hatte die Gegner des Landverkaufs vorsätzlich getäuscht und hinter ihrem Rücken verhandelt. Dieser Vertrag und das Abkommen von Buffalo Creek vom 30.7.1802, das Cornplanter ebenfalls unterschrieb, schadeten seinem Ansehen im Stamm derart, daß er sogar um sein Leben bangen mußte.
Es ist verständlich, daß sein Ansehen bei den offiziellen Stellen der Vereinigten Staaten, besonders aber bei der Bevölkerung Pennsylvanias, in gleichem Maße zunahm, wie es bei seinen Stammesbrüdern abnahm. Bedeutende Männer der USA empfingen ihn, darunter Präsident Washington und General Wayne. Sein Bild ist durch ein Gemälde erhalten, das 1788 für englische Freunde angefertigt wurde, sein Ziel aber niemals erreichte, sondern in die Hände Timothy Matlacks gelangte, eines Mannes, dem Cornplanter einst das Leben gerettet hatte.
1792 nahm Cornplanter am Treffen Washingtons mit fünfzig Häuptlingen teil, 1802 lud ihn Präsident Jefferson zu einer Beratung über die Lage der Seneca ein. 1812 erklärte er sich sogar bereit, an der Spitze einer Schar Seneca gegen die Engländer zu ziehen, doch wollten dies die Amerikaner dem nun schon greisen Häuptling nicht mehr zumuten.
1816 schenkte ihm die Regierung eintausenddreihundert Acres Land

als privaten Besitz und gewährte ihm eine jährliche Pension von zweihundertfünfzig Dollar. Cornplanters Söhne wurden in Philadelphia ausgebildet; sein Lieblingssohn Henry focht tapfer im Krieg von 1812 und nahm als Major seinen Abschied; danach verfiel er aber immer mehr dem Alkohol, was seinem Vater sehr nahe ging.

Im hohen Alter erklärte Cornplanter, der Große Geist habe zu ihm gesprochen und ihm aufgetragen, keine weiteren Geschäfte mit den Weißen zu machen und keines der Geschenke, die er bekommen habe, zu behalten. Aus diesem Grund warf er alle Uniformen ins Feuer und zerbrach seinen Degen. Im Alter von annähernd hundert Jahren – sein Geburtsdatum ist nicht genau bekannt – starb er. Dreißig Jahre nach seinem Tod errichtete ihm der Staat Pennsylvania ein Denkmal.

RED JACKET

Sa-go-ye-wat-ha (»Der die Menschen wach hält«)
Seneca
Geb. 1752 in Canoga Point am Westufer des Cayuga-Sees,
New York · Gest. 20. Januar 1830 in Buffalo, New York

McKenney-Hall-Porträt

»**M**EIN HERZ IST VON GRAM ERFÜLLT, WENN ICH UM MICH BLICKE UND MEIN VOLK IN SEINER GEGENWÄRTIGEN LAGE SEHE. FRÜHER EINIG UND VOLLER MACHT, JETZT GESPALTEN UND SCHWACH. DIE LAGE MEINES VOLKES ERFÜLLT MICH MIT TRAUER.«

Wie bei keiner anderen indianischen Persönlichkeit charakterisieren die Namen dieses Mannes seine Eigenschaften aufs treffendste. Red Jackets ursprünglicher Name lautete Oc-ti-tiani, was »stets bereit« bedeutet und auf seine schon in der Jugend stark ausgebildete Redegewandtheit und Schlagfertigkeit hinweist. Später erhielt er den Namen Sa-go-ye-wat-ha, »der die Menschen wach hält«. Diesem Namen hat er zeit seines Lebens alle Ehre gemacht. Berühmt wurde er jedoch unter dem Namen »Red Jacket«, der auf eine weitere Grundeigenschaft seines Charakters hinweist, nämlich auf seine Eitelkeit. Für einige Botendienste hatte ihm ein englischer Offizier eine scharlachrote, reichbestickte Jacke geschenkt, über die er sich so freute, daß er sie ständig trug.

Obwohl seine Eltern einfache Seneca waren, gelangte er durch seine Rednergabe früh zu Ansehen. Seine Wirkung als Redner muß außerordentlich gewesen sein; in einem zeitgenössischen Bericht heißt es:

> »Mit der Würde eines römischen Senators ließ er seinen Blick über die Menge schweifen. Alles verstummte, nichts unterbrach die Stille, nur das sanfte Rauschen der Bäume, in deren Schatten sie saßen, war zu hören. Er beschrieb die Gutgläubigkeit seines Volkes und die Verbrechen, die die Weißen an ihm verübt hatten, mit so mitreißenden Worten, daß die Zuhörer sich entweder zur Rache aufgeputscht fühlten oder den Tränen nahe waren.«

Seine Haltung bei den Verhandlungen in Fort Stanwix 1784 machte Red Jacket weithin bekannt. Seine leidenschaftliche Rede, in der er den Vertrag verurteilte, nötigte sogar seinen Gegnern Respekt ab. Wenig später wurde er zum Häuptling gewählt. Die Frauen der Irokesen, die in der Stammesorganisation ein gewichtiges Wort mitzusprechen hatten und Häuptlinge ernennen und absetzen konnten, wählten ihn zu ihrem Sprecher. 1791 war er Mitglied der Seneca-Gesandtschaft, die bei Washington vorsprach. Ebenso war er unter den fünfzig Häuptlingen, die 1792 Philadelphia besuchten. Er bekam dort eine Silbermedaille überreicht; eine amerikanische Offiziersuniform wies er zurück, da er Friedenshäuptling sei. Als man ihm daraufhin einen einfachen Anzug geben wollte, zog er doch die Uniform vor, mit der schlauen Rechtfertigung, schließlich sei er in Kriegszeiten auch Kriegshäuptling.

Als Probe seiner kraftvollen farbigen Sprache und seiner Redekunst, die ihm zu Recht den Beinamen eines indianischen Demosthenes eintrug, möge der folgende Ausschnitt aus einer seiner Reden dienen:

> »Wie eine kleine Insel ragen wir aus dem Strudel eines großen Wassers. Der böse Geist reitet auf dem Wind und die Wasser werden aufgepeitscht. Sie steigen stürmend gegen uns an, und wenn uns erst die Wogen verschlungen haben, so werden wir für immer verschwunden sein. Wer wird unser Verschwinden beklagen? Keiner! Wer verhindert unsere Vernichtung? Niemand! Wir gehen in den Elementen unter.«

Nach diesen Worten wird die Äußerung mancher seiner Dolmetscher verständlich, wonach die englische Sprache nicht reich genug sei, die Schönheit seiner Rede wiederzugeben.
Dem Christentum stand er zeit seines Lebens voll Mißtrauen gegenüber. Nach seiner indianischen Denkweise konnte eine Religion nicht gut sein, die es nicht vermochte, ihre Anhänger zu besseren Menschen zu machen, als es die Weißen waren. Seine scharfsinnige Argumentation ist auch heute noch lesenswert. So erwiderte er einem Missionar, der ihn bekehren wollte:

> »Bruder, du sagst, es gibt nur eine Möglichkeit, den Großen Geist zu verehren und ihm zu dienen. Wenn es aber nur eine Religion gibt, warum seid ihr Weißen dann davon so weit entfernt? Warum seid ihr nicht einig, wenn ihr doch alle das Buch[1] lesen könnt. Bruder, wir können das alles nicht verstehen.
> Wir wissen, daß eure Vorfahren schon eine Religion hatten und daß sie vom Vater dem Sohn weitergegeben wurde. Auch wir haben eine Religion, die schon unsere Vorfahren hatten und die sie an uns, ihre Kinder, weitergegeben haben. Wir üben sie eben auf unsere Weise aus. Sie lehrt uns, dankbar für alle Gnaden zu sein, die wir empfangen, einander zu lieben und einträchtig zu sein. Niemals streiten wir über Religion, denn sie ist eine Angelegenheit, die jeder Mensch für sich mit

---

[1] Die Bibel.

dem Großen Geist ausmachen muß. Bruder, wir wollen deine Religion nicht zerstören oder sie dir wegnehmen; wir möchten nur gerne unsere eigene behalten.
Bruder, wir haben vernommen, daß du an diesem Ort auch den Weißen gepredigt hast. Diese Weißen sind unsere Nachbarn, wir kennen sie. Wir werden abwarten und sehen, welche Wirkung deine Predigt auf sie hat. Wenn wir feststellen, daß sie gut wirkt, daß sie ehrlich werden und weniger danach streben, die Indianer zu betrügen, dann werden wir nochmals über deine Worte nachdenken.«

Leider war dieser hochbegabte Mann nicht imstande, das Ränkespiel der Weißen voll zu durchschauen, wozu nicht nur seine Eitelkeit, sondern auch sein Hang zum Alkohol, vor dem er selbst oft genug warnte, beitrugen. Es ist nicht abzusehen, welche Folgen es gehabt hätte, wenn er die Macht seines Wortes einer Persönlichkeit wie Joseph Brant oder Tecumseh geliehen hätte. Im Zusammenhang mit Tecumseh fällt leider ein tiefer Schatten auf seine Person. 1810 informierte er den Indianeragenten über die Versuche des großen Shawnee-Häuptlings, die Seneca in seinen großen Indianerbund miteinzubeziehen. Zwei Jahre später bot er den Amerikanern sogar seine Hilfe an, war aber tief gekränkt, als diese abgelehnt wurde. Auch Red Jackets einstige Intrige gegen Joseph Brant fiel jetzt auf ihren Urheber zurück: Cornplanter hatte seine Fäden gesponnen und eine Anklage gegen ihn wegen Zauberei bewirkt. Eine hinreißende dreistündige Verteidigungsrede rettete ihn aber. Auch eine Absetzung durch sechsundzwanzig dem Christentum nahestehende Häuptlinge konnte er auf ähnlich bravouröse Weise rückgängig machen.

»Die christliche Partei ist gegen das Gesetz unserer Vorfahren vorgegangen. Ach! Mein Herz ist von Gram erfüllt, wenn ich um mich blicke und mein Volk in seiner gegenwärtigen Lage sehe. In den alten Zeiten einig und voller Macht, jetzt gespalten und schwach. Die Lage meines Volkes erfüllt mich mit Trauer. Wenn der Große Geist mich wegruft und ich erst in die andere Welt gegangen sein werde, wer aus meinem Volk kann meinen Platz einnehmen?«

Persönlich war ihm kein leichtes Schicksal beschieden. Seine erste

Frau hatte er verlassen, weil sie ihm untreu war. Einige seiner Kinder starben an Schwindsucht, seine zweite Frau trat 1827 zum Christentum über, worauf er sich von ihr trennte. Später versöhnte er sich wieder mit ihr. In seiner letzten Rede vor seinem Tod mahnte er:

> »Ich werde euch nun bald verlassen, und wenn ich weggegangen bin, werdet ihr weder meine Warnungen hören noch sie befolgen; vielmehr werden Verschlagenheit und Habsucht der Weißen überhandnehmen.«

Am 20. Januar 1830 starb er im Alter von 78 Jahren. 1884 wurden seine sterblichen Überreste auf den Forest-Lawn-Friedhof in Buffalo überführt.
1908 besuchte Karl May das Grab Sa-go-ye-wat-has. Eine Fotografie zeigt das Denkmal des großen indianischen Redners, zu seinen Füßen den Dichter, der den Indianern mit seinem unsterblichen Winnetou das wohl schönste Denkmal gesetzt hat.

Karl May am Grabmal Red Jackets

DER NORDOSTEN

DIE HURONEN

Der eigentliche Name dieses zur irokesischen Sprachfamilie zählenden Volkes lautet Wyandot oder Wendat, was »Inselbewohner« oder »Bewohner einer Halbinsel« bedeutet. Von den Franzosen, mit denen sie schon im 16. Jahrhundert in Berührung kamen, wurden sie »Huronen« genannt. Dieser Name leitet sich von dem französischen Wort »l-huire« ab, der Bezeichnung für die gesträubten Borsten eines Ebers, an die die Franzosen beim Anblick der Frisur der Wyandot-Krieger erinnert wurden. Die Wyandot lehnten diesen Namen immer ab, er findet sich aber in zahlreichen Berichten und Dokumenten und wurde nicht zuletzt durch Coopers »Lederstrumpf«-Erzählungen berühmt.
Die Heimat der Huronen, einer aus vier größeren und mehreren kleineren Stämmen bestehenden Konföderation, lag im Tal des St.-Lorenz-Stroms und im Gebiet der heutigen kanadischen Provinz Ontario zwischen dem Ontario-See und der Georgian Bay des Huron-Sees. Frühe Chronisten berichten, daß sie äußerst tüchtige Ackerbauern waren. Ursprünglich gehörten die Huronen zur irokesischen Konföderation, später trennten sie sich und verbündeten sich mit Algonkin-Stämmen gegen die Irokesen.
Als Cartier in den Jahren 1534 bis 1543 die Gebiete entlang des St.-Lorenz-Stroms erforschte, traf er schon mit Huronen zusammen. Nach Champlains Expedition im Jahr 1603 und der Gründung von »Neu-Frankreich« traten die Franzosen in freundschaftliche Verbindung mit den Huronen. Anfangs hatten besonders die Missionare beachtliche Erfolge zu verzeichnen; dies änderte sich erst, als die Irokesen in den Jahren 1648 und 1649 einen furchtbaren Vernichtungsfeldzug gegen die Huronen führten.
Vor allem waren es die Mohawk, die, unterstützt von den Oneida und Onondaga, die Huronen fast ausrotteten. In diesem Krieg waren die Irokesen nicht zuletzt deshalb weit überlegen, weil ihnen die Holländer Feuerwaffen verkauft hatten, während die Huronen von den Franzosen diesbezüglich nichts bekamen. Die Überlebenden

flohen – soweit sie nicht von den Siegern in den Stamm aufgenommen wurden oder unter dem Schutz der Franzosen in Quebec blieben – nach Westen, wo sie bei den Erie und anderen Stämmen Zuflucht fanden. Doch dies war für einen Großteil von ihnen nur der Anfang einer langen Odyssee, die der der Delawaren ähnlich war. Um 1700 ließen sie sich in Sandusky am Ohio nieder und nahmen später an den Abwehrkämpfen der Ohio-Indianer teil. Im 19. Jahrhundert kam auch ein Teil von ihnen bis nach Oklahoma.

Von ihren Häuptlingen erreichten etliche Berühmtheit; es seien nur Orontony, der Initiator einer gemeinsamen Aktion gegen die Franzosen, Leatherlips, einer der Gegenspieler Tenskwatawas, und Rundschädel, der tapfere Kampfgenosse Tecumsehs, genannt.

Der berühmteste Huronenhäuptling war aber zweifellos Adario, der nicht nur als Krieger und Diplomat von Bedeutung war, sondern auch literarischen Ruhm erlangte.

DER NORDOSTEN

ADARIO

Kondiaronk
Hurone
Geb. ? · Gest. 1701 in Montreal

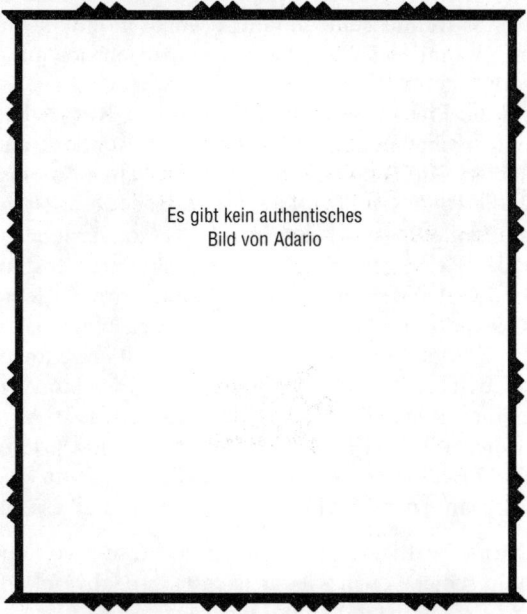

Es gibt kein authentisches
Bild von Adario

»Was für Menschen müssen
doch die Europäer sein?...
Die Europäer, die gezwungen
werden müssen, Gutes zu tun,
und durch nichts anderes abgehalten werden, Böses zu tun, als
durch die Angst vor der Strafe.«

Nach der vernichtenden Niederlage der Huronen gegen die Irokesen erwuchs denjenigen von ihnen, die in Quebec geblieben waren, in Adario ein Häuptling, der es durch diplomatisches Geschick verstand, den völligen Untergang seines Volkes zu verhindern. Adario gehörte zum Stamm der Tionontati, der zu der Huronen-Konföderation gehörte. Sein Bestreben war es, das Verhältnis zwischen den Franzosen und den Irokesen in Spannung zu halten; dadurch blieben die Huronen als Bundesgenossen der Franzosen immer unter deren Schutz, ohne Gefahr zu laufen, daß die Franzosen sich mit den »Five Nations« verbündeten.
Adario, dem die Franzosen den Beinamen »Le Rat« (»Die Ratte«) gaben, konnte nicht nur tapfer, ja sogar wild, sondern auch ausgesprochen schlau sein. Von seiner ungewöhnlichen Intelligenz wird später noch die Rede sein. Im Krieg Frontenacs (1686–1697) spielte er eine bedeutende Rolle. Als er erfuhr, daß Gouverneur Denonville ihn zwar in den Krieg gegen die Irokesen schickte, selbst aber heimlich mit ihnen verhandeln wollte, erfaßte ihn Zorn. Er legte der irokesischen Gesandtschaft, die auf dem Weg nach Montreal war, einen Hinterhalt und tötete einen Teil, den Rest nahm er gefangen.
Den Gefangenen erzählte er, daß der Gouverneur ihm verraten hätte, daß sie auf diesem Wege kommen würden. Die Abgesandten waren über diesen Verrat höchst überrascht und erklärten, sie seien tatsächlich zu Friedensverhandlungen gekommen. Nun spielte Adario den Hintergangenen und löste den Irokesen die Fesseln.

> »Geht, meine Brüder, ich nehme die Fesseln von euren Händen und schicke euch wieder nach Hause, obwohl unsere Völker im Kriegszustand sind. Der französische Gouverneur hat mich durch diese Aktion derart bloßgestellt, daß ich nicht eher beruhigt sein werde, als bis die Five Nations Rache genommen haben.«

Die Abgesandten waren von seiner Rede so angetan, daß sie vorschlugen, die beiden Völker sollten doch wieder Frieden schließen. Adario beschenkte sie reich, und sie kehrten zurück. Einer Botschaft Denonvilles, worin Adarios Intrige aufgedeckt wurde, schenkten die Irokesen keinen Glauben und wiesen sie scharf zurück. Im August 1689 nahmen sie furchtbare Rache an den Franzosen, die den Krieg heraufbeschworen hatten. Sie überfielen das Dorf La Chine bei

Montreal und töteten binnen einer Stunde zweihundert Bewohner. Anschließend eroberten sie das Fort und die Insel. Im weiten Umkreis waren alle Häuser zerstört. Am nächsten Tag schlugen sie eine Abteilung von achtzig französischen Soldaten. Mit mehr als hundert Gefangenen verschwanden sie.
Es spricht für Adarios Geschick, daß er bei den Franzosen trotz dieser Aktion nicht in Ungnade fiel. Als er 1701 während eines Aufenthaltes in Montreal starb, erwiesen ihm die Franzosen bei seinem Begräbnis militärische Ehren.
Adario war ein weitgereister Mann und besuchte Frankreich, New York und Quebec, um die Sitten und Gebräuche von Franzosen und Engländern zu studieren. Berühmtheit erlangte er, als Baron Louis Armand de Lahontan seine Gespräche mit dem Huronenhäuptling unter dem Titel »Bemerkenswertes Zwiegespräch zwischen dem Verfasser und einem weitgereisten Wilden mit gesundem Menschenverstand« in Frankreich veröffentlichte. Die Gespräche umfassen die drei Themenkreise »Religion«, »Gesetze« und »Eigentum« und werden hauptsächlich von Adario bestritten. Lahontan beschränkt sich auf einige kurze Entgegnungen, wenn ihm Adario in seinen Äußerungen zu weit zu gehen scheint.
Bezüglich Religion gibt Adario seinem Gesprächspartner folgenden Rat:

> »Enthalte dich der Laster, sei menschlich zu Menschen und bewahre die Ruhe des Geistes durch aufrichtige Uneigennützigkeit. Das ist es, was der Große Geist von allen Menschen fordert.«

Adario lehnt alle geoffenbarten und gestifteten Religionen ab, seiner Ansicht nach kann nur die Natur selbst das Wort Gottes verkünden. Als »Gesetz« empfindet Adario den natürlichen Antrieb zu Handlungen, die der Sache der Gerechtigkeit dienen. »Gesetz« als Ausdruck des Willens eines Mächtigen oder einer Priesterschaft lehnt er ab. Als Lahontan erwidert, daß Mord und Raub ins Unermeßliche wachsen würden, wenn nicht das Böse bestraft und das Gute belohnt würde, meint Adario:

> »Nein, ihr seid schon schlecht genug, und ich kann mir wirklich nicht mehr vorstellen, daß ihr noch schlechter werden könnt.

Was für Menschen müssen doch die Europäer sein? Welche Gattung von Geschöpfen ahmen sie nach? Die Europäer, die gezwungen werden müssen, Gutes zu tun, und die durch nichts anderes abgehalten werden, Böses zu tun, als durch die Angst vor der Strafe. Fragte ich dich, was ein Mensch ist, würdest du mir antworten, er ist ein Franzose; und doch würde ich dir beweisen, daß dein Mensch eher ein Biber ist. Denn ein Mensch darf nicht einen derartigen Charakter haben, geht er doch aufrecht auf zwei Beinen, liest er doch und schreibt und zeigt er doch tausend andere Variationen seiner Betriebsamkeit...
Wer gab euch all die Länder, die ihr nun bewohnt, mit welchem Recht besitzt ihr sie? Sie haben immer schon den Algonkin gehört. Ehrlich, mein teurer Bruder, ich bedaure dich aus tiefster Seele. Ich rate dir, werde ein Hurone; denn ich sehe einen gewaltigen Unterschied zwischen deinem Leben und meinem.
Ich bin Herr über meine Situation und über mich selbst. Ich bin Herr über meinen Körper, ich kann völlig über mich selbst verfügen; ich tue, was ich will, ich bin der erste und der letzte meines Stammes, ich fürchte niemanden; abhängig bin ich nur vom Großen Geist.
Dein Körper und deine Seele hingegen sind in Gefahr, in die Abhängigkeit deines großen Anführers zu geraten, dein Vizekönig verfügt über dich, du hast nicht die Freiheit, das zu tun, was du gerade willst, du hast Angst vor Räubern, falschen Zeugen, Mördern und anderem Gesindel, und du bist abhängig von unendlich vielen Personen, die durch ihre Stellung dir überlegen sind. So ist es doch, nicht wahr?«

Bemerkenswert sind auch die Gedanken des Huronenhäuptlings zur Bedeutung des »Eigentums«; sie charakterisieren aufs trefflichste die indianischen Vorstellungen zu diesem Thema. Er weist Lahontan darauf hin, daß in Frankreich die Menschen ohne Geld in der Überzahl seien; es würde sie also nichts hindern, die Stärkeren zu werden und den herrschenden Zustand, in dem sich das Volk vor denen in den Staub wirft, die es ausplündern, zu beenden:

»Sag mir, wer sind denn diese 300000 Soldaten, die euer Monarch in seinem Reich hat und die ihn so stolz und furchtbar machen? Sind es nicht 300000 Bettler, die sich für einige Sous täglich töten lassen wollen? Für wen? Für den Reichen, für die Erhaltung seines Überflusses und die Erhöhung seines Glücks.«

Adario schildert in der Folge das Modell einer idealen Gesellschaft, das bei den Huronen verwirklicht sei, wo das natürliche Recht ohne geoffenbarten Gott, ohne Herrscher und Gesetz zur Wirkung komme.
Die von Adario geäußerten Gedanken wurden nicht nur in Frankreich eingehend diskutiert, zwischen Lahontan und dem großen Wilhelm Leibniz entwickelte sich ein Briefwechsel über dieses Thema. Auf diese Weise wirkte Adario, der kluge Huronenhäuptling, sogar auf die europäische Geistesgeschichte ein und bestimmte maßgeblich das Bild, das man sich vor allem in Frankreich vom nordamerikanischen Indianer machte.

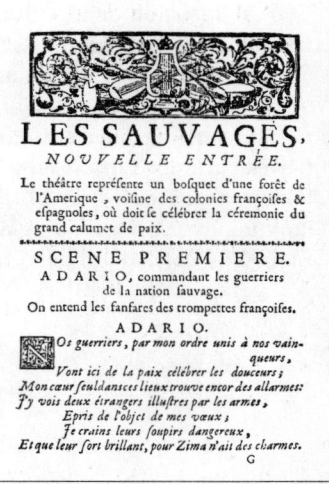

Adario als Hauptfigur eines Ballett Heroique

DER OSTEN

DIE OTTAWA

Die Ottawa, ein Stamm der Algonkin-Sprachfamilie, waren seit jeher als tüchtige Händler bekannt, was sich auch aus ihrem Namen ableiten läßt. Das Wort »Ottawa« bedeutet nämlich »handeln«. Sie waren eng verwandt mit den Chippewa und Potawatomi: Als die Franzosen das Gebiet um die Großen Seen zu erforschen begannen, lagen die Wohngebiete der Ottawa auf der Manitoulin-Insel und am Nordufer der Georgian Bay.
Nach der Vernichtung der Huronen griffen die Irokesen auch die Ottawa an, die daraufhin zur Green Bay und zum Teil noch weiter nach Westen flohen. Um 1670 durften sie auf Geheiß der Franzosen wieder zur Manitoulin-Insel zurückkehren. Ein Teil des Stammes ließ sich auch am Südufer des Erie-Sees, zwischen Detroit und dem Bear River, nieder. In den Kämpfen der Algonkin-Stämme gegen Engländer und Amerikaner spielten die Ottawa eine wichtige Rolle. Dieser Stamm brachte eine der größten indianischen Persönlichkeiten hervor: Pontiac, der um die Mitte des 18. Jahrhunderts erfolgreich versuchte, eine Allianz der im Gebiet der Großen Seen lebenden Algonkin-Stämme zu gründen. In zahlreichen Schlachten kämpften sie Seite an Seite mit den Franzosen.
Eine dieser Schlachten fand 1755 bei Fort Duquesne, dem späteren Fort Pitt, statt. Eintausendfünfhundert Engländer standen dreihundert Kriegern der Ottawa und Chippewa gegenüber; die Engländer befehligte General Edward Braddock, die Indianer ein unbekannter Häuptling. Erst Jahre später glaubten die Engländer den Namen des Mannes zu wissen, der ihnen die blamable und vernichtende Niederlage zugefügt hatte: Pontiac.

DER NORDOSTEN

PONTIAC

Ottawa
Geb. um 1720 an der Mündung des Auglaize in den Maumee
River, Ohio · Gest. 20. April 1769 in Cahokia, Illinois

Zeitgenössische Darstellung

»ES IST WICHTIG, DASS WIR JENES
VOLK AUS UNSEREM LAND
VERTREIBEN, DAS SICH UNSEREN
UNTERGANG ZUM ZIEL
GESETZT HAT!«

Es wird allgemein angenommen, daß Pontiac der Ehe eines Ottawa-Häuptlings mit einer Indianerin vom Stamm der Chippewa entstammte; dies wäre auch für seinen starken Einfluß auf beide Stämme eine naheliegende Erklärung. (Nach einer anderen Version soll er ein von den Ottawa gefangener und adoptierter Catawba gewesen sein.) Ähnlich wie Metacom war Pontiac das Oberhaupt eines Stammesbundes; diesem gehörten die Ottawa, Chippewa und Potawatomi an. Die Franzosen schätzten Pontiac sehr. Der Oberbefehlshaber der Franzosen in Kanada, Marquis von Montcalm, schenkte ihm als Anerkennung für seine Tapferkeit und Bündnistreue eine französische Offiziersuniform.

Mit der Niederlage in Quebec im Jahre 1760 hatten die Franzosen auch ihre Vormachtstellung verloren. Im selben Jahr erhielt Major Robert Rogers von General Amherst, dem Oberkommandierenden der Engländer, den Befehl, mit fünfzehn Schiffen und zweihundert Soldaten die Seen hinaufzufahren, um Detroit und andere bisher französische Stützpunkte sowie Michillimackinac, den großen indianischen Stütz- und Treffpunkt, im Namen Seiner Britischen Majestät in Besitz zu nehmen.

In der Nähe der heutigen Stadt Cleveland hielt Pontiac die Engländer auf und verbot Major Rogers, weiter vorzudringen. Zwischen den beiden Anführern fanden ausgedehnte Beratungen statt, in deren Verlauf Pontiac von der Niederlage der Franzosen erfuhr. In bewundernswert schneller Einschätzung der neuen politischen Lage erkannte Pontiac, daß nunmehr die Engländer seine künftigen Partner sein würden, und informierte sich nicht nur genau über ihre Lebensweise und Kriegführung, sondern ließ auch durchblicken, daß er – wie Rogers später berichtete – »sich damit begnügen wolle, unter der Herrschaft des Königs von Großbritannien sein eigenes Land zu regieren, und daß er willens sei, ihm einen jährlichen Tribut in Pelzen zu bezahlen«.

Zur Demonstration seines guten Willens und im Glauben, daß mit den Engländern ebenso gut auszukommen wäre wie mit den Franzosen, ließ er Rogers weiterziehen. Leider erwiesen sich einmal mehr die Engländer keineswegs als Gentlemen. Den Stammeshäuptlingen traten sie mit Überheblichkeit entgegen, verachteten die einfachen Indianer und waren nicht bereit, ihnen Bekleidung oder Munition zu verkaufen. Sie trachteten danach, das Monopol des Pelzhandels an sich zu reißen, und verlangten von den Indianern unverschämte Tributzahlungen. Verständlicherweise keimte Unzufriedenheit unter den Indianern auf, die zu heller Empörung wurde, als ihnen eine Warnung der Franzosen zu Ohren kam, wonach die Engländer planten, die Indianer völlig zu vernichten.

Noch gespannter wurde die emotionsgeladene Atmosphäre, als plötzlich – man schrieb das Jahr 1762 – ein bisher unbekannter Prediger aus dem Ohio-Tal bei den Algonkin an den Großen Seen erschien. Dieser »Delaware-Prophet« reiste von Dorf zu Dorf und von Stamm zu Stamm, rief seine Zuhörer auf, zur indianischen Lebensweise zurückzukehren, den Verlockungen der weißen Händler kein Gehör mehr zu schenken und die Engländer zu meiden. Er verkündete:

> »Wo ihr die Engländer in eurer Mitte duldet, werden ihre Krankheiten und Gifte euch völlig vernichten, und ihr werdet zugrunde gehen.«

Dann verschwand er wieder wie ein Spuk. Fast wörtlich sollte seine grauenvolle Prophezeiung später in Erfüllung gehen. Pontiac erkannte das Gebot der Stunde und nützte die allgemeine Stimmung aus. Er sandte geheime Boten mit roten Kriegswampums an alle Stämme vom Oberen See bis zur Mississippi-Mündung und ließ die Botschaft des Propheten verkünden. Der Erfolg blieb nicht aus, zumal er als Boten ausschließlich Männer mit überdurchschnittlicher Rednergabe gewählt hatte. Es gelang ihm, zahlreiche Stämme als Verbündete für den Kampf gegen die Engländer zu gewinnen.

Am 27. April 1763 versammelte Pontiac seine neuen Verbündeten am Fluß Aux Ecores nahe Detroit und hielt eine zündende Ansprache. Parkman beschreibt diese Szene in seiner »Conspiracy of Pontiac« aufgrund von Augenzeugenberichten:

> »Pontiac stand auf. Er war von mittlerer Größe, seine Figur war kräftig, muskulös und von auffallendem Ebenmaß. Seine Hautfarbe war dunkler, als man es bei Indianern gewohnt ist; seine Gesichtszüge waren zwar nicht ebenmäßig, sie waren aber kühn geschnitten und verrieten eisernen Willen. Sein Verhalten war gebieterisch; er machte den Eindruck eines Mannes, dessen Energie alle Widerstände zu brechen vermag. Er

blickte sich unter seinen Zuhörern um und begann mit lauter, leidenschaftlicher Stimme zu sprechen, wobei er seinen Worten durch heftige Gesten Nachdruck verlieh...
Er sprach:
›Meine Brüder! Es ist wichtig, daß wir jenes Volk aus unserm Land verjagen, das sich unseren Untergang zum Ziel gesetzt hat. Ebenso wie ich müßt ihr alle begreifen, daß wir unser Leben nicht länger so führen können, wie es bei unseren Vätern, den Franzosen, möglich war. Die Waren der Engländer kosten doppelt soviel wie die der Franzosen und sind trotzdem nichts wert... Außerdem gewähren sie uns keinen Kredit, wie es die Franzosen, unsere Brüder, immer taten. Wenn ich den englischen Häuptling besuche und ihm erzähle, daß einer unserer Leute tot ist, so wird mein Bericht ins Lächerliche gezogen; sie klagen nicht mit uns, wie es die Franzosen getan haben. Wenn ich um Hilfe für unsere Kranken bitte, so lehnt er es ab und sagt, daß er uns nicht haben will. Das bedeutet, daß er unseren Tod wünscht. Wir müssen die Engländer daher vernichten, ohne zu zögern. Nichts soll uns daran hindern! Sie sind nicht zahlreich, wir können sie mühelos besiegen – warum tun wir es nicht?
Sind wir keine Männer? Habe ich euch nicht die Wampums gezeigt, die ich von unserem Großen Vater, dem König der Franzosen, bekommen habe? Er fordert uns auf: Schlagt los!
Warum sollen wir seinem Rat nicht folgen? Wovor habt ihr Angst? Die Zeit ist gekommen! Meint ihr vielleicht, die unter uns lebenden Franzosen, die ja unsere Brüder sind, wären gegen uns?
Sie kennen unsere Pläne nicht, und wenn, dann würden sie uns nicht daran hindern, diese Pläne auszuführen. Laßt uns losschlagen. Ich habe Wampums und Nachricht an alle Chippewa im Osten der Michigan-Halbinsel geschickt, ebenso an unsere Brüder, die Ottawa in Michillimackinac...
Wir haben sie alle zu gemeinsamem Handeln aufgefordert. Inzwischen schlagen wir aber schon los. Wir haben keine Zeit mehr zu verlieren; wenn die Engländer besiegt sind, werden wir alle Wege versperren, so daß sie niemals wieder in unser Land eindringen können!‹

Pontiac rief seinen Zuhörern auch in Erinnerung, daß die Indianer einst Schulter an Schulter mit ihren französischen Verbündeten gegen den gemeinsamen Feind gekämpft hatten: In der Schlacht am Monongahela in Pennsylvania hatten sie die Fahnen der Engländer in den blutigen Schlamm des Flusses gestampft. Nachdem der Redner seine Zuhörer bis zur Ekstase aufgepeitscht hatte, brachte er durch die Weissagung des Delaware-Propheten und seine siegverheißenden Visionen wieder Ruhe unter sie.«

Pontiacs Strategie bestand – ähnlich wie die Metacoms – darin, möglichst gleichzeitig an verschiedenen Orten anzugreifen, um dadurch Nachschub und gegenseitige Hilfe der Engländer unmöglich zu machen. Alle britischen Posten von den Großen Seen bis zum Fort Pitt am Ohio sollten zum Stichtag angegriffen und vernichtet werden. Von all dem ahnte der englische Oberkommandierende, General Jeffrey Amherst, nichts. Warnungen verlachte er. Indianer waren für ihn Wilde und keines planmäßigen Denkens fähig. Doch er täuschte sich. Zu diesem großartigen militärischen Plan Pontiacs trat ein vielleicht noch genialerer Plan zur Finanzierung des Krieges, der den Ottawa-Häuptling auch als gewieften Finanzstrategen ausweist: Pontiac gab zur Beschaffung von Kriegsvorräten zinslose Obligationen aus, die aus Stücken von Birkenrinde mit dem Totem der jeweiligen Häuptlinge bestanden. Das Zeichen Pontiacs war ein Otter. Die Verwaltung dieser finanziellen Angelegenheiten übergab Pontiac seinem Privatsekretär, dem kanadischen Gutsbesitzer Quilleriez.
Am 7. Mai 1763 war es soweit: Zweitausend Meilen im Umkreis standen die rechtmäßigen Herren des Landes gegen die englische Besatzung auf, neun der zwölf Forts fielen am ersten Tag. Pontiac selbst hatte die Aufgabe übernommen, Fort Detroit zu erobern, dessen zweitausendfünfhundert Einwohner und einhundert feste Häuser von einer siebeneinhalb Meter hohen Palisade geschützt waren. Sein minutiös ausgeklügelter Plan, Detroit durch List zu Fall zu bringen, wurde durch den Verrat eines Chippewa-Mädchens zunichte gemacht. Nun eröffnete er mit einer regelrechten Proklamation offiziell den Krieg:

> »Jeder, der nach Fort Detroit Mundvorrat oder sonstigen Bedarf bringt, hat mit Todesstrafe zu rechnen.«

Major Gladwyn, der Befehlshaber der einhundertzwanzig Mann starken Besatzung, sandte eine Delegation zu Pontiac und kapitulierte, worauf der Häuptling Nachschubtransporte passieren ließ. Doch die Kapitulation war lediglich eine arglistige Täuschung, um Vorräte zu erhalten. Gladwyn hatte auch keine Skrupel, sowohl seine Unterhändler der Wut der Indianer zu überlassen als auch jenes unglückliche Chippewa-Mädchen, das ihm aus Liebe Pontiacs Anschlag verraten hatte. Monatelang wurde Fort Detroit belagert. Mehrere Entsatz- und Ausfallversuche scheiterten, Leutnant Cuyler und Captain Dalyell wurden vernichtend geschlagen.

Endlich merkte auch General Amherst, daß mit Pontiac nicht zu spaßen sei. Er entsandte zwei Armeen auf verschiedenen Wegen in das Kernland der Indianer: Die erste Armee, befehligt von Colonel Henry Bouquet, marschierte von Philadelphia über Fort Pitt ins Land der Delawaren und Shawnee, die zweite Armee unter Colonel Broadstreet von den Seen in südlicher Richtung nach Detroit. Der Auftrag Amhersts, wohl eines der übelsten Repräsentanten der britischen Krone in der Geschichte Nordamerikas, war von brutaler Eindeutigkeit:

> »Diese Völker dürfen nicht als edle Feinde behandelt werden, sondern als das niedrigste Gesindel, das je die Erde unsicher gemacht hat und dessen Ausrottung als Verdienst angesehen werden muß. Es darf dabei keine Gefangenen geben, alle Angehörigen jener räuberischen Stämme müssen getötet werden. Wer aber Pontiac, diesen feigen Schurken von Ottawa-Häuptling, zur Strecke bringt, soll eine Belohnung von 100 Pfund bekommen.«

Dieser General Amherst war es auch, der in einer Botschaft an Colonel Bouquet den teuflischen Gedanken hatte, die Indianer mit Pocken zu infizieren, und damit für sich den traurigen Ruhm in Anspruch nehmen kann, einer der Vorreiter der bakteriologischen Kriegsführung zu sein:

> »Kann es nicht irgendwie bewerkstelligt werden, die Pocken unter diese aufrührerischen Indianerstämme zu bringen? Wir müssen jedes in unserer Macht stehende Mittel ergreifen, sie auszurotten.«

Und pflichteifrig erwiderte Bouquet seinem Vorgesetzten:

> »Ich will versuchen, die Krankheit auf sie zu übertragen, durch Decken, die sie erbeuten könnten, und werde darauf achten, die Krankheit nicht selbst zu bekommen.«

Es wird berichtet, daß daraufhin bei Fort Pitt mehr als sechzig Indianer an Pocken gestorben seien.
Die Armee Bouquets traf auf dem Weg nach Fort Pitt auf die Krieger der Shawnee und Delawaren, die der Vorhut der Engländer schwere Verluste zufügen konnten, dann aber zwischen zwei Fronten gerieten und bei Bushy Run geschlagen wurden. Diese Nachricht entmutigte viele der Verbündeten Pontiacs, zumal dieser bei der Belagerung Detroits durch eine neuerliche List Major Gladwyns schwere Verluste hinnehmen mußte. Nach und nach fielen zweiundzwanzig Stämme mit insgesamt etwa zweitausend Kriegern von Pontiac ab und liefen zu den Engländern über. Auch die Franzosen, die am 10. Februar 1763 den für sie schmachvollen Frieden zu Paris unterzeichnen mußten, sagten sich endgültig von Pontiac los. Verbittert brach dieser die Belagerung von Fort Detroit ab und zog sich mit seinen Getreuen in die Wälder zurück.
Pontiac gab sich aber nicht geschlagen. Er schmiedete neue Pläne und versuchte, neue Verbündete zu gewinnen. Er reiste zu den Kickapoo, zu den Stämmen des Miami- und des Illinois-Bundes und begeisterte sie für seine Sache. Er hoffte, daß ihm die Franzosen trotz allem ihre Unterstützung nicht versagen würden. Doch der französische Kommandant von Fort Chartres weigerte sich, ihm Waffen und Munition zu geben. Die Gesandten, die er nach New Orleans zu den Franzosen geschickt hatte, kamen mit abschlägigem Bescheid zurück. Sein strategisch brillanter Plan, wonach die Stämme Louisianas den Mississippi für die Engländer sperren sollten, um auf diese Weise deren Angriffs- und Nachschubmöglichkeiten einzuengen, stieß auf Unverständnis.
Zähneknirschend mußte sich Pontiac in das Unvermeidliche fügen und sich den Engländern ergeben, um dadurch wenigstens Zeit zu gewinnen. Der Vertrag wurde am 27. August 1764 in Detroit ratifiziert.
In den folgenden Jahren stand Pontiac offiziell auf seiten der Engländer. Amherst war als Oberbefehlshaber abgelöst worden, an seine

Stelle trat General Thomas Gage, der die staatsmännischen und strategischen Fähigkeiten Pontiacs zu schätzen wußte. Pontiac unterstützte sogar einige Aktionen des englischen Militärs gegen widerspenstige Stämme und genoß nun allgemeines Ansehen als Häuptling in Krieg und Frieden. Trotzdem fühlte er sich in dieser Rolle nicht wohl. Er verhielt sich nach außen hin friedlich, unternahm aber immer weitere Reisen, um neue Verbündete zu gewinnen. Er verhandelte mit den Stämmen der Dhegiha- und Chiwere-Sioux, ja sogar mit den Pawnee, um sie für seine Idee zu begeistern.

Auf einer dieser Reisen gelangte er nach Cahokia – nahe St. Louis –, wo etliche Indianer vom Stammesbund der Illinois lagerten. Pontiac beschimpfte die von gewissenlosen englischen Händlern betrunken gemachten Indianer und wandte sich voll Abscheu ab. Ein Händler namens Williamson, der um sein Geschäft bangte und dem die französische Uniform Pontiacs ein Dorn im Auge war, bestach einen betrunkenen Kaskaskia-Indianer, den verhaßten Häuptling aus dem Weg zu räumen. Für ein Fäßchen Schnaps als Judaslohn erklärte dieser sich bereit, den Häuptling zu ermorden. Er schlich ihm nach, und als Pontiac sich auf ein Geräusch hin umdrehte, schlug ihm der Mörder den Tomahawk in die Stirn. Tot sank der große Kriegsheld zu Boden, gefällt durch die Hand eines Verräters der eigenen Rasse.

Als seine Freunde den Mörder fangen wollten, wurden sie von den Illinois-Indianern vertrieben. Erbittert über die Treulosigkeit sammelten sich Pontiacs treue Freunde und Verbündete, die Ottawa, Potawatomi, Sauk und Fox und vernichteten die Illinois fast völlig. Pontiac wurde mit militärischen Ehren beigesetzt. Die Indianer hatten einen ihrer größten und genialsten Staatsmänner verloren.

DIE MIAMI

Dieser Stamm gehört zur Algonkin-Sprachfamilie und ist eng mit den Illinois verwandt. Man nimmt an, daß sein Name von dem Chippewa-Wort »Omaumeg« herrührt, was »Bewohner der Halbinsel« bedeutet. Die Miami behaupteten, daß dieser Name von der Bezeichnung für »Taube« stammt. Sie selbst nannten sich allerdings »Twightwees«, was den Schrei eines Kranichs wiedergeben soll.
Im 16. Jahrhundert siedelten sie im Gebiet der Green Bay im heutigen Staat Wisconsin. Ende des 17. Jahrhunderts zogen sie nach Süden und ließen sich am südlichen Ende des Michigan-Sees – in der Gegend des heutigen Chicago – sowie am St. Joseph River nieder. Unter dem Druck anderer Stämme, wie der Potawatomi und Kickapoo, wichen sie nach Südosten aus und gelangten bis ins Gebiet des Scioto River, das sie 1763 aber an die Shawnee abtraten. Hierauf kehrten sie wieder in ihre früheren Wohngebiete in Indiana zurück.
In den Abwehrkämpfen der Algonkin-Stämme gegen Engländer und Amerikaner spielten die Miami eine wichtige Rolle; für kurze Zeit sollten sie sogar dank der überragenden Persönlichkeit ihres Häuptlings Little Turtle die Führung übernehmen, die während des »Lord Dunmore's War« der Shawnee-Häuptling Cornstalk innegehabt hatte.
Der Unabhängigkeitskrieg der Kolonien gegen England war 1783 zu Ende gegangen, das Land südlich der Großen Seen gehörte nun den Vereinigten Staaten. Doch das politische Ränkespiel ging weiter. Die Amerikaner waren nicht imstande, die Royalisten angemessen zu entschädigen, wie es vereinbart worden war. Außerdem befürchteten die Engländer, daß sie nunmehr die einträglichen Handelsgeschäfte mit den Indianern an die Amerikaner abtreten müßten. Deshalb wurden die Indianer am Miami und am Wabash, bei denen die Befriedungsversuche ohnehin keinen Erfolg gezeigt hatten, von Kanada aus in ihrem Widerstand gegen die skrupellos vordringenden Grenzer durch Waffenlieferungen unterstützt, was einen dauernden Kleinkrieg zur Folge hatte. Nach dem Tode Cornstalks war Little

DER OSTEN

Turtle, der Häuptling der Miami, zum geistigen Führer der Stämme an der Grenze geworden. Sein Ziel war es, die gleichen Stämme, die eine Generation vorher Pontiac zu einem mächtigen Bund geeinigt hatte, erneut zusammenzuschließen. Daß ihm dies in sehr eindrucksvoller Weise gelang, sollten die Amerikaner bald zu spüren bekommen.

DER NORDOSTEN

LITTLE TURTLE

Michikinikwa (»Kleine Schildkröte«)
Miami
Geb. 1752 am Eel River, Indiana · Gest. 14. Juli 1812 in
Fort Wayne, Indiana

Zeitgenössische Darstellung

»IHR BREITET EUCH AUS WIE ÖL AUF DEM WASSER, WIR SCHMELZEN HINWEG WIE DER SCHNEE UNTER DER FRÜHLINGSSONNE. LERNEN WIR NICHT EURE KÜNSTE, SO IST DAS VOLK DER ROTEN MÄNNER VERLOREN, SIND SEINE TAGE GEZÄHLT.«

Little Turtles Vater war ein Häuptling der Miamis, seine Mutter war eine von den Miamis adoptierte Mohegan-Indianerin. Aufgrund seines Mutes im Kampf und seiner nicht nur vom eigenen Stamm bewunderten Fähigkeit, Situationen schnell und richtig beurteilen und dementsprechende Entscheidungen fällen zu können, wurde er schon früh zum Häuptling ernannt. Der Name »Kleine Schildkröte« täuscht etwas über die wirkliche Erscheinung des indianischen Feldherrn hinweg. Little Turtle wird als groß, stattlich und würdevoll beschrieben. Zusammen mit den Häuptlingen Blue Jacket von den Shawnee und Pachgantschilhilas von den Delawaren konnte er seinen großen Einigungsplan verwirklichen und die Stämme der Miami, Shawnee, Delawaren, Wyandot, Seneca[1], Potawatomi, Chippewa und Ottawa in einem großen Bund zusammenschließen.
Am 13. September 1791 marschierte auf Befehl der amerikanischen Regierung General Harmar vom Fort Washington aus in Richtung der Indianerdörfer am Miami. Die nun folgenden Auseinandersetzungen gingen als »Krieg gegen die Nordwest-Indianer« in die Geschichte ein (1790–95). Harmars Heer bestand aus dreihundertzwanzig Armee- und ungefähr eintausendzweihundert Milizsoldaten. Ziel des Unternehmens sollte es nach Vorstellung des Präsidenten Washington sein, die Westgrenze »sicher« zu machen. Was dabei unter Sicherheit zu verstehen war, sollte sich alsbald zeigen. General Harmars Leute zündeten die von den Indianern rechtzeitig verlassenen Dörfer an und vernichteten die Maisfelder.
Nach getaner Arbeit schlug Harmar ein Lager auf. Als verdächtige Indianerspuren entdeckt wurden, brach Oberst Hardin mit einhundertachtzig Mann Soldaten und Miliz zur Verfolgung auf und ging in eine von Little Turtle gestellte Falle. Fast keiner seiner Leute überlebte. Harmar entschloß sich zum Rückzug; dabei liefen dreihundertsechzig seiner Leute neuerlich in eine Falle, wurden geschlagen und verloren einhundertfünfzig Mann. Auf eigenen Wunsch wurden Harmar und Hardin vor ein Kriegsgericht gestellt, beide wurden freigesprochen.
Angefeuert durch die Erfolge über die amerikanische Armee setzten die Indianer ihre Angriffe auf Grenzsiedlungen fort. Die amerikanische Regierung erließ nun ein Gesetz zur Verstärkung der Armee.

---

[1] Genaugenommen nur die im Ohio-Gebiet lebenden Seneca.

DER NORDOSTEN

Arthur St. Clair, der gicht- und sorgengeplagte Gouverneur der nordwestlichen Gebiete, wurde zum Generalmajor ernannt; ein Regiment neue Soldaten wurde ausgehoben, und 1792 brach neuerlich ein zweitausend Mann starkes Heer unter St. Clair von Fort Washington aus auf. Am 3. November schlug St. Clair in ungefähr fünfzehn Meilen Entfernung von den Miami-Dörfern sein Feldlager auf. Die Stärke seines Heeres hatte sich mittlerweile um etliche hundert Mann vermindert, die unterwegs desertiert waren.

Am Morgen des 4. November – dem »dies ater« der amerikanischen Kriegsführung – griff das Indianerheer Little Turtles an, von Westen Wyandot und Delawaren, von Osten die Seneca und die anderen Verbündeten. Die amerikanische Miliz geriet in ein wüstes Durcheinander und suchte ihr Heil in wilder Flucht. Dabei warfen die Helden nicht nur Waffen und Ausrüstung weit von sich, sie ließen in panischer Angst sogar die Verwundeten zurück. Heiß umkämpft waren die von Soldaten verteidigten Kanonen, schließlich fielen aber auch sie in die Hände der Indianer. Die Verluste der Amerikaner wurden nicht gezählt, die Zahl der Toten wird aber auf neunhundert geschätzt, darunter neunundfünfzig Offiziere. Die wilde Flucht zum dreißig Meilen entfernten Fort Jefferson dauerte vom Vormittag bis zum Sonnenuntergang; dabei legte der Rest des amerikanischen Heeres eine Strecke zurück, für die es beim Anmarsch vierzehn Tage benötigt hatte. Die Indianer, die reiche Beute an Waffen und Vorräten gemacht hatten, verfolgten die Flüchtenden noch eine Strecke von vier Meilen. Die vereinigten Indianerstämme hatten den Vereinigten Staaten die schwerste, verlustreichste und blamabelste Niederlage in der gesamten Geschichte Nordamerikas zugefügt.

Die Nachricht von der Niederlage ihrer Truppen rief bei den Amerikanern Bestürzung hervor; Washington, der vor Beginn der Aktion gegen die Indianer St. Clair vor Überraschungen ausdrücklich gewarnt hatte, war fassungslos. General Wayne, der »tolle Antony«, wie man ihn nannte, wurde nun mit dem Kommando beauftragt. Im Sommer 1794 zog er zweitausend reguläre, von ihm gründlich ausgebildete Soldaten und einhundert Mann berittene Miliz bei Fort Recovery zusammen, das am Ort von St. Clairs Niederlage errichtet wurde. Wayne sandte eine Delegation zu den Indianern, die ein Friedensangebot unterbreiten sollte, brach aber auf, ohne die Rückkehr der Gesandten abzuwarten.

Inzwischen hielten die Indianer großen Kriegsrat. Little Turtle warnte vor Wayne, wurde aber von Blue Jacket, Simon Girty, der in seiner Eigenschaft als Delawaren-Häuptling teilnahm, und anderen Häuptlingen, darunter einem jungen Shawnee-Anführer namens Tecumseh, überstimmt. Der Kriegsrat beschloß, den Kampf in einem Windbruch in der Nähe des englischen Forts Miami – Fallen Timbers genannt – stattfinden zu lassen. Die durch einen Tornado kreuz und quer hingeworfenen Baumstämme sollten den Indianern im Nahkampf Vorteile bringen, die Amerikaner sollten vor das englische Fort gedrängt werden, dessen Kanonen das ganze Tal überstreichen konnten. Blue Jacket vertraute fest auf die Hilfe des Kommandanten Campbell. Unter diesen Bedingungen war die Strategie durchaus klug erdacht, leider aber sollte Campbell das in ihn gesetzte Vertrauen nicht rechtfertigen, obwohl er den Indianern ausdrücklich seine Unterstützung zugesichert hatte.

Am 20. August 1794 kam es zur Schlacht. Die indianische Streitmacht war ungefähr zweitausend Mann stark und wurde von der amerikanischen Übermacht zum Fort Miami zurückgedrängt, doch die erwartete Hilfe durch die englischen Kanonen blieb aus, Campbell schloß sogar die Tore des Forts und sah zu, wie die geflohenen Indianer, darunter Frauen und Kinder, vor seinen Augen von den blutdürstigen amerikanischen Milizsoldaten niedergemetzelt wurden. Tags zuvor war nämlich ein Kurier aus Detroit eingetroffen, der gemeldet hatte, Washingtons Beauftragter in England habe einen Vertrag unterzeichnet, worin sich England verpflichtet hatte, sich jeder Einmischung zu enthalten. Damit war die Niederlage der Indianer besiegelt.

Die »edlen Sieger« unter General Wayne zerstörten wieder einmal meilenweit alle Maisfelder und ließen die Indianer zwischen »Frieden« und Ausrottung wählen. Am 3. August 1795 unterzeichneten die Indianer den Frieden zu Greenville, Ohio; sie mußten ein Gebiet von sechzigtausend Quadratkilometer abtreten und bekamen dafür einen Bettel von zwanzigtausend Dollar sowie eine regelmäßige jährliche Zahlung von neuntausend Dollar. Darüber hinaus wurde ihr Recht auf die verbleibenden Ländereien anerkannt. General Wayne konnte es nicht unterlassen, den Indianern seinen ebenso überflüssigen wie pharisäerhaft väterlichen Rat mitzugeben:

> »Wir können auf eure Gefühle, so achtbar sie auch sein mögen, keine Rücksicht nehmen. Ihr habt selbst die Ereignisse heraufbeschworen, nun müßt ihr die Folgen tragen. Es bleibt euch noch genug Land, so daß ihr durch ehrliche Arbeit als Nation bestehen könnt. Meine Regierung gibt euch überdies eine Entschädigung, wie ihr sie großzügiger kaum erwarten könnt und die euch Glück und Wohlergehen garantiert, wenn ihr sie gut anwendet. Euer Räuberleben hat nun ein Ende. Nützt die gebotenen Möglichkeiten und lebt in Freundschaft mit uns. Wir bieten euch die Hand.«

Little Turtle zog sich in seine Heimat am Eel River zurück, wo ihm die Amerikaner ein Haus bauten. Die Ansiedlung wurde als »Little Turtles Village« bekannt. 1797 reiste er mit seinem Schwager William Wells, einem Weißen, der erst auf seiten der Indianer, dann auf seiten der Amerikaner gekämpft hatte, nach Philadelphia und besuchte Präsident Washington. In Philadelphia traf er auch mit dem polnischen Nationalhelden Tadeusz Kosziuszko zusammen.
Seine engen Kontakte zu den Amerikanern ließen sein Ansehen bei den Indianern schnell sinken. Durch einige Reformen konnte er sich wieder etwas Achtung verschaffen. So setzte er sich für die Abschaffung des Martertodes ein und erreichte bei den Weißen ein Verbot des Alkoholhandels, das allerdings die gewissenlosen Händler wenig störte. 1803, 1805 und 1809 unterzeichnete er weitere Verträge mit den Amerikanern. Neidisch beobachtete der gealterte, gichtgekrümmte Häuptling den Aufstieg Tecumsehs; er ging in seiner Eifersucht sogar so weit, Tecumseh zu denunzieren und sich in einem Brief dem amerikanischen General Harrison nach der Schlacht am Tippecanoe als Spitzel anzubieten:

> »... Mit Ausnahme zweier Gruppen seines eigenen Stammes haben sich alle Anhänger von dem Propheten[1] abgewendet; Tecumseh ist mit nur acht Leuten zu ihm gegangen. Zur Zeit ist von beiden keinerlei Gefahr zu erwarten. Unsere Augen werden wachsam sein und sie beobachten. Sollten sie versuchen, erneut Einfluß zu gewinnen, so werden wir alles in

---

[1] Tensquatawa; s. d.

unserer Macht Stehende tun, um dich sofort über ihre Pläne zu informieren.

Dein Freund
Michikinikwa oder Little Turtle«

Diese charakterlose Haltung des mittlerweile schwerkranken Häuptlings rückt sein Bild als eines der fähigsten Führer der indianischen Rasse leider in ein sehr schiefes Licht. Seine Sympathien standen im englisch-amerikanischen Krieg 1812 eindeutig auf der Seite der Amerikaner, deren Bekämpfung er früher durch mehrere Jahre seine ganze Energie und sein ganzes Können erfolgreich gewidmet hatte. Am 14. Juli des gleichen Jahres starb er bei einem Besuch in Fort Wayne an der Gicht. Er wurde von den Amerikanern mit militärischen Ehren bestattet. An seinem Grab standen Soldaten derjenigen Armee, über die er genau zwanzig Jahre vorher seinen glorreichen Sieg gefeiert hatte.

Vertrag von Greenville

DER NORDOSTEN

DIE SHAWNEE

Die Shawnee-Indianer gehören zur Algonkin-Sprachfamilie und sind mit den Kickapoo sowie den Sauk und Fox eng verwandt. Ihr Name bedeutet »die Südlichen«, was darauf hinweist, daß ihre Heimat ursprünglich ziemlich weit im Süden gelegen haben muß. Das früheste bekannte Wohngebiet dieses Stammes lag am Cumberland River im Süden von Kentucky.
Ähnlich den Delawaren machten auch sie im Laufe der Zeit zahllose Wanderungen und Umsiedlungen mit. Ein Teil von ihnen zog an der Wende vom 17. zum 18. Jahrhundert nach Pennsylvania, ein anderer Teil ließ sich bei den Creek nieder.
Schließlich verdrängten die Cherokee und Chickasaw auch die restlichen Shawnee nach Norden. Etwa um 1720 oder 1730 erhielten sie von den Huronen die Erlaubnis, am Nordufer des Ohio zwischen dem Alleghany und dem Scioto River zu siedeln. Andere Teile des Stammes folgten später nach. Im 19. Jahrhundert gelangten sie über Zwischenstationen in Missouri und Kansas nach Oklahoma.
Obwohl die Shawnee ein verhältnismäßig kleiner Stamm waren, spielten sie doch mehrere Jahrzehnte lang die führende Rolle im Kampf gegen Engländer und Amerikaner. Von den damaligen Chronisten werden sie deshalb oft besonders unsachlich geschildert. Ihr Freiheitskampf fällt in die Zeit, da sich die englischen Kolonien vom Mutterland lossagten. Daß aber auch die vermeintliche Aggressivität der Shawnee ihre Gründe hatte, geht aus den Lebensbeschreibungen ihrer berühmtesten Häuptlinge – Cornstalk, Blue Jacket, Tenskwatawa und Tecumseh – deutlich hervor. Die Bedeutung jeder dieser Persönlichkeiten reichte weit über den Stamm hinaus.
Während Cornstalk und Blue Jacket vor allem als militärische Führer der Ohio-Stämme hervorstachen, kam bei Tenskwatawa und Tecumseh, einem der bedeutendsten Indianer Nordamerikas, noch eine ausgeprägte politisch-ideologische Komponente hinzu: Tecumseh plante die Errichtung eines autonomen indianischen Staates, wozu Tenskwatawa die ideologischen Grundlagen lieferte.

DER OSTEN

CORNSTALK

Hokolesqua (»Maisstengel«)
Shawnee
Geb. um 1720 am Scioto River, Ohio · Gest. März 1777
in Point Pleasant, Virginia

Darstellung aus der Mitte des 19. Jahrhunderts

»MEIN SOHN, DER GROSSE GEIST HAT BESTIMMT, DASS WIR ZUSAMMEN STERBEN SOLLEN. ES IST SEIN WILLE, DEM WIR UNS ZU UNTERWERFEN HABEN.«

Cornstalk zu seinem Sohn vor ihrer Ermordung 1777

Cornstalk war der oberste Häuptling der Shawnee und residierte in Chillicothe. Dort fanden auch die Stammesversammlungen statt, zu denen alle Abteilungen der Shawnee ihre Vertreter entsandten. Die Shawnee bestanden aus fünf Abteilungen, den Kispokotha, Peckuwe, Thawegila, Chalagawtha und Maykujay. Jede Abteilung hatte innerhalb der Stammesorganisation ihre festen Aufgaben. Die Kispokotha-Abteilung stellte immer den Kriegshäuptling; damals hatte Pucksinwah dieses Amt inne.
Hauptthema all dieser Versammlungen war die wachsende Bedrohung durch die Weißen, die ohne Rücksicht auf Verträge ins Land eindrangen, Felder zerstörten und das Wild ausrotteten.
Cornstalk war der Auffassung, die Shawnee sollten mit den Weißen in Frieden leben, da der Große Geist auf ihrer Seite zu stehen scheine.
Die meisten anderen Häuptlinge, an ihrer Spitze Pucksinwah, lehnten diese Haltung entschieden ab. Um aber doch zu einer geschlossenen Haltung der Ohio-Stämme zu kommen, sandten die Shawnee eine Abordnung zu Logan, dem bei Weißen und Indianern gleichermaßen angesehenen Cayuga-Häuptling, der durch familiäre Bande – seine Frau war eine Shawnee – dem Stamm verbunden war. Logan wandte sich gegen eine Konfrontation mit den Weißen, erklärte sich aber bereit, als Vermittler zu wirken. Seine gemäßigte, friedfertige Haltung schlug aber jäh ins Gegenteil um, als kurz darauf seine Familie ermordet wurde. Nun brach Logan nach Kispoko Town auf, um seinerseits die Shawnee für seine Rachezüge zu gewinnen. Auch die Delawaren und andere Stämme erklärten sich mit Logan solidarisch und riefen zum Krieg auf.
Verlegen schob Conolly angesichts dieser Entwicklung Verantwortung und Schuld auf Cresap und dieser auf Greathouse. Lord Dunmore, der virginische Gouverneur, war erleichtert, daß durch die verworrene Lage von den unangenehmen Vorfällen in Boston – im Zusammenhang mit dem Teezoll – abgelenkt wurde.
Die Lage spitzte sich zu, als Blue Jacket, der spätere Kriegshäuptling der Shawnee, das erste Lager der Weißen am Ohio entdeckte und zwei seiner Begleiter ohne Vorwarnung erschossen wurden. General McDonalds Truppen zerstörten zudem einige Dörfer am Muskingum River, worauf die Shawnee zurückschlugen und viele Siedler ihren Landraub mit dem Leben bezahlen mußten. Lord Dunmore berief

zwei Divisionen Soldaten aus Kentucky ab, teilte sie in eine nördliche Armee, die er selbst befehligte, und in eine südliche, die unter dem Kommando von General Andrew Lewis stand.

Schlacht am Point Pleasant

Am Point Pleasant, dem Zusammenfluß des großen Kanawha und des Ohio, sollten sich beide Armeen treffen. Lord Dunmore hatte unter seinen Kundschaftern so berühmte Männer wie Daniel Boone, Simon Kenton, Simon Girty und Benjamin Logan, den man zur Unterscheidung von dem Cayuga-Häuptling den »weißen« Logan nannte. Beide Armeen wurden von Spähern beobachtet. Jede Einzelheit wurde Cornstalk gemeldet, der – ebenso wie Pontiac – ein glänzender Stratege war.

Er erkannte sofort, daß er eine Vereinigung der beiden Armeen verhindern mußte, und schickte über eintausend Krieger nach Süden, während sich Lord Dunmore in der Pickaway-Ebene verschanzte, ohne zu wissen, daß Chillicothe von Kriegern nunmehr fast entblößt war. Lewis hatte am 1. Oktober 1774 Point Pleasant, den vereinbarten Treffpunkt, erreicht, als ein Bote von Lord Dunmore kam, mit dem Befehl, Lewis solle unverzüglich mit seiner Armee in Richtung Pickaway-Ebene marschieren.

DER NORDOSTEN

Am nächsten Morgen wollte Lewis aufbrechen, doch in derselben Nacht überquerte Cornstalk mit eintausendfünfhundert Kriegern der Shawnee, Delawaren, Wyandot, Seneca und Miami den Ohio. Eine erbitterte Schlacht entspann sich, in der der bärbeißige Recke Cornstalk seine Krieger immer wieder mit weithin schallender Stimme anfeuerte. Den ganzen Tag wogte der Kampf hin und her, die Weißen verloren den Großteil ihrer Offiziere und hatten insgesamt doppelt so viele Gefallene zu beklagen wie die Indianer. Allerdings verloren die Shawnee ihren Kriegshäuptling Pucksinwah.
Gegen Abend bezogen die Indianer Stellung in einem Windbruch, nachdem sie ihre Toten und Verwundeten in Sicherheit gebracht hatten. Als die Weißen am Morgen den Kampf wieder aufnehmen wollten, war Cornstalk mit allen seinen Kriegern verschwunden. Aus diesem Grund vermeldeten die Weißen die Schlacht am Point Pleasant als Sieg, ohne die Eigenheiten indianischer Kriegsführung zu beachten, zu denen die Räumung des Kampfplatzes gehörte. Auch Thomas Jefferson behauptete in seinen Aufzeichnungen, die Indianer seien geschlagen worden und hätten um Frieden bitten müssen.
Doch den Recken Cornstalk besiegt zu haben, kann die amerikanische Armee trotz Unterstützung der bisweilen recht großzügigen amerikanischen Geschichtsschreibung nicht auf ihr Konto buchen.
Nach der Schlacht trennten sich die Wyandot, Delawaren und Mingoes von den Shawnee, von denen ein großer Teil ebenfalls nicht weiterkämpfen wollte. Black Snake, der neue Kriegshäuptling, behielt allerdings die kompromißlose Haltung seines Vorgängers bei. Auch Cornstalk blieb auf dem einmal eingeschlagenen Weg, auf den er sich auf Wunsch seines Volkes begeben hatte.
Er kehrte mit seinen Kriegern nach Chillicothe zurück und versuchte durch aufrüttelnde Reden, seinen Stammesrat zur Fortsetzung seines Krieges zu bewegen, da es für ihn heldenhafter sei, im Kampf gegen die Weißen zu sterben, als auf ihre Gnade angewiesen elend zu verkommen. Doch seine heroische Gesinnung fand wenig Widerhall, so daß Cornstalk offiziell den Kampf beendete und sich zu Verhandlungen mit Lord Dunmore nach Camp Charlotte begab. Unter einer Ulme, die noch heute zu sehen ist, hielt er eine großartige Anklagerede gegen die Weißen, in der er nicht um Frieden bettelte, sondern unmißverständlich seine Forderungen kundtat. Die majestätische, herrische Erscheinung des alten Recken und seine kurze knappe,

gänzlich unindianische Sprechweise machte starken Eindruck auf
Lord Dunmore und sein Gefolge. In der Hoffnung, in Cornstalk
möglicherweise einen neuen Bundesgenossen zu finden, gab Lord
Dunmore zwar in einigen Punkten nach, dennoch aber mußten die
Shawnee auf ihre alte Heimat südlich des Ohio verzichten. Der Friede von Camp Charlotte, in dem der Ohio endgültig als die Grenze
festgelegt wurde, beendete die als »Lord Dunmore's War« in die
Geschichte eingegangenen Auseinandersetzungen. Das Abkommen
von Fort Stanwix war nun endgültig in die Tat umgesetzt.
Am 2. Juli 1775 fand eine große Beratung aller fünf Shawnee-Abteilungen statt, zu der sich dreihundertfünfzig Häuptlinge, Unterhäuptlinge und Sprecher einfanden. Es wurde über die »Lage der Nation«
beraten; hart prallten die Meinungen aufeinander. Cornstalk warnte
vor einem neuen Krieg, der das Ende der Shawnee bedeuten würde,
während Black Snake und Black Fish zum Widerstand aufriefen, weil
der Stamm sonst in Schande leben müßte. Erstmals zeichnete sich
die Spaltung des Stammes ab, die später Wirklichkeit werden sollte.
Als bei einem Kriegszug gegen Siedler südlich des Ohio ein allseits
geachteter Häuptling getötet wurde, brachen erneut heftige Feindseligkeiten aus. Die Chalagawtha-Abteilung, der er angehört hatte, rief
auf eigene Faust zum Vergeltungszug auf, dem sich Blue Jacket von
den Kispokotha anschloß. Am 6. März 1777 zogen zweihundert Krieger nach Kentucky. Zahlreiche Ansiedlungen der Weißen wurden
zerstört, viele Siedler getötet oder verjagt. Blue Jacket leitete den
Angriff gegen St. Asaph, eine Gründung Benjamin Logans. Kurz
nach dem Fall des Forts kamen Boten von Black Fish, der zum Rückzug rief. Die Belagerung wurde abgebrochen, und die Shawnee
zogen sich über den Ohio zurück. Bis auf zwei Forts waren sämtliche
Ansiedlungen der Weißen in Kentucky zerstört.
Cornstalk war über das eigenmächtige Unternehmen verärgert und
forderte die Shawnee auf, sich auf massive Vergeltungsschläge der
Weißen gefaßt zu machen. Seine aufrichtige, geradlinige Art ließ den
Bruch eines Vertrags nicht zu; aus diesem Grund begab er sich nach
Fort Randolph, um den Kommandanten, Captain Arbuckle, davon in
Kenntnis zu setzen, daß der Friedensvertrag nicht mehr länger zu
halten sei. Cornstalk wurde von seinem Sohn Ellinipsica und Red
Hawk, einem Unterhäuptling, begleitet.
Der Offizier wußte die Offenheit Cornstalks nicht anders zu würdi-

gen, als daß er ihn und seine Begleiter als Geiseln festnahm. Die Bewohner des Forts verlangten fanatisch den Tod des verhaßten Shawnee. Ein Trupp Soldaten und Grenzer unter der Führung von Captain Hall drang in Cornstalks Gefängnis ein. Ein verächtlicher Blick des Häuptlings traf die feigen Mörder. Cornstalk wandte sich an seinen Sohn:

> »Mein Sohn, der Große Geist hat bestimmt, daß wir zusammen sterben sollen. Es ist sein Wille, dem wir uns zu unterwerfen haben.«

Von neun Kugeln getroffen, sank der große Shawnee-Häuptling nieder, mit ihm Ellinipsca und Red Hawk. Zahllose weiße Siedler mußten diesen gemeinen Mord mit dem Leben büßen. Nach Cornstalks Tod wurde Blue Jacket der gefürchtetste Häuptling der Shawnee. Er war auch einer der ungewöhnlichsten indianischen Führer, wurde er doch als Weißer geboren.

Indianisches Lager

DER OSTEN

BLUE JACKET

Weh-yah-pih-ehr-sehn-wah (»Blaue Jacke«)
Shawnee
Geb. 1754 bei Richwood, West Virginia · Gest. 26. Juni 1810
in Blue-Jacket-Town, Ohio

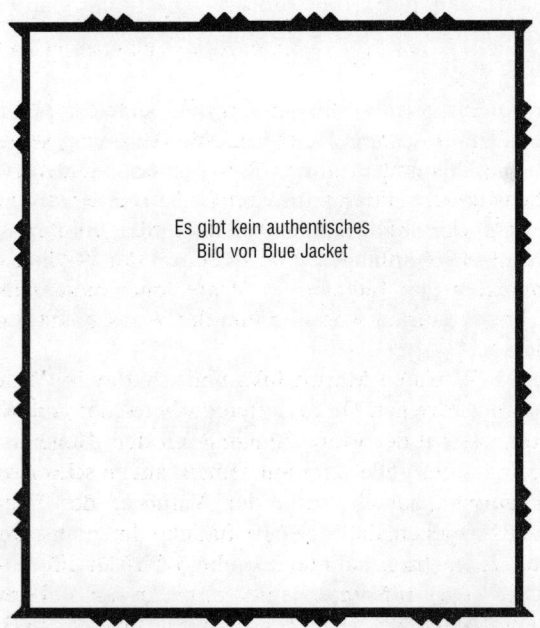

Es gibt kein authentisches
Bild von Blue Jacket

»ICH HABE DIE WEISSEN NOCH NIE
SO GEHASST WIE HEUTE. SIE SIND
BETRÜGERISCH, TREULOS UND UNVER-
SÖHNLICHE FEINDE, DENEN MAN IN
WORT UND TAT KEINERLEI VERTRAUEN
ENTGEGENBRINGEN SOLLTE.
SIE SOLLTEN VERNICHTET WERDEN.«

Blue Jacket hieß ursprünglich Marmaduke van Swearingen und war einer der Söhne eines Siedlers, der sich mit seiner Familie auf einem einsamen Gehöft in West-Virginia in der Nähe des heutigen Richmond niedergelassen hatte.

Als Knabe schwärmte Marmaduke schon für die Lebensweise der Indianer, die ihm von gelegentlichen Begegnungen her bekannt waren. Seine älteren Brüder verspotteten ihn oft, nur sein jüngerer Bruder Charley hatte Verständnis dafür. Marmaduke versuchte, sich möglichst indianisch zu kleiden, und übte sich ständig im Gebrauch indianischer Waffen.

Um 1767 ließ sich in der Nachbarschaft ein alter Trapper und Händler nieder, den die Gicht an der weiteren Ausübung seines Berufes hinderte. Die Bekanntschaft mit ihm war entscheidend dafür, daß aus der Schwärmerei des Knaben echtes Interesse wurde. Jede freie Minute verbrachte Marmaduke bei dem weitgereisten Alten und lauschte dessen Erzählungen vom Leben in der Wildnis, von Sitten und Gebräuchen der Indianer, er lernte sogar indianische Sprachbrocken. Immer stärker wurde in ihm der Wunsch, unter den Indianern zu leben.

Am 5. Juni 1771 trafen Marmaduke und Charley im Wald auf eine Schar Shawnee-Krieger. Diese hatten vorher schon mit Wohlwollen beobachtet, wie gut der weiße Jüngling mit dem Bogen umzugehen verstand, und da er außerdem mit seinen langen schwarzen Haaren sehr »indianisch« aussah, hatte der Anführer des Trupps, Black Tooth, nichts dagegen, daß sich Marmaduke ihnen anschloß. Weil er eine blaue Jacke trug, nannten sie ihn Weh-yah-pih-ehr-sehn-wah (Blue Jacket). Diesen Namen behielt er bis an sein Lebensende.

Black Tooth und seine Schar brachten Marmaduke nach Kispoko Town, einer Shawnee-Siedlung am Scioto-River. Bevor Blue Jacket jedoch in den Stamm aufgenommen wurde, mußte er eine Reihe schwerer körperlicher Prüfungen bestehen, wie es damals bei den Shawnee üblich war.

Blue Jacket wurde Mitglied der Kispokotha-Abteilung. Ihm widerfuhr sogar die Ehre, in die Familie des Kriegshäuptlings Pucksinwah, eines Mannes von höchstem Ansehen und edelster Gesinnung, aufgenommen zu werden.

Pucksinwah hatte sechs Kinder, darunter Tecumseh und Lalawethika, die einige Jahre später den Ruhm ihres Stammes in der Ge-

schichte des Freiheitskampfes der Indianer verewigen sollten. Der älteste Sohn Pucksinwahs war Chicksika; er war um zwei Jahre jünger als Blue Jacket, mit dem ihn bald herzliche Freundschaft verband.
Sein Lehrmeister wurde Pucksinwah selbst, der seinen »Adoptivsohn« mit der Denkweise und der auf hoher Stufe stehenden Religion der Shawnee vertraut machte, die in mehrfacher Beziehung den Auffassungen des Christentums sehr nahe kam.
Es dauerte nicht lange, da durfte Blue Jacket an den in Chillicothe stattfindenden Stammesversammlungen teilnehmen. Wie bereits geschildert, kam es wenig später zur Schlacht am Point Pleasant. Seite an Seite mit Pucksinwah und Chicksika zog Blue Jacket in den Kampf. Pucksinwah blieb auf dem Schlachtfeld.
Pucksinwahs Familie und mit ihr Blue Jacket waren vom Tod des edlen Mannes tief betroffen. Wie es bei den Familien gefallener Häuptlinge üblich war, schloß sie sich der Familie eines anderen Häuptlings an. Sie übersiedelten nach Chillicothe, zur Familie des Friedenshäuptlings Black Fish.
Blue Jacket blieb jedoch in seinem Dorf, das jetzt Black Snake's Town hieß. Als Cornstalk nach Fort Randolph aufbrach, um den Kommandanten vom Ausbruch eines neuen Kriegs zu unterrichten, weigerte sich Blue Jacket mitzugehen. Das rettete sein Leben. Cornstalk und seine Begleiter kehrten nicht mehr zurück.
Am 8. Februar 1778 gelang Blue Jacket ein Streich, der ihn zum Helden seines Stammes machen sollte: Er nahm Daniel Boone, den berühmten Trapper, gefangen. Während die anderen Gefangenen an die Briten ausgeliefert wurden, nahmen die Shawnee ihren prominenten Gefangenen in den Stamm auf; er erhielt den Namen Sheltowee (Big Turtle). Boone schien sich gut in die neue Umgebung einzufügen, entfloh aber nach einigen Monaten, um die Siedler in Kentucky vor einem neuerlichen Kriegszug der Shawnee zu warnen, mit dem die Ermordung Cornstalks gerächt werden sollte. Der gemeinsame Zug der Shawnee und Briten verlief allerdings ergebnislos, weshalb sie sich zurückzogen.
Dieses Unternehmen besiegelte die Spaltung der Shawnee. Mehr als zwei Drittel des ganzen Stammes – etwa viertausend Leute – zogen im März 1779 nach Westen über den Mississippi, wo Peter Loramie, ein französischer Händler, für sie von den Spaniern ein fünfund-

zwanzig Quadratmeilen großes Gebiet nahe Cape Girardeau im Missouri County gekauft hatte.
Blue Jacket blieb in der alten Heimat der Shawnee. Sein Kriegsruhm stieg noch mehr, als es ihm gelang, Simon Kenton, der in die Hände der Maykujay-Abteilung der Shawnee gefallen war, bei einem Fluchtversuch mit dem Tomahawk niederzuschlagen. Dadurch setzte er sich bei Moluntha, dem Häuptling der Maykujay und ältesten Häuptling der Shawnee, in hohes Ansehen. Während seines Aufenthalts bei dieser Abteilung verliebte sich Blue Jacket in Wabethe (Schwan), die Nichte Molunthas, die wenig später seine Frau wurde.
Die Spaltung des Stammes hatte natürlich starke Veränderungen in der Stammesorganisation zur Folge. Black Snake hatte die Führung der Kispokotha abgegeben; Blue Jacket gründete eine eigene Siedlung in der Nähe der Heimat seiner Frau: Blue Jacket's Town. Chillicothe, das einst mehrere tausend Bewohner hatte, war fast verwaist und hatte nur noch etwa einhundert Krieger. Die in ihrer Heimat gebliebenen Shawnee waren aber fest entschlossen, ihr Land gegen die immer frecher vordringenden Amerikaner so teuer wie möglich zu verkaufen.
Nach dem Tod von Black Fish, der bei einem Überfall weißer Soldaten auf Chillicothe schwer verwundet worden war, standen Black Snake und Blue Jacket an der Spitze des Stammes. Blue Jacket zeichnete sich wiederholt aus. Das dreiste Unternehmen eines William Rodgers, der mit fünfundsiebzig gut bewaffneten Leuten auf mehreren Booten den Ohio hinunterfuhr, endete in einem perfekten Hinterhalt Blue Jackets, nur wenige Männer konnten sich in die dichten Wälder retten.
Trotzdem wuchs der Zustrom weißer Siedler unaufhörlich an. Die Shawnee wußten zwar, daß Kentucky für immer verloren war, stemmten sich aber zusammen mit den anderen Ohio-Stämmen heldenmütig der weißen Flut entgegen.
Im Juni 1780 griffen einhundertzehn Krieger der Shawnee, Delawaren, Potawatomi, Miami, Wyandot, Ottawa und Mingoe, unterstützt von einhundert britischen Soldaten und siebzig Canadian Rangers unter Captain Henry Bord, die Siedlungen in Kentucky an, töteten zahlreiche Siedler und zerstörten Ruddell's und Marin's Station. Sie kehrten mit reicher Beute zurück. Die Shawnee aber waren auf-

grund der geographischen Lage ihrer Dörfer das erste Ziel der Rachefeldzüge der Amerikaner.
Ein Heer von eintausend Kentucky-Leuten unter George Rogers Clark zerstörte Chillicothe und Piqua Town und vernichtete sämtliche Maisfelder im weiten Umkreis. Damit die Shawnee über den Winter kamen, mußten sie anderweitig für Vorräte sorgen. Sie fingen einhundert Boote, die den Ohio herunterkamen, ab und unternahmen zusammen mit den Briten einen neuerlichen erfolgreichen Feldzug nach Kentucky. In einem Hinterhalt bei den Blue Licks wurden siebzig Weiße getötet, darunter Israel Boone, der Sohn Daniel Boones. Daraufhin unternahm Clark einen weiteren Rachefeldzug nach Chillicothe. Blue Jacket erfuhr davon, und so fand Clark nur verlassene Hütten vor, deren Zerstörung sein einziger »Erfolg« war.
Kritisch wurde die Lage aber, als Virginia und Connecticut 1785 das Ohio-Gebiet bis zum Erie-See für ihre Siedler beanspruchten. In dieser Notsituation ernannten die Shawnee Blue Jacket zum neuen Kriegshäuptling. Er löste den alten Black Snake ab, der sein Amt nun in besten Händen wußte.
1786 trat Blue Jacket in Verhandlungen mit den Weißen, die zu einem Vertrag führten, der den Ohio als Grenze zwischen den Shawnee und den Weißen garantierte; lediglich zwei Forts – Fort Harmar und Fort Finney – sollten auf dem Gebiet der Shawnee errichtet werden; zum Schutz vor weißen Siedlern, wie die Amerikaner scheinheilig versicherten. Blue Jacket unterschrieb den Vertrag mit seinem Namen, was seine Vertragspartner, die schon seine Englischkenntnisse bewundert hatten, mit Staunen erfüllte. Beide Seiten waren sich der Wertlosigkeit des Vertrages bewußt; kurz bevor Blue Jacket Fort Finney angreifen wollte, verließen die Soldaten das Fort, zerstörten es und zogen ab.
Im September 1786 erfuhr Blue Jacket von einem Angriff Clarks auf die Miami-Konföderation unter Little Turtle und eilte zu Hilfe. Little Turtle trat aber in Friedensverhandlungen ein, weshalb sich Clark zurückzog. Inzwischen zog aber General Benjamin Logan mit seinem Heer gegen die Shawnee, deren Dörfer jetzt schutzlos waren. Dreizehn Siedlungen, darunter Blue Jacket's Town, sanken in Asche. Moluntha, der Häuptling der Maykujay, erkannte die Aussichtslosigkeit der Lage und ergab sich. Obwohl ihm Logan Schutz versprochen

hatte, schlug ein Offizier dem greisen Häuptling mit einem Tomahawk den Schädel ein. Viele Frauen und Kinder wurden gefangengenommen oder getötet.

Als Blue Jacket zurückkehrte, waren seine Frau und seine Kinder spurlos verschwunden. Namenloser Grimm erfaßte ihn, doch die Sorge um das Wohl seines Stammes veranlaßte ihn zu bleiben und den Wiederaufbau der Siedlung und die Einbringung der Ernte von den unzerstört gebliebenen Feldern zu leiten. Wieder mußten die Shawnee Streifzüge an den Ohio unternehmen und Boote abfangen, um sich mit dem Nötigsten einzudecken. Amerikanische Skalpe wurden von den Briten in Detroit gut bezahlt, so daß die Shawnee dafür Waffen und Munition kaufen konnten.

Anfang 1787 begannen Verhandlungen über den Austausch von Gefangenen. Blue Jacket war überglücklich, als er unter ihnen auch seine Frau, seinen Sohn Little Blue Jacket und seine beiden Töchter entdeckte. Die Amerikaner bekräftigten neuerlich ihre friedliche und freundschaftliche Haltung, wenige Stunden später überfielen sie – noch während eines Festes anläßlich des Austausches – die indianischen Wachen und stahlen vierzehn Pferde.

Bei einem weiteren Zug nach Kentucky fiel Blue Jacket in die Hände seiner Feinde, die ihn triumphierend durch mehrere Siedlungen schleppten und ihn in Strode's Station einsperrten. Es gelang ihm aber, nachts zu entfliehen und trotz Verfolgung und Behinderung durch eine Schußwunde seine Heimat zu erreichen.

In den folgenden Jahren zogen die Shawnee zum Großteil in das Gebiet des Auglaize und Maumee im Nordwesten des Ohio-Gebietes, wo sie vor den Amerikanern einstweilen sicher zu sein schienen. In vollem Ausmaß begann nun die Besiedlung des Ohio-Gebietes, zu dessen Gouverneur Arthur St. Clair ernannt wurde. Auf Initiative George Washingtons unternahm General Harmar seine Strafexpedition gegen die Shawnee, die mit einer schweren Niederlage der Amerikaner endete. Bei der vernichtenden Niederlage St. Clairs 1791 waren Blue Jacket und Little Turtle die Anführer der Indianer. In dieser Schlacht fand auch Captain Charles van Swearingen den Tod, der Bruder von Blue Jacket. Die beiden Brüden sollen einander beim Kampf sogar Auge in Auge gegenübergestanden sein; als sie sich erkannten, war es aber zu spät. Der Tod seines Bruders traf Blue Jacket schwer, ebenso der Tod seines Freundes Chicksika zwei Jahre

zuvor, der während einer Reise in den Süden, bei der ihn Tecumseh begleitet hatte, im Kampf gefallen war. Für seine ausgezeichneten Leistungen in den Kämpfen mit den Amerikanern wurde Blue Jacket zum Brigadegeneral der britischen Armee ernannt.
George Washington, der den Krieg entfesselt hatte, sandte nun wieder Friedensboten. Die Indianer waren mit der Doppelzüngigkeit der Unterhändler seit langem vertraut und gingen daher auf die Angebote der Amerikaner nicht ein. Allerdings ließen sie sich in ihrem Haß dazu hinreißen, einige Unterhändler zu töten, worauf General Wayne den Auftrag erhielt, einen neuen Krieg vorzubereiten, der dann zur Niederlage der Indianer in der Schlacht bei Fallen Timbers führte, in der Blue Jacket den Oberbefehl geführt hatte, von den Briten aber im Stich gelassen worden war. Little Turtle hatte sich geweigert, das Kommando zu übernehmen.
Nach der Niederlage nahm Blue Jacket an den Friedensverhandlungen von Greenville teil. Im August 1795 unterzeichnete er den Vertrag, mit dem die Indianer ein großes Gebiet an die Amerikaner abtreten mußten. Die darauffolgenden Jahre verbrachte Blue Jacket in Ruhe und Frieden in seinem Dorf. Nur noch einmal machte er von sich reden, als er am 4. Juli 1805 den Vertrag von Fort Industry unterzeichnete.
Am 26. Juni 1810 starb Blue Jacket, der weiße Kriegshäuptling der Shawnee.

TECUMSEH

Tikamthi, Tecumtha (»Der sich zum Sprung duckende Berglöwe«)
Shawnee
Geb. 1768 in Piqua Town am Mad River (heute Springfield, Ohio) ·
Gest. 5. Oktober 1813 in der Schlacht am Thames River, Ontario,
Kanada

Darstellung aus dem 19. Jahrhundert

»HÖRT AUF MICH! EIN EINZIGER ZWEIG BRICHT,
ABER EIN BÜNDEL ZWEIGE IST STARK.
EINES TAGES WERDE ICH ALLE UNSERE BRÜDER
EINIGEN UND IN EINEM BÜNDEL ZUSAMMENFASSEN.
MIT VEREINTEN KRÄFTEN WERDEN WIR UNSER LAND
VON DEN WEISSEN ZURÜCKEROBERN.«

DER OSTEN

Der Aufstieg Tecumsehs zum großen Führer nicht nur seines Stammes, sondern des gesamten »alten Nordwestens«, hatte sich schon früh abgezeichnet. Blue Jacket hatte die ungewöhnliche körperliche und geistige Entwicklung seines »Stiefbruders« mitverfolgen können. Er wußte, daß der Jüngling schon bald zu außergewöhnlichen Leistungen fähig sein würde, und hegte die begründete Hoffnung, daß Tecumseh sein Volk zum endgültigen Sieg und zu dauerhaftem Frieden führen würde. Noch einmal konzentrierten sich die Hoffnungen der Indianerstämme des alten Nordwestens auf einen Mann, dessen Ruhm strahlend wie ein Stern aufging.

Mit wachem Blick beobachtete der junge Tecumseh die verworrene Lage nach der Unabhängigkeitserklärung der Amerikaner und ihre Streitigkeiten mit den Briten, in die von beiden Seiten Indianer hineingezogen wurden, die sich in blutigen Kämpfen gegenseitig zerfleischten. Er konnte – sogar an seinem eigenen Zwillingsbruder – die teuflische Wirkung des Feuerwassers verfolgen, und sah mit Abscheu, welch wichtige Rolle Korruption und Bestechung bei den Weißen spielten.

Seine jugendliche Begeisterung entzündete sich an den Erzählungen über die großen indianischen Staatsmänner, wie Pontiac oder Joseph Brant. Sicher keimte schon damals der Gedanke in ihm auf, es diesen Männern gleichzutun oder sie noch zu übertreffen.

Mit fünfzehn Jahren kämpfte er erstmals in einem Gefecht mit. Dabei sah er auch zum erstenmal eine Marterung von Gefangenen, was in ihm eine lebenslange Abscheu vor derartigen Grausamkeiten bewirkte. Als Neunzehnjähriger unternahm er mit seinem älteren Bruder Chicksika, der nach dem Tod Pucksinwahs zusammen mit seiner Schwester Tecumapease die Erziehung Tecumsehs übernommen hatte, und einigen Kriegern eine Reise nach Georgia zu den Creek und Cherokee. Chicksika fiel in einem Kampf, und Tecumseh wurde Anführer des Trupps. Um die Berechtigung zu seiner nunmehrigen Führerrolle unter Beweis zu stellen, griff er, mit Erfolg, die nächste Siedlung der Weißen an.

Er besuchte alle wichtigen Stämme des Südens und kehrte nach drei Jahren zurück, gerade rechtzeitig, um an der Schlacht gegen Arthur St. Clair teilzunehmen und sich auszuzeichnen. 1794 kämpfte er in der Schlacht bei Fallen Timbers und stach erneut durch außergewöhnliche Kühnheit hervor. Als Blue Jacket 1795 das Abkommen von Greenville unterzeichnete, kritisierte Tecumseh es aufs heftigste und bezeichnete den Vertrag als wertlosen Fetzen Papier. Die Worte des jungen Tecumseh verraten tiefe Einsicht in die Lage seines Volkes und muten wie ein Credo für seinen ferneren Lebensweg an:

> »Mein Herz ist wie Stein, schwer von Trauer um mein Volk, kalt im Bewußtsein, daß kein Vertrag die Weißen von unserem Land fernhalten wird, und hart, weil ich weiß, daß ich Widerstand leisten muß, solange ich lebe und atme.«

Nach und nach sammelte er eine Schar umherschweifender Shawnee-Krieger um sich. 1798 folgte er einer Einladung der Delawaren zur Jagd am White River in Indiana, wo er sich auch als hervorragender Jäger erwies.

Im Jahre 1805 verlangten verschiedene Abteilungen der Shawnee eine Einigung des Stammes; bei einem Treffen in Greenville trat erstmals Lalawethika in Erscheinung, der maßgeblichen Anteil am Aufstieg seines Bruders Tecumseh haben sollte.

Lalawethika (Tenskwatawa), der Prophet

TENSKWATAWA

Lalawethika (»Die offene Tür«)
Shawnee
Geb. 1775 in Piqua am Mad River, Ohio · Gest. 1837 bei Argentine,
Wyandotte County, Kansas

McKenney-Hall-Porträt

»**D**ER GROSSE GEIST ZÜRNT EUCH
UND WIRD ALLE INDIANER
VERNICHTEN, WENN IHR NICHT
DIE TRUNKSUCHT UND DIE SUCHT
ZU LÜGEN UND ZU STEHLEN
AUFGEBT.«

Es wird oftmals behauptet, daß der nachmalige Prophet der Zwillingsbruder Tecumsehs war (er dürfte aber der jüngste Bruder gewesen sein). In seiner Jugend trug er den Namen Lalawethika, was soviel wie Rassel bedeutet. Lalawethika hatte nicht die gleiche gute Erziehung wie Tecumseh genossen. In seiner Jugend war er faul und schwächlich, so daß er schon als Vierjähriger von seiner Mutter aufgegeben wurde. Er trieb sich unbeschützt bei seinem Stamm herum und fing bereits als Halbwüchsiger zu trinken an. Mit fünfzehn Jahren verließ er den Stamm und ging in die Städte des Ostens, wo er sich als Gelegenheitsarbeiter – unter anderem auch als Bootsknecht – herumtrieb und nicht nur die englische Sprache perfekt lernte, sondern auch viele Taschenspielertricks, die ihm später sehr nützen sollten. Seine Familie hatte ihn längst schon abgeschrieben, da kehrte er eines Tages völlig verkommen und dem Alkohol verfallen zurück. Bei einer Schlägerei hatte er ein Auge eingebüßt. Im Stamm wußte man mit ihm nichts Rechtes anzufangen, und so vegetierte er einige Zeit unnütz dahin.

Als während jenes Treffens in Greenville der alte Shawnee-Prophet Penagashega starb, erfaßte Lalawethika blitzschnell die Situation. Vor den versammelten Kriegern hatte er plötzlich eine Vision: Der Große Geist hatte ihm durch zwei Boten aufgetragen, die Indianer zu bewegen, von ihren Lastern abzulassen. Er ernannte sich zum neuen Propheten des Stammes und legte sich fortan voll Sendungsbewußtsein den Namen Tenskwatawa, »die offene Tür« (auch Elskwatawa) zu.

Es gelang dem als listig, verschlagen und eitel beschriebenen einäugigen Propheten, eine große Zahl von Anhängern um sich zu scharen. Er predigte die Rückkehr zur alten Lebensweise und die Abkehr vom Feuerwasser. Die Jungen rief er auf, für Alte und Kranke zu sorgen. Mit diesen natürlich völlig richtigen Forderungen, die er rhetorisch äußerst wirkungsvoll vorzutragen wußte, begeisterte er nicht nur Leute seines eigenen Stammes, sondern auch Delawaren, Wyandot, Potawatomi, Ottawa, Chippewa und Kickapoo. Seine Wirkung übertraf noch die des unbekannten Delawaren-Propheten, der den Nährboden für Pontiacs Erhebung durch ähnliche zündende Reden geschaffen hatte.

Die ersten, die die Erfolge des Propheten zu spüren bekamen, waren die weißen Händler. War es bisher leicht, die Indianer betrunken zu machen und ihnen für wertlosen Plunder Land oder die Erträge der Pelzjagd abzuschwindeln, so änderte sich dies schlagartig. Die Indianer, deren Selbstbewußtsein durch die »neue Lehre« wieder erwacht war, verkauften kein Land mehr, lehnten das angebotene Feuerwasser ab und prüften sorgfältig die eingekauften Waren. Die Kunde über die gewandelte Haltung der Indianer drang auch zu Gouverneur Harrison, dessen Engstirnigkeit es ihm nicht erlaubte, diese Entwicklung als positiv zu begrüßen. Er fürchtete eine Einigung der Indianer und versuchte sie dazu aufzuhetzen, den Propheten wegzujagen. Sie sollten ihn auffordern, den Lauf der Sonne aufzuhalten, die Flüsse stillstehen zu lassen und Tote aus den Gräbern zu erwecken; eine auch für damalige Begriffe etwas bescheiden anmutende Äußerung eines Gouverneurs.

Doch Tenskwatawa nahm die Herausforderung an: die Sonne werde sich verdunkeln, prophezeite er. Und die Sonne verdunkelte sich. Der schlaue Prophet hatte sich die Gelegenheit einer Sonnenfinsternis nicht entgehen lassen. Der vom Großen Geist ausersehene Anführer werde erscheinen, rief er aus. Es erschien Tecumseh. Die Indianer erfaßte ein Begeisterungstaumel, die Weißen aber fürchteten Schlimmes. Sie forderten Tecumseh zu einer Stellungnahme auf. Tecumseh kam und hielt eine dreistündige Rede vor einer Ratsversammlung, in der er bewies, daß die Weißen jeden einzelnen bisher geschlossenen Vertrag gebrochen hatten, ein Beweis, der allerdings nicht schwer anzutreten war.

Brown schildert in seiner »History of Illinois« die Wirkung Tecumsehs:

> »Wenn er bei einer Rede auf sein Lieblingsthema – den Zusammenschluß aller indianischer Stämme – kam, wurde er geradezu ein anderer Mensch. Die gebotene Verstellung des Politikers, das natürliche Mißtrauen der anderen Rasse, die ruhige Würde des Kriegers, all das fiel von ihm ab, als werfe er einen Mantel ab. Sein edles Antlitz leuchtete stolz und feurig, seine Brust dehnte sich vor Erregung, und in tief brausendem, unaufhaltsamen Strom brach der Strom seiner Rede aus seiner Seele hervor.«

Im Jahre 1806 schenkten die Potawatomi den beiden Brüdern und ihren Anhängern ein Gebiet am Wabash. An der Mündung des

Tippecanoe Creek in den Wabash entstand eine Indianerstadt, »Prophet's Town« genannt. Sie sollte die Hauptstadt eines großen Indianerbundes werden. Tecumseh hatte in staatsmännischem Weitblick den ersten Schritt von einem zeitlich befristeten Kriegsbündnis, wie Metacom und Pontiac es angestrebt hatten, zum dauernden Zusammenschluß als Basis für die Gründung eines indianischen Staates vollzogen. Leider sollte es dazu nicht kommen.
Eine erfolglose Reise Tenskwatawas zu den Osagen legte den Keim der Eifersucht auf Tecumseh und damit den Grundstein zum tragischen Scheitern des großen Indianerführers. Nicht alle Indianer waren von den Plänen Tecumsehs begeistert, mußten sie doch die große Indianerstadt mit den Erträgen ihrer Jagd und ihrer Felder versorgen.
Der Prophet verfolgte in blindem Fanatismus alle, die sich nicht beteiligen wollten. Leatherlip, ein greiser Wyandot-Häuptling, warnte vor der Gefahr, daß die Indianer von den Amerikanern und Briten wie von einer Schere erfaßt würden. Er wurde zum Tod verurteilt und hingerichtet.
Tecumseh bereiste indessen vier Jahre lang von 1806 bis 1810 Nordamerika, von den Großen Seen bis nach Süden zu den Creeks, deren Häuptling Weatherford er für sich gewinnen konnte. Bei seiner Rückkehr mußte er erfahren, daß die Miami 1809 einen Landstreifen am Wabash ohne sein Wissen verkauft und damit gegen die Abmachung, kein Land mehr herzugeben, wenn es nicht von allen Mitgliedern des Bundes beschlossen wurde, verstoßen hatten. Wütend drohte er dem dafür verantwortlichen Häuptling mit dem Tod und erklärte den Vertrag für null und nichtig. Gouverneur Harrison sandte Boten zu Tenskwatawa. Dieser empfing sie kühl und lehnte es ab, zu Verhandlungen nach Vincennes zu gehen. Nun verlangte Harrison die Unterwerfung der Indianer mit einer Begründung, die man schlichtweg nur als Frechheit bezeichnen kann:

> »Was habt ihr gegen die Sieben Ratsfeuer? Haben sie euch irgend etwas weggenommen? Haben sie mit den Indianern geschlossene Verträge gebrochen? Ihr behauptet, sie hätten Land von Leuten gekauft, die kein Recht hatten, es wegzugeben. Beweist dies doch, und das Land wird euch sofort zurückerstattet werden. Zeigt uns die rechtmäßigen Besitzer!«

Unterredung zwischen Tecumseh und General Harrison

In Begleitung von vierhundert federgeschmückten Kriegern erschien Tecumseh bei Harrison, der ihn durch den zweifelhaften Landkauf provozieren wollte, und legte ihm seine Pläne dar: Er wünsche keinen Krieg mit den Amerikanern, wehre sich aber gegen das weitere Vordringen der Weißen und gestatte Landverkäufe nur dann, wenn sie von allen Häuptlingen des Bundes einstimmig genehmigt seien.

»Meine innere Stimme, die mit vergangenen Zeiten in Verbindung steht, sagt mir, daß es noch nicht allzu lange her ist, da gab es noch keinen Weißen auf diesem Kontinent, da gehörte alles dem Großen Geist, der die Indianer geschaffen hatte, um ihn zu bewohnen, zu erforschen, sich an dem zu erfreuen, was er hervorbrachte, und ihn mit Menschen derselben Rasse zu

bevölkern, die einst eine glückliche Rasse war. Seitdem wurde sie von den stets unzufriedenen Weißen immer mehr ins Elend getrieben.
Der einzige Weg, dieses Übel in den Griff zu kriegen und zu beenden, besteht darin, daß sich die Indianer zusammenschließen und gemeinsames und gleiches Recht auf das Land beanspruchen, so wie es früher war und auch jetzt sein soll. Denn das Land wurde niemals geteilt und gehört allen zum gemeinsamen Gebrauch. Keiner hat das Recht, etwas davon zu verkaufen, weder gegenseitig, viel weniger aber noch an Fremde, die alles wollen und mit wenigem nicht zufrieden sind. Die Weißen haben kein Recht, den Indianern das Land wegzunehmen, denn diese hatten es zuerst und es gehört ihnen. Dasselbe Stück Land kann nicht zweimal in Besitz genommen werden. Die erste Landnahme schließt alle anderen aus. Anders ist es beim Jagen und Reisen, denn dasselbe Stück Land dient vielen... Doch ein Lager ist etwas Festes. Es gehört dem, der sich als erster auf seiner Decke oder seinem Fell... niederläßt, und es gehört ihm so lange, bis er es verläßt; kein anderer hat ein Recht darauf.«

Harrison bestritt in seiner Antwort, daß die Indianer eine Nation seien, und wies auf die Verschiedenheit der Sprachen hin, ohne sich bewußt zu sein, daß in seiner »Nation« ebenfalls die verschiedensten Sprachen gesprochen wurden.
In einem weiteren Treffen verlangte Tecumseh nichts weiter als die Rückgabe der 1809 eigenmächtig verkauften Ländereien und bot den Amerikanern dafür an, treuer Verbündeter gegen die Engländer zu sein. Harrison erwiderte, er hege keinerlei Hoffnung, daß dieses Angebot von der Regierung angenommen werde.
Für Tecumseh waren nach der ablehnenden Haltung der Amerikaner verständlicherweise die Engländer das geringere Übel. Die Engländer ihrerseits waren natürlich an allen Entwicklungen interessiert, die den Amerikanern schadeten, und unterstützten Tecumseh. Sie förderten auch seinen Plan von der Errichtung eines Indianerstaates, da dieser in der direkten Konfrontation zwischen ihnen und den Amerikanern eine Pufferwirkung haben würde. Boten brachten das große Kriegswampum zu allen Stämmen, von denen

sich die meisten dem Bund anschlossen, was Tecumseh mit der Errichtung eines Dammes gegen die weiße Flut verglich. Er häufte Vorräte an Proviant, Waffen und Munition in der Prophetenstadt an und entwickelte einen eigenen Zeitplan für die Angriffe, den er in Form eines leicht verständlichen Kalenders kleidete. Dann reiste er in den Süden, um seine dortigen Verbündeten unter den Creek, Choctaw und Chickasaw zu mobilisieren. Doch während seiner Abwesenheit machte ihm sein Bruder Tenskwatawa einen dicken Strich durch die Rechnung.

Harrison schrieb an den Kriegsminister nach den letzten erfolglosen Verhandlungen mit Tecumseh am 27. Juni 1811:

> »Wenn es die Vereinigten Staaten nicht gäbe, so würde Tecumseh vielleicht als Gründer eines Reiches in die Geschichte eingehen, das sich mit dem Glanz von Mexiko oder Peru messen könnte.
> Es gibt keine Schwierigkeiten, die ihn von seinem Vorhaben abbringen könnten. Vier Jahre ist er nun rastlos in Bewegung. Heute sieht man ihn am Wabash, kurz darauf findet man ihn an den Ufern des Erie- oder Michigan-Sees oder trifft ihn am Mississippi an.
> Wo immer er auftaucht, begeistert er die Menschen für seine Pläne. Er ist jetzt im Begriff, sein Werk zu krönen. Dennoch hoffe ich, daß noch vor seiner Rückkehr jener Teil seiner Arbeit, den er als vollendet betrachtet, zerstört sein wird und daß wir sein Werk zuschanden machen können.«

Harrison war mit über neunhundert Soldaten zum Tippecanoe marschiert und hatte in einiger Entfernung von der Indianerstadt sein Lager aufgeschlagen. In eitler Selbstüberschätzung und entgegen den Anweisungen seines Bruders hetzte Tenskwatawa die Krieger zum Angriff auf. Vorher versprach er ihnen, durch einen Zauber die Amerikaner wahnsinnig zu machen oder zu töten.

Der Angriff mißlang, die indianischen Krieger wurden in die Flucht geschlagen; der Prophet, der mit dem Fehlschlag sein Ansehen verloren hatte, wurde von den erbitterten Kriegern gefesselt und mit dem Tode bedroht.

Harrison rückte mit seinen Leuten nach und äscherte »Prophet's Town« ein. Alle Behausungen – es waren feste Holzhäuser –, alle

Befestigungen, sämtliche Vorrats- und Waffenlager verbrannten dabei. Den Indianern ließ er die Botschaft zukommen, es würde allen vergeben werden, die den Propheten verließen.
Als Tecumseh voller Hoffnung von seiner erfolgreichen Reise zurückkehrte, fand er seine Stadt in Schutt und Asche. Alle seine großartigen Pläne waren durch die Voreiligkeit und Selbstüberschätzung seines Bruders zunichte gemacht. Voller Grimm eilte er den Entflohenen nach, fand seinen Bruder bei ihnen, packte ihn, schüttelte ihn voll Wut und machte ihn dadurch gänzlich zum Gespött aller. Nur seiner Verwandtschaft zu Tecumseh verdankte es der unglückselige Tenskwatawa, daß er nicht gelyncht wurde.
Zutiefst verletzt fühlte sich Tecumseh, als seinem Wunsch nach einer Unterredung mit dem amerikanischen Präsidenten, dem sogenannten »Großen Vater«, nur unter der Bedingung stattgegeben wurde, daß er allein käme. Er wandte sich daraufhin nach Kanada und trat in die englische Armee ein. Mit eisiger Miene lehnte er es ab, an einer Friedensverhandlung mit den Amerikanern teilzunehmen. In kürzester Zeit hatte er wieder siebenhundert Krieger um sich geschart, viele Kriegshäuptlinge folgten ihm. Nach der Schlacht bei Brownstown wurde Tecumseh wegen seiner außerordentlichen militärischen Fähigkeiten zum Brigadegeneral der britischen Armee ernannt. Zusammen mit General Brock, dem edlen und mutigen oberkommandierenden Engländer in Kanada, belagerte er Detroit. Woran ein halbes Jahrhundert vor ihm Pontiac gescheitert war, gelang nun Tecumseh: Detroit kapitulierte. Der Kommandant, General Hull, wurde deswegen von seinen eigenen Leuten vor ein Kriegsgericht gestellt und zum Tode durch Erschießen verurteilt, dann aber begnadigt.
In der Schlacht von Queenstown fiel General Brock und wurde durch den feigen und schwachen General Proctor ersetzt, mit dem Tecumseh in der Folge etliche Kontroversen auszufechten hatte, besonders als Proctor die Ermordung hilfloser Gefangener duldete. Persönlich setzte sich Tecumseh für einige Gefangene ein und erreichte ihre Freilassung. Der edle Häuptling verachtete den unfähigen Proctor ebenso wie seinen alten Gegenspieler Harrison, den er mit einem Murmeltier verglich, das sich zwischen Baumstämmen und Erdreich versteckte. Als Proctor sich mit seinen Soldaten zurückziehen wollte, zwang ihn Tecumseh, sich am Thames River den Amerikanern zu stellen:

»Du hast uns gegenüber immer behauptet, du würdest niemals englischen Boden wieder aufgeben. Jetzt aber trittst du vor unseren Augen den Rückzug an... Du hast Waffen und Munition. Wenn du fort willst, dann geh! Laß uns die Waffen da. Unser Leben liegt in den Händen des Großen Geistes. Wir sind entschlossen, unser Land zu verteidigen, und wenn es sein Wille ist, auch unsere Gebeine dort zu lassen.«

Vor der Schlacht bedrängten ihn Todesahnungen; er wechselte seine englische Uniform und den Degen gegen seine einfache indianische Lederkleidung aus und ging in den Kampf, aus dem er nicht zurückkehren sollte. Wer ihn tötete, ist unklar; auch sein Leichnam wurde nicht gefunden. Seine Getreuen hatten ihn rechtzeitig vor dem Zugriff blutrünstiger Gegner in Sicherheit gebracht. Dies war nur zu berechtigt, denn nach der Schlacht zogen Kentucky-Pioniere einem reichgeschmückten Krieger, den sie für den toten Tecumseh hielten, die Haut in Streifen ab und machten sich daraus Lederriemen zum Schärfen ihrer Rasiermesser.

Mit Tecumseh hatten die Indianer eine ihrer genialsten Führerpersönlichkeiten verloren. Neben seinen überragenden staatsmännischen Eigenschaften besaß er auch menschliche Größe, die sich vor allem in seiner Integrität und Ehrlichkeit äußerte. Er hielt sich stets an alle Bedingungen und menschlichen Grundsätze, deren Einhaltung er von anderen forderte. Die Verständnislosigkeit der Amerikaner für Eigenständigkeit und Lebensrechte der Indianer und die Unfähigkeit und der mangelnde Wille, der Landgier ihrer eigenen Leute wirkungsvoll Einhalt zu gebieten, hatten die wohl größte Chance zur Gründung eines indianischen Staates zunichte gemacht. Die Engländer ehrten Tecumsehs Andenken insofern, als sie seiner Witwe eine Rente zukommen ließen.

Tenskwatawa überlebte seinen Bruder um viele Jahre. Nach dem Krieg von 1812 erhielt auch er von den Briten eine Pension. Erst 1826 kehrte er zu den Shawnee nach Ohio zurück, denen er 1827 an das Westufer des Mississippi in die Nähe von Cape Girardeau in Missouri folgte. 1832 besuchte ihn Catlin und fertigte ein Porträt des einstigen Propheten an. Im Jahre 1837 starb er in Wyandotte County, wohin sein Stamm neuerlich umgesiedelt worden war.

Mit dem Tod Tecumsehs war die Klammer zerbrochen, die einen

Großteil der Stämme des »alten Nordwestens« zusammengehalten hatte. Zudem hatten auch die Engländer eine schwere und nachhaltige Niederlage erlitten, so daß sie fortan jede Konfrontation mit den Vereinigten Staaten mieden. Nun hatte der junge Staat den Frieden, den er ersehnt hatte, obgleich es ein Frieden war, der auf dem Blut und den Tränen der einstigen Herren des Landes aufgebaut war.

Tecumseh und Tenskwatawa

DER OSTEN

DIE SAUK UND FOX

Wegen ihrer engen Verwandtschaft und ihrer in historischer Zeit weitgehend gemeinsamen Geschichte werden diese beiden Stämme meist in einem Atemzug genannt. Sie zählen zur Algonkin-Sprachfamilie und sind mit den Kickapoo nahe verwandt. Der Name »Sauk« leitet sich von dem Wort »Osakiwug«, »Volk der gelben Erde«, ab. Ihre Heimat lag ursprünglich an der Green Bay, durch die Vertreibung der Illinois dehnten sie ihr Gebiet bis zum Rock River im Nordwesten des heutigen Bundesstaates Illinois aus.
Die Fox, deren Name vom »Fox-Clan« herrührt und nur irrtümlich für den ganzen Stamm verwendet wurde, nennen sich selbst »Meshkwa Kihug«, »Volk der roten Erde«; dieser Name geht ebenso wie der der Sauk auf Mythen von der Erschaffung dieser Stämme zurück. Die Fox lebten in der Umgebung des Winnebago-Sees und entlang des Fox River. Die ersten Weißen, mit denen sie in Berührung kamen, waren Franzosen. Da die Fox in ständigem Krieg mit den Chippewa lagen, die Franzosen diese aber unterstützten, kam es zu mehreren blutigen Auseinandersetzungen, bei denen die Fox mehrmals Hilfe von den Dakota erhielten. Gemeinsam mit den Sauk bekriegten sie erfolgreich die Illinois und nahmen ebenfalls das Rock River Gebiet in Besitz. Zusammen mit den Dakota griffen sie 1780 die Chippewa an, erlitten aber eine Niederlage. Nach der Wende vom 18. zum 19. Jahrhundert, als der Landhunger der Amerikaner sich auf die fruchtbaren Gebiete von Illinois konzentrierte, wurden die Geschicke der Sauk und Fox maßgeblich von zwei Persönlichkeiten bestimmt, von Black Hawk und seinem Widersacher Keokuk.
Diese beiden Häuptlinge spiegeln über ihre individuellen Schicksale hinaus die Zerrissenheit des indianischen Charakters wider, in dem Heimatliebe und Gerechtigkeitssinn ebenso enthalten waren wie die Liebe zum Frieden, der allerdings oft unter Aufgabe der anderen, oft höher eingeschätzten Werte erkauft werden mußte.

BLACK HAWK

Makataimeshekakiah (»Schwarzer Falke«)
Sauk
Geb. 1767 an der Mündung des Rock River, Illinois ·
Gest. 3. Oktober 1838 am Des Moines River

McKenney-Hall-Porträt

»**D**IE WEISSEN SKALPIEREN NICHT
DEN KOPF, SIE TUN SCHLIMMERES;
SIE VERGIFTEN DAS HERZ!«

Bei den Indianern, die Seite an Seite mit Tecumseh 1812 gegen die Amerikaner gekämpft hatten, war auch eine Abteilung der in Illinois beheimateten Sauk und Fox unter Führung des Häuptlings Black Hawk. Als nach der Niederlage der verbündeten Indianer und Engländer die weißen Siedler nach Illinois strömten, sollte er die zentrale Figur des Widerstandes der Indianer gegen diese Invasion werden.

Erste Kriegserfahrungen hatte sich Black Hawk schon als Fünfzehnjähriger erworben, als er zusammen mit seinem Vater gegen die Osagen kämpfte, die Erbfeinde der Sauk und Fox. Vier Jahre später zeichnete er sich in einer Schlacht gegen Osagen und Cherokee aus und wurde später Anführer einer Gruppe von Sauk, die gegen eine Verständigung mit den Weißen waren. Dadurch setzte er sich in scharfen Widerspruch zu einer anderen Gruppe innerhalb des Stammes, die für friedliche Beziehungen mit den Weißen eintrat und die unter der Führung des Häuptlings Keokuk stand.

KEOKUK

Watchful Fox (»Wachsamer Fuchs«)
Sauk
Geb. um 1780 am Rock River, Illinois · Gest. Juni 1848
in Sauk-Agency, Kansas

Frühe Fotografie

»**D**IE MENSCHEN, DIE WIR JETZT VERLASSEN UND DENEN JETZT UNSER LAND GEHÖRT, KÖNNEN NICHT BEHAUPTEN, KEOKUK UND SEINE LEUTE HÄTTEN JEMALS DAS KRIEGSBEIL GEGEN SIE ERHOBEN. WIR SIND IMMER FÜR DEN FRIEDEN MIT EUCH EINGETRETEN, UND IHR WART GÜTIG ZU UNS. LEBT WOHL IN FRIEDEN!«

DER OSTEN

Keokuk, der Vorkämpfer für eine friedliche Koexistenz mit den Amerikanern, war besonders in jungen Jahren äußerst kriegerisch. Seine erste Heldentat vollbrachte er, als er einen Sioux-Krieger im Kampf mit einem Speer tötete. Auch bei Kämpfen mit benachbarten Stämmen konnte er Mut und Tatkraft vielfach unter Beweis stellen.
Gerühmt wurden auch seine rhetorische Begabung und sein Verhandlungsgeschick, das sich allerdings im Rückblick etwas fragwürdig ausnimmt, vergleicht man es mit den Ergebnissen, die er in den Verhandlungen mit den Amerikanern erzielte. Es gelang ihm aber, mit einigen bisher feindlichen Nachbarstämmen, darunter den Sioux und Menominee, Friedensverträge zu schließen, die zwar bisweilen gebrochen wurden, im großen und ganzen aber eine Entspannung der Lage brachten.
Durch seine Fähigkeiten war es ihm gelungen, sich in die Führerschaft des Fox-Clans der Sauk und zum Mitglied des Stammesrates emporzuarbeiten. Innerhalb des Stammes war er der ärgste Widersacher Black Hawks und Anführer der »Tauben«, während Black Hawk – nomen est omen – der Anführer der »Falken« war. Ähnliche Gruppierungen gab es auch damals schon im amerikanischen Kongreß, wo man die militanten Abgeordneten als »War Hawks« bezeichnete.
Keokuk ging von der Überlegung aus, daß die Amerikaner stärker seien als alle Indianer zusammen und daß jeglicher Widerstand sinnlos sei. Allerdings glaubte er auch den Versprechungen der amerikanischen Regierung und schloß ohne Wissen Black Hawks 1804, 1816 und 1825 Verträge ab, in denen sich die Sauk verpflichteten, dem britischen Einfluß abzuschwören und, was den meisten Unterzeichnern unbekannt blieb, ausgedehnte Ländereien abzutreten. Es handelte sich um ein Gebiet von insgesamt sechsundzwanzigeinhalb Millionen Morgen in Missouri, Wisconsin und Illinois zu einem Preis von drei Cent pro Morgen. Wie es zum berühmten »Black-Hawk-Krieg« kam, schildert Black Hawk selbst in seiner Biographie:

> »Ein Mitglied meines Stammes tötete im Jahre 1804 einen Amerikaner und wurde dafür zur Strafe ins Gefängnis von St. Louis gesperrt. Um ihm Hilfe zu leisten, bestimmten wir vier Männer dazu, sich in St. Louis zu erkundigen, was wir tun könnten, um unsern Freund frei zu bekommen. Als sie wieder-

kehrten, trugen sie schöne Jacken und Medaillen und berichteten: ›Als wir in St. Louis ankamen, trafen wir unseren amerikanischen Vater und erklärten ihm, was wir wollten. Wir baten ihn, unseren Freund freizulassen. Der Amerikaner sagte, er wolle Land haben. Wir versprachen ihm ein Gebiet westlich des Mississippi und ein anderes Stück an der Illinois-Seite, gegenüber von Jefferson. Als alles abgemacht war, wurde unser Freund herausgelassen, lief auf uns zu – und wurde erschossen.‹ Später stellte sich heraus, daß sie während der meisten Zeit in St. Louis betrunken gewesen waren. Mehr erfuhren mein Volk und ich nicht über den sogenannten Vertrag von 1804. Später ist er mir erklärt worden. Es zeigte sich, daß in diesem Vertrag für 1000 Dollar jährlich all unser Land östlich des Mississippi und südlich von Jefferson an die Vereinigten Staaten abgetreten worden war. Ich überlasse es den Vereinigten Staaten zu entscheiden, ob mein Volk bei diesem Vertrag geziemend vertreten war oder ob eine angemessene Entschädigung für diese gewaltigen Ländereien gegeben wurde. Und das ist der Grund für alle unsere Zerwürfnisse mit den Weißen gewesen.«

Wieder einmal war von den Amerikanern in skrupelloser Weise Alkohol zur Erreichung ihrer Ziele eingesetzt worden, eine Vorgangsweise, die immerhin von keinem geringeren als Benjamin Franklin gutgeheißen wurde. In seiner Autobiographie nannte er den Alkohol »das geeignete Mittel, den Willen der Vorsehung zu erfüllen, die die Wilden vertilgen und Raum für die Bauern dieser Erde schaffen will.«
Zwischen Black Hawk und General Gaines wurde am 27. Juli 1831 ein Vertrag geschlossen, in dem sich die Sauk verpflichteten, über den Mississippi zu gehen und sich zusammen mit Keokuk und seinen Leuten in einer Reservation in Illinois niederzulassen.
Als die Indianer den ihnen versprochenen, lebensnotwendigen Mais nicht geliefert bekamen, überquerten sie den Mississippi, um Mais von ihren eigenen Feldern zu ernten. Ein Bote General Atkinsons forderte daraufhin Black Hawk auf, zurückzukehren und sich zu rechtfertigen.
Dieser hatte vergeblich versucht, die Potawatomi und Winnebago zu

bewegen, mit ihm gegen die Weißen zu kämpfen. Daher sandte er drei Krieger mit einem Friedenszeichen zu Atkinson, der einen der Parlamentäre tötete und die beiden anderen gefangennahm. Black Hawk schickte nochmals fünf Unterhändler; wieder töteten die Amerikaner einen und nahmen die restlichen gefangen. Empört über dieses Verhalten entschloß sich Black Hawk zum Kampf. Mit vierzig berittenen Kriegern überfiel er einen zweihundertsiebzig Mann starken Trupp Miliz unter Major Stillman und tötete zwölf; der Rest floh in wilder Panik in ihr dreißig Meilen entferntes Quartier. Auf der Verfolgung wurden noch einige getötet. Die von den Geflüchteten vorgebrachte Erklärung, sie wären von zweitausend Indianern überfallen worden, wurde von einem zufällig zurückgebliebenen Methodistenpfarrer, der die Indianer zählen konnte, als Lüge entlarvt.

Die Regierung in Washington schickte nunmehr General Scott mit eintausend Mann zu Hilfe, das Heer wurde aber durch Cholera dezimiert und völlig kampfunfähig gemacht. Mittlerweile hatte Black Hawk ungefähr fünfhundert Krieger verschiedener Stämme für seine Sache gewonnen. Es gelang ihm, in den Siedlungen der Weißen durch ständige Überfälle großen Schaden anzurichten und etliche Gefechte für sich zu entscheiden.

Allein am Wisconsin-River wurden siebzig weiße Freiwillige getötet. Als Atkinson den Indianern mit zweitausend Männern entgegenmarschierte, zogen sie sich an den Mississippi zurück, wo aber der Dampfer »Warrior« vor Anker lag. Black Hawk ließ die Frauen und Kinder in Kanus den Mississippi hinunterfahren; die Amerikaner führten aber auch hier wieder – wie so oft – Krieg gegen Wehrlose; viele wurden gefangengenommen oder ertranken. Am 3. August 1832 beschloß Black Hawk, sich zu ergeben. Er schickte einhundertfünfzig Krieger mit einer weißen Fahne als Zeichen der Kapitulation ans Ufer, vor dem der Dampfer lag. Angeblich wegen eines Übersetzungsfehlers des Dolmetschers eröffnete die Bordkanone das Feuer auf die überraschten Indianer, die dreiundzwanzig Tote und viele Verletzte zu beklagen hatten. Tags darauf fand das letzte Gefecht statt. Black Hawk berichtet:

> »Früh am Morgen überfiel ein Vortrupp der Weißen mein Volk, das gerade den Mississippi überqueren wollte. Sie woll-

ten sich ergeben. Aber die Weißen ließen ihre Bitten unbeachtet und begannen sie abzuschlachten. Unsere Squaws versuchten mit ihren Kindern auf dem Rücken durch den Mississippi zu schwimmen. Viele ertranken dabei, andere wurden erschossen, ehe sie noch das jenseitige Ufer erreicht hatten. Dieses Massaker dauerte etwa zwei Stunden. Wir hatten 60 Tote, nicht gerechnet die Ertrunkenen.«

Mit einigen Getreuen konnte sich Black Hawk in ein Winnebago-Dorf zurückziehen, ergab sich aber dann endgültig am 27. August 1833 bei Prairie du Chien. An General Street, den Anführer der Sieger, richtete er folgende bittere Worte, die weit über sein und seines Stammes tragisches Schicksal hinaus Gültigkeit hatten:

»Du hast mich und all meine Krieger gefangengenommen. Trübe ging am Morgen die Sonne über uns auf, in einer dunklen Wolke verschwand sie am Abend, einer feurigen Kugel gleich. Es war die letzte Sonne, die über Black Hawk schien. Sein Herz schlägt nicht länger in seiner Brust; er ist tot. Er ist jetzt ein Gefangener der Weißen, sie werden mit ihm nach ihrer Willkür verfahren. Aber er hält Qualen aus und fürchtet sich nicht vor dem Tod. Er ist kein Feigling. Black Hawk ist ein Indianer.
Er hat nichts getan, wofür sich ein Indianer schämen müßte. Er hat für seinen Stamm, für Frauen und Kinder gegen die Weißen gekämpft, die Jahr für Jahr kamen, um die Indianer zu betrügen und ihr Land zu stehlen. Ihr wißt, warum wir gegen euch Krieg führten. Der Grund ist allen Weißen bekannt. Sie sollten sich darüber schämen! Die Indianer sind keine Betrüger. Die Weißen verleumden die Indianer und betrachten sie voll Haß. Doch die Indianer lügen nicht und stehlen nicht. Ein Indianer, der so schlecht wäre wie die Weißen, könnte in unserem Stamm nicht leben. Er würde zum Tode verurteilt und von den Wölfen gefressen werden. Die Weißen sind schlechte Lehrmeister: Sie bringen falsche Bücher und handeln mit falschen Taten. Sie lächeln die armen Indianer an, um sie zu betrügen. Sie schütteln ihnen die Hand, um ihr Vertrauen zu gewinnen, sie betrunken machen zu können und zu betrügen und ihre Frauen ins Verderben zu stürzen.

Wir forderten sie auf, uns allein zu lassen und sich von uns fernzuhalten, aber sie folgten uns, stellten sich uns in den Weg und wanden sich um uns wie eine Schlange. Sie vergifteten uns durch ihre Berührung. Wir waren nicht mehr sicher. Wir lebten in Gefahr.

Wir wurden schon so wie sie: Heuchler und Lügner, ehebrecherische faule Drohnen, die nur mehr schwatzten und nichts mehr taten.

Black Hawk ist ein echter Indianer und verschmäht es, wie ein Weib zu jammern. Sein Herz schlägt für seine Frau, für seine Kinder und seine Freunde. Aber er sorgt sich nicht um sich. Er sorgt sich um sein Volk und um die Indianer überhaupt. Sie werden leiden. Er beklagt ihr Schicksal. Die Weißen skalpieren nicht den Kopf, sie tun Schlimmeres: sie vergiften das Herz!«

Black Hawk und einige seiner Gefolgsleute als Kettensträflinge in Jefferson Barracks (Zeichnung von Catlin)

Im September desselben Jahres wurde ein Vertrag mit den Sauk und Fox unterzeichnet; die Amerikaner bekamen zehn Millionen Acres[1] Land für eine auf dreißig Jahre befristete jährliche Zahlung von zwanzigtausend Dollar sowie Nahrungsmittellieferungen. Keokuk und seine Leute erhielten eine vierzig Quadratmeilen große Reservation am Iowa River zugesprochen. Beim Verlassen ihrer alten Heimat richtete Keokuk Worte des Abschieds an die Weißen:

> »Brüder! Mein Volk und ich sind hier, um euch die Hand zum Abschied zu reichen. Es ist Zeit für uns zu gehen. Ungern verlassen wir dieses Land, in dem wir so lange gelebt haben.
> Die vielen Monde und die sonnigen Tage, die wir hier verbracht haben, werden uns noch lange in Erinnerung sein.
> Wir gehen in ein Land, von dem wir nur wenig wissen. Unsere neue Heimat liegt gegen Sonnenuntergang jenseits eines großen Stromes. Wir werden dort unsere Wigwams bauen und hoffen, daß der Große Geist mit Wohlwollen auf uns schauen wird, so wie er es hier getan hat.
> Die Menschen, die wir jetzt verlassen und denen jetzt unser Land gehört, können nicht behaupten, Keokuk und seine Leute hätten jemals das Kriegsbeil gegen sie erhoben. Wir sind immer für den Frieden mit euch eingetreten, und ihr wart gütig zu uns. Lebt wohl in Frieden. Möge der Große Geist euch in diesem Land sein Lächeln schenken und auch uns in dem Land, in das wir nun ziehen. Wir werden an euch denken, und ihr müßt an uns denken. Wenn ihr uns besucht, werden wir unsere Vorräte an Wildbret mit euch teilen und euch willkommen heißen.«

Während Keokuk mit seinen Leuten nach Westen zog, wurden Black Hawk, seine Söhne, der Medizinmann des Stammes sowie fünf weitere Indianer als Geiseln in Fort Monroe festgehalten. Den Zeitpunkt der Freilassung hatten sich die Amerikaner vorbehalten.
Zu Beginn seiner berühmten Reise in das Innere Nordamerikas hatte Maximilian Prinz zu Wied Gelegenheit, dem Wiedersehen einer Abordnung der Sauk und Fox mit dem gefangenen Black Hawk am 26. März 1833 beizuwohnen:

---

[1] Etwa vierzigtausendfünfhundert Quadratkilometer.

»Als alles versammelt war, hielt Kiokuck mit Hilfe des Dolmetschers eine Anrede an General Atkinson, und dieser antwortete ihm, worauf man die Gefangenen hereinführte. Zuerst erschien Black Hawk, ein kleiner, alter, wohl 70jähriger Mann mit grauen Haaren und ziemlich hellgelblicher Hautfarbe, sanft gebogener Nase und etwas chinesischen Zügen, wozu der geschorene Kopf, hinten mit dem gewöhnlichen Haarzopf, nicht wenig beitrug. Alle Gefangenen waren unbemalt. Diese bedauernswürdigen Menschen traten mit ziemlich niedergeschlagenen Mienen ein, und obgleich kein Indianer lebhafte Zeichen der Rührung verriet, so sah man dennoch vielen von ihnen diese Gefühle deutlich an. Die Gefangenen gaben ihren Landsleuten ringsum der Reihe nach die Hand und setzten sich dann im Kreise der Versammlung nieder. Zwei der Indianer, als besonders gefährliche Menschen bekannt, der eine, der berühmte Winnebago-Prophet, mit häßlichen Zügen, trugen Ketten mit großen eisernen Kugeln an den Füßen; die übrigen Gefangenen waren nicht geschlossen, und sie wurden täglich von der Wache spazieren geführt. Die Reden begannen nun von neuem. Kiokuck sprach öfters und bat für die Gefangenen, und General Atkinson wiederholte ihnen etwa dasselbe, was ihnen schon General Clarke gesagt...
Als die Rede gehalten war, entfernte man sich und ließ die Gefangenen mit ihren Landsleuten allein, um ihren Gefühlen freien Lauf zu lassen. Rührend war der Anblick des alten Black Hawk, so wie die ganze Szene des Wiedersehens, und mehrere Zuschauer schienen in diese Gefühle miteinzustimmen.«

Am 4. Juni 1834 wurde Black Hawk auf Geheiß Präsident Jacksons, dem er kurz zuvor in Washington vorgeführt worden war, aus seiner Haft entlassen. Bei dem Zusammentreffen mit Jackson hatte dieser dem Häuptling dessen Erzfeind Keokuk als Vorbild hingestellt. Bevor Black Hawk zu seinem Stamm zurückkehrte, besuchte er noch mehrere Städte des Ostens, darunter New York. Der Besuch einer Seneca-Reservation gab ihm Anschauungsunterricht über das Reservationsleben und ermöglichte ihm ein eingehendes Gespräch mit einem alten Seneca-Häuptling. Dieser riet ihm, friedlich sein Land zu bebauen und nie mehr eine Waffe gegen die Weißen zu erheben.

Als Black Hawk wieder bei seinen Leuten war, arrangierte Major Grasland, der Beauftragte Präsident Jacksons, ein Treffen zwischen Keokuk und Black Hawk. Mit dem für die Indianerpolitik der Regierung typischen Mangel an Einfühlungsvermögen und Diplomatie wurde nun der Entschluß des Präsidenten in Washington verkündet, die beiden Stammesgruppen zusammenzuschließen und Keokuk als obersten Häuptling der Sauk-Nation einzusetzen. Black Hawk war zutiefst verletzt. Sein Leben lang konnte er die Schmach der Absetzung von seinem Häuptlingsamt nicht verwinden, ebenso wie sein Haß gegen Keokuk niemals erlosch.

> »Ich bin nur ein unbedeutendes Mitglied einer Gemeinschaft, die mich früher ehrte und auf meine Worte hörte. Der Weg zum Ruhm ist steinig, und viele dunkle Stunden verdüstern ihn. Möge der Große Geist deine erhellen, mögest du nie die Erniedrigung erfahren, die mir die amerikanische Regierung durch ihre Macht zugefügt hat; dies ist der Wunsch eines Mannes, der einst in seinen heimatlichen Wäldern so stolz und mutig war wie du.«

Trotz allem hatte Black Hawk auch bei den Weißen große Popularität erlangt. Man lud ihn zu Militärbällen und anderen Veranstaltungen ein, wo er Repräsentationsaufgaben zu erfüllen hatte. Im Jahre 1837 reisten die beiden Rivalen nochmals in den Osten. In Boston wurden sie vom Gouverneur von Massachusetts begrüßt und erhielten je einen Säbel und ein Paar Pistolen als Geschenk.
Ein Jahr später starb Black Hawk auf seiner Farm am Des Moines River, wohin er sich mit seiner Familie zurückgezogen hatte. Die Lebenserinnerungen dieses letzten Häuptlings des Mittelwestens, der noch gegen die Amerikaner gekämpft hatte, wurden aufgezeichnet und bilden eine wertvolle Quelle für die Geschichte dieses Landes in den ersten Jahrzehnten des 18. Jahrhunderts.
Einige Zeit später wurden seine Gebeine von skrupellosen Geschäftemachern geraubt, die seinen Kopf und sein Skelett in einer Jahrmarktsbude ausstellen wollten. Zum Glück faßte man die Täter und übergab die Gebeine Black Hawks, dieses weder genialen noch faszinierenden, in seiner einfachen Menschlichkeit aber um so anrührenderen Häuptlings der Sauk, der Iowa Historical Society in Burlington.

DER OSTEN

»Getreues Porträt des Häuptlings Kee-o-kuk und seines Streitrosses« (Zeichnung von Catlin)

Keokuk, sein Gegenspieler, konnte sich der Erfolge seiner Verhandlungskünste nicht allzu lange erfreuen und mußte in den folgenden Jahren immer weiter nach Westen ziehen, immer weiter weg von der alten Heimat der Sauk. Er starb 1848 in Kansas.
Sein Sarg wurde 1883 in die nach ihm benannte Stadt Keokuk überführt, wo ihm auch ein Denkmal errichtet wurde. Eine Bronzebüste im Marmorsaal des Weißen Hauses in Washington und sein Porträt auf der amerikanischen Dollarnote zeigen, welch großes Ansehen Keokuk bei den Amerikanern als Vertragspartner genossen hatte.

DER OSTEN

DER SÜDOSTEN

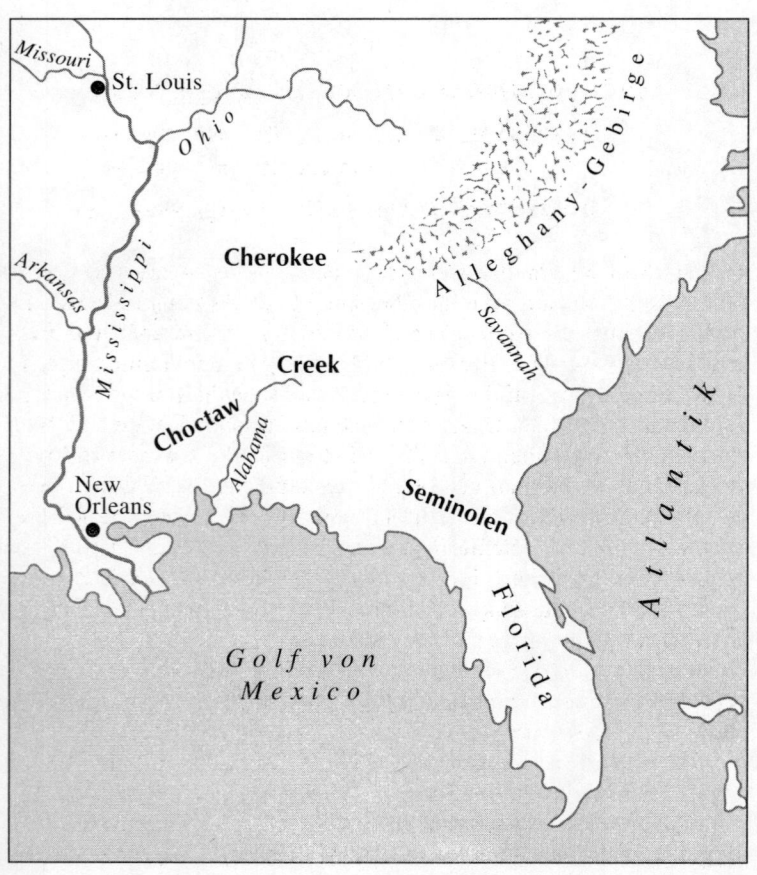

DER SÜDOSTEN

DIE WICHTIGSTEN STÄMME: a) Natchez
Creek
Choctaw
Chickasaw
Seminolen
b) Cherokee
Tuscarora
c) Catawba

SPRACHGRUPPEN: a) Muskogee
b) Irokesisch
c) Sioux

LEBENSGRUNDLAGEN: Maisanbau, Jagd, Wildpflanzen

LEBENSFORMEN: Seßhaft, bei den Natchez monarchische Struktur

WOHNFORMEN: Stroh- und Rindenhütten

Das südöstliche Waldland erstreckt sich von der Atlantikküste bis zum Mississippi und vom Cumberland River bis zur Golfküste. Es wurde schon sehr früh das Ziel spanischer Abenteurer und Entdecker. 1528 landete Panfilio de Narvaez in der Tampabucht in Florida und drang auf der Suche nach den sagenhaften Goldstädten ins Landesinnere ein. Unter den Spaniern befand sich auch Cabeza da Vaca, der nach abenteuerlichen Erlebnissen 1536 wieder in Mexiko auftauchte. Da man glaubte, er verheimliche die Wahrheit über die Reichtümer Floridas, stellte Hernando de Soto eine Expedition von sechshundert Männern zusammen und brach 1539 von der Tampabucht ins Innere Floridas auf. Obwohl er aus den Indianern mit äußerster Grausamkeit Geheimnisse zu erpressen suchte, fand er nirgends die sagenhaften Sieben Städte.

Schon damals blieben einige Spanier bei den Creek, während sich de Soto wütend nach Tennessee und Alabama wandte. Im Mai des Jahres 1541 entdeckte und überquerte er den Mississippi, suchte, ständig von Indianern angegriffen, erfolglos weiter und starb schließlich 1542 in den Sümpfen am unteren Mississippi. In den darauffolgenden Jahrzehnten erwachte auch das Interesse der Franzosen und Engländer, die zusammen mit den Spaniern und später mit den

Amerikanern die Geschicke dieses Teils des nordamerikanischen Kontinents bestimmen sollten.

Der Südosten des nordamerikanischen Kontinents teilte sich für die Weißen in drei Interessenssphären: Die Spanier setzten sich in Florida fest und unterhielten gute Beziehungen zu den Seminolen. Die Franzosen hatten sich zwar ebenfalls für Florida interessiert, ihre Versuche, sich dort zu etablieren, waren aber gescheitert. Daraufhin siedelten sie sich in der Gegend um New Orleans und entlang des Unterlaufes des Mississippi an, wo sie Kontakte zu den Choctaw und zu den Natchez pflegten, einem Stamm, der wenig später fast ausgerottet wurde. Die Engländer besiedelten die Atlantikküste von Virginia südwärts und standen in freundschaftlicher Verbindung zu den Stämmen der Cherokee, Chickasaw und Creek; mit letzteren schlossen sie sogar ein Bündnis.

Auch hier entsprang die anfängliche Freundlichkeit der Europäer nicht etwa uneigennütziger Nächstenliebe, vielmehr stellten diese indianischen Stämme, deren Kopfzahl weit über der der nördlichen Stämme lag, gewichtige politische Machtfaktoren dar: Spanier, Franzosen und Engländer wetteiferten daher um ihre Gunst. Häufig besuchten die Indianer die Ansiedlungen der Weißen. Die Häuptlinge wurden mit großem Gepränge empfangen; die Engländer luden »ihre« Häuptlinge sogar ins Mutterland der britischen Krone ein, wo sie Seine Majestät huldvoll begrüßte. Weiße Händler und Jäger machten sich ihrerseits in den Dörfern der Indianer ansässig und heirateten oft Indianerinnen. Die Nachkommen aus diesen Ehen trugen zwar häufig europäische Namen, fühlten sich aber ganz als Angehörige ihres Stammes.

Schneller als alle anderen Stämme Nordamerikas machten sich die Indianer des Südostens die Lebensart der Weißen zu eigen. Dies erstreckte sich nicht nur auf Behausung, Kleidung, Bodenbearbeitung und Viehzucht, sondern auch auf stammesorganisatorische Belange. So schlossen sich die im westlichen Georgia in völlig eigenständig verwalteten Dörfern lebenden Creek nach dem Muster der Weißen enger zusammen und festigten so den Zusammenhalt innerhalb des Stammes. Viele Indianer wurden Farmer und hielten sich schwarze Sklaven, die aber nicht – wie bei den weißen Farmern – rechtlos waren, sondern innerhalb des Stammes beachtlichen Einfluß ausüben konnten, wenn sie sich emporgearbeitet hatten.

DER SÜDOSTEN

Insgesamt bewiesen gerade diejenigen Stämme des Südostens, die unter dem Namen »Five Civilized Nations« (die »fünf zivilisierten Völker«: Cherokee, Choctaw, Creek, Seminolen, Chickasaw) bekannt wurden, daß sie in der Lage waren, aus eigener Kraft eine auch europäischen Maßstäben gerecht werdende Kultur zu entwickeln. Eine verständnislose und im wahrsten Sinn des Wortes unkultivierte Umwelt verhinderte dies.

Drei Cherokee-Häuptlinge besuchen 1762 London

DIE CREEK

Mit dem Begriff »Creek« wird einerseits eine Stammeskonföderation bezeichnet, die mehrere Jahrhunderte lang Alabama und Georgia beherrschte, andererseits ein Stamm dieser Konföderation, der auch unter dem Namen Muskogee bekannt wurde. Der Name »Creek« stammt von den Siedlern aus Carolina, die damit die am »Ocheese Creek« lebenden Indianer bezeichneten.
Im allgemeinen unterscheidet man zwischen den Oberen Creek, die am Tallapoosa und am Coosa River wohnten, und den Unteren Creek, deren Heimat am unteren Chattahoochee und am erwähnten Ocheese Creek[1] lag. Zu den Oberen Creek zählten die Alabama, Koasati, Muklasa, Pawokti, Tawasa und Tuskegee sowie einige Gruppen der Shawnee und Yamasee. Die wichtigsten Stämme der Unteren Creek waren die Apalachicola, Hitchiti, Okmulgee, Sawokli, Chiaha, Osochi und Yuchi. Die meisten dieser Stämme gehören zur Muskogee-Sprachfamilie.
Der Lebensraum der eigentlichen Creek oder Muskogee zog sich von der Atlantikküste des heutigen Staates Georgia über die Gebiete am Savannah bis nach Zentral-Alabama hinein. Abermals war es de Soto, der als erster Weißer mit ihnen in Berührung kam. Ob damals schon die Konföderation, deren wichtigster Stamm die Muskogee waren, existierte, ist nicht bekannt. Zur Zeit der Kolonisation von South Carolina stand die Konföderation jedoch schon in vollster Blüte, und es ist anzunehmen, daß sie sich angesichts der Konfrontation mit den Weißen noch verstärkte. Sie spielte eine zentrale Rolle in der Kolonialgeschichte des Südostens, die von den drei europäischen Mächten England, Frankreich und Spanien geprägt wurde.
Die Creek-Konföderation stand hierbei auf der Seite Englands und kämpfte gegen die Spanier in Florida. Teilweise ließen sich in der zweiten Hälfte des 18. Jahrhunderts auch Muskogee in dem großen,

---

[1] Dieser Fluß heißt heute Ocmulgee.

nur dünn besiedelten Gebiet nieder; sie wurden später Seminolen genannt.
Die größte Persönlichkeit, die die Konföderation in diesen Jahren aufzuweisen hatte, war der Häuptling Alexander McGillivray, der es geschickt verstand, die Weißen gegeneinander auszuspielen. Im Range eines Colonel der britischen Armee führte er zehntausend Krieger in die Schlacht gegen die Amerikaner. Als wenig später der Stern der Engländer zu sinken begann, unterzeichnete er einen Geheimvertrag mit Präsident George Washington und wurde bei dieser Gelegenheit Brigade-General der Armee der Vereinigten Staaten. Einen ähnlichen Vertrag schloß er auch mit den Spaniern, von denen er ebenfalls Zahlungen erhielt. Er war ein Meister der Taktik und der Diplomatie; sein Tod im Jahr 1793 war für die Konföderation ein schwerer Verlust.
Während Tecumseh auf seinen Reisen in den Süden, bei denen er neue Verbündete zu gewinnen trachtete, weder die Cherokee noch die Choctaw gewinnen konnte, gelang es ihm, einen größeren Teil der Creek für seine Pläne zu begeistern. Ausschlaggebend war dabei die tatkräftige Unterstützung des Häuptlings William Weatherford.

DER OSTEN

WILLIAM WEATHERFORD

Lamochattee, Red Eagle (»Roter Adler«)
Creek
Geb. 1780 im Creek Settlement, Alabama · Gest. 9. März 1824
in Monroe County, Alabama

Es gibt kein authentisches
Bild von William Weatherford

»SOLANGE AUCH NUR EINE EINZIGE
ERFOLGSCHANCE VORHANDEN GE-
WESEN WÄRE, HÄTTE ICH WEDER
MEINE STELLUNG VERLASSEN NOCH
UM FRIEDEN GEBETEN. ABER MEINE
LEUTE SIND VERNICHTET, UND ICH
BITTE NICHT FÜR MICH, SONDERN FÜR
MEIN VOLK.«

Bei den Stämmen des Südostens war es durchaus nicht ungewöhnlich, daß Abkömmlinge weißer Händler, Jäger oder Abenteurer beim Stamm ihrer Mutter blieben und es dort zu Häuptlingsehren brachten. Vielfach behielten sie den Namen ihres Vaters neben ihrem indianischen Namen bei.

Alexander McGillivray, Oberhäuptling der Creek, »König der Könige« von eigenen Gnaden und Brigadegeneral der Armee der Vereinigten Staaten, war 1793 gestorben. Er war der Sohn eines schottischen Abenteurers und einer Halbblut-Frau, die ihrerseits einen Franzosen zum Vater und eine Creek-Indianerin zur Mutter hatte. Die Stiefschwester Alexander McGillivrays hatte einen schottischen Händler namens Charles Weatherford geheiratet; dieser Verbindung entstammten zwei Söhne, John und William.

Von ihrem Vater vor die Entscheidung gestellt, ob sie unter den Weißen oder unter den Indianern leben wollten, wählte John die Welt der Weißen, William die der Indianer. Aufgrund seiner hohen Bildung wurde er bald – unter dem Namen Red Eagle – Häuptling und Mitglied des Stammesrates.

Während Tenskwatawas nicht immer von echtem Pathos getragene Reden und die diversen Zaubereien auf den klugen Häuptling nur wenig Eindruck machten, wurde er durch Tecumsehs Ideen begeistert und war sofort bereit, sie in die Tat umzusetzen. Wegen dieser »Umtriebe« zog ihn der Stammesrat der Creek zur Verantwortung. Sein schärfster Gegner war dabei William McIntosh, ein anderer Creek-Häuptling, der ihn mit Spott überschüttete und Tecumsehs Ideen als Wahnsinn bezeichnete. Weatherford aber rief zum Kampf, aufgestachelt durch die Trägheit der anderen Häuptlinge, die alle mehr Indianerblut in den Adern hatten als er und die Tecumsehs wütenden Vorwurf »Ihr seid ja Bleichgesichter!« schweigend hingenommen hatten. Etwa ein Viertel des Stammes folgte ihm.

Im ganzen Gebiet der Creek brach nun ein blutiger Aufstand aus. Siedler und Pflanzer, die sich mehr oder weniger rechtmäßig auf dem Gebiet des Stammes niedergelassen hatten, wurden überfallen, Gehöfte und Dörfer in Brand gesteckt. Ungefähr fünfhundert Farmer hatten daraufhin mit ihren Familien und ihren Sklaven in Fort Mims, dem befestigten Gehöft eines Halbbluts namens Samuel Mims, Zuflucht gefunden. Dort waren auch siebzig Louisiana-Milizsoldaten unter Major Beasley stationiert.

Am 29. August 1813 entdeckten Schwarze, daß das Fort von Indianern umzingelt war, die sich im hohen Gras verborgen hielten. Beasley schenkte den Berichten keinen Glauben. Am darauffolgenden Tag griffen die Creek an, schossen das Fort mit Brandpfeilen in Brand und richteten ein fürchterliches Blutbad an, das auch Weatherford nicht verhindern konnte. Die Kunde von diesem Massaker löste eine Welle der Empörung in den Städten des Ostens aus und bot der amerikanischen Regierung den willkommenen Anlaß, den berüchtigten General Jackson mit der Ausrottung der Creek zu beauftragen. Jackson war für derartige Aufgaben der geeignete Mann; weder hegte er die geringsten Sympathien für die Indianer noch verstand er ihre Probleme. Er besaß keinerlei Rechtsempfinden und war lediglich ein gewissenhafter Exekutor auch der grausamsten Befehle.

Seine erste Maßnahme war die Entsendung von fünfhundert Dragonern unter Colonel Coffee nach Alabama; kurz darauf folgte er mit dreitausend Mann Miliz nach. Ein Cherokee-Häuptling namens Pathkiller, auf den er unterwegs stieß, berichtete ihm, Weatherford habe jedem Indianer mit dem Tode gedroht, der nicht auf seiner Seite stünde. Jackson überfiel nun die Stadt Tallassahatchee, aber Weatherford war nicht dort, sondern in Talladega, wo er abtrünnige Creek bestrafte. Nur unter Einsatz von Gewaltandrohung – was völlig rechtswidrig war – konnte Jackson verhindern, daß ihn seine Leute verließen, da die Zeit, für die sie sich verpflichtet hatten, abgelaufen war. Er konnte somit die Verfolgung Weatherfords fortsetzen und traf an der Horseshoe Bend[1] des Tallapoosa River auf ihn. Der Häuptling war aber durch seine Späher über Jacksons Anrücken informiert und gut vorbereitet, so daß sich Jackson nach mehreren Scharmützeln zurückzog. Lautlos folgten ihm die Creek, um auf eine günstige Gelegenheit zum Angriff zu warten. Dem über den Rückzug erzürnten General gelang es aber, ohne größere Verluste davonzukommen. Es bedeutete für den skrupellosen Ehrgeizling nur einen schwachen Trost, daß andere Generäle gleichermaßen erfolglos waren.

Unter diesen befand sich auch General Clairborne. Er hatte Weatherfords Dorf überfallen und niedergebrannt, seine Soldaten hatten den

---

[1] Hufeisenförmige Flußkrümmung.

Häuptling sogar auf eine steile Felsklippe am Fluß gedrängt und ihn dort umzingelt. Weatherfords Lage schien aussichtslos, aber er rettete sich durch einen tollkühnen Sprung ins Wasser und entkam.

Im März 1814 zog Jackson mit einer Streitmacht von fünftausend Milizsoldaten, verstärkt durch ein Regiment Infanterie und durch indianische Hilfstruppen unter Weatherfords Todfeind William McIntosh, neuerlich zum Hauptstützpunkt der aufständischen Creek am Tallapoosa River. Auf der durch die Horseshoe Bend gebildeten Halbinsel hatten sich Weatherfords Krieger verschanzt. Um ihnen jede Rückzugsmöglichkeit zu nehmen, stahlen die Amerikaner sämtliche Kanus. Jackson verbot bei Todesstrafe seinen Soldaten und Offizieren zu fliehen, ehe der Feind besiegt sei.

Die Schlacht begann mit einem Bombardement der Befestigungen, das wegen der zu großen Entfernung aber erfolglos blieb. Die Scharfschützen der Creek erschossen sofort die Kanoniere, wenn diese sich zu weit vorwagten. Während des ganzen Nachmittags tobte die Schlacht; mit bewundernswertem Kampfgeist wehrten sich die Creek gegen die vielfache Übermacht.

Weatherford hatte es im Verein mit dem Medizinmann verstanden, seine Krieger so anzufeuern, daß sie gegen ihre sonstige Gewohnheit den festen Willen hatten, bis zum letzten Mann zu kämpfen. Gegen Abend wurde ihre Lage hoffnungslos. In der Nacht ließ Jackson das Fort der Indianer mit Brandpfeilen beschießen und richtete in dem durch das Feuer hervorgerufenen Chaos ein Gemetzel von unvorstellbarer Grausamkeit an. Als die Sonne aufging, lagen mehr als siebenhundertfünfzig Krieger teils auf dem Schlachtfeld, teils auf dem Grund des Flusses. Die wenigen Überlebenden waren fast alle verwundet. Zur maßlosen Enttäuschung Jacksons war Weatherford weder unter den Toten noch unter den Überlebenden; der Häuptling hatte nämlich den Angriff nicht so früh erwartet und hatte an diesem Tag einen seiner anderen Stützpunkte inspiziert, so daß er während der Schlacht gar nicht zugegen war. Jackson tobte und befahl, Weatherford zu suchen und in Ketten vor ihn zu schleppen. Die Suche blieb vergebens.

Doch dann geschah etwas Unerwartetes: Einige Tage nach der Schlacht ließ sich ein einzelner Mann im Hauptquartier Jacksons melden. Zum größten Erstaunen des Generals war es Weatherford selbst, der vor ihn hintrat:

> »Ich kam, um mich zu übergeben. Ich kann dir nicht länger Widerstand leisten. Ich habe dir viel Schaden zugefügt und würde dir noch mehr zufügen, aber meine Krieger sind tot. Ich bin in deiner Gewalt; tu mit mir, was du willst!«

Von dieser Kühnheit war sogar der rauhe Landsknecht Jackson beeindruckt; er erwiderte:

> »Du bist nicht in meiner Gewalt. Ich hatte befohlen, dich in Ketten zu mir zu bringen. Aber du kamst aus eigenem Antrieb. Ich würde dich und dein Volk mit Freuden retten, aber du bittest nicht einmal darum, gerettet zu werden. Wenn du denkst, du könntest dich im Kampf gegen mich behaupten, dann geh und stelle dich an die Spitze deiner Krieger.«

Der letzte Satz Jacksons enthielt unverhohlenen Spott. Aber mit der ihm eigenen, unbeirrbaren Festigkeit antwortete Weatherford:

> »Du kannst jetzt leicht in solchen Worten zu mir sprechen. Es gab eine Zeit, da hätte ich dir antworten können; es gab eine Zeit, da hatte ich die Wahl. Ich habe sie jetzt nicht mehr. Ich habe nicht einmal mehr eine Hoffnung. Einst konnte ich meine Krieger zum Kampf begeistern, aber Tote kann ich nicht anfeuern. Ihre Knochen morschen in Talladega, Tallassahatchee, Emuckfau und Tohopeka. Ich habe lange nachgedacht, ehe ich mich ergeben habe. Solange auch nur eine einzige Erfolgschance vorhanden gewesen wäre, hätte ich weder meine Stellung verlassen noch um Frieden gebeten. Aber meine Leute sind vernichtet, und ich bitte nicht für mich, sondern für mein Volk. Ich bitte dich, die Frauen und Kinder meiner Krieger zu dir kommen zu lassen, die in die Wälder vertrieben wurden und dort hungern. Sie taten niemals etwas Böses! Aber töte mich, wenn ihr Weißen es wollt.
> Ich blicke zurück in tiefem Schmerz und will größeres Unglück abwenden. Dein Volk hat meines vernichtet. Du bist ein tapferer Mann, ich baue auf deinen Großmut. Du wirst keine Bedingungen stellen, die für meine besiegte Nation unerfüllbar sind. Wie immer sie lauten mögen, es wäre Wahnsinn und Torheit, sie nicht zu akzeptieren. Wenn man sich gegen sie stellt, werde ich es sein, der mit aller Strenge für Gehorsam sorgt...

Du hast meinem Volk gesagt, wohin wir gehen können und wo wir sicher sein können. Das sind gute Worte, und sie sollen unbedingt darauf hören. Sie werden darauf hören.«

Diese großartige Rede verfehlte ihre Wirkung nicht. Jackson versprach, den Frauen und Kindern zu helfen, wenn Weatherford fortan Frieden halten wolle. Unter den Augen der vor Staunen sprachlosen Soldaten verließ der Häuptling das Lager und verschwand. Er hielt Wort. John Reid, der Adjutant Jacksons, war Augenzeuge dieser Begegnung und hat sie in allen Einzelheiten festgehalten. Über den Creek-Häuptling schrieb er:

»Weatherford war die größte Persönlichkeit, die die Welt der Indianer aufzuweisen hatte. Er besaß die Mannhaftigkeit der Gesinnung, das heldenmütige Herz und den scharfen Verstand, die für eine große Führerpersönlichkeit Voraussetzung sind.«

Weatherford wird als schöner, hochbegabter und temperamentvoller Mann beschrieben; allerdings wird er auch als feiger Despot und Wüstling geschildert, der umgeben von Sklaven und Höflingen abseits von seinem Stamm auf einem prächtigen Gut gelebt habe, dem seine Untertanen nur auf den Knien nahen durften und der ständig Orgien mit seinen Mätressen gefeiert habe. Es sei dahingestellt, ob dies mit den oben geschilderten edlen Charakterzügen in Einklang zu bringen ist oder ob es sich lediglich um Produkte einer Verleumdungskampagne seiner haßerfüllten Gegner handelt.
Die amerikanische Regierung dachte nicht daran, auch nur eine Spur von Großzügigkeit zu zeigen, und erpreßte einen schändlichen Vertrag, der nicht nur den ehemals feindlichen Creek Land wegnahm, sondern auch denen, die auf der Seite der Amerikaner gegen ihre eigenen Stammesbrüder gekämpft hatten. Im Juli 1814 traf Jackson an der Horseshoe Bend mit den Vertretern des armseligen, ausgehungerten Volkes zusammen. Höhnisch sprach er sie als »Freunde und Brüder« an und forderte von ihnen als Entschädigung für die den USA entstandenen Kriegskosten dreiundzwanzig Millionen Acres von Georgia. Keinen Zoll wich er von diesen Forderungen ab, und unter wüsten Drohungen mußten die beiden Häuptlinge Big Warrior und Shelokta den Vertrag unterzeichnen.

DIE SEMINOLEN

Dieser Stamm bildete sich aus den Creek, die sich nach der Mitte des 18. Jahrhunderts in Florida angesiedelt hatten. Die ersten Einwanderer waren Oconee, die um 1750 nach Florida zogen und denen einige Hitchiti folgten. Die erste Zuzugswelle der Muskogee kam etwa 1767, die zweite folgte elf Jahre später. Nach dem Krieg mit den Amerikanern in den Jahren 1813/14 folgte der Hauptstrom der Creek. Danach entwickelte sich ein eigenes Stammesbewußtsein. Zu etwa zwei Dritteln bestehen die Seminolen aus Muskogee, der Rest setzt sich aus anderen Stämmen der Oberen Creek zusammen, wie den Alabama, Yamasee und Yuchi sowie einigen Gruppen der schon vorher in Florida ansässigen Stämme. Die Herkunft der Bezeichnung »Seminolen« ist nicht exakt geklärt, man vermutet, daß es »Weglaufen« bedeutet, doch auch die Deutung, daß es sich aus dem spanischen Wort »cimarron«, »wild«, herleitet, ist anzutreffen. Sie selbst nennen sich »Ikaniuksalgi«, »Bewohner der Halbinsel«. Ihre ersten Dörfer lagen am Apalachicola River; nach und nach gelangten sie bis zum Tampa Bay und nach Miami. Wegen der ständigen Überfälle der Amerikaner zogen sie sich schließlich immer weiter nach Süden, in die Everglades, zurück.

Während der Revolutionskriege standen die Seminolen auf der Seite der Briten. Daß ihre Feindschaft zu den Amerikanern aber auch noch nach dem Rückzug der Briten nach Kanada andauerte, hatte eine andere Ursache: Oftmals entflohen schwarze Sklaven der menschenunwürdigen Behandlung durch amerikanische Baumwoll- und Zuckerrohrpflanzer und retteten sich über die Grenze des damals noch spanischen Florida. Bereitwillig halfen ihnen die Seminolen und nahmen sie sogar häufig in den Stamm auf.

Aus diesem Grund waren die Dörfer der Seminolen bevorzugtes Ziel der Sklavenfänger, die sich dabei weder um Völker- noch um Menschenrecht kümmerten. Auch mit der Hautfarbe nahmen sie es nicht so genau, weswegen auch Indianer und Mischlinge in die Sklaverei geschleppt wurden.

DER SÜDOSTEN

Auf Pfählen errichtete Hütten der Seminolen

Um vor den ständigen Übergriffen der Amerikaner sicher zu sein, zogen sich viele Seminolen endgültig nach Florida zurück. Das hinderte das amerikanische Militär aber keineswegs, seine Angriffe fortzusetzen. Höhepunkt dieses skrupellosen Vorgehens war der Befehl des Kriegsministers Calhoun vom 26. Dezember 1817, in dem General Andrew Jackson aufgefordert wurde, in Georgia mit Waffengewalt »die nötigen Maßnahmen« gegen die Indianer zu ergreifen. Präsident Monroe, Schöpfer der berühmten Monroe-Doktrin, fügte eine gleichermaßen diplomatisch formulierte wie unmißverständliche »Erlaubnis« bei, Florida für die USA zu erobern. Jackson, der knapp zwölf Jahre später selbst Präsident der USA werden sollte, überfiel Florida unter dem Vorwand, entlaufene Sklaven zu suchen. Sein Weg war von Blut und Asche gezeichnet. Jedes erreichbare Seminolendorf wurde niedergebrannt, die Bewohner ließ er ermorden. So »nebenbei« eroberte er auch ein spanisches Fort und setzte einen Colonel der amerikanischen Armee als Gouverneur von Florida ein.
Diese ungeheuerlichen, gegen jedes internationale Recht verstoßenden Vorgänge veranlaßten Spanien, aufs schärfste zu protestieren und den Abzug der Amerikaner sowie die Bestrafung Jacksons zu

fordern. Präsident Monroe war dazu bereit; im Kongreß fand eine stürmische Florida-Debatte statt, in der Jacksons Handeln verurteilt wurde. Durch Ausübung politischen Drucks erreichte dieser aber die Rücknahme aller für ihn negativen öffentlichen Stellungnahmen.

Da Spanien auf die Dauer zu schwach war, um sich gegen seine angriffslustigen Nachbarn zu behaupten, wurde der Rest von Florida – im wesentlichen die Halbinsel – für fünf Millionen Dollar an die Vereinigten Staaten verkauft. Auf Verlangen der Spanier verpflichteten sich die USA, die Indianer gerecht zu behandeln und ihre Interessen zu wahren.

Die folgenden Jahre waren vom Bemühen der USA gekennzeichnet, die Seminolen durch mehr oder weniger fragwürdige Verhandlungspraktiken und Verträge aus ihrem Land zu vertreiben, sie also »umzusiedeln«. Hauptinteressenten dieser Politik waren die Farmer, die ständig neues Land brauchten, weil sich die Böden durch den im Raubbau betriebenen Zuckerrohr- und Baumwollanbau schnell erschöpften. Hätten die Amerikaner aus ihren bisherigen Auseinandersetzungen mit den rechtmäßigen Herren des Landes gelernt und ein Mindestmaß an Einfühlungsvermögen in die indianische Mentalität bewiesen, so hätten sie sich den wohl verlustreichsten und blamabelsten Indianerkrieg ihrer Geschichte erspart.

Maßgeblichen Anteil an den Erfolgen des kleinen Stammes der Seminolen über die mächtigen Vereinigten Staaten hatte der genialste Feldherr des Südostens, Osceola.

DER SÜDOSTEN

OSCEOLA

Asi-yaholo
Seminole
Geb. um 1800 (nach manchen Quellen 1804) am Tallapoosa River,
Georgia · Gest. 30. Januar 1838 in Fort Moultrie

Porträt von George Catlin

»SCHONT FRAUEN UND KINDER!
NICHT SIE SIND ES, GEGEN DIE WIR
KRIEG FÜHREN UND DAS SKALPMESSER
ZIEHEN, GEGEN DIE MÄNNER
KÄMPFEN WIR. WIR WOLLEN ALSO
AUCH WIE MÄNNER HANDELN.«

Osceola wurde als Creek-Indianer geboren; nach dem Tod seines Vaters im Kampf hatte seine Mutter einen weißen Händler namens William Powell geheiratet. Mehrfach wurde behauptet, Osceolas Vater sei ein Mischling schottischer Herkunft gewesen, doch Osceola wies dies stets zurück:

> »Kein fremdes Blut fließt in meinen Adern; ich bin ein Vollblut-Muskogee!«

Viele Weiße und Indianer, die ihn näher kannten, bestätigten die Richtigkeit dieser Worte, die auch durch die Tatsache untermauert wird, daß Osceola niemals die englische Sprache beherrschte. Er war immer stolz darauf, Indianer zu sein.

> »Bin ich ein Neger, ein Sklave? Meine Haut ist dunkel, aber nicht schwarz, ich bin ein Indianer, ein Seminole. Der Weiße wird mich nicht dunkler machen können. Ich werde den Weißen rot machen mit Blut und ihn dann schwärzen in der Sonne und im Regen, wo der Wolf an seinen Knochen nagen und der Bussard sein Fleisch verzehren wird.«

Als auch der zweite Mann seiner Mutter gestorben war, zog sie mit ihrem Sohn nach Nord-Florida, von wo sie 1812 durch die Übergriffe der Sklavenjäger weiter nach Süden vertrieben wurde. 1818 wurden Osceola und seine Mutter von Jackson gefangengenommen und erst freigelassen, als sie versprachen, nach Georgia auszuwandern. Allerdings zogen sie daraufhin noch weiter nach Süden, wo sie schließlich in der Gegend von Silver Springs ansässig wurden. 1825 wurde dort eine Indianeragentur errichtet, die als Fort King bekannt wurde, Indianeragent war General Thompson. Als die Spannungen stärker wurden, stationierte die Regierung Militär in Fort King (1827).

Im Laufe der Zeit hatte sich Osceola als tüchtiger Jäger und ausgezeichneter Redner einen guten Namen unter den Seminolen verschafft. Aber auch die Agentur schätzte ihn wegen seiner Bereitschaft, für ein friedliches Zusammenleben von Weißen und Indianern zu wirken. Seinen Aufstieg zum berühmtesten Anführer der Seminolen hatte er ausschließlich seinen überragenden Fähigkeiten zu verdanken, da er eine Häuptlingswürde weder vererbt noch jemals verliehen bekommen hatte. Auch er konnte sich – wie

Pontiac und Tecumseh – schon als blutjunger Krieger auszeichnen: 1819 kämpfte er im ersten Seminolenkrieg gegen General Jackson.
Trotz seiner Creek-Abstammung war er gänzlich den Traditionen der Seminolen verhaftet. Aus einem dieser Bräuche leitet sich auch sein Name ab: »Asi« ist die Bezeichnung für einen bei Zeremonien verwendeten schwarzen Trank aus Stechpalmenblättern, nach dessen Genuß die Krieger langgezogene Schreie ausstießen, die wie »Yaholo« klangen, was auch der Name der Gottheit war, der diese Zeremonie geweiht war. Da Osceola imstande war, erhebliche Mengen dieses Trankes zu sich zu nehmen, bekam er den Namen »Asiyaholo«, der von den Weißen zu »Osceola« verballhornt wurde.
Osceolas versöhnliche Haltung verwandelte sich in erbitterte Feindschaft, als seine zweite Frau, Che-cho-ter, Mutter mehrerer Kinder, von Sklavenjägern geraubt wurde und seine Proteste von Thompson ignoriert wurden. Er wurde sogar festgenommen und ins Gefängnis geworfen. Nach seiner Freilassung setzte er alles daran, diese Schmach zu rächen. Sein Einfluß war mittlerweile so groß geworden, daß er sich sogar über Entscheidungen des Oberhäuptlings Micanopy ohne weiteres hinwegsetzen konnte.
1832 war der Vertrag von Payne's Landing unterzeichnet worden, in dem sich die Seminolen verpflichtet hatten, nach Westen auszuwandern und mit den Creek – die jetzt Feinde der Seminolen waren – in einer Reservation zu leben. Für eine Kommission zur Begutachtung des Landes hatte man vorwiegend Häuptlinge ausgewählt, mit denen man leichtes Spiel zu haben glaubte. Einer von ihnen war Charlie Emathla. Da der Vertrag aber nicht von der Mehrheit des Stammes getragen war, geschah nichts. Deshalb fanden 1834 mehrere Beratungen zwischen den Amerikanern und den Seminolen statt, die ohne Erfolg blieben.
Im Februar 1835 forderte General Church die Indianer auf, Florida zu verlassen; es geschah wieder nichts. Nun lud General Thompson zu einer neuerlichen Zusammenkunft und pochte auf die Vollstreckung des Vertrages; andernfalls werde er die Seminolen für vogelfrei erklären und ihnen weder Waffen noch Munition mehr liefern. Diese Drohung untermauerte er wenig später noch mit einem Schreiben des nunmehrigen Präsidenten Andrew Jackson, in dem dieser unverhüllt droht:

>Solltet ihr die Umsiedlung verweigern, habe ich den Kommandeur angewiesen, euch mit Gewalt umzusiedeln.«

Micanopy zog sich daraufhin von der Beratung zurück, weil er den Vertrag nicht akzeptieren konnte. Voll Wut erklärte Thompson den Oberhäuptling für abgesetzt, was unter den anderen Häuptlingen einen Sturm der Entrüstung auslöste. Nochmals forderte er die Unterzeichnung des Vertragspapieres, das beim Besuch der Kommission im Indianerterritorium aufgesetzt worden war; unbeweglich blieben die Häuptlinge sitzen. Plötzlich sprang Osceola mit funkelnden Augen auf, zog sein Jagdmesser und durchbohrte damit den Vertrag. Leidenschaftlich rief er:

>Das Land gehört uns! So werde ich alle Verträge unterzeichnen!«

Zwar konnte er unbehelligt die Versammlung verlassen, wurde aber kurz darauf von dem in seiner Eitelkeit verletzten Thompson gefangengenommen und eingesperrt. Voll Zorn schrie Osceola:

>Die Sonne steht hoch. Ich werde mir diese Stunde merken! Der Agent hatte seinen großen Tag, aber auch meiner wird kommen!«

Auf Betreiben Charlie Emathlas wurde er gegen das Versprechen, für die Auswanderung Reklame zu machen, freigelassen. Natürlich fühlte er sich gegenüber dem verräterischen Thompson an kein Versprechen gebunden und bereitete sich mit anderen, gleichgesinnten Häuptlingen auf einen Krieg vor. Die Häuptlinge, die für die Erfüllung des Vertrages waren, wurden von Osceola als Verräter und Feinde behandelt. Charlie Emathla hatte heimlich mit den Amerikanern verhandelt; angeblich war ihm zugesichert worden, die amerikanische Regierung werde ihn zum Oberhäuptling der Seminolen machen, wenn er die Unterzeichnung des neuen Vertrages erwirke.
Als er das ihm versprochene Geld vom Fort holte, lauerte ihm Osceola, der von dem zwielichtigen Geschäft erfahren hatte, auf und erschoß ihn. Das war gleichsam das Signal für den Ausbruch des zweiten Seminolen-Krieges.
Er begann mit einer Niederlage der Amerikaner. Major Dade geriet mit einhundertzehn Mann bei der Überquerung eines Flusses in

DER SÜDOSTEN

einen Hinterhalt und wurde von den Seminolen unter Micanopy und Otee Amathla (Alligator) vernichtend geschlagen. Dade wurde von Micanopy getötet, nur drei Verwundete entkamen. Am selben Tag gelang auch Osceola ein Husarenstück: Mit einigen Getreuen schlich er sich an Fort King heran und tötete eigenhändig den verräterischen Thompson und vier von dessen Freunden. So rächte er sich für die Schmach der zweimaligen Gefangennahme.
Nach mehreren erfolglosen Auseinandersetzungen wurde der Oberkommandierende der Amerikaner ausgewechselt. General Winfield Scott übernahm am 31. Januar 1836 das Kommando. Am 2. Februar richtete Osceola in einem Brief folgende Worte an ihn:

> »Ihr habt Gewehre, wir auch. Ihr habt Pulver und Blei, wir auch. Eure Leute wollen kämpfen, und so werden es unsere auch tun, bis der letzte Tropfen Seminolenblut den Staub unserer Jagdgründe benetzt hat.«

Die fast undurchdringlichen Sumpfwälder Floridas bereiteten den amerikanischen Truppen größte Schwierigkeiten. In genialer Weise wußte sich Osceola die geografischen Gegebenheiten für seine Strategie zunutze zu machen. Anfang 1836 marschierte General Edward P. Gaines mit eintausendeinhundert Mann von Fort Brooke nach Fort King, fand aber dort keine ausreichenden Vorräte und kehrte um. Am 27. Februar 1836 griff ihn Osceola an. Während der Waffenstillstandsverhandlungen kehrte eine andere Expedition unter General Clinch gerade zurück und eröffnete sofort das Feuer, wobei zwei Indianer und ein Schwarzer, Mitglied der Verhandlungsdelegation, erschossen wurden. Osceola konnte mit den anderen Unterhändlern fliehen. General Gaines wurde wegen seiner nutzlosen Aktion degradiert. Während des ganzen Jahres 1836 konnte Scott keinerlei Erfolge erzielen, so daß neuerlich das Kommando wechselte. Der Oberkommandierende war diesmal General Jesup. Er versprach den Indianern, daß auch die bisher vom Vertrag immer ausgeschlossenen Seminolen schwarzer Hautfarbe umsiedeln dürften, Osceola lehnte aber ab.
General Jesup war nun jedes Mittel recht, um den Erfolg zu erzielen, der seinen Vorgängern versagt geblieben war. Im September 1837 fiel der Häuptling Hemita Imathla mit fünfunddreißig Leuten in die Hände der Amerikaner. Er schickte eine Botschaft an Osceola, in

der er ihn bat, Verhandlungen aufzunehmen. Osceola, der damals schon malariakrank gewesen sein soll, vereinbarte ein Treffen mit General Jesup in Three Pines, sieben Meilen von St. Augustin. Am vereinbarten Treffpunkt lauerte auf Anweisung Jesups ein Trupp Soldaten unter Colonel Ashby. Osceola wurde heimtückisch überfallen und in billigem Triumph fortgeschleppt. Wegen seiner Krankheit konnte er nicht weiter als bis nach Fort Moultrie in Süd-Carolina gebracht werden.
Catlin, der berühmte Indianermaler, besuchte Fort Moultrie im Jahre 1838 und beschrieb in seinen Erinnerungen Osceolas letzte Tage. Fünf Tage vor Osceolas Tod fertigte Catlin ein Porträt des großen Seminolen-Führers an.

> »Dieser junge Mann ist zweifelsohne der außerordentliche Charakter, als der er seit einigen Jahren bekannt ist, und wird von den Seminolen unbestritten als geistiger Führer des Stammes angesehen, obwohl er kein Häuptling ist...
> Aufgrund dessen, was ich gesehen und von Osceola selbst sowie von den Häuptlingen um ihn herum gehört habe, bin ich völlig überzeugt davon, daß er ein ganz ungewöhnlicher Mann ist, der Anspruch auf ein besseres Schicksal hätte...
> Seine Gestalt ist mittelgroß, seine Bewegungen geschmeidig und elegant; seine Gesichtszüge sehen gut aus, sein Lächeln ist etwas weich. Doch sein Charakter ist so außergewöhnlich, daß man die ganze Welt durchsuchen könnte, ohne einen ähnlichen zu finden.«

Sein Auftreten soll von königlicher Würde gewesen sein, die durch den durchdringenden Blick seiner schwarzen Augen noch unterstrichen wurde. Am 30. Januar 1838 starb Osceola an einer akuten Halsentzündung. Sein Leichnam wurde mit militärischen Ehren bestattet. Dr. Frederick Weedom, sein Arzt, behielt das Haupt für sich; später wurde es in New York in einem medizinischen Institut aufbewahrt, wo es 1866 bei einem Brand vernichtet wurde.
Als die näheren Umstände der Gefangennahme Osceolas durch eine Kommission unter der Leitung von John Ross, dem obersten Häuptling der Cherokee, aufgedeckt und bekannt gemacht wurden, erhob sich auch bei einem Teil der Amerikaner ein Sturm der Entrüstung, der sich besonders gegen den hinterhältigen General Jesup richtete.

Dieser argumentierte mit der lapidaren Feststellung: »Wenn die Umsiedlung kein Unrecht ist, dann ist auch die Entführung Osceolas kein Unrecht.« Im Hinblick auf die Indianerpolitik der Regierung ist dieser Einwand leider berechtigt.

Osceola hatte durch seine Kühnheit auch unter vielen Bewohnern der Städte des Ostens großes Ansehen errungen. Seine Tapferkeit artete nie in Brutalität aus; seine Rücksichtnahme gegen Frauen und Kinder lag in seiner starken Zuneigung zu seiner eigenen Familie begründet. Als Staatsmann war er mit Tecumseh allerdings nicht zu vergleichen – eine unbarmherzige Politik ließ ihm keine Gelegenheit, derartige Fähigkeiten unter Beweis zu stellen –, als Stratege aber war er Tecumseh mindestens ebenbürtig, wenn nicht sogar überlegen.

Die Erinnerung an ihn wird nicht nur durch ein Grabdenkmal in Fort Moultrie wachgehalten, vielmehr noch durch achtzehn kleinere und größere Städte, drei Bezirke, viele Straßen, Seen und einen Berg, die alle seinen Namen trugen.

Die Seminolen, die in Florida geblieben waren, zogen sich noch tiefer in die Sümpfe zurück und wurden fortan nicht mehr behelligt. Noch heute leben die Nachkommen in Florida und weisen mit Stolz darauf hin, daß sie sich nie den Vereinigten Staaten unterworfen haben. Diesen unter allen Indianerstämmen Nordamerikas einzigartigen Ruhm haben die Seminolen nicht zum geringen Teil ihrem genialen Führer Osceola zu danken, der auch nach seinem Tod als Symbol von Freiheit und Unabhängigkeit den Widerstandswillen seines Volkes wachgehalten hatte.

Seminolen-Hütte

DER OSTEN

DIE CHEROKEE

Die Cherokee sind der südlichste Stamm der irokesischen Sprachfamilie, allerdings weist ihre Sprache nur mehr eine verhältnismäßig geringe Ähnlichkeit mit der der Irokesen auf. Die Herkunft ihres Namens ist unbekannt, möglicherweise rührt er vom Creek-Wort »tciloki« her, das »Volk einer anderen Sprache« bedeutet und darauf hinweist, daß die Cherokee nicht wie die meisten Stämme des Südostens zur Muskogee-Sprachfamilie gehören. Sie selbst nennen sich »Ani-Yun-wiya«, »wirkliches Volk«.
Bis zur Vertreibung des Stammes im 19. Jahrhundert lagen seine Wohngebiete am Südende der Appalachen, also zum Großteil im Gebiet der heutigen Bundesstaaten Tennessee und North Carolina, umfaßten aber auch Teile von Virginia, Alabama, Georgia und South Carolina. Allgemein teilt man die Cherokee in drei Gruppen ein: die östlichen, mittleren und westlichen Cherokee. Ebenso wie auf die Choctaw traf de Soto 1540 auch auf die Cherokee, genauer gesagt, er stieß auf eine ihrer zahlreichen Städte. Zu engeren Kontakten mit Weißen kam es jedoch erst nach der Eroberung von Virginia durch die Engländer, als englische Händler die Appalachen durchzogen, und nach der Gründung der Kolonie Carolina.
Bei den Kämpfen der Engländer gegen die Tuscarora im Jahr 1713 halfen die Cherokee den Weißen, 1730 luden die Engländer sieben Cherokee nach England ein. Acht Jahre später raffte eine schwere Pockenepidemie fast die Hälfte des Stammes dahin. 1755 vertrieben die Cherokee die Abihka Creek aus dem Gebiet des Tennessee River. Wenige Jahre später entfachte der Gouverneur von South Carolina durch sein unbesonnenes Verhalten einen Krieg, in dem die Cherokee am 8. August 1760 eine englische Armee besiegten und Fort Loudon einnahmen. Ein knappes Jahr später mußten sie allerdings eine Niederlage hinnehmen und Frieden schließen.
Die Engländer hatten zahlreiche Städte der Cherokee zur Kapitulation gezwungen. Im englisch-amerikanischen Krieg traten die Cherokee aber auf die Seite Englands und beteiligten sich bis zum Jahr

1794 an den Kämpfen. 1820 gründeten die Cherokee ein eigenes Staatswesen, das sich an das der Vereinigten Staaten anlehnte. Neben der Tatsache, daß die Cherokee zu den begabtesten Indianern Nordamerikas zählten, spielte dabei auch das schottische Element im Stamm eine wichtige Rolle. Ebenso wie bei den Creek ließen sich auch bei den Cherokee sehr viele Schotten nieder, deren Abkömmlinge in der weiteren Entwicklung des Stammes eine große Rolle spielten. Die Ursache für das starke schottische Element bei den beiden Stämmen lag darin, daß im Gefolge des Aufstandes von 1745 viele Schotten ihre Heimat verließen und nach Nordamerika auswanderten. Da sie auch nach den Revolutionskriegen meistens königstreu blieben, mußten sie vor den Amerikanern fliehen und ließen sich hauptsächlich bei den genannten Stämmen nieder, wo sie sich schnell eingliederten. Der aristokratische Stolz der alten schottischen Familien ging auch auf ihre indianischen Nachkommen über und prägte in starkem Maß das öffentliche Leben, das sich immer stärker dem der Weißen anglich.

Den Schlüssel für den ungeheuren zivilisatorischen Aufschwung der Cherokee bildet aber der Geniestreich Sequoyas, die Erfindung einer indianischen Schrift. Diese kulturelle Spitzenleistung, die in ihrer Bedeutung mit der Erfindung des Buchdrucks durch Gutenberg verglichen werden kann, straft alle Behauptungen über die Zivilisationsunfähigkeit der Indianer Lügen.

DER OSTEN

SEQUOYA
George Gist
Cherokee
Geb. um 1765 in Taskigi, Tennessee · Gest. 1843 in Mexico City

McKenney-Hall-Porträt

»SEQUOYAS ERFINDUNG IST ALS
EINE DER BEDEUTENDSTEN
GROSSTATEN DES 19. JAHRHUNDERTS
ZU BETRACHTEN.«
Ralph Henry Gabriel in »The Lure of Frontier«

Sequoya entstammte der Ehe einer Cherokee-Indianerin mit einem
Weißen. Sein Vater war Nathanael Gist, der Sohn des berühmten
Christopher Gist, des Erforschers von Kentucky und Mitstreiters
George Washingtons. Den ersten Kontakt mit den Cherokee hatte
Nathanael Gist, als Washington ihn nach der Niederlage Braddocks
zu diesem Stamm um Hilfe schickte. Seitdem stand er in ständiger
Handelsverbindung mit den Cherokee und erreichte höchstes Ansehen bei ihnen. Anläßlich eines dieser Besuche heiratete er Wurteh,
die Schwester Old Tassels, des Oberhäuptlings der Cherokee im Re-
volutionskrieg. Bei Ausbruch des Krieges setzte sich Gist nachdrücklich für den Frieden ein, trat aber 1776, als ein Krieg zwischen den
Amerikanern und den Cherokee ausbrach, in amerikanische Dienste
und wurde Kommandant eines eigenen Regiments.
Es ist nicht bekannt, wann Sequoya geboren wurde. Als frühestmög-
liches Geburtsdatum wird 1760 angegeben; einen Anhaltspunkt bietet der Besuch einer Stammesdelegation der Irokesen und Shawnee
bei den Cherokee, der 1776 stattfand und Sequoya als unauslösch-
liche Jugenderinnerung im Gedächtnis geblieben war und von dem
er später immer wieder erzählte.[1] Es ist anzunehmen, daß Sequoya
damals etwa zehn oder zwölf Jahre alt war.
Seine Jugend war von dem achtzehn Jahre dauernden Krieg zwischen seinem Stamm und den Amerikanern überschattet. Sein Onkel
Old Tassel wurde, als er mit den Amerikanern verhandeln wollte,
trotz einer weißen Fahne ermordet. Nathanael Gist hatte nach dem
Ende des Revolutionskrieges Judith Cary Bell, eine Virginierin,
geheiratet und ging 1793 nach Kentucky, wo ihm die Regierung für
seine Verdienste Land geschenkt hatte.
Sequoya wohnte mit seiner Mutter in einer Hütte, die in der Nähe
der Ruinen von Fort Loudon lag. Es gab damals noch keine Missionsschule, so daß Sequoya ausschließlich von seiner Mutter erzogen wurde. Niemals in seinem ganzen Leben erwarb er irgendwelche Kenntnisse des Englischen.
Die dauernden Überfälle der Amerikaner auf die Siedlungen der
Cherokee hatten natürlich zahlreiche Vergeltungsaktionen der
Indianer zur Folge. Ob Sequoya an diesen Zügen beteiligt war, ist

---

[1] Als Ergebnis des Besuches wurde ein Bündnis geschlossen, das die über siebzig Jahre dauernde Feindschaft zwischen diesen Stämmen beendete.

nicht bekannt, seine Teilnahme am Creek-Krieg zeigt allerdings, daß er auch Erfahrungen als Krieger hatte.
Bei einem Jagd- oder Kriegszug erlitt er eine Verletzung, infolge derer er zeitlebens hinkte. Sein Herz gehörte allerdings nicht dem rauhen Kriegshandwerk, sondern der Welt der Kunst. Schon in jungen Jahren machte er sich einen weitum berühmten Namen als Silberschmied, in einem Beruf also, den bislang unter den Cherokee noch niemand in solcher Perfektion ausgeübt hatte. Aber auch als Maler war er äußerst talentiert; seine Porträts und Tierbilder wurden wegen ihrer Lebensechtheit gerühmt.
Die immer stärkere Konfrontation mit der Welt der Weißen hatte die Cherokee in zwei Parteien, eine »progressive« und eine »konservative«, gespalten. Sequoya stand auf der Seite derer, die sich strikt gegen eine Umstellung auf die Lebensart der Weißen wandten und für eine Beibehaltung der Stammestradition waren. Auf ein Leben als Farmer stellte er sich nur mit Widerwillen um, viel lieber ging er für seine Familie – er hatte 1815 geheiratet – auf die Jagd und stellte Fallen. Er fühlte sich ganz als Indianer und ging in seiner Abneigung gegen die schon stark »zivilisierten« östlichen Cherokee so weit, daß er nach Alabama übersiedelte, um möglichst wenig mit Weißen in Berührung zu kommen. 1821 übersiedelte er aus demselben Grund zu den West-Cherokee.
Den Anstoß zu seiner genialen Tat gab – wenn man der Legende glauben will – die Prahlerei seines Neffen, der sich seiner in der Missionsschule erlernten Kenntnisse des Schreibens und Lesens brüstete. Sequoya soll zornig geantwortet haben, daß die Indianer ihre Sprache genauso schreiben könnten wie die Weißen.
1809 hatte er sich an die Verwirklichung dieser Idee gemacht. Vor welchen ungeheuren Schwierigkeiten er dabei stand, soll dadurch angedeutet sein, daß sowohl die Mährischen Brüder als auch andere Missionare, die durch Latein und Griechisch in der systematischen Beschäftigung mit fremden Sprachen geübt waren und im Lauf vieler Jahrzehnte reiche Erfahrungen in der Unterrichtung von Indianern sammeln konnten, vor den Schwierigkeiten der ungewöhnlich laut- und wortreichen Cherokee-Sprache kapitulieren mußten. Es gab zahllose Vokabeln für verschiedene Aspekte ein- und desselben Begriffs, und es gab Zeitwörter mit mehr als zweihundert Formen. Es blieb Sequoya vorbehalten, dieses Problem zu lösen.

Er begann damit, jedes einzelne Wort der Cherokee-Sprache als Bildzeichen wiederzugeben, wobei er den bei einigen Stämmen gebräuchlichen, einfachen Vorrat an derartigen Zeichen erweiterte. Den Mangel an Papier und Feder umging er dadurch, daß er die Zeichen in Rindenstückchen ritzte. Instinktiv verfolgte er den Weg, den Chinesen und Ägypter beschritten hatten, ohne allerdings jemals Kenntnis von diesen Völkern oder ihrer Schrift erhalten zu haben. Seine intensiven Bemühungen mußte er nur wegen des Kriegsdienstes in der Cherokee-Armee 1813/1814, wegen seiner Teilnahme an der Turkeytown-Konferenz Jacksons 1816 und einer Reise nach Arkansas 1818 für längere Zeit unterbrechen.

Während seiner Arbeiten vernachlässigte er seine Familie, er baute sich sogar eine eigene Hütte, um dem Schelten seiner Frau zu entgehen. In der Umgebung galt er alsbald als Sonderling und wurde zur Zielscheibe allgemeinen Spotts. Böswillige, primitive Nachbarn zündeten seine Hütte an, weil sie argwöhnten, es sei Zauberei im Spiel. Sämtliche Unterlagen verbrannten. Unverdrossen baute er eine neue Hütte und arbeitete weiter.

Er hatte herausgefunden, daß alle Wörter der Cherokee-Sprache aus fünfundachtzig Silben gebildet werden konnten. Er entwarf nun eine Liste von Symbolen für diese Silben; mit Hilfe dieses »Alphabets« konnte die Cherokee-Sprache einwandfrei in geschriebene Form übertragen werden. Da ihm zufällig ein englisches Buch in die Hand gekommen war, verwendete er auch diese Buchstaben als Silbensymbole, allerdings – da er das Buch ja nicht lesen konnte – mit völlig anderer Bedeutung.

1821 trat er mit seiner Erfindung an die Öffentlichkeit. Eine Reihe führender Persönlichkeiten der Cherokee hatte sich eingefunden, die meisten in der Erwartung, Spott und Hohn über Sequoya vergießen zu können. Es sollte aber anders kommen. Sequoyas sechsjährige Tochter, die die Arbeit ihres Vaters aufmerksam verfolgt hatte, las mühelos jeden Text, den ihr Vater aufgrund von Zurufen der Anwesenden aufgeschrieben hatte. Diese staunten, waren aber noch nicht überzeugt. Sie vermuteten irgendeinen Trick dahinter und versammelten eine Gruppe Jugendlicher, die mit Sequoya in keinerlei Verbindung standen. Nach einigen Stunden »Unterricht« konnten auch sie geschriebene Meldungen ohne weiteres lesen. Nun waren auch die ungläubigsten Zuhörer bekehrt.

Wie ein Lauffeuer verbreitete sich die Sensation. Es gab kaum einen Cherokee, der sich der Tragweite dieser Erfindung nicht bewußt war und der nicht stolz darauf war, daß jetzt nicht nur die Weißen, sondern auch die Cherokee ihre eigene Sprache schreiben und lesen konnten.

Jeder Cherokee, ob alt, ob jung, wollte plötzlich Lesen und Schreiben lernen. Das war denkbar einfach, man benötigte nur eine Liste mit Sequoyas »Alphabet«. Die scharfe Beobachtungsgabe der Indianer, ihr ausgezeichnetes visuelles Gedächtnis und das rasche Erkennen von Zusammenhängen förderten das schnelle Erlernen der Schrift. Auch einen sozialen Gesichtspunkt hatte Sequoyas Erfindung: Während die Missionsschulen meist nur von »progressiven« und reichen Cherokee besucht wurden, konnte die Cherokee-Schrift von jedem, auch vom ärmsten, in wenigen Monaten, manchmal auch nur Wochen erlernt werden.

Die gesetzgebende Versammlung der Cherokee erkannte bald den Wert der Erfindung für die Übermittlung von Informationen innerhalb des Stammes und beschloß 1825 die Anschaffung einer Druckerpresse als Grundlage für die Herausgabe einer Zeitung. Am 21. Februar 1828 erschien die erste Nummer des »Cherokee Phoenix«, einer in Cherokee und Englisch abgefaßten Zeitung. Sie war der Höhepunkt einer für ein Naturvolk einzigartigen Entwicklung, die weder in Amerika noch in Asien, noch anderswo eine Parallele hatte.

Auch den Nachbarstämmen blieb die »Bildungsexplosion« bei den Cherokee nicht verborgen. Die Creek lernten ebenfalls Lesen und Schreiben. Die Gesetze beider Stämme wurden schriftlich festgehalten; die Cherokee schufen eine richtiggehende Verfassung mit gewählten Volksvertretern, was allerdings weniger revolutionär war, als es auf den ersten Blick erscheinen mag, besaßen doch die meisten Indianer ein ausgeprägtes demokratisches Bewußtsein.

Sequoya lebte als angesehener Lehrer und Anführer unter den Cherokee in Arkansas. Er beschäftigte sich weiterhin mit der Sprache seines Volkes und unternahm 1842 eine Forschungsreise, um eine versprengte Gruppe der Cherokee zu suchen und anhand ihres Dialektes die Entwicklung der Sprache und Grammatik zu verfolgen. Von dieser Reise sollte er nicht mehr zurückkehren; er starb 1843 in Mexiko.

Die Verdienste dieses indianischen Genies fanden in der Welt der Wissenschaft ihre bleibende Würdigung: Sein Name wurde in den botanischen Bezeichnungen für den kalifornischen Riesen-Mammutbaum (sequoiadendron giganteum) und für den ebenfalls in Kalifornien beheimateten Eibennadeligen Mammutbaum (sequoia sempervirens) verewigt. Eine noch größere Ehrung war vorgesehen, zu der es allerdings nicht kommen sollte: Der geplante Indianerstaat im Indian Territory sollte Sequoya heißen.

Durch Sequoyas Erfindung war die geistige Grundlage für den kulturellen Aufstieg der Cherokee geschaffen, die zusammen mit ihren Nachbarn, den Creek, Seminolen, Chickasaw und Choctaw die »Fünf zivilisierten Völker« bildeten. Die politischen Geschicke der Cherokee wurden in weiterer Folge maßgeblich von zwei Männern bestimmt, von denen jeder für sich eine hervorragende Persönlichkeit war, die aber zeit ihres Lebens Gegenspieler waren: John Ross und Stand Watie.

JOHN ROSS

Guwisguwi
Cherokee
Geb. 3. Oktober 1790 in Lookout Mountains, Tennessee ·
Gest. 1. August 1866 in Washington, D. C.

McKenney-Hall-Porträt

»WIR HOFFTEN, ... DASS WIR NICHT AUFGERUFEN SEIN WÜRDEN, IM DROHENDEN BRUDERKRIEG ZWISCHEN NORD- UND SÜDSTAATEN PARTEI ZU ERGREIFEN, UND DASS PERSONEN, DIE AN IHREN EIGENEN RECHTEN FESTHALTEN, AUCH DIE RECHTE ANDERER RESPEKTIEREN WÜRDEN.«

DER SÜDOSTEN

John Ross hatte sehr wenig Indianerblut in seinen Adern, sein Vater war Schotte, seine Mutter war nur mehr zu einem Viertel Indianerin. Trotzdem fühlte sich Ross als Cherokee. Er besuchte in Kingston, Tennessee, die Schule. Als Knabe trug er den Namen Tsan-usdi (Little John), später nannte er sich Guwisguwi, was soviel wie Schwan oder Reiher bedeutet. Schon früh zeichnete sich seine politische Laufbahn ab; als Neunzehnjähriger wurde er in offizieller Mission zu den Cherokee nach Arkansas gesandt. Als Adjutant des Cherokee-Regiments kämpfte er im Krieg 1813/14 gegen Weatherford und dessen Creek. 1817 wurde er Mitglied des Cherokee Council und nahm an den Verhandlungen mit den Amerikanern teil, die die Cherokee bewegen wollten, sich westlich des Mississippi anzusiedeln und ihr eigenes Land herzugeben.

Zwar hatten die USA am 30. März 1802 den Cherokee ihren Landbesitz und das Recht auf Selbstverwaltung garantiert, waren aber schon kurze Zeit später in die den Cherokee gehörenden Gebiete in Georgia einmarschiert und hatten einen Großteil besetzt. 1817 hatten Cherokee und Creek nur mehr ein Viertel des heutigen Bundesstaates Georgia in Besitz.

Die Verhandlungen verliefen für die Amerikaner erfolglos. Die beiden Stämme hatten Gesetze, die es jedem Stammesmitglied bei Todesstrafe verboten, auf eigene Faust Land zu verkaufen. Trotzdem übten die Amerikaner jeden möglichen Druck aus, um Indianer zum Verkauf zu bewegen. William McIntosh, Häuptling der Creek und einst erbitterter Gegner Weatherfords, hielt sich nicht an dieses Gesetz[1] und wurde 1826 zum Tod verurteilt. Zwischen 1828 und 1830 wurden von den Weißen in Georgia mehrere Gesetze verabschiedet, die zur Vertreibung der Cherokee führen sollten. Sämtliche Gesetze und Verordnungen der Cherokee sowie ihre gesetzgebenden Körperschaften wurden darin für abgeschafft erklärt; außerdem wurde ihnen die Fähigkeit, mit den Weißen Verträge zu schließen, aberkannt. Der Vollzug der Todesstrafe für illegale Landverkäufe wurde von der Regierung in Georgia künftig als Mord angesehen. Die Ländereien und Goldminen sollten konfisziert und durch Los an die weißen Bürger Georgias verteilt werden.

---

[1] Er verkaufte alles Land seines Stammes in Georgia und einen Teil der Gebiete in Alabama für vierhunderttausend Dollar.

DER OSTEN

John Ross, der 1819[1] Präsident des National Committee – in dieser Funktion hatte er sich besonders für das Schulwesen und die Erarbeitung einer Verfassung eingesetzt – und 1828 Principal Chief der Cherokee geworden war, weigerte sich natürlich, den verbrecherischen Gesetzen Folge zu leisten, und protestierte bei Präsident Adams. Dieser übergab das Gesuch aber an seinen Amtsnachfolger Andrew Jackson, der 1829 Präsident der USA wurde. Sein Ziel in der Indianerpolitik war es, die Grenze zu »befrieden« und alle Indianer, die noch eine mögliche Gefahr darstellen könnten, über den Mississippi nach Westen zu vertreiben. »Ungefährlich« in seinem Sinn waren für ihn lediglich die im Gebiet der Vereinigten Staaten wohnenden Irokesen und die Reste der einst stolzen Narraganset, Pequot und Mohikaner. Alle anderen Stämme bildeten seiner Meinung nach eine ständige Bedrohung. Diese Haltung ist psychologisch vielleicht aus einem Komplex über die Mißerfolge bei der geplanten Unterwerfung der Seminolen zu erklären.

Jackson, der selbst die brutale Alternative »totale Unterwerfung oder Auswanderung« aufgestellt hatte, reagierte auf den Protest natürlich nicht, er duldete vielmehr mit dem zynischen Hinweis auf die Oberhoheit der Regierung der Bundesstaaten, daß der Staat Georgia die Indianer nach Belieben »enteignete«. Auch als der oberste Gerichtshof im März 1832 alle Gesetze und Beschlüsse, die die Cherokee betrafen, für verfassungswidrig erklärte, änderte sich Jacksons Haltung nicht.

In dieser Situation bildeten sich bei den Cherokee zwei Parteien, die einander leidenschaftlich bekämpften: die Befürworter und die Gegner einer Umsiedlung. Dabei traten auch andere, schon lange schwelende Gegensätze offen zutage: Ein Großteil der »High Society«, deren Lebensstil völlig dem weißer Farmer glich, war mischblütig, hatte eine gute Ausbildung genossen und trat für eine Umsiedlung ein. Diese »Mixed-bloods« waren zwar von der Umsiedlung nicht begeistert, waren aber der Meinung, gegen die Übermacht der Regierung sei nichts auszurichten. Die »Full-bloods« hingegen wehrten sich vehement gegen die Umsiedlung ins Indianerterritorium, was zu haßerfüllten Auseinandersetzungen führte. An der Spitze der »Full-

---

[1] Im selben Jahr wurde New Echota, die Hauptstadt der Cherokee Nation, gegründet.

bloods« stand John Ross, und allein diese Tatsache macht klar, wie sehr er sich als Cherokee fühlte, obgleich er nur zu einem Achtel indianisches Blut in sich trug. Die Anführer der »Mixed-bloods« – man nannte diese Gruppe auch »Treaty Party«, weil sie für einen Vertragsabschluß mit den USA eintrat – waren Major Ridge, Elias Boudinot und dessen Bruder Stand Watie, der in den darauffolgenden Jahrzehnten neben John Ross die bekannteste Persönlichkeit der Cherokee und darüber hinaus der berühmteste indianische Bürgerkriegsgeneral werden sollte.

Major Ridge

DER OSTEN

STAND WATIE

De-gata-ga
Cherokee
Geb. 12. Dezember 1806 in der Nähe des heutigen Rome, Georgia
Gest. 9. September 1871 am Honey Creek

Frühe Fotografie

»GENERAL WATIE WAR NICHT NUR EIN TAPFERER, TÜCHTIGER UND UNERSCHROCKENER SOLDAT, ER WAR AUCH EIN GROSSER MANN, DESSEN EHRENHAFTIGKEIT UND INTEGRITÄT ÜBER JEDEN ZWEIFEL ERHABEN WAREN.«

General Douglas H. Cooper

Stand Watie wurde in der Nähe des Coo-sa-wa-tee-Flusses als Sohn des Cherokee Uweti, der auch als David-oo-Wa-tee bekannt war, geboren. Seine Mutter, Susannah Reese, war Halbindianerin und entstammte der in North Carolina sehr angesehenen Familie der Reese. Als Knabe trug Stand Watie den Namen Ta-ker-taw-ker[1], was soviel wie »unerschütterlich feststehen« bedeutet. Er besuchte die Brainerd Mission School und zeichnete sich als hervorragender Reiter und Ballspieler aus. Bis zu seinem zwölften Lebensjahr sprach er nur Cherokee. Er hatte mehrere Brüder, darunter den um vier Jahre älteren Buck Watie, der später den Namen seines Gönners Elias Boudinot annahm.
1829 wurde Stand Watie, wie er sich jetzt nannte, als Sekretär des Obersten Gerichtshofes der Cherokee in der Öffentlichkeit bekannt. Elias Boudinot wurde 1828 zum Herausgeber des »Cherokee Phoenix« bestellt; als er 1832 eine Reise in den Osten unternahm, trat Stand Watie an seine Stelle. Als sich aber die Auseinandersetzungen innerhalb des Stammes verschärften, entließ John Ross Boudinot als Herausgeber der Zeitung und setzte den ihm genehmen Elijah Hicks ein. Watie und Boudinot wollten sich nicht so ohne weiteres kaltstellen lassen und besetzten mit Hilfe der offiziellen Stellen in Georgia die Redaktion des »Phoenix«, der fortan ihre politische Meinung vertrat. Trotzdem blieben viele Cherokee der »Treaty Party« gegenüber mißtrauisch. John Ross vertrat die Ansicht, daß die Einheit der Cherokee unter allen Bedingungen gewahrt bleiben müsse und der Umsiedlung niemals zugestimmt werden dürfe.
Da sie mit ihrer Meinung nicht durchdringen konnte, unternahm die »Treaty Party« einen Alleingang. Ihre Führer unterzeichneten am 29. Dezember 1835 den Vertrag von New Echota, in dem sie das Land der Cherokee für fünf Millionen siebenhunderttausend Dollar verkauften. Auch Major Ridge, der Onkel Stand Waties und Elias Boudinots, setzte seinen Namen unter den Vertrag, obwohl er noch 1829 vehement die Todesstrafe für alle gefordert hatte, die Land an die Weißen verkauften, und sogar selbst das Gesetz eingebracht hatte. Er war jedoch durch die Drohung Jacksons eingeschüchtert worden, der 1834 unter Berufung auf das »Indian Removal Bill« aus dem

---

[1] Nach anderer Version De-gata-ga, »Fest in Freundschaft vereinigt«.

Jahre 1830 seine Absicht bekanntgegeben hatte, die Cherokee mit Gewalt über den Mississippi zu jagen. Endlich regte sich in vielen human denkenden Amerikanern das Gewissen. Im Kongreß kam es zum Eklat, als der Abgeordnete Davy Crockett seinen ehemaligen Kampfgefährten Jackson scharf attackierte, seine Politik als verbrecherisch bezeichnete und schließlich ausrief, daß es nun Zeit sei, den Staub dieses Landes von den Schuhen zu schütteln, in dem die Freiheit so wenig gelte und in dem es sich nun nicht mehr zu leben lohne. Als 1838 Jacksons Nachfolger im Präsidentenamt, Martin van Buren, den Vertreibungsbefehl unterschrieb und auch bei den Abgeordneten die Mehrheit bekam, legte Crockett sein Mandat nieder, weil er sich außerstande sah, es noch mit Anstand zu vertreten.

Alle Bemühungen waren letztlich vergebens. Als nur ein kleiner Teil der Cherokee freiwillig nach Westen zog, besetzte General Winfield Scott das Land der Cherokee und trieb die Indianer mit Gewalt zusammen. Unbeschreibliche Szenen spielten sich ab. Wer versuchte, sein Haus oder seine Wohnung zu verteidigen, wurde erschossen oder mit Bajonetten erstochen. Fassungslos mußten die Indianer mitansehen, wie Weiße in die Wohnungen einzogen und sich unter dem Schutz des amerikanischen Militärs der Habseligkeiten der Vertriebenen bemächtigten. Vergeblich protestierte nun Major Ridge.

Ähnliches ereignete sich auch noch während der »Umsiedlung«, als Weiße wie Aasgeier den Spuren des Zuges folgten, der als »Trail of Tears«, als »Zug der Tränen« einen tiefen Schandfleck in der Geschichte Nordamerikas bildet.

Mehr als viertausend Menschen starben während des Zuges an Erschöpfung, Hunger und Krankheiten. Die von der Regierung bestellten Lieferanten hatten absichtlich verdorbene und mangelhafte Waren geliefert und dadurch noch die Politik ihres Freundes Jackson unterstützt.

Stand Watie war schon vorher nach Westen gezogen und hatte sich neuerlich als Plantagenbesitzer etabliert. 1836 war seine Frau Betsy im Kindbett gestorben, eine wenig später geschlossene zweite Ehe ging bald wieder auseinander.

Die Gegner der »Treaty Party«, die natürlich unter der Umsiedlung am meisten zu leiden hatten, sannen in ihrer neuen »Heimat« auf Rache. Im Juni 1839 hielten die Anhänger von John Ross eine geheime Versammlung ab und beschlossen, daß die Führer der »Treaty

Party« beseitigt werden sollten. Ausführendes Organ war dabei ihre Geheimpolizei, die »Knights of Death«. Wenig später wurden mehrere Unterzeichner des Vertrages von New Echota ermordet, darunter auch der siebzigjährige Major Ridge und Elias Boudinot. Stand Watie wurde rechtzeitig gewarnt. Als er zwei Jahre später einen der Mörder Major Ridges traf, machte er kurzen Prozeß und tötete ihn. Er wurde wegen Notwehr freigesprochen. Beide Parteien bemühten sich, in Washington die Unterstützung einflußreicher Kreise zu gewinnen. Im Januar 1840 reiste Stand Watie nach Washington, wo er äußerst vornehm und großzügig auftrat und bis zum Mai blieb. Auch John Ross fuhr mehrmals nach Washington, allerdings in »amtlicher« Mission, da er auch im Indianerterritorium wieder zum Principal Chief der Cherokee gewählt worden war.

1843 wurde Tahlequah die neue Hauptstadt der Cherokee. Ein Jahr später erschien auch wieder eine Cherokee-Zeitung, der »Advocate«, der von William Potter Ross, einem Neffen von John Ross, herausgegeben wurde. Natürlich vertrat die Zeitung die Meinung der »Full bloods«. John Ross wurde von den Abolitionisten, den Befürwortern der Sklavenbefreiung, unterstützt. Stand Watie hingegen strebte danach, von diesen Kräften unabhängig zu sein.

1845 wurden zwei weitere Männer der »Treaty Party« getötet. Das öffentliche Leben war durch die haßerfüllte Konfrontation der beiden Parteien weitgehend lahmgelegt. Dies veranlaßte John Ross und Stand Watie, Frieden zu schließen und dem Morden ein Ende zu setzen. Allerdings schwelten die Rachegefühle in etlichen Köpfen unvermindert weiter. John Rollin Ridge, der Sohn Major Ridges, plante einen Mordanschlag auf John Ross und sammelte dazu eine Horde Weißer. Stand Watie erteilte ihm aber keine Erlaubnis zum Betreten des Landes – wegen eines Totschlags an einem Ross-Mann war er nach Missouri geflohen – so daß sich Ridge nach Kalifornien wandte, wo er ein führender Literat wurde.

1843 hatte Stand Watie neuerlich geheiratet, und zwar die dreiundzwanzigjährige Sarah Caroline Bell, die Schwester eines Freundes. Mit ihr hatte er drei Söhne und zwei Töchter. Auch John Ross hatte 1845 nochmals geheiratet, seine Frau war die achtzehnjährige Mary B. Stapler, die aus einer angesehenen Quäkerfamilie stammte. Über die Hochzeitsfeier, die in Philadelphia stammte, berichtete sogar die »New York Tribune«. Eine andere Zeitung beschrieb ausführlich das herrliche Anwesen des obersten Häuptlings der Cherokee, das auf einem Hügel inmitten fruchtbarer Felder und Obstgärten lag. Das Haus war mit Möbeln aus Mahagoni und Rosenholz eingerichtet, in den Vitrinen standen wertvolles Porzellan und Silber. Zahlreiche Nebengebäude – Schmiede, Waschhaus, Räucherhaus, Hütten für das Gesinde – rundeten das Bild eines herrschaftlichen Gutsbesitzes ab, wie er in Europa nicht besser zu finden war. Weiter heißt es in dem Bericht:

> »Die Familie Ross lebte in großem Stil, gab Dinners, zu denen zahlreiche Gäste geladen waren, und hielt überhaupt ein offenes Haus. Das Anwesen umfaßte an die tausend Acres, wurde von Negersklaven bearbeitet und war außerordentlich gewinnbringend.«

In ähnlicher Weise, wenn auch nicht ganz so prunkvoll, lebte Stand Watie in seinem neuen Haus. Auch er empfing viele Besuche, vor allem natürlich »Mixed-bloods«.

Es ist nur zu verständlich, wenn sich John Ross alle Mühe gab, die Cherokee aus dem sich immer stärker abzeichnenden Konflikt zwischen Nord- und Südstaaten herauszuhalten. 1861 wurde Jefferson Davis Präsident der Konföderierten Staaten, kurz darauf entsandte die Regierung Albert Pike, den berühmten Schriftsteller aus Arkansas, einen glühenden Anhänger der Sezession, zu den Indianern, um ihre Unterstützung zu gewinnen. Bei den meisten Stämmen waren seine Bemühungen von Erfolg begleitet. So schlugen sich große Teile der Creek, Chickasaw, Choctaw, Seminolen, Wichita, Caddo und Osagen auf die Seite der Südstaaten. Die nördlich des 37. Breitengrades lebenden Stämme standen hingegen fast ausnahmslos auf der Seite der Union.

Auch in dieser Frage waren die Cherokee gespalten. John Ross versicherte den Vertretern der Nordstaaten, daß die Cherokee die Verträge mit den USA einzuhalten bestrebt seien, und weigerte sich strikt, ein Bündnis mit den Südstaaten abzuschließen.

> »Wir sind schwach, wehrlos und über einen großen Teil des Landes verstreut; wir gehen friedlich unserer bäuerlichen Arbeit nach, ohne Feindschaft gegenüber irgendeinem Staat, jedermann freundlich gesinnt. Wir hofften, daß wir weiterhin

so leben könnten, daß wir nicht aufgerufen sein würden, im drohenden Bruderkrieg zwischen Nord- und Südstaaten Partei zu ergreifen, und daß Personen, die an ihren eigenen Rechten festhalten, auch die Rechte anderer respektieren würden.«

Er war der festen Überzeugung, daß eine Einmischung den Untergang der Cherokee bedeuten würde. Die »Mixed-bloods« standen voll auf der Seite der Südstaaten. Die Tatkraft ihres Führers Stand Watie äußerte sich in der Aufstellung eines unabhängigen Regiments, der »First Cherokee Rifles«.
Am 29. Juli 1861 versammelten sich Colonel Stand Waties Leute in Fort Wayne; schon Anfang August nahmen sie an der Schlacht von Wilson's Creek teil, bei der der Union-General Nathaniel Lyon unterlag und fiel. Stand Watie gewann durch die Teilnahme stark an Aussehen, so daß John Ross es für geraten hielt, die Cherokee zusammenzurufen. Am 21. August 1861 versammelten sich mehrere Tausend Cherokee in Tahlequah. John Ross und sein Bruder Lewis, der Schatzmeister des Stammes, plädierten in ihren Ansprachen überraschend für eine Allianz mit den Südstaaten. Zwar wußten sie, daß dadurch der Vertrag mit den Vereinigten Staaten ungültig wurde, allerdings hatte die Südstaaten-Regierung versprochen, die Schulden der Union – fünf Millionen Dollar – zu übernehmen. Es wurde beschlossen, auf die Seite der Südstaaten zu treten und ein Regiment unter dem Kommando von Colonel John Drew aufzustellen, das General McCulloch zur Verfügung gestellt werden sollte.
Albert Pike war der plötzliche Sinneswandel von John Ross nicht ganz geheuer, zumal Ross sich geweigert hatte, eine Südstaatenflagge aufzuziehen. Man warf ihm später vor, er habe sich zwar immer auf die Stand Watie entgegengesetzte Seite geschlagen, allerdings nur, wenn sie stärker gewesen sei. Der wahre Grund dürfte aber die Angst vor zu großer Popularität Stand Waties gewesen sein.
Trotzdem konnte er den kometenhaften Aufstieg Stand Waties nicht bremsen. Die Cherokee feierten ihn als Helden, die höchsten Offiziere der Südstaaten-Armee versagten ihm ihre Anerkennung nicht. Waties Regiment war die am besten disziplinierte indianische Truppe; einmal ließ Watie eine Ladung erbeuteten Whisky in einen Fluß schütten, um zu vermeiden, daß sich seine Leute betranken. In der Schlacht von Pea Ridge eroberte Waties Regiment eine Batterie der

Unionstruppen. James McKeyes, ein Veteran jener Schlacht, berichtete später:

> »Ich halte Stand Watie für einen der tapfersten und fähigsten Männer und für den besten Soldaten, den die nordamerikanischen Indianer jemals hervorbrachten. Er war klug in der Beratung und mutig im Handeln. Allein seinem Befehl war es in der Schlacht von Pea Ridge zu verdanken, daß sein berühmtes First Cherokee Regiment eine Batterie des Gegners einnahm.«

Am 10. Mai 1864 wurde Stand Watie Brigadegeneral. Er war der einzige Indianer, der bei den Konföderierten Generalsrang hatte. Bei allen Teilerfolgen vermochten die Südstaaten-Truppen jedoch nicht den entsprechenden Nutzen daraus zu ziehen, was in der mangelnden Organisation begründet lag. So konnte es Stand Watie kaum fassen, daß sich ein General nach dem anderen ergab, als letzter Kirby-Smith. Er hatte geplant, die verstreuten Truppen zu sammeln und mit Kirby-Smiths Truppen zu vereinigen, was seiner Schätzung nach immerhin noch eine Streitmacht vor neunzigtausend Mann ergeben hätte. Als einziger weigerte sich Stand Watie, den Kampf aufzugeben. Vier Jahre lang hatte er mit seinen Leuten Schulter an Schulter mit den Konföderierten Truppen gekämpft. Der untersetzte, wortkarge Mann mit den löwengleichen Zügen wollte sogar noch, als Lee den Kampf schon aufgegeben hatte, eine Armee von zehntausend Mann aufstellen und in Ost-Kansas, in das Land der verhaßten Abolitionisten, einmarschieren. Als die Lage aussichtslos wurde, fand eine große Beratung im Gebiet der Choctaw Nation statt, in dem Stand Watie während des Krieges sein Hauptquartier hatte. Am 15. Juni 1865 beschlossen alle Südstaaten-Indianer, sich zu ergeben. Ende Juni ritt Stand Watie nach Doaksville und ergab sich als letzter Südstaaten-General. Anschließend traf er sich mit Elias C. Boudinot, seinem Neffen, und beriet mit ihm das weitere Vorgehen. Sie wählten sechs Delegierte aus, die, eskortiert von fünfzig bewaffneten Cherokee, nach Fort Gibson ritten, um dort zu verhandeln.

Inzwischen bildete Stand Watie auf dem Gebiet der Choctaw eine Regierung und ernannte sich zum Principal Chief der Southern Cherokee. John Ross war von General James G. Blunt, der den Angriff auf das Indianerterritorium leitete, gefangengenommen worden. Blunt schrieb an Lincoln, die Cherokee hätten sich so lange wie möglich den Südstaaten-Agenten widersetzt, lediglich der Mangel an Verständigung mit der Union hätte bewirkt, daß er sich den Südstaaten zugewandt habe. Ross schien wieder einmal geschickt seinen Kopf aus der Schlinge gezogen zu haben.

Es gab nun zwei rivalisierende Cherokee-Regierungen, eine in Tahlequah und eine in Armstrong Academy im Gebiet der Choctaw Nation. Am 14. Juli 1865 erließ Lewis Downing, Stellvertreter von John Ross, eine Generalamnestie für alle Cherokee, die sich gegen die USA und die bestehende Cherokee-Regierung erhoben hatten. Ausgenommen waren nur die Personen ab einem bestimmten Rang aufwärts.

Die beiden Cherokee-Regierungen kamen überein, sich in Fort Smith mit der Friedenskommission der Unionsstaaten zu treffen, in der unter anderem Davis N. Cooley, der Kommissar für indianische Angelegenheiten, General Williams S. Harney und Colonel Ely S. Parker, ein Seneca, saßen. Außerdem nahmen noch zahlreiche Führer der Südstaaten-Indianer teil, wie John Jumper von den Seminolen, Clermont und Black Dog von den Osagen, George Washington von den Caddo, Winchester Colbert von den Chickasaw und Samuel Checote von den Creek.

Elias C. Boudinot griff John Ross scharf an und beschuldigte ihn der Doppelzüngigkeit. Er behauptete, Ross sei gegenüber der Union niemals loyal gewesen und habe vielmehr für die Konföderation gekämpft.

Black Dog bewies mit einem Brief, den Ross geschrieben hatte, daß dieser ein Gegner der Union war. Er hatte sie als große dunkle Wolke aus dem Norden bezeichnet, die es zu vertreiben gelte. Ross war überrumpelt, die Verteidigungsversuche seiner Anhänger waren vergeblich, und die Mitglieder der Kommission waren überzeugt, daß Ross keinerlei Anspruch auf das Amt eines Principal Chief habe.

Im Frühjahr 1866 reiste eine Delegation der Southern Cherokee mit Watie und Boudinot an der Spitze nach Washington. Auch Ross führte eine Delegation nach Washington, um eine endgültige Spaltung der Cherokee zu verhindern, die Watie anstrebte. Obwohl Ross schon schwach und kränklich war und die meiste Zeit im Krankenbett lag, gelang es ihm doch, bei der US-Regierung die Anerkennung als alleiniges Oberhaupt der Cherokee zu erreichen. Somit wurde der Plan der Southern Cherokee vereitelt, trotzdem konnten auch sie in einigen Punkten Erfolge erzielen.

Am 17. Juli 1866 wurde der Vertrag unterzeichnet. Die öffentliche Verkündung am 11. August sollte John Ross allerdings nicht mehr erleben: Er starb am 1. August im Medes Hotel in der Pennsylvania Avenue.

Stand Watie kehrte in seine Heimat zurück und legte sein Amt nieder. Bei den nun folgenden Wahlen bildeten die Southern Cherokee das Zünglein an der Waage. Sie trugen dazu bei, daß Lewis Downing, der Führer der People's Party, über William P. Ross, den Neffen des verstorbenen Regierungschefs und Führer der National Party, siegte und neuer Principal Chief wurde.

Stand Watie widmete sich fortan seinen Pflanzungen und baute südlich des Arkansas, etwa fünfundzwanzig Meilen von Fort Gibson entfernt, ein Haus. Schwere Schicksalsschläge trafen ihn: 1868 starb sein Sohn Saladin, ein Jahr darauf sein Sohn Watica, den er unter Aufbietung seiner letzten finanziellen Mittel zur Schule geschickt hatte. Wie viele andere ehemals reiche Pflanzer war auch Stand Watie in den letzten Jahren verarmt. Die Briefe seines Sohnes Watica nach Hause legen ein schönes, menschlich anrührendes Zeugnis vom Familienleben der Waties ab. Mit gebrochenem Herzen starb Stand Watie am 9. September 1871 in seinem Heim am Honey Creek.

Mit der Vertreibung der letzten Indianer der »Fünf zivilisierten Nationen« hinter den in den Verträgen großzügig als »ewige Indianergrenze« bezeichneten Mississippi war die Geschichte der freien Waldlandindianer zu Ende gegangen. Noch jagten die Stämme, die zwischen jener »ewigen« Grenze und den Rocky Mountains lebten, ungehindert den riesigen Bisonherden nach, die alljährlich über die unermeßlichen Ebenen zogen. Doch Amerika, das Land der unbegrenzten Möglichkeiten, war auch imstande, den Ewigkeitsbegriff auf einige wenige Jahrzehnte zu reduzieren, innerhalb derer sich das tragische Schicksal der Prärie- und Plains-Indianer erfüllen sollte.

TEIL II
DIE GROSSEN EBENEN

Unter dem Begriff »Große Ebenen« sind die Prärien und Plains zusammengefaßt, die sich vom westlichen Rand des Waldlandes bis zu den Rocky Mountains hinziehen. Sie reichen im Norden bis nach Kanada hinein, im Süden bis zur Golfküste. Während die Prärie eine mit Büschen und Bäumen bewachsene, teilweise parkähnliche Graslandschaft ist, die Ackerbau ermöglicht, sind die Plains baumlose Steppengebiete, in denen eine Kultivierung des Bodens wegen des zu geringen Niederschlags nicht möglich war. Die Großen Ebenen wurden alljährlich von großen Bisonherden durchzogen. Die Bisonjagd bildete zusammen mit dem Ackerbau die Lebensgrundlage der Präriestämme. Als im 18. Jahrhundert das Pferd immer weitere Verbreitung fand, hatten die Indianer die Möglichkeit, auch in den Plains auf Bisonjagd zu gehen. Der Ackerbau verlor vielfach an Bedeutung, einige Stämme machten die Bisonjagd sogar zur alleinigen Lebensgrundlage, woraus sich eine völlig neue, eigenständige Kultur bildete. Diese Kultur stand in vollster Blüte, als die letzten Gebiete des Ostens erobert wurden. Die Prärieindianer setzten dem Vordringen der Amerikaner kaum nennenswerten Widerstand entgegen, sei es, daß die Stämme zu schwach waren, sei es, daß sie sich – wie die Pawnee – auf die Seite der Amerikaner schlugen. Die Plainsindianer hingegen wehrten sich mit wenigen Ausnahmen verbissen gegen das Vordringen der Amerikaner. Sie hatten das Pferd nicht nur für die Jagd, sondern auch für Kriegszüge zu verwenden gelernt und es im Reiten zu einer derartigen Meisterschaft gebracht, daß man Stämme wie Comanchen oder Cheyenne vielfach als »Kosaken der Prärie«[1] bezeichnete.

Für viele Menschen sind die Plainsindianer mit wallenden Federhauben, in farbenprächtigen Kleidern und hoch zu Roß der Inbegriff des Indianers schlechthin. Der heroische Abwehrkampf dieser Stämme ist trotz allen Totschweigens und aller Verfälschungen durch

---

[1] Der Begriff »Prärie« ist hier nicht exakt, es müßte eigentlich »Plains« heißen.

offizielle Stellen nicht nur in die Geschichte eingegangen, er hat auch unzählige Romanautoren angeregt, so daß diesen Stämmen auch ein literarisches Denkmal gesetzt ist.
Als Nomaden änderten die Plainsindianer ständig ihre Wohngebiete. Trotzdem ist zwischen südlichen und nördlichen Plains zu unterscheiden, da in diesen Bereichen unterschiedliche kulturelle und historische Entwicklungen zu beobachten sind. Im Süden fanden
die ersten Kämpfe zwischen Comanchen und Spaniern schon im 17. Jahrhundert statt und dauerten mehrere Jahrzehnte fort, ohne zu einer Klärung zu führen. Erst als im 19. Jahrhundert die Amerikaner als Gegner der Comanchen und der inzwischen nach Süden gezogenen Kiowa auftraten, waren diese Stämme in ihrer Existenz bedroht. In wenigen Jahrzehnten war ihr Schicksal entschieden. Die Stämme in den nördlichen Plains hingegen kamen erst relativ spät mit Weißen in Berührung. Erst um die Mitte des 19. Jahrhunderts wurde für sie die Bedrohung in vollem Maße sichtbar. Nach knapp vier Jahrzehnten war auch ihr Untergang besiegelt. Daß sie in dieser kurzen Zeitspanne eine stattliche Anzahl bedeu-

Wettrennen der Sioux (nach Karl Bodmer)

tender Männer hervorbrachten, spricht für die hohen Anlagen, die
diese Völkerschaften hatten. Eine Indianerpolitik, die sich zwar von
der gegenüber den Stämmen des Ostens grundlegend unterschied,
aber nicht weniger verfehlt war, ließ diese Anlagen nicht zur
Entwicklung kommen. Welche Möglichkeiten darin gelegen hätten,
beweisen die großen Persönlichkeiten dieser Stämme und Völker.

Oglala auf der Bisonjagd (Zeichnung von Möllhausen)

DIE GROSSEN EBENEN

DIE PRÄRIEN

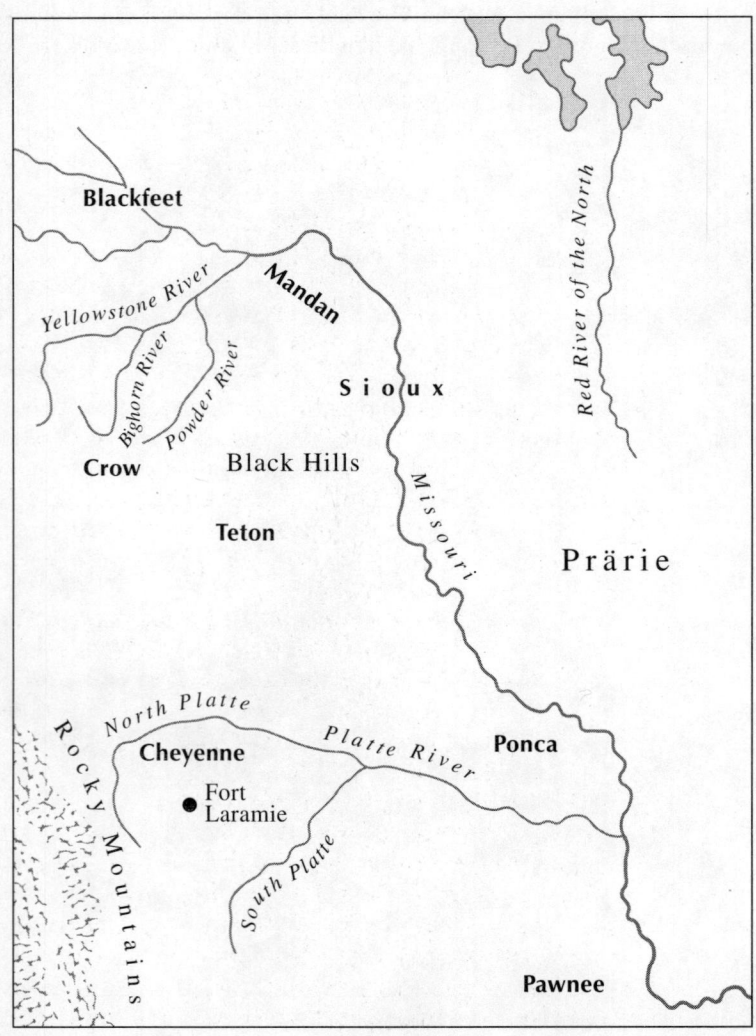

DIE PRÄRIEN

DIE WICHTIGSTEN STÄMME: a) Mandan
Hidatsa
Ponca
Omaha
Iowa
b) Pawnee

SPRACHGRUPPEN: a) Sioux
b) Caddo

LEBENSGRUNDLAGEN: Maisanbau, Jagd

LEBENSFORMEN: Seßhaft

WOHNFORMEN: Erdhütten, Tipis

Die Grenze zwischen den Prärien und den Plains ist klimatischer Natur. Die Prärien, der nordöstliche Teil der Ebenen weisen eine jährliche Niederschlagsmenge von mehr als fünfhundert Millimeter auf, so daß sich eine parkähnliche Landschaft mit offenem Wald bilden konnte, die es den Bewohnern erlaubte, Ackerbau zu betreiben. Auch durch die Prärien zogen in jahreszeitlich bedingten Perioden große Bisonherden. Die Jagd auf die Bisons bildete eine wichtige Ergänzung zum Ackerbau. Die Verwendung des Pferdes ermöglichte eine Intensivierung der Jagd und bewirkte teilweise einen Rückgang des Ackerbaus, manchmal sogar eine Spezialisierung auf die Bisonjagd.

Die wichtigsten und bekanntesten Prärie-Stämme waren die Osagen, Ponca, Iowa, die östlichen Stämme der Sioux, vor allem die Santee, die Mandan und Hidatsa im Norden und die Caddo und Pawnee im Süden. Selbstverständlich ist eine exakte Abgrenzung zu den Waldland- und Plainsindianern nicht möglich. So wiesen beispielsweise die Santee zahlreiche Züge der Waldland-Indianer auf – man bezeichnete sie auch als Waldland-Sioux –, während die Pawnee den Übergang zu den Plains-Indianern bildeten.

Bedingt durch ihre Lebensweise waren die Prärie-Indianer nicht so stark von der ständigen Abnahme der Bisonherden in der zweiten

Hälfte des 19. Jahrhunderts betroffen wie die Plains-Indianer, deren ausschließliche Ernährungsgrundlage die Bisons waren. Sie führten vermutlich auch aus diesem Grund keinen so verzweifelten Abwehrkampf wie ihre Brüder im Westen. Hinzu kam noch, daß etliche dieser Stämme mit den Plains-Stämmen in Fehde lagen und sich auf die Seite der Amerikaner schlugen, um in deren »Windschatten« gegen ihre Erbfeinde wirkungsvoller Krieg führen zu können.

Die ersten Weißen, die in die Prärien vordrangen, waren meist Franzosen und Spanier. Es sei nur auf die Namen Verendrye und Coronado verwiesen. Ihnen sind die ersten Berichte über die dort wohnenden Stämme zu verdanken. Aufgrund dieser Aufzeichnungen und der jeweiligen Stammestraditionen konnten die Wanderungsbewegungen der Prärie-Indianer wenigstens in groben Zügen rekonstruiert werden. Berichte von unschätzbarem Wert lieferten aber vor allem Lewis und Clark sowie der deutsche Forschungsreisende Prinz Maximilian zu Wied und der amerikanische Maler George Catlin.

Zwar brachten die Prärie-Indianer etliche berühmte Persönlichkeiten hervor, es ist aber auffallend, daß deren Zahl doch deutlich kleiner ist als in vergleichbaren Kulturregionen. Auch hier liegt der Grund hauptsächlich darin, daß das Spannungsfeld zwischen diesen Indianern und den Amerikanern viel schwächer war, als es bei den Plains-Indianern der Fall war. Bei den berühmten Prärie-Indianern des vorliegenden Buches handelt es sich zum Teil um ausgesprochene Individualisten: Der Pawnee Petalesharo wurde durch einen ungewöhnlichen Beweis von persönlichem Mut berühmt, der Mandan Mato-topa durch die Berichte und Porträts George Catlins und Maximilians von Wied bzw. Karl Bodmers, während der Ponca Standing Bear mit seinem Prozeß gegen General Crook in die Annalen des Wilden Westens einging. Lediglich der Santee Little Crow war Anführer eines Aufstandes gegen die Amerikaner, genaugenommen aber eigentlich gegen seinen Willen. Keiner von ihnen war ein Kriegsheld, wie sie die Sioux oder Cheyenne in so reichem Maß hervorbrachten, oder genauer gesagt, aufgrund ihrer Situation hervorbringen mußten.

DIE PRÄRIEN

Behausungen der Prärie-Indianer (Oto) (Zeichnung von Balduin Möllhausen)

DIE PAWNEE

Die Pawnee gehören neben den Wichita und Arikara sowie den Caddo zu den wichtigsten Vertretern der Caddo-Sprachfamilie. Meist wird ihr Name von dem Wort »pariki«, »Horn«, abgeleitet, was auf die besondere Form ihrer Skalplocke hindeuten soll. Wahrscheinlicher dürfte es aber sein, daß sich »Pawnee« von der Choctaw-Bezeichnung »pani mahaia«, »sich nach oben krümmende Haarlocke«, herleitet. Sie selbst sollen sich »Chahiksichahiks« genannt haben, was soviel wie »hervorragende Männer« bedeutet.

Die Pawnee bestanden aus vier politisch voneinander unabhängigen Abteilungen: den Chaui (Grand Pawnee), den Kitkehahki (Republican Pawnee), den Pitahauerat und den Skidi[1]. Letztere waren die stärkste Abteilung der Pawnee, deren Kopfzahl für den Beginn des 19. Jahrhunderts auf etwa zehntausend geschätzt wird. Sie lebten am Mittellauf des Platte River und an der Mündung des Republican River in den Kansas River in den heutigen Bundesstaaten Nebraska und Kansas. Ihren eigenen Überlieferungen zufolge hatten sie früher am Unterlauf des Mississippi gewohnt. Die ersten Weißen, mit denen sie zusammentrafen, waren 1541 Coronado und seine Leute, die bei ihrer Expedition nach Quivira von einem Pawnee namens »The Turk« geführt wurden. Später hatten sie Kontakt mit französischen Forschern und Händlern; die spanische Bevölkerung New Mexicos hatte teilweise unter Raubzügen der Pawnee zu leiden. Im großen und ganzen lebten die Pawnee jedoch etwas außerhalb der großen Trails in den Westen und wurden daher weitaus weniger belästigt als beispielsweise die Cheyenne oder Sioux.

Darin lag auch einer der Gründe für ihre von Anfang an friedliche Haltung gegenüber den Vereinigten Staaten. Hinzu kam, daß sie – ähnlich wie die Crow – Erbfeinde der Sioux, Cheyenne und Arapaho waren, mit denen sie ständig in Kriege verwickelt waren. Was lag also näher, als sich auf die Seite der Amerikaner zu schlagen und mit

---

[1] Auch Skiri.

DIE PRÄRIEN

ihnen zusammen gegen die alten Widersacher zu kämpfen. Die Pawnee versprachen sich davon mehr Vorteile als von einem auf die Dauer doch erfolglosen Widerstand gegen die Weißen. Sie stellten während der Kriege gegen die Plains-Indianer der Armee Scouts zur Verfügung; es gab sogar eine eigene Pawnee-Kompanie, Frank Norths berühmt berüchtigte Pawnee-Scouts.

Auch in ihrer Kultur und Religion nahmen sie unter den Prärie- und Plains-Stämmen eine Ausnahmestellung ein. Das tägliche Leben wurde – stärker noch als dies bei anderen Stämmen der Fall war – von der an Riten und Zeremonien reichen Religion bestimmt. Es ist bemerkenswert, daß Petalesharo, der berühmteste Häuptling dieses Stammes, seinen Ruhm nicht seiner politischen Bedeutung oder strategischen Fähigkeiten verdankt, sondern seiner Zivilcourage gegenüber den mächtigen Priestern des Stammes.

Erdhütte der Pawnee

DIE GROSSEN EBENEN

PETALESHARO D. Ä.
Knife Chief
Skidi-Pawnee
Geb. um 1797 im Gebiet des Niobrara River, Nebraska ·
Gest. um 1832

McKenney-Hall-Porträt

»ICH FREUE MICH. ICH LIEBE DIE
BLEICHGESICHTER MEHR DENN JE,
UND ICH WILL MEINE OHREN
WEITER ÖFFNEN, WENN SIE
SPRECHEN.«

DIE PRÄRIEN

Im Jahre 1821 besuchte eine Stammesdelegation der Pawnee Washington, um über Handelsbeziehungen mit den Amerikanern zu sprechen. Den Mittelpunkt des öffentlichen Interesses der Hauptstadt bildeten aber keineswegs die politischen Belange des »Staatsbesuches«, sondern ein etwa fünfundzwanzigjähriger Krieger, dem der Ruf außergewöhnlichen Heldentums bereits lange vorausgeeilt war. Dieser Krieger war Petalesharo, der Sohn Letalashaws, des Häuptlings der Skidi-Pawnee.

Seit urdenklichen Zeiten war es bei diesem Stamm Sitte, im Frühjahr vor dem Setzen der Maiskörner ein großes Fest zu Ehren des Morgensterns zu feiern. Im Verlauf des Festes wurde ein Menschenopfer dargebracht, um auf diese Weise reichen Ernteertrag zu erbitten. Die Morgenstern-Zeremonie war ein Teil des ausgedehnten Sonnen- und Sternenkults der Pawnee und erinnert in ihrer Grausamkeit an Opferfeste der Azteken. Als Opfer diente gewöhnlich eine Jungfrau, die aus den Gefangenen des Stammes ausgewählt wurde. Sorgfältig achteten die Priester darauf, daß das bedauernswerte Opfer in Unkenntnis über sein Schicksal gehalten wurde.

Drei Tage vor der Zeremonie wurde die Gefangene am ganzen Körper bemalt und galt nun als heilig. Im Morgengrauen des vierten Tages wurde sie zu einem Gerüst in der Mitte des Dorfes gebracht und dort festgebunden. Sträubte sie sich, so galt dies als schlechtes Omen. Beim Aufgehen des Morgensterns wurde sie durch einen heiligen Pfeil mit einem Schuß durchs Herz getötet. Im gleichen Moment wurde ihr mit einer Keule der Schädel eingeschlagen, worauf ihr die Priester das Herz herausschnitten und es dem Morgenstern als Opfergabe darbrachten. Nun mußten alle Männer des Stammes einen Pfeil in den Körper der Toten schießen. Oft schon hatten Besucher des Stammes versucht, die Pawnee von diesem grausamen Menschenopfer abzubringen. Doch wenn auch die Häuptlinge damit einverstanden gewesen wären, so drohten doch die fanatischen Stammespriester, daß Unheil über den Stamm hereinbrechen würde, wenn die alten Bräuche nicht mehr hochgehalten würden.

Im Jahre 1817 war ein gefangenes Apachenmädchen[1] als Opfer auserwählt worden. Als sie schon an das Opfergerüst gebunden war und

---

[1] Nach anderer Version ein Comanchenmädchen.

bangen Herzens die unheimlichen Vorbereitungen der Priester verfolgte, stürzte Petalesharo, der junge Häuptlingssohn, auf sie zu, durchschnitt blitzschnell die Riemen und sprengte mit ihr, noch ehe die fassungslose Menge begriff, was überhaupt geschehen war, auf zwei bereitgehaltenen Pferden davon. Erst als sie außer Reichweite der Verfolger waren, hielt Petalesharo an, gab der Geretteten Proviant und schickte sie heim zu ihrem Stamm. Zwar waren die Dörfer der Apachen über vierhundert Meilen entfernt, glücklicherweise traf sie aber schon am nächsten Tag eine Schar Krieger ihres Stammes, die sie sicher in ihre Heimat brachten.

Petalesharo kehrte in sein Dorf zurück. War es der Respekt, der seinem Vater entgegengebracht wurde, oder war es die Bewunderung für die kühne Tat, niemand machte Petalesharo Vorwürfe, selbst die sonst so unerbittlichen Priester schwiegen.

Petalesharos Vater Letaleshaw (Old Knife) war ein tapferer, edler Mann. Diese Gesinnung hatte sich auch auf seinen Sohn übertragen, der schon als Kind mit Spannung und Ehrfurcht von den Heldentaten seines Vaters erzählen hörte und danach strebte, es ihm gleichzutun. Früh schon erprobte und stählte er seine Kräfte in den Kämpfen gegen die zahlreichen Feinde seines Stammes und erwarb sich bald den Ruf eines tapferen Kriegers.

1821, vier Jahre nach seiner kühnen Tat, durfte er als Mitglied der Pawnee-Delegation nach Washington reisen. Als die Zeitungen von seiner Ankunft erfuhren, überschlugen sie sich mit Berichten. Der »National Intelligencer« schilderte die Heldentat in allen Einzelheiten, worauf besonders die Damenwelt Washingtons von dem blendend aussehenden Pawnee schwärmte. Porträts wurden von ihm angefertigt, die ihn in seiner prachtvollen Stammestracht zeigen: Er trug einen in Doppelreihen bis zu den Hüften reichenden Kopfschmuck aus den Federn des Kriegsadlers, über seine Schultern hatte er einen eleganten Umhang geworfen, der einen Teil der Brust und einen Arm unbedeckt ließ. Leggins und Mokassins waren reich verziert. Sein Gesicht, das fast mädchenhafte Züge aufwies, verriet tiefes, menschliches Empfinden, aber auch Kühnheit. Bemerkenswert an Petalesharos Tat ist vor allem, daß keine Liebesgeschichte damit verbunden war, was sonst häufig der Anlaß zu solchen kühnen Taten ist.

Wohl wäre die Tat deswegen nicht weniger edel gewesen, die Tatsache, daß es aus reiner Menschlichkeit und Nächstenliebe geschah, läßt den Charakter Petalesharos in besonders edlem Licht erstrahlen.

Die Frauen der Stadt Washington veranstalteten eine Sammlung, aus deren Erlös eine Medaille für den indianischen Helden angefertigt wurde. Bei der Verleihung baten ihn die Frauen, weiterhin ritterlich für gefangene Frauen und Mädchen einzutreten. Petalesharo hielt die Medaille in der Hand und erwiderte:

> »Diese Medaille bringt Ruhe in mein Herz. Ich fühle mich wie ein Blatt nach einem Sturm. Ich höre auf euch. Ich freue mich. Ich liebe die Bleichgesichter mehr denn je, und ich will meine Ohren weiter öffnen, wenn sie sprechen. Ich freue mich, daß ihr von meiner Tat gehört habt. Ich wußte nicht, daß es eine so gute Tat war. Sie kam mir aus dem Herzen. Ich wußte nichts von ihrem Wert. Durch diese Medaille weiß ich es.«

Petalesharos Tat hatte noch nicht zu einer Abschaffung der grausigen Morgenstern-Zeremonie geführt. Noch weitere Anstrengungen und Auseinandersetzungen mit den Priestern waren notwendig, bis die Darbietung von Menschenopfern eingestellt wurde.

Petalesharo folgte seinem Vater als Häuptling nach und erwarb sich weithin Achtung und Ansehen durch seine kluge Führung. Er starb – ebenso wie sein Vater – vermutlich 1832 an den Blattern.

Sein Nachfolger im Häuptlingsamt übernahm auch den Namen Petalesharo, weswegen die beiden oft verwechselt werden und bisweilen sogar zu einer Person verschmelzen.

Petalesharo d. J. wurde 1823 geboren. Er verstärkte die Zusammenarbeit mit den Weißen und unterzeichnete am 24. September 1857 den Vertrag von Table Rock, in dem die Pawnee alles Land nördlich des Platte River an die USA abtraten, wofür sie eine Reservation am Loup River zugewiesen bekamen. Als Petalesharo d. J. entdecken mußte, daß vereinzelt noch heimlich Menschenopfer dargebracht wurden, griff auch er unter Lebensgefahr ein, entriß den Fanatikern ihr Opfer und schaffte diesen Brauch endgültig ab.

Mit großem Engagement betrieb er auch den Einsatz seiner Krieger in der amerikanischen Armee. Er nahm sogar persönlich die Auswahl vor, wer zu den erwähnten Pawnee-Scouts durfte. Trotz aller Verdienste der Pawnee in den Kriegen gegen die freien Plains-

Indianer wurden sie 1874 zur Umsiedlung ins Indianerterritorium gezwungen. Als sich Petalesharo d. J. dieser Maßnahme widersetzte, wurde er von einem Krieger seines Stammes erschossen. Der Verrat der Pawnee an ihren indianischen Brüdern, als der ihr Verhalten oft bezeichnet wurde, hatte sich nicht gelohnt.

Petalesharos kühne Tat

DIE MANDAN

Innerhalb der Sioux sprechenden Völker bilden die Mandan eine eigene Gruppe. Ihr Stammesname ist vermutlich eine Verballhornung von »Mawatani«, dem Namen, den ihnen die benachbarten Sioux-Stämme gegeben hatten. Sie selbst nannten sich bis 1837, das Jahr, in dem sie durch eine Pockenepidemie fast völlig ausgerottet wurden, »Numakaki«, was »Menschen« oder »Leute« heißt. Nach 1837 nannten sie sich nach ihrem Dorf »Mututahanke«. In Kultur und Lebensart unterschieden sie sich stark von ihren Nachbarn, sie glichen darin vielmehr den Stämmen des nordöstlichen Waldlandes, wie den Winnebago oder Tutelao. Dies deutet auf die Richtigkeit ihrer Überlieferung hin, wonach sie aus dem Ohio-Gebiet stammten und von den Algonkin vertrieben worden seien. Der erste Weiße, der sie be-

Dorf der Mandan (nach Catlin)

suchte, war Pierre de Varennes, Sieur de la Verendrye, ein in Kanada geborener französischer Offizier und Forscher. Er fand 1738 die Dörfer der Mandan zwischen dem Little Missouri und dem Heart River. Die Mandan waren ebenso wie die mit ihnen verwandten Hidatsa ein seßhafter Stamm, der vor allem von Ackerbau lebte und für den die Bisonjagd bei weitem nicht die Rolle spielte wie für die Teton oder Cheyenne. In kurzer Zeit entwickelte sich ein reger Tauschhandel zwischen den Mandan und weißen Händlern. Ähnlich wie die Ponca hatten auch die Mandan ein sehr gespanntes Verhältnis zu den Dakota.

Obwohl ihre Bevölkerungszahl 1837 von etwa eintausendachthundert Menschen auf einige Dutzend sank und sie keinerlei politische Rolle bei der Eroberung der Prärien spielten, zählen die Mandan zu den bekanntesten Stämmen überhaupt. Dies ist vor allem auf die berühmten Berichte des Prinzen Maximilian zu Wied und des Malers George Catlin zurückzuführen[1], worin gerade dieser Stamm sehr ausführlich beschrieben wird. Beide heben immer wieder Person und Taten eines Häuptlings namens Mato-topa hervor, der auf diese Weise – unterstützt durch die herrlichen Bilder Karl Bodmers und Catlins – zur bekanntesten Persönlichkeit dieses Stammes wurde.

Begräbnisplatz der Mandan

[1] Catlin besuchte die Mandan 1832, Maximilian zu Wied 1834.

MATO-TOPA [1]

»Vier Bären«
Mandan
Geb. um 1790 am oberen Missouri · Gest. 30. Juli 1837

»Er ist ungezwungen, edelmütig, fein, wohlgesittet in seinem Benehmen, schön, brav und tapfer und gewiss der ausserordentlichste Mann unter allen jetzt lebenden Indianerhäuptlingen.«

George Catlin

[1] Catlin verwendet die Schreibweise »Mah-to-toh-pa«.

Mato-topa nimmt unter den Prärie- und Plainsindianern eine Sonderstellung ein: Er ist – wenn man von Petalesharo absieht – der einzige, dessen Ruhm sich nicht auf politischer oder militärischer Bedeutung in der Auseinandersetzung mit der Welt des weißen Mannes gründet. Seine Bedeutung lag einzig und allein innerhalb des Stammes, und er wäre vermutlich kaum jemals über die Grenzen seiner engeren Heimat hinaus bekannt, wenn ihn nicht Maximilian zu Wied und Catlin in Wort und Bild festgehalten hätten. Vor allem die Porträts des Häuptlings sind so bekannt und werden immer noch zur Illustration verschiedenster Bücher – oft auch in völlig falschem Zusammenhang – verwendet, daß das Bild Mato-topas berühmter ist als die dahinterstehende Persönlichkeit. Catlin bezeichnet ihn als den beliebtesten Häuptling der Mandan, Maximilian zu Wied nennt ihn einen der ausgezeichnetsten Krieger des Stammes.

Catlin bekam von Mato-topa eine Bisonhaut mit der Darstellung der Heldentaten des Häuptlings geschenkt und betont, daß ein »Krieger« seinen Ruf und sein Leben aufs Spiel setzen würde, wenn er auf der Bisonhaut Taten darstellen würde, die er nicht selbst verrichtet habe. Maximilian zu Wied kaufte von dem Häuptling eine Bisonrobe, auf der ebenfalls die Heldentaten dargestellt waren und die Mato-topa zum Andenken an seinen von den Arikara erschossenen Bruder sehr in Ehren hielt. Catlin schildert diese Taten im Detail, während Maximilian sie mit folgenden Worten würdigt:

> »Es ist in dieser Beschreibung so oft die Rede von diesem ausgezeichneten Manne gewesen, daß ich hier noch einige Worte über ihn folgen lassen muß... denn er war nicht bloß ein ausgezeichneter Krieger, sondern es lagen seinem Charakter auch edle Züge zu Grunde. Im Kriege hatte er sich allzeit seinen ausgezeichneten Ruf zu erhalten gewußt. Unter eigener Lebensgefahr führte er einst eine zahlreiche Deputation der Assiniboins, welche um Frieden zu schließen nach Min-Tutta-Hangkusch gekommen waren, in das Fort Clarke ein, während seine Landsleute die Friedensvorschläge nicht achteten und ein lebhaftes Feuer auf die Abgesandten machten. Mato-Tope, nachdem er alles vergebens versucht, was in seinen Kräften stand, um diese Feindseligkeiten zu hintertreiben, führte die Feinde im langsamen Schritte zwischen den pfeifenden Kugeln

und Pfeilen hindurch, indem er Entschuldigungen dieses tadelhaften Benehmens seiner Landsleute machte. Er hatte viele Feinde erlegt, unter denen fünf Chiefs sich befanden. Die XXII. Tafel des Atlasses gibt ein Faksimile einer dieser von ihm selbst abgebildeten Heldentaten, deren Erzählung er mir mehrmals mitteilte. Er befand sich damals mit einigen wenigen Mandans zu Fuß auf einem Kriegs-Streifzuge, als sie vier berittenen Cheyennes, ihren erbittertsten Feinden, begegneten. Da der Chief der letzteren sah, daß die Feinde zu Fuß waren, das Gefecht daher ungleich gewesen sein würde, so stiegen sie ab, und beide Parteien gingen aufeinander los. Die beiden Chiefs schossen nach einander, fehlten, warfen die Gewehre weg und griffen schnell zu der blanken Waffe. Der Cheyenne, ein großer starker Mann, zog sein Messer, der leichtere, sehr gewandte Mato-Tope führte die Streitaxt. Eben wollte der erstere den letzteren erstechen, als ihm dieser in das Messer griff, sich zwar stark an der Hand verwundete, aber dem Feinde die Waffe aus der Hand drehte und ihn damit erstach, worauf die Cheyennes die Flucht ergriffen... Die Bisonrobe, welche Mato-Tope selbst gemacht hatte und die ich glücklich mit nach Europa gebracht habe, zeigt mehrere Heldentaten dieses Chiefs, u.a.... auch wieder den eben erwähnten Vorfall mit dem Anführer der Cheyennes.«

Mato-topa war nicht nur tapfer und edel, er legte auch besonderen Wert auf schöne Kleidung. Maximilian zu Wied berichtet, daß der Häuptling fast jedesmal in einem anderen Anzug zu ihm zu Besuch kam.

»Eitel wie alle Indianer sind, hatte dieser Mann mehrere Tage unbeweglich gestanden; sein Bild ist deshalb aber auch vortrefflich gelungen.«

Der Reisebericht enthält nicht nur das Bild Mato-topas, sondern auch die dazugehörige Beschreibung:

»So trug... Mato-Tope ein aus Holz geschnitztes, rot angemaltes, etwa handlanges Messer quer in den Haaren befestigt, weil er einen Cheyenne-Chief mit dem Messer erstochen hatte, ferner sechs hölzerne, rot, blau oder gelb gefärbte Stäbchen, die auf dem oberen Ende mit einem gelben Nagel beschlagen waren und ebenso viele Kugelwunden bedeuteten, die er erhalten hatte. Für eine Pfeilwunde befestigte er die gespaltene Schwungfeder eines wilden Truthahns in seinen Haaren, auf dem Hinterkopf trug er ein großes Bündel von gelb und an der Spitze rot gefärbten Uhu-Federn, als Zeichen der Meniss-Ochatä (der Bande der Hunde). Sein Gesicht war halb rot, halb gelb bemalt, der Körper rot(h)braun angestrichen, darauf schmale, ungefärbte Streifen, die durch das Wegstreichen der Farbe mit dem benetzten Finger hervorgebracht werden. Auf den Armen von der Schulter abwärts hatte er 17 gelbe Streifen angebracht, die seine Taten bezeichneten, und auf der Brust die Finger einer Hand in gelber Farbe, als Zeichen, daß er Gefangene gemacht habe. Ein so aufgeputzter Krieger braucht mehr Zeit zu seiner Toilette als die eleganteste Pariser Dame.«

Der deutsche Forscher erhielt von Mato-topa sehr genaue Auskünfte über die Mandan und die benachbarten Stämme; auch die einzelnen Wörter der Mandan- und der Arikara-Sprache, die im Anhang des Reiseberichts aufgeführt sind, stammen von dem Häuptling.

Mit ganz anderen Augen als Maximilian zu Wied oder George Catlin betrachtete Francis A. Chardon, ein Agent von Fort Clark, den berühmten Mandan-Häuptling. Chardons Tagebuch gibt über das weitere Schicksal Mato-topas Aufschluß: Im Lauf der Jahre 1835 und 1836 kämpfte er mehrfach gegen die Yanktonai, was den Agenten zu mißbilligenden Bemerkungen veranlaßte.

Im Sommer 1837 brach bei den Mandan eine verheerende Pockenepidemie aus, die den Stamm fast ausrottete. Auch Mato-topa wurde von der tückischen Seuche nicht verschont. Am 26. Juli 1837 notierte Chardon in seinem Tagebuch:

»Four Bears (Mandan) hat die Pocken bekommen, drehte durch und verließ das Lager – am Nachmittag kam er hier an.«

Mato-topa war nicht bereit, sein Schicksal geduldig zu ertragen; vielmehr bäumte er sich angesichts eines drohenden Todes, gegen den er sich nicht zu wehren vermochte, auf und klagte die Weißen mit bitteren Worten an:

DIE PRÄRIEN

»Meine Freunde! Hört alle, was ich euch sagen muß. Soweit ich mich zurückerinnern kann, habe ich die Weißen geliebt. Seit meiner Knabenzeit habe ich mit ihnen zusammengelebt, und mit reinem Gewissen kann ich sagen, daß ich ihnen nie etwas Böses getan habe, im Gegenteil, ich habe sie immer vor den Angriffen anderer geschützt. Das können sie nicht bestreiten. Four Bears ließ niemals einen Weißen hungern, sondern gab ihm zu essen, zu trinken und wenn es notwendig war, eine Büffeldecke, worauf er schlafen konnte. Ich war immer bereit, mein Leben hinzugeben; auch das können sie nicht bestreiten. Ich habe alles getan, was ein Indianer für sie tun konnte, und wie haben sie es vergolten! Mit Undank! Ich habe nie einen weißen Mann Hund genannt, aber jetzt heiße ich sie eine Meute hartherziger Hunde; sie haben mich getäuscht; sie, die ich immer als meine Brüder angesehen habe, sind nun meine ärgsten Feinde. Ich war in vielen Schlachten und wurde oft verwundet, doch die Wunden, die mir meine Feinde zufügten, sind ehrenvoll...
Meine Freunde! Ich fürchte den Tod nicht. Ihr wißt es, aber ich sterbe mit einem Gesicht, das so zerfressen ist, daß sogar die Wölfe vor Entsetzen zurückschrecken werden, wenn sie mich sehen, und zueinander sagen werden: ›Das ist Four Bears, der Freund der Weißen!‹...
Hört gut zu, was ich euch jetzt zu sagen habe, denn es wird das letzte Mal sein, daß ihr mich hört. Denkt an eure Frauen, Kinder, Brüder, Schwestern, Freunde, an alle, die euch teuer sind; sie sind alle tot oder liegen im Sterben, die Gesichter von Pocken zerstört, woran diese weißen Hunde schuld sind. Denkt an das alles, erhebt euch gemeinsam und laßt keinen von ihnen am Leben. Four Bears wird seinen Teil übernehmen.«

Doch aus Mato-topas verzweifeltem Plan wurde nichts. Die Seuche raffte bis auf wenige Überlebende den ganzen Stamm der Mandan hin. Mato-topa mußte mitansehen, wie seine Familie starb. In dumpfer Verzweiflung wartete er auf den erlösenden Tod. Am 30. Juli 1837 schrieb Chardon in sein Tagebuch:

> »Four Bears, einer unserer besten Freunde aus dem Indianerdorf, starb heute, betrauert von allen, die ihn kannten.«

DIE PONCA

Die Ponca gehören zusammen mit den Omaha, Osage, Kansa und Quapaw zur Dhegiha-Gruppe der Sioux-Sprachfamilie. Besonders eng sind sie mit den Omaha verwandt, auch die Geschicke der beiden Stämme waren stark miteinander verknüpft. Der Name des Stammes leitet sich wahrscheinlich von »pa-honga« ab, was »heiliges Haupt« heißt und symbolische Bedeutung hat. Nach den Berichten Marquettes lebten die Ponca bereits in der zweiten Hälfte des 17. Jahrhunderts am Niobrara River. Siedlungen von ihnen fanden sich auch im Gebiet der heiligen Steinbrüche im Südwesten von Minnesota und in den Black Hills. Obwohl die Ponca ein ausgesprochen friedlicher Stamm waren, wurden sie lange Zeit von den Sioux bedroht, konnten sich aber behaupten. Ende des 18. Jahrhunderts zählten sie etwa achthundert Köpfe; durch eine Pockenepidemie wurden sie auf etwa ein Viertel reduziert, hatten aber gegen 1840 wieder ihre alte Stärke erreicht. Während zahlreiche Prärie-Stämme in den Kämpfen gegen die Amerikaner ihre Heimat verloren, gelang es den Ponca auf sehr ungewöhnliche Art, ohne Waffengewalt, aber auch ohne Opportunismus sich die Heimat zu erhalten. Im wesentlichen hatten sie dies ihrem Häuptling Standing Bear, der zentralen Persönlichkeit der damit verbundenen Ereignisse, zu verdanken.

DIE PRÄRIEN

STANDING BEAR

Mon-chu-non-zhin (»Aufgerichteter Bär«)
Ponca
Geb. um 1830 · Gest. September 1908

Fotografie

»ICH KÖNNTE ES NICHT ERTRAGEN,
WENN IHR MICH AUS DIESEM LAND
VERTREIBEN WÜRDET.
ICH MÖCHTE HIER ALT WERDEN,
ICH MÖCHTE HIER STERBEN.«

DIE GROSSEN EBENEN

Die Heimat der Ponca, ein fruchtbarer Landstrich am Niobrara, stach den Amerikanern schon lange in die Augen. Zwar hatten die Vereinigten Staaten den Ponca schon 1858 garantiert, daß sie ihr Land behalten dürften und daß man sie und ihre Rechte schützen würde, aber schon zehn Jahre später wurde im Vertrag von Fort Laramie der Keim des Unfriedens gelegt. Das Land der Ponca wurde mit dem der Sioux in einen Topf geworfen, angeblich wegen eines Irrtums. Zwar zählten die Ponca zu den Sioux, das Verhältnis zu ihren Verwandten, den Teton-Sioux, war aber nicht gerade herzlich. Die Ponca weigerten sich, den Tribut zu zahlen, den die Teton forderten, und so gab es ständig Reibereien, bis sich endlich der Kongreß 1875 bemüßigt fühlte, den Protesten der Ponca stattzugeben und sich auf seine Schutzpflicht zu besinnen. Der ganze »Schutz« bestand aber lediglich in der Zahlung eines lächerlichen Geldbetrages als Ausgleich für die von den Sioux angerichteten Schäden.

1876 verdrängte der Kongreß dann seine letzten Skrupel und machte fünfundzwanzigtausend Dollar flüssig, um den Ponca zu helfen, sich im Indianerterritorium eine neue Heimat zu schaffen. Scheinheilig fügte man hinzu, daß die Ponca natürlich ihr Einverständnis erklären müßten. Aber weder die offiziellen Regierungsstellen noch die weißen Siedler, die schon seit Jahren Ländereien der Ponca gestohlen hatten, hielten sich an die Beschlüsse.

Nun überstürzten sich die Ereignisse. Eine Delegation, unter deren Mitgliedern sich auch Standing Bear befand, sollte das Gebiet besichtigen, das die neue Heimat der Ponca werden sollte. Der Indianerinspektor Edward C. Kemble begleitete die elf Häuptlinge, weigerte sich aber, sie zurückzubegleiten, als ihnen die Reservation nicht gefiel. So mußten sie mitten im Winter zu Fuß etwa achthundert Kilometer zurückgehen, da der rücksichtslose Kemble ihnen nicht einmal Geld gelassen hatte. Als er voll Ärger den Fehlschlag seines Erpressungsversuchs feststellen mußte, fuhr er nach Washington, um dort mit dem berüchtigten General Sheridan neue Pläne zu schmieden.

Im Einverständnis mit Sheridan konnte er nach seiner Rückkehr den Ponca androhen, daß sie notfalls mit Waffengewalt ins Indianerterritorium getrieben würden. Standing Bear ließ sich aber nicht einschüchtern. Er wurde sogar kurzfristig eingesperrt, und tatsächlich trafen Soldaten ein. Der Häuptling berichtete später:

»Die Soldaten trugen Gewehre und Bajonette, die sie gegen uns und unsere Leute richteten. Die Kinder schrieen vor Angst.«

Wie eine Herde Vieh wurden die Ponca von ihrem Besitz weggetrieben, eine der vielen Neuauflagen des »Trail of Tears« der Cherokee. Der neue Indianeragent E. A. Howard begleitete den traurigen Zug, der am 21. Mai 1877 begann und fünfzig Tage später sein Ziel erreichen sollte. Unterwegs starben mehrere Kinder; auch Prairie Flower, die Tochter Standing Bears, wurde krank und starb. Die Ponca hatten sehr unter den Wetterunbilden zu leiden, Regenfälle und Stürme wechselten mit stechender Hitze. Auch mehrere Erwachsene erlebten das Ende des Zuges nicht. Am 9. Juli 1877 kamen sie in der Reservation an, einem öden, heißen Gebiet, dessen Klima die Ponca nicht gewöhnt waren. Innerhalb eines halben Jahres starb ein Viertel des Stammes an Malaria. Eine weitere Umsiedlung in ein Gebiet am Arkansas brachte keine nennenswerte Verbesserung. Wieder hielt der Tod reiche Ernte, auch der Sohn Standing Bears war darunter. Sein Tod war der unmittelbare Anlaß für eine Entwicklung, an deren Ende die öffentliche Verurteilung der amerikanischen Indianerpolitik stehen sollte.

Der letzte Wunsch von Standing Bears Sohn war es, in der Heimat der Ponca, am Niobrara, in der alten Begräbnisstätte des Stammes beigesetzt zu werden. Der trauernde Vater zog mit dem Leichnam seines Sohnes unter der Begleitung von sechsundsechzig seiner Leute nach Norden. Es gelang ihm, ohne entdeckt zu werden, die Omaha-Reservation zu erreichen, wo er auf Betreiben des Indian Bureau gefangengenommen wurde. Das war selbst General Crook, dem alten Widersacher der Indianer, zuviel. Er sicherte Standing Bear seine Hilfe zu und bediente sich dazu einer Macht, die bisher noch kaum positiv in die Auseinandersetzungen zwischen Indianern und Weißen eingegriffen hatte: der Presse.

Die Ponca waren bei ihrem Zug zum Indianerterritorium und auch bei anderen Gelegenheiten von den Omaha immer freundlich und hilfsbereit behandelt worden. Dies war in der Hauptsache das Verdienst Joseph LaFlesches, des Häuptlings der Omaha, und seiner Tochter Susette, die später unter dem Namen Bright Eyes bekannt wurde. Besonders ihrem Einsatz und ihrer Überzeugungskraft, mit der sie die Lage der Ponca schilderte, ist es zu verdanken, daß

T. H. Tibbles, der Herausgeber einer Zeitung in Omaha, das Problem aufgriff und in einem flammenden Artikel auf das beschämende Schauspiel hinwies, das die amerikanische Regierung mit den Ponca trieb.

Eine Welle der Empörung brandete auf, die Kirchen protestierten, die Rechtsanwälte Poppleton und Webster stellten ihre Dienste kostenlos zur Verfügung, und Crook tat alles, um den Rücktransport der Indianer in ihre Reservation zu verzögern. Die Anwälte erreichten, daß Crook – der natürlich einverstanden war – mit den gefangenen Ponca vor Gericht erscheinen und seine Berechtigung, Standing Bear und die Seinen gefangenzuhalten, nachweisen mußte.

Unter starkem Interesse der Öffentlichkeit begann am 18. April 1879 der Prozeß Standing Bears gegen General Crook. Die Vereinigten Staaten weigerten sich, den Indianern die gleichen Rechte wie den Weißen zuzugestehen, da – wie der Staatsanwalt weiter ausführte – die Indianer keine Personen im Sinne des Gesetzes seien. Die Anwälte wiesen nachdrücklich darauf hin, daß den Poncas die gleichen Freiheitsrechte zustünden. Auch Standing Bear ergriff das Wort:

> »Ich möchte nach Norden in meine Heimat zurückkehren... Gott sieht auf mich hernieder, meine Brüder, und er hört, was ich sage. Möge er euch dazu bringen, mir zu helfen! Wenn ein Weißer Grundbesitz hat, und man würde ihn darum betrügen, so würde er danach trachten, sein Land zurückzubekommen. Ihr würdet dafür Verständnis haben. Darum versetzt euch in meine Lage und helft mir, das Leben unserer Frauen und Kinder zu retten!«

Der Richter Elmer S. Dundy erkannte das ungeheure Unrecht, das den Indianern angetan worden war, und dementsprechend lautete sein Richterspruch:

> »Ein Indianer ist eine Person im Sinne des Gesetzes. Es gibt keine Autorität, die irgendeinen von den Gefangenen zwingen könnte, ins Indianerterritorium zurückzukehren.«

Dann ordnete er die Freilassung Standing Bears und seiner Leute an. Das Publikum jubelte; General Crook gratulierte Standing Bear. Der Staatsanwalt wagte es angesichts der unwiderlegbaren Urteilsbegründung Dundys nicht, Berufung einzulegen.

In Begleitung von Francis LaFlesche, dem Bruder von Bright Eyes, und einem zweiten Dolmetscher besuchte Standing Bear 1879/80 den Osten der USA, wo er so starke Sympathien errang, daß sich Tausende Menschen für ihn einsetzten und an den Kongreß und den Präsidenten Briefe schrieben, in denen sie gegen die unmenschliche Politik protestierten und entsprechende Maßnahmen verlangten.
Wohl oder übel mußte die amerikanische Regierung in den sauren Apfel des Rechts beißen und den Ponca einige hundert Morgen Land in ihrer alten Heimat am Niobrara zur Verfügung stellen. Die meisten Ponca wollten nun natürlich das Indianerterritorium verlassen, aber das Indian Bureau und etliche Politiker waren damit nicht einverstanden. Sie wollten nicht wahrhaben, welch ungeheure moralische Ohrfeige der Urteilsspruch Richter Dundys für sie war, und setzten stur ihre rechtswidrige, aber sehr einträgliche Reservatspolitik fort. Dem deutschstämmigen Innenminister Carl Schurz gelang es jedoch, gegen erhebliche Widerstände für die Ponca eine Entschädigung von 165000 Dollar zu erstreiten.
Die genannte Clique aus Politikern und Militärs brachte es tatsächlich fertig, daß die Ponca aus dem Indianerterritorium nicht heimkehren konnten. Im Laufe der daraus entstehenden Unzufriedenheit wurde Standing Bears Bruder Big Snake von Soldaten ermordet. An der Lage aber änderte sich nichts: die Ponca blieben gespalten. Standing Bear, der für seine Leute die Freiheit erkämpft und die Heimat erhalten hatte, starb friedlich im Alter von achtundsiebzig Jahren.

DIE SANTEE-SIOUX

Ursprünglich wurde die Bezeichnung »Sioux« nur für das große Volk der Dakota verwendet; später erweiterte man sie auf alle Stämme, deren Sprache mit der der Dakota verwandt war. Der Name »Sioux« ist eine Kurzform des Namens, mit dem die Chippewa und andere Algonkin-Stämme die Dakota bezeichneten und den die Franzosen mit »Nadouessioux« wiedergaben. Er bedeutet »Nattern« oder im übertragenen Sinne »Feinde«. Zur Sioux-Sprachfamilie zählen neben den eigentlichen Sioux oder Dakota[1] die Assiniboin, die Stämme der Dhegiha-Gruppe (darunter die Ponca, Omaha und Osagen) und der Chiwere-Gruppe (Iowa, Oto und Missouri), die Winnebago, die Mandan und die Stämme der Hidatsa-Gruppe (Hidatsa und Crow) sowie die Catawba an der Atlantikküste und die Biloxi an der Golfküste. Die Sioux, neben Irokesen und Apachen wohl die berühmtesten Indianer Nordamerikas, nennen sich selbst »Dakota«, was im Dialekt ihrer östlichen Stämme »Verbündete« bedeutet. Dies deutet darauf hin, daß es sich um einen Verband mehrerer Stämme handelt. Während man heute in der Regel drei große Gruppen – die Santee, Yankton und Teton unterscheidet, grenzten die Sioux selbst sieben Gruppen ab, was auch in dem von ihnen selbst häufig verwendeten Namen »Ocheti shakowin«, »Sieben Ratsfeuer«, seinen Niederschlag fand. Diese Gruppen waren die Mdewakanton (»Dorf am Geistersee«), die Wahpekute (»Blätterschützen«), die Wahpeton (»Dorf in den Blättern«), Sisseton (»Bewohner des Sumpfdorfes«), Yankton (»Dorf am Ende«), Yanktonai (»Kleines Dorf am Ende«) und die Teton (»Präriebewohner«).
Ursprünglich lebten die Sioux in den Gebieten südlich und westlich des Michigan-Sees, wurden aber später von den nach Westen vordringenden Algonkin-Stämmen verdrängt. Dabei wich der Großteil nach Westen aus, ein kleiner Teil aber auch nach Süden und Osten.

---

[1] Im vorliegenden Buch sind unter dem Begriff »Sioux« immer die Dakota gemeint.

DIE PRÄRIEN

Um 1640 spalteten sich die Yanktonai; ein Großteil zog nach Norden und wurde als Assiniboin ein selbständiger Stamm. Zu dieser Zeit waren die Sioux noch alle in Minnesota. Je nach Art ihrer neuen Umgebung änderte sich ihre Lebensweise. Die östlichen Sioux-Stämme, die sich im Gebiet der heutigen Staaten Minnesota und Wisconsin niederließen, blieben weiterhin »Waldland-Indianer«. Die weiter im Westen wohnenden behielten zum Teil den Ackerbau bei, wandten sich aber, besonders nachdem das Pferd in die Prärie und Plains vorgedrungen war, immer stärker der Bisonjagd zu und entwickelten eine ganz neue, eigenständige Kultur, nämlich die der Bison-und-Pferde-Indianer.

Die Santee sind die östlichsten Sioux und werden oft auch als »Waldland-Sioux« bezeichnet. Eigentlich ist der Name »Santee« lediglich ein zweiter Name für die Mdewakanton, einen der vier Stämme der Santee, und leitet sich von dem indianischen Namen des Mille Lacs, »Isangtamde«, ab. Neben den Mdewakanton gehören zu den Santee noch die Wahpekute, die Wahpeton und die Sisseton. Wie erwähnt, lebten die Santee, nachdem sie von den Chippewa vom Mille Lacs vertrieben worden waren, in Minnesota. Ihre geographische Lage brachte es mit sich, daß sie die ersten Sioux waren, die vom Vordringen der Amerikaner in Mitleidenschaft gezogen wurden.

Auch hier begannen die unheilvollen Ereignisse mit einem Vertrag: In Mendota wurde am 5. April 1851 ein Abkommen unterzeichnet, in dem die Santee ihren Vertragspartnern den Großteil ihres Landes in Minnesota überließen. Als Gegenleistung sollten sie jährlich zwanzigtausend Dollar sowie Waffen, Munition, Decken und Lebensmittel erhalten. Als Lebensraum blieb den Indianern ein schmaler Landstreifen am Minnesota River. Bis zum Beginn des Bürgerkrieges strömten über die kurz zuvor noch feierlich als »ewig« bezeichnete Indianergrenze mehr als einhundertfünfzigtausend Siedler ins Land und drängten die Indianer immer mehr zusammen.

Auf die Dauer bot die Santee-Reservation nicht genug Wild, um die Ernährung ihrer Bewohner zu sichern. Deshalb waren sie gezwungen, wiederholt ihre alten Jagdgründe aufzusuchen, was jedesmal zu Streitigkeiten mit den Siedlern führte. Die Indianer waren gänzlich davon abhängig, was ihnen die Agenten und Händler gaben. Besonders die Händler nahmen es mit der Ehrlichkeit nicht allzu genau und ergriffen jede Gelegenheit, die Indianer zu betrügen. Beispiels-

weise ließen sie sich bei Kreditkäufen, die mit den jährlichen Zahlungen verrechnet wurden, für die verkauften Waren Phantasiesummen auszahlen. Verständlicherweise wurde die Stimmung unter den Santee immer schlechter und erreichte nach der schlechten Ernte des Jahres 1862 einen Tiefpunkt, als die Jahreszuteilung der Regierung ausblieb. Der Bürgerkrieg verschlang alle vorhandenen Mittel, was die Händler veranlaßte, jeden Kredit zu sperren.
Auch Little Crow, der Häuptling der Mdewakanton, hatte den Vertrag von Mendota unterzeichnet. Nun warfen ihm seine eigenen Leute vor, daß er damals als Feigling gehandelt habe und an den katastrophalen Verhältnissen mitschuldig sei. Deshalb müsse er unbedingt etwas unternehmen. Als wenig später Andrew Myrick, ein weißer Händler, dem friedliebenden Häuptling höhnisch den Rat gab, seine Leute sollten doch Gras fressen, da war auch für Little Crow die Grenze des Zumutbaren erreicht. Mit blutigem Griffel trug er seinen Namen in die Chronik von Minnesota ein.

DIE PRÄRIEN

LITTLE CROW

Chetan-wakan-mani
»Kleine Krähe« (»Der Habicht, der im Gehen jagt«)
Santee-Sioux
Geb. um 1802 am Minnesota River · Gest. 3. Juli 1863 nördlich
von Hutchinson, McLeod County, Minnesota

Fotografie

»DIE WEISSEN MÄNNER SIND WIE
HEUSCHRECKEN, DIE SO DICHT FLIEGEN, DASS SIE
EINEM SCHNEESTURM AM HIMMEL GLEICHEN.
IHR KÖNNT EINEN TÖTEN, ZWEI, ZEHN, JA SO
VIELE, WIE ES BLÄTTER IM WALD GIBT – IHREN
BRÜDERN WIRD ES GAR NICHT AUFFALLEN.«

Little Crow entstammte einer Häuptlingsfamilie. Schon sein Vater, der ebenfalls Little Crow hieß, und sein Großvater Little Thunder waren Oberhäupter der Kaposia-Abteilung der Mdewakanton, die in einem Dorf zehn Meilen unterhalb der Mündung des Minnesota River in den Mississippi wohnte.

Seitdem Little Crow 1846 bei einem Trinkgelage von seinem Bruder angeschossen und verwundet worden war, mied er das Feuerwasser; er holte sogar einen Missionar ins Dorf, um seinen Warnungen Nachdruck zu verleihen. Bei einer Fahrt durch die Städte des Ostens kam Little Crow zur festen Ansicht, daß es unmöglich sei, den Weißen auf Dauer Widerstand zu leisten. Dies bewog ihn auch, den Vertrag von Mendota zu befürworten, um seinem Volk den Frieden zu sichern.

Um mit gutem Beispiel voranzugehen, wurde er Farmer, lebte und kleidete sich wie ein Weißer und trat der Episkopalkirche bei. Es wird berichtet, daß er ständig Kleidung mit langen Ärmeln getragen habe, um die in vielen Kämpfen davongetragenen Narben auf seinen Armen zu verbergen. Eine der bekanntesten Schlachten, an der er teilnahm, war die von Pine Coulee, wo er seine Krieger gegen die Chippewa führte.

Der zynische Rat des Händlers Andrew Myrick traf Little Crow zutiefst. Eine Welt brach für ihn zusammen; sein jahrelanges Bemühen um ein friedliches Zusammenleben mit den Weißen war vergebens. Seine eigenen Leute wandten sich von ihm ab und wählten einen anderen zu ihrem Sprecher.

Am 4. August 1862 erschienen über sechshundert bewaffnete Krieger vor der Agentur. Erschrocken verhandelte Major Galbraith, der Leiter der Agentur, mit Little Crow und stellte Lebensmittel zur Verfügung. Den Indianern blieb nicht verborgen, daß die Warenlager der Agentur und die Magazine der Händler wohlgefüllt waren. Mit dumpfem Gefühl sah Galbraith den abziehenden Kriegern nach.

Die Ermordung einiger Weißer durch vier hungrige Indianer warf den Funken ins Pulverfaß. Die Santee forderten Little Crow in der Nacht zum 18. August auf, seiner Pflicht als Kriegshäuptling nachzukommen und sie im Kampf gegen die betrügerischen Amerikaner zu führen. Obwohl er um die Aussichtslosigkeit eines Krieges wußte, stimmte er schweren Herzens zu.

DIE PRÄRIEN

Tags darauf wurde die Agentur überfallen, zwanzig Weiße getötet und zehn Frauen und Kinder gefangengenommen. Unter den Toten befand sich Andrew Myrick; in seinen blutigen Mund hatten die Indianer Gras gestopft. In der Folge fand eine Reihe von Überfällen statt, in deren Verlauf mehr als eintausend Siedler den Tod fanden und das gesamte Gebiet verwüstet wurde. Bei einem Angriff auf Fort Ridgely wurde Little Crow leicht verwundet.

Von Fort Snelling kam Colonel Henry H. Sibley zu Hilfe, ein Mann, mit dem die Santee schon unliebsame Bekanntschaft geschlossen hatten: Als sie nämlich von der Regierung vierhundertfünfundsiebzigtausend Dollar bekommen sollten, hatte er fast ein Drittel des Betrages mit der fadenscheinigen Begründung unterschlagen, seine American Fur Company habe für von den Indianern gelieferte Pelze zuviel bezahlt. Der damalige Indianeragent Ramsey hatte Sibleys Lüge anerkannt; wenig später wurde er Gouverneur von Minnesota, ernannte Sibley zum Kommandeur des Minnesota-Regiments und verkündete, daß alle Sioux-Indianer ausgerottet oder für immer vertrieben werden müßten.

Am 23. August griffen die Santee Neu-Ulm an; ihr Angriff wurde zwar abgeschlagen, es gelang ihnen aber, fast zweihundert Gebäude durch Feuer zu zerstören, einhundert Weiße zu töten und zweihundert Gefangene zu machen. Little Crow bemühte sich nun, andere Sioux-Häuptlinge als Verbündete zu gewinnen, hatte dabei aber wenig Erfolg.

Das erste kriegerische Zusammentreffen mit Sibleys Leuten fand am Birch Coulee statt, wobei die Amerikaner umzingelt wurden und hohe Verluste erlitten. Als Sibley selbst mit einer starken Streitmacht anrückte, zogen sich die Indianer zurück. Sibley forderte Verhandlungen; voll Mißtrauen antwortete Little Crow in einem Brief:

> Yellow Medicine, September 7, 1862
> »Aus welchem Grund wir diesen Krieg begonnen haben, will ich dir sagen. Es ist wegen Major Galbraith. Wir haben einen Vertrag mit der Regierung geschlossen und müssen um das betteln, was uns zusteht, weil sonst unsere Kinder vor Hunger sterben. Es sind die Händler, die den Krieg auf dem Gewissen haben. Mr. A. T. Myrick forderte die Indianer auf, Gras oder Dreck zu fressen...

Ich möchte, daß du dies Gouverneur Ramsey mitteilst. Ich habe eine große Zahl Gefangene, Frauen und Kinder. Es ist nicht allein unsere Schuld... Ich bitte dich, mir durch den Boten Antwort zu geben...«

Bei den Beratungen der Indianer prallten die unterschiedlichsten Meinungen hinsichtlich Fortführung des Krieges und Herausgabe der Gefangenen aufeinander. Wabasha, ein anderer Häuptling der Santee, forderte die Freilassung der Gefangenen; als er damit nicht durchdrang, denunzierte er Little Crow bei Sibley und erklärte sich bereit, ihm die Gefangenen heimlich auszuliefern.
Nichtsahnend hatte Little Crow eine Botschaft an Sibley gerichtet, in der er die gute Behandlung der Gefangenen garantierte und um einen Rat bat, wie er Frieden für sein Volk erlangen könne. Ohne jegliche Skrupel ließ ihm Sibley jedoch eine abweisende Antwort zukommen; an Wabasha schickte er genaue Anweisungen, wie die Übergabe der Gefangenen vonstatten gehen solle.
Little Crow blieb nur die Wahl, sich einem gewissenlosen Gegenspieler auf Gnade oder Ungnade zu ergeben oder bis zum letzten Mann zu kämpfen. Voll Bitterkeit wählte der einst so friedliebende Häuptling den Kampf. Zehn Tage später kam es zur Schlacht am Wood Lake, in der die Santee eine Niederlage erlitten und Mankato, einen ihrer tüchtigsten Kriegshäuptlinge, verloren. Die Soldateska Sibleys skalpierte und verstümmelte im Siegestaumel die gefallenen Krieger.
In einer neuerlichen Beratung gelangten Little Crow und einige andere Häuptlinge zur Überzeugung, daß es am besten sei, zu den Stammesbrüdern in die Prärie zu ziehen. Schon am nächsten Morgen verließen sie ihre Heimat und gingen nach Westen zum Devil's Lake, in das Winterlager mehrerer Sioux-Stämme. Die Santee wurden zwar freundlich aufgenommen, ihre Warnungen vor den Amerikanern wurden allerdings nicht ernst genommen, so daß kein militärisches Bündnis zustande kam. Im Frühjahr 1863 versuchte Little Crow, in Winnipeg Hilfe von den Engländern zu erhalten. Er wies auf die Verdienste seines Großvaters im Krieg von 1812 hin, die Engländer konnten ihm aber nur wenig Proviant geben, weil sie selbst nicht viel hatten. Daraufhin faßte der Häuptling den Entschluß, sich und seinen Leuten Pferde zu verschaffen, um das Leben von Prärie-Indianern führen zu können. Auf diese Weise wollte er sich an denen,

die ihm seine Heimat geraubt hatten, schadlos halten. Er stellte einen kleinen Trupp zusammen und brach auf.
In der Zwischenzeit hatte Sibley seinen schändlichen Schauprozeß gegen die im Lande gebliebenen Santee geführt, dessen groteske Urteile ein Eingreifen Präsident Lincolns notwendig machten, um wenigstens einen Schein von Legalität zu wahren.
Trotzdem hatte der Staat Minnesota auf jeden Sioux-Skalp eine Prämie von fünfundzwanzig Dollar gesetzt. Anfang Juli 1863 ermordeten zwei Siedler einen ihnen völlig unbekannten Indianer, der gerade im Wald Beeren sammelte. Erst später sahen sie, daß es der berühmte Little Crow war. Sein sechzehnjähriger Sohn Wowinapa, der bei ihm war, zog dem Toten eilig neue Mokassins für die lange Reise in die Ewigen Jagdgründe an und deckte ihn mit einer Jacke zu. Bevor er von Soldaten gefangengenommen wurde, konnte er noch die anderen Mitglieder des Trupps warnen. Der Knabe wurde vor ein Militärgericht gestellt und zum Tode verurteilt, später aber zu Gefängnis begnadigt.
Skalp und Schädel Little Crows wurden konserviert und in St. Paul öffentlich zur Schau gestellt – eine grausige Parallele zum Schicksal Metacoms. Der Körper des Santee-Häuptlings wurde im Schlachthaus von St. Paul den Schweinen zum Fraß vorgeworfen. Die beiden Mörder kassierten das Blutgeld und bekamen obendrein vom Staat eine Belohnung von fünfhundert Dollar.
Mit dem Tod ihres bedeutendsten Häuptlings neigte sich die Tragödie der Waldland-Sioux ihrem Ende zu: Major Hatch, einer von Sibleys Offizieren, entführte gegen jedes Völkerrecht die Häuptlinge Shakopee und Medicine Bottle aus Kanada und ließ sie nach einem neuerlichen rechtswidrigen Schauprozeß hinrichten.
Der Rest der Santee, auch die Freunde der Weißen, wurden nach Crow Creek am Missouri, in ein ödes unbewohnbares Gebiet, verfrachtet. Schon im ersten Winter starben Hunderte. Weder durch Frieden noch durch Krieg hatte es Little Crow, der friedliebende und edelgesinnte Häuptling der Santee, vermocht, dieses Schicksal von seinem Volk abzuwenden. Daß auch der aufrechteste Charakter, die größte Kompromißbereitschaft und der beste Wille gegen die staatlich geduldete, ja sogar geförderte Landgier der Siedler nichts oder nur wenig nützten, sollten die in den Plains lebenden Brüder der Santee nur allzubald zu spüren bekommen.

DIE GROSSEN EBENEN

DIE NÖRDLICHEN PLAINS

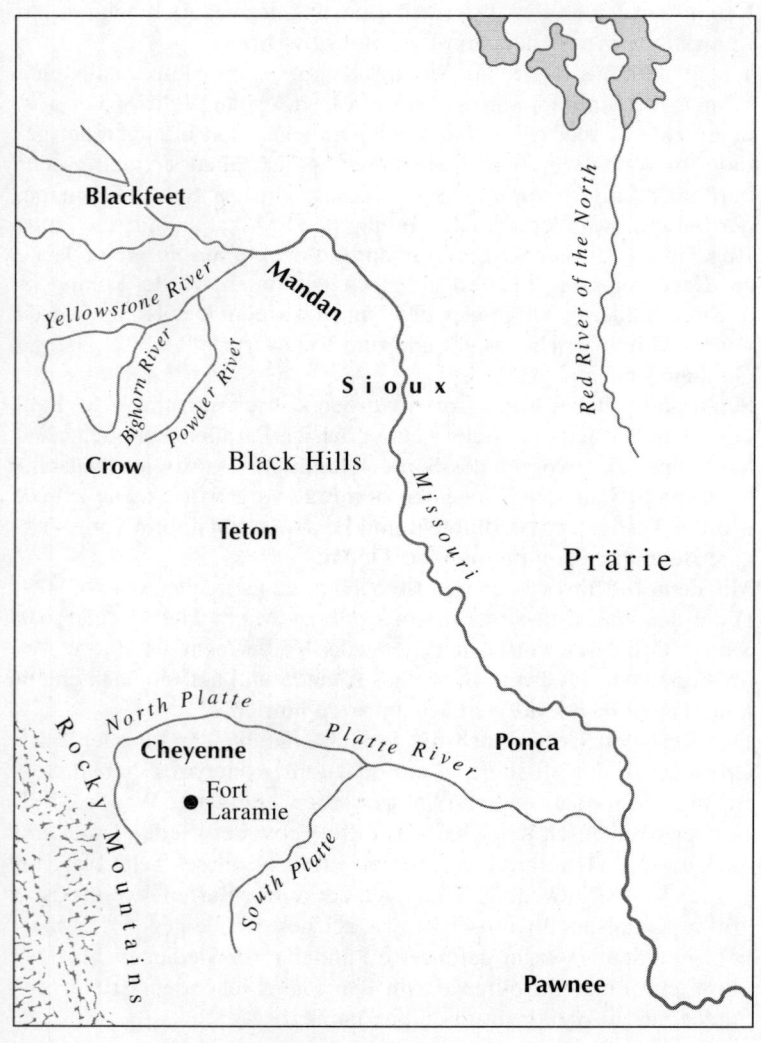

DIE NÖRDLICHEN PLAINS

DIE WICHTIGSTEN STÄMME: a) Sioux (Dakota)
Teton (Hunkpapa · Oglala · Brulé · Sans Arc · Blackfeet · Minneconjou · Two Kettle)
Yankton
Assiniboin
Crow
b) Cheyenne
Blackfoot
Cree
Arapaho

SPRACHGRUPPEN: a) Sioux
b) Algonkin

LEBENSGRUNDLAGE: Jagd auf Bisons und anderes Großwild

LEBENSFORMEN: Nomaden

WOHNFORMEN: Tipis

Im Gegensatz zu den Prärien waren die Plains eine baumlose Steppen- und Savannenlandschaft, die vor der Verbreitung des Pferdes kaum besiedelt war. Erst diese Möglichkeit zu rascherer Überwindung großer Strecken schaffte die Voraussetzung für eine Besiedlung dieser riesigen Ebenen und die Entstehung einer neuen, eigenständigen Kultur. Der Plains-Indianer mit seinen einprägsamen äußerlichen Attributen – hoch zu Roß, mit prachtvoller Federhaube und Gewändern aus Bisonfellen – wurde nicht nur im Osten der USA, sondern auch in Europa zum Inbegriff des Indianers überhaupt. Dieser ebenso eigenartigen wie faszinierenden Plains-Kultur, die einzig und allein auf dem Bison als Lebensgrundlage beruhte, war durch äußere Umstände kein langes Bestehen beschieden. Das Vordringen der Siedler, die sich die Ausrottungsparolen der offiziellen Stellen in Washington nur zu gerne zu eigen machten, Krankheiten, Alkohol und vor allem das Abschlachten der Bisonherden versetzten den stolzen Plains-Indianern den Todesstoß.

Die Grenze zwischen den nördlichen und südlichen Plains liegt etwa beim Arkansas River. Die Stämme nördlich davon gelangten später in den Besitz von Pferden und waren aufgrund ihrer Umgebung

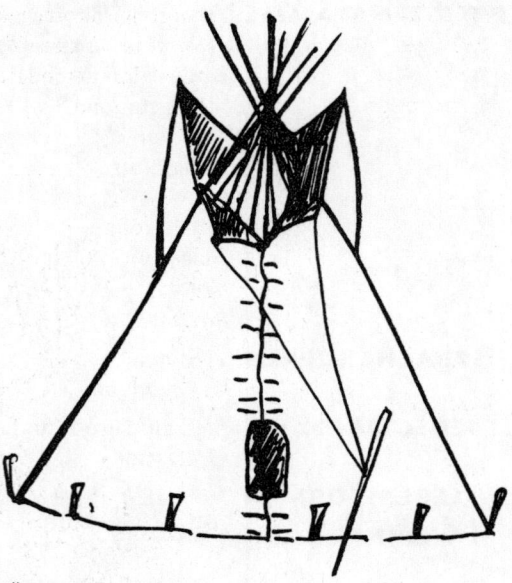

Tipi der Plains-Indianer

– und da der Einfluß der Spanier fehlte – einer anderen historischen Entwicklung unterworfen als die südlichen Plains-Indianer.
Die wichtigsten Stämme der nördlichen Plains sind die Sioux, Crow, Blackfoot, Cheyenne und Arapaho. Die Sioux und Crow gehörten zur Sioux-Sprachfamilie, während die anderen drei Völker Algonkins waren. Alle diese Stämme waren vom Osten her eingewandert. Bemerkenswert ist der enge Zusammenschluß zwischen den Sioux und den Cheyenne, zwei Vertretern verschiedener, einander sonst feindlich gesinnter Völkerfamilien. Dies beweist, daß Sprachbarrieren keineswegs eine Ursache für Konflikte sein müssen, so wenig wie eine gemeinsame Sprache verbinden muß, was durch die erbitterte Feindschaft zwischen zwei verwandten Völkern wie den Sioux und den Crow bestätigt wird.
Die Härte der Konfrontation zwischen den meisten Plains-Stämmen und den Amerikanern brachte es mit sich, daß die berühmten Persönlichkeiten dieser Region ihren Ruhm fast ausschließlich durch

DIE NÖRDLICHEN PLAINS

ihre Rolle im Kampf gegen die Eindringlinge erwarben. Innerhalb weniger Jahrzehnte gab es in dieser Region eine derartige Fülle bemerkenswerter Häuptlinge und Anführer, daß der begrenzte Raum zu einer hier besonders starken Selektierung zwingt.

Kleidung, Waffen und Schmuck der Plains-Indianer

DIE TETON-SIOUX

Die Teton sind die größte und am weitesten westlich wohnende Gruppe der Sioux. Sie waren in den weiten Ebenen westlich des Missouri zu Hause. Einer der ersten Weißen, die mit ihnen zusammenkamen, war 1680 Pater Louis Hennepin; freilich lebten sie damals noch in Minnesota, bei Sauk Rapids am Mississippi. Um die Mitte des 18. Jahrhunderts überschritten sie den Missouri und breiteten sich in südlicher Richtung bis zum Platte River, in nördlicher Richtung bis zum Canonball River aus. Ihre Stärke wird für das Jahr 1842 auf zwölftausend Menschen geschätzt.

Zu den Teton zählten sieben Stämme, wie überhaupt die Zahl Sieben bei den Sioux besondere Symbolkraft hatte: die Oglala, Hunkpapa, Brulé, Sans Arc, Blackfeet, Minneconjou und Two Kettle. Neben den Cheyenne waren die Teton die Hauptträger des Abwehrkampfes in den nördlichen Plains. Vor allem die Oglala und Hunkpapa vollbrachten wahre Heldentaten, die das Vordringen der landhungrigen Amerikaner zwar nur verzögern konnten, die diesen Stämmen aber einen Ehrenplatz in der Geschichte der Freiheitskämpfe sichern.

Ihren Taten entsprechend brachten sie eine stattliche Anzahl berühmter Häuptlinge und Krieger hervor. Männer wie Sitting Bull, Crazy Horse oder Red Cloud bilden auch heute noch den Inbegriff von Indianerhäuptlingen und sind allgemein bekannt.

Die Oglala, deren Name »to scatter one's own« bedeutet, durchstreiften die Gebiete zwischen Nord- und Südarm des Platte River bis hinauf zu den Black Hills. Sie galten als einer der wildesten Indianerstämme und genossen einen Ruf, der dem der Apachen ähnlich war. Doch auch sie taten nichts anderes, als ihre Heimat zu verteidigen. Die Hunkpapa, für deren Namen es mehrere verschiedene Deutungen gibt[1], lebten nördlich von den Oglala, im Gebiet des Cannonball River. Aus ihren Reihen ging Sitting Bull, einer der berühmtesten Indianer Nordamerikas, hervor.

---

[1] Z. B. »Am Eingang« oder »Wanderer«.

DIE NÖRDLICHEN PLAINS

Am Beginn der Auseinandersetzungen mit den »feindlichen« Indianern stand die Friedenskonferenz von Fort Laramie, die 1868 abgehalten wurde. Leiter der amerikanischen Delegation war General Sherman, ein bewährter Verhandlungstaktiker, der es sich zum Ziel gesetzt hatte, von den Sioux und Cheyenne die Genehmigung zum freien Durchzug der Auswanderer und zur Errichtung von Forts zum Schutz des Bozeman Trails zu erhalten. Wie niedrig Sherman seine Verhandlungspartner einschätzte, geht daraus hervor, daß er von denjenigen die Erlaubnis zum Bau von Schutzeinrichtungen einholen wollte, zu deren Abwehr sie dienen sollten.
Allerdings sollte er bald merken, wie sehr er sich getäuscht hatte. Mit Red Cloud, dem Vertreter der verbündeten Sioux und Cheyenne, stand ihm ein Mann gegenüber, der ihm in bezug auf Verhandlungsgeschick mindestens ebenbürtig war.

Sioux vom Stamm der Oglala (Zeichnung von Balduin Möllhausen)

DIE GROSSEN EBENEN

RED CLOUD
Makhpiya-Luta (»Rote Wolke«)
Oglala
Geb. 22. September 1822 am Blue Water Creek, Nebraska ·
Gest. 10. Dezember 1909 in der Pine Ridge Agentur, South Dakota

Fotografie

»**D**ER WEISSE MANN WURDE JENSEITS DES GROSSEN WASSERS GESCHAFFEN; SEIN LAND IST DORT. SEIT DIE WEISSEN ÜBER DAS MEER GEKOMMEN SIND, HABE ICH IHNEN IMMER WEITER PLATZ GEMACHT. JETZT SIND ÜBERALL UM MICH WEISSE. MIR IST NUR NOCH EIN KLEINES STÜCK LAND GEBLIEBEN. DER GROSSE GEIST HAT MIR GESAGT, ICH SOLL ES BEHALTEN.«

DIE NÖRDLICHEN PLAINS

Die Feindseligkeit Red Clouds gegenüber den Weißen hatte ihre Wurzeln im frühen Verlust seines Vaters, der an verdorbenem Feuerwasser starb, das ihm Weiße gegeben hatten. Der Knabe wuchs bei seinem Onkel Old Smoke auf und nahm schon bald an Streifzügen gegen Pawnee, Crow und Schoschonen teil. Bei einer dieser Unternehmungen soll der Fünfzehnjährige zwei Skalpe erbeutet und einen Pawnee-Krieger getötet haben. Durch eigene Tüchtigkeit erwarb er sich mit der Zeit großes Ansehen innerhalb seines Stammes, wodurch er andere Häuptlinge, die ihre Würde ererbt hatten, bald überflügelte. Als Anerkennung für seine Tapferkeit bekam er den Namen seines verstorbenen Vaters übertragen; bis zu diesem Zeitpunkt war er unter dem Namen Two Arrows bekannt.

Im Jahre 1851 war schon einmal in Fort Laramie ein Vertrag zwischen den Vereinigten Staaten und den Präriestämmen geschlossen worden. Darin hatten die Indianer die Errichtung von Forts und den Bau von Straßen gestattet, ohne allerdings irgendeines ihrer Rechte aufzugeben. Drei Jahre später kam es zur ersten größeren Auseinandersetzung zwischen den Sioux und den Amerikanern, zum »Grattan-Massaker«, an dem auch Red Cloud teilnahm. Auch die nachfolgenden Jahre waren von ständigen Unruhen geprägt, die einen vorläufigen Höhepunkt 1865 erreichten, als Späher meldeten, eine große Zahl von Soldaten ziehe über den Bozeman Trail zum Powder River. Nun schien Red Cloud und den Häuptlingen der Cheyenne, Dull Knife und Roman Nose, die Zeit zum Handeln gekommen zu sein. Sie beschlossen, den Armeestützpunkt an der Platte Bridge anzugreifen, um den Eindringlingen eine Lehre zu erteilen. Es kam zum Gefecht an der Platte Bridge, das für die Indianer siegreich verlief und nach dessen Beendigung sie sich mit der Zuversicht, nun wieder einige Zeit Ruhe zu haben, zurückzogen.

Doch bereits im August 1865 fielen drei Militärkolonnen in das Land am Powder River ein, die von General Patrick E. Connor angeführt wurden, einem Mann, der schon 1863 übles Aufsehen erregt hatte, als er ein Lager der Paiute überfallen und zweihundertachtundsiebzig Bewohner ermordet hatte. In aller Eile stellten Sioux und Cheyenne ein Heer von fünfhundert Kriegern zusammen, das unter Führung von Red Cloud und Dull Knife eine nicht zu Connor gehörende Wagenkolonne umzingelte. Bei den nachfolgenden Verhandlungen forderte Red Cloud eine Begründung für die Anwesenheit der

Weißen in seinem Land; dabei hörten er und Dull Knife zum erstenmal voller Überraschung, daß Connor im Norden des Powder River ein Fort errichten wolle. Nach Übergabe einer Wagenladung Lebensmittel durfte die Wagenkolonne weiterziehen, trotzdem blieben die folgenden Monate unruhig. Die Indianer sperrten den Bozeman Trail und setzten den Eindringlingen zu, wo es nur ging.

Besonders für die Amerikaner war der Zustand auf die Dauer unhaltbar. Nach mehreren Versuchen gelang es ihnen, Red Cloud als den maßgeblichsten Anführer sowie etliche andere Häuptlinge der Sioux und Cheyenne an den Verhandlungstisch von Fort Laramie zu bringen. In den nun folgenden Verhandlungen setzte Red Cloud die große Tradition indianischer Staatsmänner würdig fort. Er war von hoher, ehrfurchtgebietender Gestalt und in Ausdrucksweise und Verhalten von einem weißen Staatsmann nicht zu unterscheiden. Er war voll Mißtrauen gekommen, da ihm völlig klar war, daß der Bau von Forts am Bozeman Trail nur der Anfang einer massiven Einschränkung indianischer Jagdrechte und somit der Bewegungsfreiheit sein werde. Sicherlich ahnte er auch instinktiv, daß die Amerikaner die Forts zu bauen beabsichtigten, ob die Indianer einverstanden waren oder nicht. Diese böse Ahnung wurde jedoch durch die Wirklichkeit noch übertroffen: Während die Beratungen begannen, brachte Colonel Carrington zweitausend Soldaten von Fort Kearney ins Land am Powder River; siebenhundert Mann davon ließ er durch Fort Laramie marschieren, was natürlich einen groben Verstoß gegen jegliche Verhandlungspraktiken darstellte. Die meisten Häuptlinge, an ihrer Spitze Red Cloud, reagierten auf diese Provokation mit dem sofortigen Abbruch der Verhandlungen. Beim Anblick Carringtons war Red Cloud aufgesprungen, hatte auf die Silberadler auf dem Rock des Offiziers gedeutet und gerufen:

> »Schaut, dort ist der weiße Adler, der gekommen ist, eine Straße durch das Indianerland zu stehlen!«

Die Regierung hatte ihr wahres Ziel erreicht: Es war wieder Krieg. Das Militär begann mit dem Bau von Fort Phil Kearney. In den Hügeln von Wyoming lauerten Red Cloud und seine Krieger auf den geeignetsten Moment zum Zuschlagen. Captain Fetterman behauptete großspurig, er könne mit achtzig Leuten das Land der Sioux durchqueren. Er fand genügend Gleichgesinnte, die Red Clouds

DIE NÖRDLICHEN PLAINS

Skalp holen wollten, und brach entgegen allen Warnungen auf. Die Indianer unter Red Cloud und dem jungen Crazy Horse ließen dem leichtsinnigen Captain und seinen Leuten keine Chance. Das wahnwitzige Unternehmen ging als »Fetterman-Massaker« in die Geschichte ein.

Am 30. Juli 1867 wurde eine Friedenskommission gegründet, deren prominenteste Mitglieder die Generäle Sherman und Sanborn waren. Zwar folgten etliche Häuptlinge der Einladung zu Beratungen, der wichtigste aber, Red Cloud, ließ ausrichten, er habe keine Zeit und werde vielleicht im nächsten Sommer kommen. Der verärgerten Kommission blieb nichts anderes übrig, als im Frühjahr 1868 ein neues Angebot zu unterbreiten, in dem den Sioux ein Schutzgebiet von der Nordgrenze des Staates Nebraska bis zum 46. Breitengrad, im Osten bis zum Missouri und im Westen bis zum 104. Längengrad eingeräumt wurde. Dieses Gebiet sollte ausdrücklich den Indianern gehören; es sollte keinem Weißen erlaubt sein, dieses Gebiet ohne Erlaubnis der Indianer zu betreten. Außerdem verpflichteten sich die USA, nach Vertragsabschluß alle militärischen Stützpunkte im gesamten Gebiet aufzulassen.

Während bis zum 1. Juni hundert Häuptlinge und prominente Krieger den Vertrag gutgeheißen und unterzeichnet hatten, weigerte sich Red Cloud, dies zu tun, ehe nicht die Forts im Powder-River-Land verlassen und die Straßen gesperrt seien. Ende August zogen die Truppen aus den Forts ab, worauf Red Cloud die militärischen Anlagen verbrennen ließ. Nochmals verschob er die Unterzeichnung des Vertrages bis zum Abschluß der herbstlichen Jagd.

Am 6. November 1868 unterzeichnete er in Fort Laramie den Vertrag, der am 16. Februar des folgenden Jahres vom amerikanischen Senat ratifiziert und acht Tage später von Präsident Johnson verkündet wurde. Red Cloud ist somit der einzige Häuptling der Plains, der einen Krieg gegen die USA siegreich beenden konnte. Der Häuptling selbst aber war ein viel zu kluger Politiker, als daß er nicht gewußt hätte, daß dieser Sieg nicht endgültig sein würde.

Nach der Unterzeichnung dieses Vertrages hielt sich Red Cloud trotz aller Vertragsbrüche der Amerikaner strikt an die Vereinbarungen und bewahrte Frieden. Als im Jahr 1870 Unruhe aufkam, die ihre Ursache in Meldungen über ein blutiges Massaker in Montana hatte, bei dem die Armee die Bewohner eines Blackfeet-Dorfes nieder-

gemetzelt hatte, lud Ely Parker, der Kommissar für indianische Angelegenheiten, Red Cloud und den Brulé-Häuptling Spotted Tail nach Washington ein. Beide Häuptlinge folgten der Einladung.
Bei den Verhandlungen richtete Red Cloud folgende Bitte an den irokesischen Kommissar:

> »Gib meinen Leuten das Pulver und die Munition, um die wir gebeten haben. Wir sind nur wenige, ihr seid ein großes, mächtiges Volk. Ich brauche nur so viel, daß meine Leute auf die Jagd gehen können. Alles, was der Große Geist in meinem Land geschaffen hat, ist wild und muß gejagt werden. Es ist nicht so wie bei euch; ihr müßt nur hingehen und nehmen, was ihr benötigt. Ich habe Augen und sehe, daß die Weißen Vieh züchten. Ich weiß, daß wir in einigen Jahren dasselbe machen werden, und halte es für gut.«

Als Red Cloud den Text des ratifizierten Vertrages von Fort Laramie vom amerikanischen Innenminister interpretiert bekam, erkannte er, daß er und sein Volk von der Regierung betrogen worden waren. Voll Zorn erklärte er, diesen Vertrag nicht zu kennen, weswegen er sich auch nicht an ihn zu halten brauche:

> »Ich habe nicht behauptet, daß die Mitglieder der Friedenskommission gelogen haben; die Dolmetscher haben falsch übersetzt. Ich habe einen Friedensvertrag unterzeichnet, als die Soldaten aus dem Fort gingen, aber es war nicht dieser Vertrag. Die Angelegenheit muß geklärt werden. Dieses Papier enthält lauter Lügen.«

Unter Aufbietung allen diplomatischen Könnens gelang es Ely Parker, die Affäre zu bereinigen. Der Vertrag erhielt eine neue Auslegung. Wieder hatte Red Cloud einen Sieg errungen.
In den folgenden Jahren wurde Red Cloud nicht mehr aktiv. Obwohl seine Stammesbrüder ihn mehrfach zu überreden versuchten, weigerte er sich beharrlich, an den kriegerischen Auseinandersetzungen des Jahres 1876 teilzunehmen. Längst hatte er erkannt, daß es für sein Volk keine Möglichkeit gab, die Ausbreitung der Weißen und die Eroberung der Black Hills, der heiligen Berge der Sioux, zu verhindern. Er fügte sich in die unvermeidlichen Landabtretungen, um seinen Leuten einen neuen Krieg zu ersparen.

Auch im Aufstand der Sioux 1890/91 verhielt sich der mittlerweile fast erblindete Häuptling neutral, er drohte sogar, gegen die Aufständischen vorzugehen. Die konsequente Haltung während all dieser Jahre brachte ihm nicht selten den Haß und die Verachtung vieler ehemaliger Mitstreiter ein. Red Clouds unverhohlene Eifersucht auf jüngere und erfolgreiche Führer wie Sitting Bull und Crazy Horse trug wesentlich zur Vertiefung der Kluft bei. Nachdem er das Vertrauen Professor Marshs gewonnen hatte, eines Forschers, der in den Prärien nach Fossilien suchte, reiste er mit diesem in den Osten und besuchte unter anderem Washington, New Haven und Connecticut. Auf dieser Reise machte er erneut auf die Probleme der Sioux aufmerksam und konnte vereinzelt Verständnis und Hilfsbereitschaft wecken.

Seinen Lebensabend verbrachte der blinde und gebrechliche Häuptling in seinem ihm von der Regierung zur Verfügung gestellten Haus in der Pine Ridge Reservation. Er trat zum römisch-katholischen Glauben über und wurde, als er 1909 starb, auf dem Friedhof der Holy Rosary Mission beigesetzt.

Nachdem sich Red Cloud in seine Reservation zurückgezogen hatte und kaum mehr politisch aktiv war, erwuchsen den Amerikanern in Sitting Bull und Crazy Horse zwei furchtbare Gegner, deren eisernem Willen und strategischem Genie es gelingen sollte, der amerikanischen Armee am Little Big Horn die bitterste Niederlage des 19. Jahrhunderts zuzufügen.

DIE GROSSEN EBENEN

SITTING BULL

Tatanka I'yotanka
Hunkpapa
Geb. um 1837 am Grand River, South Dakota ·
Gest. 15. Dezember 1890 in Standing Rock in der Reservation
Grand River am South Dakota

Fotografie

»WIR KÖNNEN MIT DEN WEISSEN NICHT SEITE AN SEITE WOHNEN... MEINE BRÜDER, SOLLEN WIR UNS UNTERWERFEN ODER SOLLEN WIR ZU IHNEN SAGEN: ›IHR MÜSST UNS ERST TÖTEN, EHE IHR VON UNSERER HEIMAT BESITZ ERGREIFEN KÖNNT!‹?«

Sitting Bull war der Sohn von Four Horses, einem Unterhäuptling der Hunkpapa.[1] In seiner Jugend führte Sitting Bull den Namen Hakada oder Jumping Badger (Springender Dachs), erhielt aber, nachdem er als Zehnjähriger auf einem Jagdzug einen jungen Bison durch Pfeilschuß erlegt hatte, den Namen Buffalo Bull Sitting Down, der anschaulich die Jagdszene schildert. Als Vierzehnjähriger nahm er an einem Kriegszug gegen die Crow teil, wobei er sich als Krieger auszeichnen konnte.
Allerdings sollten es nicht Kriegsmut und Heldentaten sein, die ihn bekannt und berühmt machten, vielmehr wurde er als Taktiker und Organisator des Widerstandes gegen die Amerikaner zu deren gefährlichstem und erbittertstem Feind.
Sitting Bulls Lebenslauf ist ziemlich gut bekannt, da er selbst ihn in Bilderschrift festgehalten hat. Dazu benützte er ein altes Ordonnanzbuch des 31. Infanterieregiments, das ihm später gestohlen wurde und in die Hände der Besatzung von Fort Buford gelangte. Aus diesen Aufzeichnungen ging hervor, daß er bis zum Jahr 1870 an dreiundsechzig Unternehmungen gegen die alten Erbfeinde, besonders die Crow, sowie gegen die vordringenden Weißen teilgenommen hatte. Später war er als Pferdezüchter erfolgreich. 1861 wurde er Medizinmann der Hunkpapa. In vielen Angelegenheiten wurde er um Rat gefragt, nicht zuletzt in politischen, so daß bei ihm alsbald ein Treffpunkt aller unzufriedenen Sioux war. Sitting Bull war von tiefem Haß gegen die Amerikaner erfüllt und weigerte sich, die englische Sprache zu verwenden. Hingegen brachte er den Franco-Kanadiern große Achtung entgegen: er soll sogar von Pater de Smet, einem belgischen Jesuiten, getauft worden sein.
1863 besuchte er die Santee in ihrer öden Reservation am Crow Creek. Was er dort sah und hörte, bestärkte ihn in seiner kompromißlos feindseligen Haltung gegenüber amerikanischen Agenten, Landspekulanten und Siedlern. Seitdem kämpfte er mit allen Mitteln gegen die entgegen allen Versprechungen und Verträgen immer häufiger und immer weiter ins Land der Sioux eindringenden Soldaten. Sitting Bulls kriegerische Fähigkeiten, vor allem sein Mut, wurden oft bezweifelt, und es gab sicherlich Anführer und Häuptlinge, die

---

[1] Nach anderer Version hieß sein Vater Jumping Bull bzw. ebenfalls Sitting Bull. Aus Stolz auf seinen Sohn habe er diesem den Namen Sitting Bull gegeben.

ihn darin übertrafen. Es wird aber glaubhaft berichtet, daß er immer ein fairer Kämpfer war und daß er niemals Frauen oder Kinder tötete.

Sitting Bull war ein kräftiger, etwas untersetzter Mann mit großem charaktervollem Kopf, relativ heller Hautfarbe und braunem Haar – bei Indianern eine große Seltenheit –, das er in zwei schwere Zöpfe

Ausschnitt aus Sitting Bulls »Tagebuch«

geflochten trug. Sein narbiges Gesicht ist sicher eines der einprägsamsten indianischen Gesichter und wohl das bekannteste überhaupt. Es spiegelt alle Eigenschaften wider, die für Sitting Bull charakteristisch waren: Klugheit, Charakterfestigkeit, Härte und Scharfblick. Er war im besten Sinne des Wortes Vollblutpolitiker und hatte die Gabe, seine Umgebung zu faszinieren und die richtigen Männer für die richtigen Aufgaben zu finden und um sich zu scharen, wie beispielsweise Crazy Horse. Als Redner war er von starker Überzeugungskraft, was nicht allein an seiner Vortragsweise lag, sondern auch an seiner klaren und zwingenden Argumentation.

»Welchen Vertrag, den die Weißen eingehalten haben, hat der Indianer gebrochen? Keinen einzigen. Welcher Vertrag, den der Weiße Mann mit uns geschlossen hatte, wurde von ihm jemals gehalten? Keiner. Als ich ein Knabe war, gehörte den Sioux das Land; die Sonne ging in ihrem Land auf und unter; sie konnten zehntausend (berittene) Krieger in die Schlacht schicken! Wo sind diese Krieger heute? Wer erschlug sie? Wo ist unser Land? Wem gehört es? Welcher Weiße kann behaupten, ich hätte ihm jemals Land oder einen Penny seines Besitzes gestohlen? Und doch behaupten sie, ich sei ein Dieb! Welche weiße Frau wurde jemals von mir gefangengenommen oder belästigt? Keine, und doch behaupten sie, ich sei ein schlechter Indianer...
Welches Gesetz habe ich jemals gebrochen? Ist es unrecht von mir, mein Lebensrecht zu verteidigen? Ist es deswegen unrecht, weil meine Haut rot ist, weil ich ein Sioux bin, weil ich dort geboren bin, wo meine Vorfahren lebten, weil ich für mein Volk und für mein Land mein Leben geben würde?«

Als Führer der freien Sioux war Red Cloud nach der Unterzeichnung des Friedensvertrages von 1868 mehr oder weniger ausgefallen. Sitting Bull und Crazy Horse waren an seine Stelle getreten; sie hatten sich beide geweigert, dieses »Lügenpapier« zu unterzeichnen, weil sie von Verträgen mit den Amerikanern grundsätzlich nichts hielten. Die Ereignisse gaben ihnen recht. Schon im Februar 1869 wurde der Vertrag durch eine Verordnung des Kriegsministeriums verletzt, in der es den Indianern verboten wurde, außerhalb ihres Gebietes zu jagen; dort würden sie als Feinde betrachtet.
1874 sandte General Sheridan unter dem fadenscheinigen Vorwand, sich genaue Aufschlüsse über den Verlauf der Sioux-Fährten zu verschaffen, eine militärische Aufklärungsaktion in die Black Hills. Die Teilnahme von Geologen und Mineralogen enthüllte die wahre Absicht: Die heiligen Berge der Sioux sollten nach Bodenschätzen untersucht werden.
Zum Leiter der Expedition wurde Oberstleutnant George Armstrong Custer bestellt, der wegen seiner Grausamkeit berüchtigte, krankhaft ehrgeizige Bürgerkriegsgeneral, mit dessen Namen die schwerste Niederlage, die die amerikanische Armee im 19. Jahrhundert

erlitt, für immer verbunden ist. Das Ergebnis dieser neuerlich den Vertrag von Fort Laramie verletzenden Aktion fand in überschwenglichen Zeitungsberichten seinen Niederschlag: »Goldfunde in den Black Hills«.
Sofort brach ein heftiges Goldfieber aus, Abenteurer und Goldsucher brachen in Scharen zu den Black Hills auf; zu ihrer maßlosen Enttäuschung verbot ihnen jedoch General Sheridan jeden Zutritt zu dem Gebiet der Sioux und ließ die Ausrüstung beschlagnahmen.
Während sich Red Cloud und der Brulé-Häuptling Spotted Tail auf den Vertrag von Fort Laramie und auf die Zusicherungen des Präsidenten verließen, schätzte Sitting Bull die Lage der Dinge viel realistischer ein:

> »Die Paha sapa[1] gehören den Sioux, heute und für immer. Wenn die Weißen versuchen, sie uns zu nehmen, werden wir kämpfen!«

Trotzdem unternahmen er und Crazy Horse vorderhand noch nichts, auch dann nicht, als eine Kommission der amerikanischen Regierung im Jahre 1875 mehrere Monate lang die Black Hills nach Bodenschätzen durchforschte und die Ergebnisse der Custer-Expedition bestätigte.
Im September fanden Verhandlungen zwischen der Regierungskommission und den Sioux, Northern-Cheyenne und Arapaho über einen Kauf der Black Hills statt. Als die Verhandlungen kein Ergebnis zeitigten, ließ die amerikanische Regierung ihre Maske fallen: Sie zog die Truppen von der Grenze zum Indianergebiet ab, worauf Tausende Goldgräber in die Black Hills strömten. Goldgräbercamps schossen wie Pilze aus dem Boden.
Eine zweite Provokation brachte endlich den ersehnten Kriegsgrund. Infolge des harten Winters waren die Indianer gezwungen, die Reservation zu verlassen und am Powder River zu jagen. Dieses Recht war ihnen vertraglich zugesichert worden. Trotzdem stellte der amerikanische Innenminister Chandler am 5. Dezember 1875 allen Indianern, die sich außerhalb ihrer Reservation befanden, ein Ultimatum, wonach sie spätestens bis zum 31. Januar 1876 in die Reservationen zurückzukehren hätten; andernfalls würden sie als Feinde behandelt.

---

[1] So nannten die Sioux die Black Hills.

DIE NÖRDLICHEN PLAINS

Dieses allein wegen der Unmöglichkeit, die Nachricht rechtzeitig zu übermitteln, völlig sinnlose Ultimatum führte dazu, daß am 1. Februar den Indianern der Krieg erklärt wurde.
Nun rief auch Sitting Bull zum Krieg auf. Mit seiner kraftvollen, bildhaften Sprache verstand er es, seinen Leuten den Ernst der Lage klarzumachen und ihnen gleichzeitig Mut zuzusprechen:

> »Seht, Brüder, der Frühling ist gekommen. Die Erde hat die Umarmungen der Sonne empfangen, und wir werden bald die Früchte dieser Liebe sehen. Jeder Samen ist erwacht, und jedes Tier hat Leben. Durch diese geheimnisvolle Kraft haben auch wir unser Leben, und deshalb gestehen wir unseren Nachbarn, ja sogar den Tieren aus unserer Umgebung das Recht zu, dieses Land zu bewohnen. Doch hört auf mich, Leute! Wir müssen jetzt mit einer anderen Gattung fertigwerden – sie war klein und schwach, als ihr unsere Väter zum erstenmal begegneten, doch nun ist sie groß und besitzergreifend. Eigenartigerweise haben sie einen Sinn für Ackerbau, und ihre Freude am Besitz ist bei ihnen ein Leiden.
> Diese Leute haben sich viele Gesetze zurechtgelegt, die Reiche brechen dürfen, doch Arme nicht. Sie nehmen von den Armen und den Schwachen Steuern, um die Reichen, die Regierung zu unterstützen. Sie verlangen von uns unsere Mutter, die Erde, und grenzen sich von unseren Nachbarn ab. Sie zerstören das Antlitz der Erde mit ihren Gebäuden und ihrem Abfall. Diese Gesellschaft ist wie ein Frühjahrshochwasser, das aus den Ufern tritt und alles zerstört, was sich ihm in den Weg stellt.
> Wir können nicht nebeneinander wohnen. Erst vor sieben Jahren haben wir einen Vertrag unterzeichnet, in dem man uns versicherte, daß das Büffelland für immer uns gehören sollte; nun drohen sie, es uns wegzunehmen. Meine Brüder, sollen wir uns ergeben oder sollen wir ihnen sagen: ›Tötet mich, bevor ihr von meiner Heimat Besitz ergreift!‹«

Neben Sitting Bull war es vor allem Crazy Horse, der den nun folgenden Ereignissen den Stempel seiner überragenden Persönlichkeit aufdrückte und sich würdig in die Reihe der indianischen Heroen vom Range eines Metacom, Tecumseh oder Osceola stellte.

DIE GROSSEN EBENEN

CRAZY HORSE

Tashunka Witko
Oglala
Geb. um 1844 am Rapid River, South Dakota ·
Gest. 5. September 1877 in Camp Robinson, Nebraska

Es gibt kein authentisches
Bild von Crazy Horse

»BRÜDER, DIE ZEIT ZUM KAMPF
IST DA! ES GIBT EINE GRENZE DAFÜR,
WAS MENSCHEN ERTRAGEN KÖNNEN –
WIR HABEN DIESE GRENZE ERREICHT.«

DIE NÖRDLICHEN PLAINS

Die Eltern ließen Crazy Horse die denkbar beste Ausbildung als Krieger angedeihen, so daß er schon als Knabe an Streifzügen gegen die Crow, Schoschonen und andere Erbfeinde der Sioux teilnehmen konnte. Als Sechzehnjähriger wirkte er an einem Unternehmen gegen die Gros Ventres mit, das unter der Leitung des bekannten Sioux-Häuptlings Hump stand. Im Kampf wurde dessen Pferd getötet, Hump war den Feinden hilflos ausgeliefert, aber Crazy Horse ritt mit seinem Pony blitzschnell herbei und befreite ihn aus seiner mißlichen Lage. Zu zweit entkamen sie auf dem Pferd des jungen Kriegers. Auch an der Schlacht am Sweetwater River (1861) nahm er teil, in der die Schoschonen unter ihrem berühmten Häuptling Washakie eine schwere Niederlage erlitten. Seitdem zählt Crazy Horse zu den berühmtesten Kriegern seines Stammes.
Sein Name soll von einem Ereignis herrühren, das während seiner Geburt stattgefunden haben soll: ein wildgewordenes Pferd sei damals durch das Dorf gerast. Nach einer anderen Version soll er den Namen Crazy Horse wegen der Ähnlichkeit seines Temperaments mit dem eines edlen, feurigen Pferdes erhalten haben, während nach Fielder sein Vater schon diesen Namen getragen hat.
Crazy Horse wird als »ungewöhnlich gut aussehend, von imposanter Statur – ein Apollo an Ebenmaß« beschrieben, »ein strahlendes Idealbild von Bildung und Anstand, immer bescheiden und höflich, ein geborener Anführer«. Es wirft ein bezeichnendes Bild auf seinen Charakter, daß er niemals einen Feind skalpierte, niemals die prächtigen, prunkvollen Häuptlingsgewänder und den Federschmuck anlegte und niemals an öffentlichen Festen und Tänzen teilnahm. Er ließ sich auch nie fotografieren oder malen, so daß er wohl der einzige große indianische Führer ist, von dem kein authentisches Bild existiert. Diese Tatsache umgibt Crazy Horse, den heroischen Kriegshäuptling der Oglala, mit schier mystischem Glanz.
Ins Bewußtsein der Amerikaner schob sich Crazy Horse durch seine kluge Strategie, die entscheidend mithalf, jenen dreisten Captain Fetterman und seine nach Sioux-Skalpen lüsterne Horde dem verdienten Schicksal entgegenzuführen. Seitdem versuchte die amerikanische Armee verbissen, des kühnen Oglala habhaft zu werden und ihn zu töten, allerdings ohne Erfolg.
Nachdem den Sioux am 1. Februar 1876 der Krieg erklärt worden war und die erste Strafexpedition im Schnee steckengeblieben war,

zog General Crook am 1. März mit achthundert Mann gegen die Sioux. Nach dem Schildbürgerstreich seines Colonels Reynolds, der im Glauben, das Dorf Crazy Horses vor sich zu haben, das Dorf des Cheyenne-Häuptlings Two Moons angriff, die Indianer vertrieb und alles in Brand steckte, so daß er und seine Leute selbst vor Erschöpfung fast umkamen, da schlossen sich die empörten Cheyenne den Sioux an.
Am Rosebud River wurde eine große Beratung abgehalten, in deren Verlauf Red Cloud vergeblich von einem Kampf gegen die Amerikaner abriet. Sogar Jack Red Cloud, der Sohn des Häuptlings, stand auf der Seite der Befürworter eines Kampfes, denen er sich mit dem silberbeschlagenen Gewehr seines Vaters anschloß. Sitting Bull wurde zum obersten Anführer der Sioux, Two Moons zum obersten Anführer der Cheyenne gewählt. Jede eigene Stammesabteilung hatte ihre eigenen Anführer; so war Crazy Horse Kriegshäuptling und Führer der Oglala.
Im Juni 1876 fand im Lager der vereinigten Stämme am Rosebud River eine große Sonnentanz-Zeremonie statt, in deren Mittelpunkt Sitting Bulls Visionen standen. Darin seien Indianer und Soldaten kopfüber aus dem Himmel ins Lager gefallen, und der Große Geist habe die Soldaten in die Hand der Indianer gegeben. Die Verkündung dieser Vision rief unter den Kriegern ungeheure Begeisterung hervor, was das amerikanische Militär wenige Tage später schmerzhaft zu spüren bekommen sollte.
Am 16. Juni traf General Crook mit über eintausenddreihundert Mann am Rosebud River ein. Darunter befanden sich mehr als zweihundert Crow-, Arikara- und Schoschonen-Scouts, was Crook das verhängnisvolle Bewußtsein unüberwindlicher Stärke verlieh. Er unterschätzte nicht nur die Stärke seiner Gegner, er übersah auch, daß ihm in Crazy Horse ein genialer Stratege gegenüberstand. Das Eintreffen Crooks war Teil eines von General Sheridan erdachten Manövers, wonach die Indianer von Süden durch General Crook, von Nordwesten durch General Gibbon und von Nordosten durch General Terry in die Zange genommen und vernichtet werden sollten. Allerdings schlug die zeitliche Abstimmung völlig fehl, weswegen es am 17. Juni zur Schlacht zwischen den Indianern und General Crook kam.
Aufgestachelt durch Sitting Bulls Traumvisionen und hingerissen

durch ihren Feldherrn Crazy Horse, der an diesem Tag über sich selbst hinauswuchs und an jedem Kampfplatz gleichzeitig zu sein schien, kämpften die Sioux und Cheyenne mit einer Begeisterung und Besessenheit, die Crook unheimlich war.

»Folgt mir nach, folgt mir nach! Heute ist ein guter Tag zum Sterben.«

So schallte Crazy Horses Schlachtruf, und Crooks Reihen wankten. Den ganzen Tag lang tobte der Kampf; gegen Abend zogen sich die Indianer in ihr Lager am Reno Creek zurück. General Crook hatte eine empfindliche Niederlage erlitten, Crazy Horse hatte sich in der Chronik des Wilden Westens verewigt.
Wenig später traf General Terry mit Scouts von General Gibbon zusammen und beauftragte George A. Custer, mit seinen Leuten den Rosebud River aufwärts auf Erkundung zu reiten. Der wahnwitzige Ehrgeiz dieses Mannes ließ ihn die Anweisungen mißachten und jede Verstärkung ablehnen. Er ritt mit seinem 7. Kavallerieregiment, das fünfhundertfünfundachtzig Soldaten, einunddreißig Offiziere sowie etliche Crow- und Arikara-Scouts umfaßte, geradewegs ins Verderben.
Über den Ablauf der Schlacht berichtete Sitting Bull später:

»Schon mehrere Wochen vor der Schlacht wußten wir, daß die Soldaten im Anmarsch waren, wir wollten aber nicht kämpfen, wenn wir es vermeiden konnten...
Drei Tage lang beobachteten unsere Späher, wie Custer auf unser Lager zu marschierte. Ich brachte deshalb alle meine Frauen und Kinder in Sicherheit... Wir erwarteten, daß die Soldaten unser Dorf angreifen würden, wie 1868 beim Kampf am Washita, als Black Kettle getötet wurde und Frauen und Kinder von den Hufen ihrer Kriegspferde zu Tode getrampelt wurden. Die Teton-Indianer sind zu tapfer und lieben ihre Familien zu sehr, um sie von den Soldaten der Vereinigten Staaten abschlachten zu lassen und um nicht für sie bis zum Tode zu kämpfen.
So beauftragte ich meine jungen Krieger, innerhalb und außerhalb der verlassenen Tipis Feuer anzuzünden, vor den Eingängen der vorderen Tipis Stöcke aufzustellen, die wie Männer

angezogen waren, und in den vorderen Straßen des Dorfes Stangen anzubringen, an die Stücke von Decken angebunden waren, die sich im Wind bewegten... und im flackernden Feuerschein den Eindruck eines dichtbevölkerten Dorfes erweckten. Dann zog ich mich mit meinen Kriegern hinter die vorderste Hügelreihe zurück und wartete, bis die Soldaten das Feuer auf unser Lager eröffneten. Alles verlief, wie ich es geplant hatte. Getreu ihren Anweisungen, ermordeten die US-Soldaten meine Unterhändler, die ich ihnen entgegengeschickt hatte, um Frieden anzubieten, und drangen ungestüm vorwärts, eröffneten das Feuer auf mein leeres Lager von alten Tipis und Stoffpuppen. Ehe sie sich noch vom Schock ihres wütenden Angriffs und ihrer Enttäuschung, das Lager leer zu finden, erholt hatten, fiel ich mit allen meinen Kriegern von hinten über sie her. Meine Männer vernichteten sie in kürzester Zeit bis zum letzten Mann...

Ich tötete Yellow Hair[1] nicht. Er war ein Narr und ritt in seinen Tod.«

Weiße Augenzeugen der Schlacht am Little Big Horn gab es nicht. Rain-in-the-Face, ein Anführer der Hunkpapa, berichtete über Sitting Bulls Rolle:

»Sitting Bull hielt uns, nachdem er am Abhang eines Hügels Große Medizin gemacht hatte, eine Rede und erzählte, daß ihm der Große Geist auf einem Adler reitend erschienen sei und ihm verheißen habe, die Soldaten würden kommen, aber von den Indianern vom Gesicht der Erde weggewischt. Seine Rede machte unsere Herzen froh. Am anderen Tag trafen die Späher ein und meldeten, daß die Weißen kämen. Sitting Bull verwirrte die Arikara-Scouts dadurch, daß er an der Krümmung des Flusses von den Frauen leere Zelte und leere Totenhäuser errichten ließ. Dann zog er sich zurück, um für den Sieg zu beten, und zeigte sich erst wieder, nachdem die Schlacht vorüber war.«

---

[1] Beiname George A. Custers.

Ein anderer Augenzeuge berichtete über Crazy Horse:

> »Crazy Horse sprengte auf seinem gelben Pinto herbei, das Leuchten des Blitzes in seinen Zügen, die Federn des rotschwarzen Geiers, seines Schutzgeistes, auf dem Haupt. ›Hoppa‹, schallte sein Ruf, ›vorwärts!‹«

Nach der restlosen Vernichtung Custers und seiner Leute, die fast genau auf den einhundertsten Jahrestag der Unabhängigkeitserklärung fiel und den Amerikanern die Festfreude gründlich verdarb, warnte Sitting Bull davor, die Soldaten nun anzugreifen:

> »Es gibt für uns zwei Möglichkeiten; entweder nach Norden ins Land der Königin Victoria zu gehen oder nach Süden ins Land der Spanier. Sonst werden unsere Knochen bald auf der Prärie bleichen wie die der Büffel...
> Wir müssen gehen, ehe die Weißen uns alle vernichten!«

Voller Verzweiflung erwiderte Crazy Horse:

> »Wir haben die Soldaten zweimal geschlagen, und noch immer ist es nicht genug. Es bedeutet keine Rettung für uns, wenn wir fliehen, denn wenn die Rotröcke von uns genug haben, müssen wir eines Tages wieder zurückkehren. Ich bleibe in meinem eigenen Land, was immer auch geschehen mag.«

Daraufhin teilten sich die Sioux, Sitting Bull zog sich für einige Zeit mit seinen Leuten nach Kanada zurück, Crazy Horse in die Big Horn Mountains.
Als sich die amerikanische Armee vom Schock der Niederlage Crooks am Rosebud River und von der Vernichtung Custers am Little Big Horn einigermaßen erholt hatte, durchstreifte sie im Spätsommer des Jahres 1876 rachelüstern das Land um die Black Hills und ging mit unvorstellbarer Grausamkeit gegen die Indianer vor. Sitting Bull sah sich in seiner bisherigen Haltung bestätigt:

> »Glaubt Ihr, daß man mit Männern Frieden schließen kann, die Frauen und Kinder schlachten?«

Im Oktober griffen die Indianer eine Militärabteilung unter Oberstleutnant Otis an, die sich in feindlichem Gebiet bewegte. Während eines Waffenstillstands setzte sich Otis mit General Miles in Verbin-

dung, so daß es wenige Tage später zu einem Treffen zwischen Sitting Bull und General Miles kam. Mit Entschiossenheit forderte Sitting Bull den Abzug aller Siedler, Goldgräber und Soldaten aus seinem Land, also die Wiederherstellung des 1868 vertraglich zugesicherten Zustandes. Miles lehnte dies als indiskutabel ab, brach sofort die Konferenz ab und kündigte den Waffenstillstand. Der amerikanische Kongreß tat ein übriges und verabschiedete ein Gesetz, wonach die Sioux auf das Land am Powder River und auf die Black Hills zu verzichten hätten.
Dieses Gesetz bewog viele Häuptlinge zur Übergabe. Unter ihnen befand sich auch Crazy Horse, der im Mai 1877 mit seinen Leuten in Camp Robinson einzog und sich ergab.

>»Brüder, es ist aus. Wir können nicht mehr kämpfen, weil wir keine Gewehre haben, wir können nicht fliehen, weil wir keine Pferde mehr haben. Nun werden wir auch sehen, ob unsere Freunde echte oder falsche Freunde sind, denn nur der Freund eines hilflosen Mannes ist ein wirklicher Freund.«

Auch nach seiner Ergebung behielt Crazy Horse sein Selbstbewußtsein und seine angeborene Würde und hielt es im Gegensatz zu manch anderem Häuptling nicht für notwendig, sich gegenüber den Weißen einer untertänigen und kriecherischen Haltung zu befleißigen. Deshalb stieß er nicht nur bei diesen, sondern auch bei etlichen Indianern auf Ablehnung und Neid. Besonders Red Cloud und Spotted Tail, Crazy Horses Onkel, sahen in ihm einen unliebsamen Konkurrenten im Wettstreit um die Position des einflußreichsten Sioux-Häuptlings, denn der Sieger von Rosebud River und Little Big Horn hatte auch nach seiner Ergebung den Nimbus der Unbesiegbarkeit behalten und war für viele Sioux ein lebendes Fanal der Freiheit ihres Volkes.

>»Ich war dem weißen Mann nicht feind. Wohl haben von Zeit zu Zeit einige meiner jungen Leute einen Trupp Crow oder Arikara angegriffen, doch genausooft waren diese die Angreifer. Wir hatten Büffelfleisch als Nahrungsmittel und Büffelhäute zum Anziehen und wir zogen die Jagd einem müßigen Leben vor, genauso wie die Zwistigkeiten und Streitereien den häufigen Hungerperioden auf den Agenturen.

> Doch der Grey Fox[1] scheute weder Schnee noch Kälte und zerstörte mein Dorf. Wir alle wären an Kälte und Hunger gestorben, hätten wir nicht unsere Ponys wieder eingefangen. Dann kam Long Hair Custer und tat dasselbe. Man sagt, wir hätten ihn massakriert, doch er hätte uns massakriert, hätten wir uns nicht verteidigt. Unser erster Gedanke war, mit Frauen und Kindern zu fliehen, doch wir waren so langsam, daß wir schließlich kämpfen mußten... Wieder sandte Grey Fox Soldaten, die mich und mein Dorf umzingelten. Ich war des Kämpfens müde. Ich wollte in Ruhe gelassen werden. Deshalb erwartete ich ihr Kommen und ging nachts zur Spotted Tail Agentur, während die Truppen sich meinem Lager näherten. Touch-the-Clouds weiß, daß ich mich in der Spotted Tail Agentur ganz ruhig niederließ. Der Agent sagte mir, ich müsse erst mit dem weißen Kommandanten der Black Hills sprechen. Unter seiner Obhut kam ich unbewaffnet hierher, doch statt mich vorsprechen zu lassen, versuchten sie mich einzusperren, und als ich zu fliehen versuchte, verletzte mich ein Soldat mit seinem Bajonett.«

Und an anderer Stelle erklärte er:

> »Wir haben euch Weiße nicht ersucht, hierherzukommen, der Große Geist gab uns dieses Land als Heimat. Ihr hattet eure Heimat, wir haben uns nicht in eure Angelegenheiten eingemischt. Der Große Geist gab uns genug Land, viele Büffel, Rotwild, Antilopen und anderes Wild. Doch ihr seid gekommen; ihr nehmt mir mein Land, ihr rottet das Wild aus, so daß es für uns schwer wird, unser Leben zu führen.
> Nun sagt ihr, wir sollten für unseren Lebensunterhalt arbeiten, doch der Große Geist erschuf uns nicht, um zu arbeiten, sondern von der Jagd zu leben. Ihr Weißen könnt arbeiten, wenn ihr wollt. Wir mischen uns in eure Angelegenheiten nicht ein. Jetzt wieder sagt ihr: Warum laßt ihr euch nicht zivilisieren? Wir wollen eure Zivilisation nicht! Wir wollen so leben, wie unsere Väter und Vorväter lebten!«

---

[1] General Crook.

DIE GROSSEN EBENEN

Crazy Horses Ende gestaltete sich tragisch. Seine Gegner hatten leider allzu wirkungsvoll gegen ihn intrigiert und ihn heimlich aufrührerischer Pläne bezichtigt. Leutnant Clark, der Stellvertreter General Crooks, verlangte von Crazy Horse, er und seine Leute sollten der Armee im Kampf gegen die Nez Percé und ihren kühnen Häuptling Joseph[1] als Scouts dienen. Anfangs lehnte Crazy Horse dieses Ansinnen ab, doch die wütend geschrienen Drohungen Clarks brachten ihn endlich dazu, zögernd seine Einwilligung zu geben.

»Ich und mein Volk sind kriegsmüde. Wir kamen, ergaben uns dem Großen Vater und ersuchten um Frieden. Wenn er aber jetzt wünscht, daß wir wieder zu den Waffen greifen und uns um Hilfe bittet, werden wir nach Norden gehen und kämpfen, bis kein Nez Percé mehr am Leben ist.«

Frank Grouard, ein mischblütiger Dolmetscher, gab diesen Worten durch falsche Übersetzung einen völlig verkehrten Sinn: Er ersetzte »Nez Percé« durch »Weißer Mann« und sorgte dadurch für heftige Aufregung und Empörung, obwohl der Fehler durch den zweiten Übersetzer sofort berichtigt wurde. Crazy Horse verließ in der allgemeinen Verwirrung die Versammlung. Immer neue Gerüchte machten die Runde, angeblich sollte der Häuptling planen, General Crook zu töten, worauf dieser, als er davon erfuhr, eine Prämie von einhundert Dollar auf Crazy Horses Kopf setzte. In derselben Nacht verließ Crazy Horse mit einigen seiner Getreuen die Agentur, um seine kranke Frau Black Shawl[2] in die Agentur Spotted Tails zu Dr. McGillycuddy zu bringen, einem Arzt, dem er vertraute. Spotted Tail und Captain Lee, der Militärbevollmächtigte der Brulé-Agentur, ritten ihm entgegen, um ihn zur Umkehr zu bewegen. Nach langem Hin und Her gab Lee sein Wort, daß Crazy Horse Gelegenheit bekommen werde, seine Angelegenheiten General Bradley, dem Kommandanten von Camp Robinson, vorzubringen. Während Black Shawl in der Obhut ihrer Verwandten zurückblieb und die gewünschte ärztliche Betreuung fand, ritt Crazy Horse zurück und wurde unterwegs von uniformierten Indianerscouts überfallen und gefangengenommen. Bradley lehnte es trotz Lees Bitten ab, mit dem

---

[1] Vgl. Seite 415
[2] Black Shawl war eine Cheyenne-Indianerin.

Gefangenen zu sprechen; Crazy Horse wurde ins Gefängnis gesteckt, krachend fiel die Tür hinter ihm ins Schloß. Nun kam ihm, der zeit seines Lebens für die Freiheit gekämpft hatte, seine Lage zu vollem Bewußtsein. Verzweifelt riß er sein Messer heraus und stach um sich, wobei Little Big Man, ein einstiger Mitstreiter, der aber zum Verräter geworden war, verwundet wurde. Zwei Brulé-Scouts hielten den rasenden Häuptling fest, und ein Wachtposten stieß ihm sein Bajonett tief in den Rücken. Schwer getroffen sank Crazy Horse zu Boden; man trug ihn in General Bradleys Büro – es war verboten worden, ihn in seine Hütte zu bringen –, wo er sich in Fiebervisionen auf seinem blutigen Mantel wand. Sein bester Freund, der Minneconjou-Häuptling Touch-the-Clouds wachte bei dem Sterbenden; gegen Mitternacht kam sein Vater und sang am Sterbebett seines Sohnes den Todesgesang. Kurz nach Mitternacht kam Crazy Horse nochmals zu Bewußtsein:

»Es ist gut, daß du gekommen bist, Vater!«

Dann starb der große Kriegshäuptling der Oglala. Seine Eltern brachten die Leiche ihres Sohnes am darauffolgenden Morgen an einen geheimen Platz in den Bergen und begruben ihn dort. Niemals sollte sein Grab durch den Fuß eines weißen Mannes beschmutzt werden.

Einige Zeit nach der Mordtat kam durch Captain Lee ans Tageslicht, daß Crook und Bradley von höchster Stelle den Befehl bekommen hatten, sich der Person des Häuptlings unter allen Umständen zu bemächtigen und ihn auf schnellstem Wege nach Dry Tortugas in Florida zu schaffen.

Dort, in der Heimat des großen Kriegshelden Osceola, der auf ähnlich verräterische Weise in die Hände der Amerikaner gefallen war, sollte der geniale Feldherr der Oglala sein Leben lang gefangengehalten werden. Sein allzufrüher Tod hatte ihm wenigstens dieses grausame Schicksal erspart.

Sitting Bull hatte sich mit seinen Leuten in Kanada in der Nähe der Wood Mountains niedergelassen. Die Erlaubnis dazu hatte ihnen die britische Regierung erteilt, allerdings mit der Bedingung, sich den Gesetzen der Königin unterzuordnen. In der Folge wandte sich die britische Regierung mehrmals an die amerikanische, um diese zu bewegen, die Sioux zurückzuholen. Im Herbst 1878 wurde endlich eine

Kommission gegründet, die in Fort Walsh in Kanada zusammentrat. General Terry, der von amerikanischer Seite an der Beratung teilnahm, gab sich den Anstrich großer Leutseligkeit und sicherte den Sioux gnädige Aufnahme und ausreichende Versorgung mit Lebensmitteln zu, wenn sie Gewehre und Pferde abgäben.
Sitting Bull, der mit zwanzig Unterhäuptlingen anwesend war, lehnte das Angebot Terrys stolz ab. Wieder einmal hatte die amerikanische Regierung ihre Unfähigkeit in der Behandlung der Indianer unter Beweis gestellt. Die Briten in Kanada hatten hingegen im Laufe der Zeit zu einer den Indianern gegenüber sehr gerechten und fairen Haltung gefunden, waren aber natürlich nicht gewillt und in der Lage, die Indianerprobleme der USA zu lösen.
In den darauffolgenden Jahren wurde die Versorgungslage der Sioux in Kanada immer schwieriger, es gab immer weniger Bisons, die Jagdzüge mußten über weite Gebiete ausgedehnt werden, um Fleisch in der nötigen Menge herbeizuschaffen.

> »Wir wissen, daß der Bison jenseits der Grenze zum Aussterben verurteilt ist. Und warum? Weil dort das Land mit Blut vergiftet ist, einem Gift, das alle Büffel ausrottet oder sie vertreibt. Geh doch durch dein Land! Betrachte die Tausende toter Büffel, die in der Prärie verwesen und die eure jungen Leute zum Spaß erlegt haben!«

Im Juli 1881 mußte Sitting Bull die bitterste Entscheidung seines Lebens treffen: Er zog aus Kanada fort und ergab sich in Fort Buford am Missouri.

> »Ich übergebe euch dieses Gewehr durch meinen Sohn. Ich wünsche ihm, daß er die Lebensweise der Weißen lernt. Ich möchte, daß man in Erinnerung behält, daß ich der letzte war, der sein Gewehr übergab, und heute habe ich es übergeben. Wenn ihr mir etwas zu geben oder zu sagen habt, tut es jetzt, denn ich möchte nicht länger in der Dunkelheit festgehalten werden. Ich habe von Zeit zu Zeit Boten hierhergesandt, doch keiner kam mit Neuigkeiten zurück. Die anderen Häuptlinge, Crow King und Gall, wollten nicht, daß ich komme, und ich habe auch nie gute Nachrichten von ihnen erhalten. Ich möchte nun, daß man mir die Wahl läßt, mich diesseits oder jenseits

der Grenze niederzulassen. Ich möchte mein altes Jägerleben weiterführen, doch möchte ich, daß man mir erlaubt, diesseits oder jenseits der Grenze Handel zu treiben. Dies (Kanada) ist mein Land, und ich möchte nicht gezwungen werden, es aufzugeben. Mein Herz war sehr traurig, als ich das Land der Großen Mutter verlassen mußte. Sie war mir eine Freundin, doch möchte ich, daß meine Kinder in unserer Heimat aufwachsen. Ich möchte, daß mein Volk in nur einem Reservat am Little Missouri lebt. Ich verließ einige Familien am Wood Mountain und im Gebiet zwischen Wood Mountain und Qu'Appelle.

Ich habe viele Bekannte unter den Yankton am Poplar Creek, und ich möchte, daß diese und all jene, die jetzt in der Standing Rock Reservation leben, in meiner Reservation siedeln.«

Colonel William Brown, ein junger Offizier, berichtete später:

»Sitting Bull machte den Eindruck eines kranken Mannes. Sein Gesicht war von Hunger und Sorgen gezeichnet. Er war stark gealtert. Es bedeutete einen schweren Schlag für seinen stolzen Sinn, sich den verhaßten Weißen ergeben und seiner geliebten Freiheit entsagen zu müssen. Er trug schwer daran.«

Am 29. Juli brachte ein Dampfer Sitting Bull und seine Leute nach Fort Yates zur Standing-Rock-Agentur. Nachdem er aus der Kriegsgefangenschaft entlassen worden war, begann eine dauernde Fehde mit dem eingebildeten und dummen Kommandanten Major McLaughlin. Dieser wollte gleich andere Häuptlinge der Agentur gegen Sitting Bull aufwiegeln, seine Intrigen scheiterten aber. Verärgert schickte er Sitting Bull aus der Reservation fort, sooft sich irgendein Anlaß dazu bot.

Auf diese Weise nahm Sitting Bull an der Eröffnung der Northern Pacific Railroad teil, kam mit Ex-Präsident Grant zusammen, traf Offiziere der amerikanischen Armee, gegen die er noch vor kurzem gekämpft hatte, die ihm jetzt aber freundschaftlich die Hand schüttelten, und machte 1883 bei der letzten großen Bisonjagd mit. McLaughlin hatte gerade das Gegenteil erreicht: Sitting Bull war nicht kaltgestellt worden, sondern gewann noch an Ansehen und Popularität, so daß in Häuptling Gall, einem Mitstreiter in der Schlacht am Little Big Horn, Neid und Eifersucht aufkeimten.

Um dem kleinlichen Hader auf der Agentur zu entgehen, nahm Sitting Bull an Tourneen durch die Städte der USA und Kanadas teil. Unter anderem wirkte er 1885 auch bei Buffalo Bills Wild-West-Show mit. Die Reaktion des amerikanischen Publikums machte den Erfolg der jahrelangen Meinungsmanipulation durch offizielle Stellen und Presse deutlich. Während Sitting Bull in Kanada als Ideal des aufrechten indianischen Generals und Staatsmannes gefeiert wurde, schmähte und beschimpfte man ihn in den USA oftmals als Mörder Custers.

Sitting Bull, der kein Englisch verstand, störte dies wenig, ungerührt verkaufte er Autogramme für einen Dollar fünfzig und ließ die Wild-West-Show zu einem Riesenerfolg werden. Buffalo Bill schenkte ihm nach Abschluß der Tournee ein Zirkuspferd und einen großen weißen Hut, mit dem sich der berühmte Sioux oft photographieren ließ.

Ein weiterer Mißerfolg für McLaughlin war dessen vermeintliche Bosheit, den berühmten Sioux-Führer ausgerechnet zu einem Besuch in die Crow Reservation nach Montana zu senden, zu den alten Todfeinden der Sioux. Zwar rief Sitting Bulls Erscheinen anfangs große Aufregung hervor: Crazy Head, ein Häuptling der Crow, wollte ihn zum Kampf herausfordern, aber schließlich versöhnten sich die alten Erbfeinde, und Crazy Head schenkte seinem Gast dreißig edle Pferde.

Sitting Bull blieb trotz aller Versuche McLaughlins seiner Lebensart treu, züchtete Vieh, trieb Ackerbau, schickte seine Kinder zur Schule und war nach wie vor die angesehenste Persönlichkeit der Sioux. 1888 gelang es ihm, Pläne der amerikanischen Regierung zu durchkreuzen, den Sioux elf Millionen Morgen Land für den Spottpreis von fünfzig Cent pro Morgen abzukaufen. Ein Jahr später kam der Kauf aber doch zustande. Resignierend stellte Sitting Bull fest:

»Es gibt keine Indianer mehr, ich bin der letzte!«

Er prophezeite, daß sich der Große Geist wegen dieses frevelhaften Handels von den Sioux abwenden werde. Tatsächlich suchten wenig später Hungersnöte und Seuchen das Volk der Sioux heim und schafften ein Klima der Verzweiflung, in dem die Ghost-dance-Bewegung Wovokas[1] gedeihen konnte. McLaughlin beobachtete die

---

[1] Vgl. Seite 432

Entwicklung mit scheelen Augen und hatte nunmehr einen Vorwand, den lästigen Sitting Bull zu verhaften. Als seine Absicht bekannt wurde, nahmen einige Indianerpolizisten ihren Abschied: Bill Cody kam seinem alten Freund sogar mit einer Wagenladung voll Geschenke zu Hilfe, wurde aber von McLaughlin mit einer Lüge abgewiesen. Trotzdem hatten diese Aktionen insofern Erfolg, als McLaughlin es sich nun nicht erlauben konnte, Sitting Bull zu verhaften.

Aufgrund neuer Intrigen McLaughlins traf aber am 12. Dezember 1890 doch ein Haftbefehl des Militärs ein; sofort machten sich dreiundvierzig Indianerpolizisten auf, Sitting Bull festzunehmen. Dies gelang aber nicht, weil sich zahlreiche erboste Hunkpapa um das Haus ihres geliebten Anführers geschart hatten, um ihn zu verteidigen.

Drei Tage später schlichen sich die Polizisten zu Sitting Bulls Hütte, überwältigten ihn und wollten ihn gerade fortschleppen, da kamen seine Freunde herbei; ein wildes Handgemenge entwickelte sich, Schüsse krachten, Sitting Bull sank getroffen zu Boden, ebenso Bullhead, der Indianerpolizist, der ihn in den Rücken geschossen hatte. Red Tomahawk, ein anderer Häscher, traf den schwer verwundeten Häuptling nochmals. Nach dem Ende des Kampfes lagen Sitting Bulls treue Freunde tot neben der Leiche ihres Anführers. Sein siebzehnjähriger Sohn flehte um sein Leben, wurde aber von den Indianerpolizisten kaltblütig umgebracht. Es besteht kein Zweifel darüber, daß das Militär den Haftbefehl mit der inoffiziellen Anweisung verknüpft hatte, Sitting Bull, der ihrer Meinung nach ein ständiges Sicherheitsrisiko bildete, unter irgendeinem Vorwand zu ermorden. Wie so viele indianische Freiheitshelden fiel auch Sitting Bull von der Hand eines Angehörigen seines eigenen Volkes. Der Leichnam des großen Sioux-Führers wurde in einer Ecke des Indianerfriedhofs der Standing Rock Reservation begraben[1].

---

[1] Der Name Sitting Bull wurde auch bei anderen Stämmen verwendet. So gab es beispielsweise einen bedeutenden Arapaho-Häuptling und einen Oglala dieses Namens.

GALL

Pizi
Hunkpapa
Geb. um 1840 am Grand River, South Dakota ·
Gest. 5. Dezember 1893 am Oak Creek, South Dakota

Fotografie

»NICHT EHER, ALS BIS MEINE
WUNDEN GEHEILT SIND UND IHR
UNSER LAND ZURÜCKGEGEBEN HABT,
WERDE ICH EINEN VERTRAG MIT EUCH
UNTERZEICHNEN.«

DIE NÖRDLICHEN PLAINS

Gall war Waise und von niedriger Abkunft, wurde aber mit der Sorgfalt erzogen, die die Sioux gewöhnlich den Waisenkindern zuteil werden ließen. Seinen Namen erhielt er, weil er als Probe seines Mutes die Galle eines Bisons verschlungen hatte. Doch auch anderweitig wurde seine Tapferkeit schnell bekannt; die Aufmerksamkeit des amerikanischen Militärs erregte er schon in den Auseinandersetzungen des Jahres 1866, in denen ihm seine Gegner den Beinamen »Kampfhahn der Sioux« gaben.
Gall pflegte ohne Rücksicht auf eigene Wunden zu kämpfen. In einem Kampf im November 1867 erhielt er eine schwere Brustwunde, die lange Zeit nicht heilte. Trotz dieser Wunde nahm er an den Verhandlungen in Fort Laramie im April 1868 teil. Aus Verärgerung über die Ereignisse während der Konferenz schloß er sich Red Cloud an. Abgesandte der Regierung versuchten ihn umzustimmen.
Sie trafen ihn am 2. Juli in Fort Rice am Missouri und forderten ihn zu einer Erklärung auf. Zornig sprang Gall auf, entblößte seinen Oberkörper und zeigte ihnen eine breite Wunde, die sich quer über seine Brust zog:

> »Meine Wunden sind noch nicht geheilt, und ich bin nicht bereit, euch die Hand zu reichen und euch Freunde zu nennen... Wenn wir einen Weißen töten, der uns belästigt, werden wir so lange gehetzt, bis wir mit zwanzig Menschenleben dafür gebüßt haben. Eure Hände sind rot von Blut. Ihr seht die blutenden Wunden auf meiner Brust. Nicht eher, als bis dieses Fort niedergebrannt ist und ich die Abdrücke meiner Füße in seiner Asche sehe, werde ich glauben, was ihr sagt. Nicht eher, als bis meine Wunden geheilt sind und ihr unser Land zurückgegeben habt, werde ich einen Vertrag mit euch unterzeichnen!«

Kurz darauf griff er an der Spitze einer Kriegerschar Fort Buford an, wurde dabei aber neuerlich schwer verwundet und lag einige Stunden hilflos auf dem Schlachtfeld, bis seine Gefährten ihn holten.
Gall hatte sich eindeutig auf die Seite des kriegerischen Teils der Sioux gestellt, und es nahm nicht wunder, daß er in der Folge – neben Crazy Horse – der wichtigste Kriegshäuptling Sitting Bulls wurde. Sowohl in der Schlacht am Rosebud als auch am Little Big Horn trug er wesentlich zum Erfolg bei und zeichnete sich durch taktisches Geschick und persönlichen Mut aus. Er berichtete später:

»Es dauerte ungefähr 35 Minuten, um Custers Soldaten zu vernichten; ich habe noch nie Männer so verbissen kämpfen gesehen. Kniend luden sie ihre Waffen und feuerten Schüsse ab, bis der letzte Mann fiel. Ich sah keinen einzigen Soldaten, der sich ergeben hätte. Rauch und Staub waren so dicht, daß wir die Soldaten nur manchmal sehen konnten. Die Soldaten kämpften zu Fuß, und schließlich ritten wir mit unseren Ponys über sie hinweg. Unsere Ponys waren gut ausgerüstet und liefen schnell, während die Pferde der Soldaten schon von dem Kampf erschöpft waren, deshalb wäre es zwecklos gewesen, wenn die Soldaten zu Pferd gekämpft hätten. Diese Soldaten waren so hungrig, daß sie während des Kampfes Gras aßen, und unseren tapferen Männern machte es keine Schwierigkeiten, sie alle zu besiegen.«

Jahre später bemerkte der Photograph Barry dazu: »Wenn man das kraftvolle, markante Antlitz Galls aufmerksam betrachtet, wird einem klar, warum die Custer-Schlacht nur 35 Minuten gedauert hat.«
Nach der Schlacht zog Gall mit Sitting Bull nach British Columbia und blieb dort bis 1879, als es zum offenen Bruch mit dem einstigen Freund kam. Zwar war auch Gall von tiefem Haß gegen die Weißen erfüllt, er sah aber ein, daß er nicht sein ganzes Leben auf der Flucht vor den Weißen verbringen könne. Er wollte sich nun selbst zum Anführer machen und forderte alle auf, ihm zu folgen, die ihn anzuerkennen bereit waren. Mit seinen Anhängern zog er nach Süden, überschritt die Grenze und wurde in Montana in einen Kampf mit amerikanischen Soldaten verwickelt. Er unterlag und wurde gefangengenommen. Major Ilges verhandelte mit Gall und wollte ihn dazu bringen, sich zu ergeben, was schließlich auch geschah.
Am 1. Juni traf Gall in der Standing Rock Reservation ein. Mit Gelassenheit ergab er sich in sein Schicksal und stand fortan ganz auf der Seite der Weißen. Jedermann respektierte ihn, sowohl die Weißen als auch ein Großteil der Indianer. 1883 kam Sitting Bull in die Reservation; aus der einstigen Freundschaft war nun tiefer Haß geworden, der sich im Laufe der Jahre noch steigerte. Gall denunzierte Sitting Bull als Feigling und Verräter; die offiziellen Stellen unterstützten Galls Intrigen. Beispielsweise baten sie ihn und nicht

DIE NÖRDLICHEN PLAINS

Sitting Bull, den spiritus rector der Custer-Schlacht, anläßlich der Zehnjahresfeier dieses Ereignisses zu sprechen.
Bei der Unterzeichnung des Vertrages vom 2. Mai 1889, die Sitting Bull anfangs verhindern konnte, spielte Gall eine entscheidende Rolle. Der Vertrag hatte die Aufsplitterung der Reservation in mehrere Teile zur Folge.
·Auch nach Sitting Bulls Ermordung und nach dem Blutbad von Wounded Knee blieb Gall in der Reservation. 1889 war er zum Richter des Indian Police Court bestellt worden und übte dieses Amt bis zu seinem Tod mit ernster Würde und hohem Gerechtigkeitssinn aus. »Nichts von Angeberei und Show war an ihm, auf sein Wort konnte man blind vertrauen«, hatte ihn Barry, der Indianerphotograph, charakterisiert, und Gall machte diesen Eigenschaften auch als Richter alle Ehre.
Es mutet wie eine Ironie des Schicksals an, daß dieser weithin geachtete Mann, dessen wilder Kriegsruf einst seine Feinde erzittern ließ, einem Gegner zum Opfer fiel, gegen den auch heute noch viele tapfere Männer erfolglos auf den Kriegspfad gehen: seinem Übergewicht. Gall war in den letzten Jahren sehr dick geworden. Freunde empfahlen ihm ein Abmagerungsmittel, das er eine Woche lang vorschriftsmäßig einnahm. Da aber der gewünschte Erfolg nur langsam eintrat, trank der ungeduldige Häuptling die ganze Flasche leer, was seinen plötzlichen und unerwarteten Tod zur Folge hatte. Er wurde in Wakpala, South Dakota, begraben.
Ein anderer enger Waffengefährte Sitting Bulls, der seinem Anführer aber zeit seines Lebens die Treue hielt, war der Hunkpapa Rain-in-the-Face.

DIE GROSSEN EBENEN

RAIN-IN-THE-FACE

Ite-O-Magazu
Hunkpapa
Geb. um 1842 am Cheyenne River, North Dakota ·
Gest. 14. September 1905 auf der Standing Rock Reservation,
North Dakota

Fotografie

»ER WAR DER TRUESTE FREUND,
DEN ICH JEMALS HATTE, UND BEI
ALLER WILDHEIT BESASS ER EIN
GUTES HERZ.«

David F. Barry

DIE NÖRDLICHEN PLAINS

Rain-in-the-Face war ein Vollblut-Hunkpapa und erwarb sich Ehre und Ansehen durch ungewöhnliche Tapferkeit, die er schon früher bei Kriegszügen gegen Crow und andere Erbfeinde der Sioux unter Beweis stellen konnte. Seine kriegerischen Eigenschaften machten das Manko wett, daß er aus keiner Häuptlingsfamilie stammte, und schon bald war er der Anführer einer eigenen Kriegerschar.
Sein ungewöhnlicher Name, für den praktisch keine treffende Übersetzung zu finden ist – er wird manchmal mit »Regengesicht« wiederzugeben versucht – rührt von einem Kriegszug her: Ein plötzlicher Regenguß hatte die sorgfältig aufgebrachte Kriegsbemalung verschmiert und teilweise abgewaschen. Dieses Ereignis wurde in seinem Namen festgehalten.
Das Fetterman-Massaker vom Dezember 1866 war die erste kriegerische Auseinandersetzung mit Weißen, an der Rain-in-the-Face teilnahm. Im Jahr 1868 wurde er in der Schlacht bei Fort Totten in Dakota verwundet. In den folgenden Jahren wirkte er an mehreren Scharmützeln mit, die zwischen den Sioux und amerikanischem Militär stattfanden. 1873 unternahm General Stanley eine Expedition in das Yellowstone-Gebiet, an der auch G. A. Custer teilnahm. Bei der Beobachtung der Truppenbewegungen erschoß Rain-in-the-Face zwei Nachzügler, den Tierarzt Dr. Holzinger und den Marketender Balarian. Als er ein Jahr später an einer Marterungszeremonie teilnahm, die im Rahmen des großen Sonnentanzes durchgeführt wurde, rühmte er sich dieser Tat: Bei der Marterungszeremonie wurden die Krieger an den Sehnen an ein Gerüst gehängt und mußten dort so lange bleiben, bis die Sehnen rissen. Während der Marter durften sie, wenn sie als tapfer gelten wollten, keine Zeichen des Schmerzes zeigen. Die Sehnen von Rain-in-the-Face waren sehr schnell gerissen, so daß Sitting Bull als oberster Medizinmann beschloß, eine andere Marter anzuwenden. Rain-in-the-Face wurde der Rücken oberhalb der Nieren aufgeschlitzt, man zog Schnüre durch und hängte ihn erneut an das Gerüst, wo er zwei Tage hängen blieb und von seinen Kriegstaten sang. Einer von Custers Scouts, Charlie Reynolds, stand in der Nähe und hörte zu. Als er nach Fort Lincoln zurückgekehrt war, berichtete er Custer davon.
Am 14. Dezember 1874 wurde Rain-in-the-Face auf Befehl von Colonel Thomas Custer, dem Bruder des berüchtigten Indianerschlächters, festgenommen und ins Gefängnis der Standing-Rock-

Agentur gesteckt. Im Frühjahr 1875 glückte ihm aber die Flucht; er schwor, Thomas Custer zu töten, und schloß sich Sitting Bull an.

An der Spitze seiner eigenen Schar, die aus jungen, verwegenen Hunkpapa-Kriegern bestand, kämpfte er in der Schlacht am Little Big Horn und konnte sich dabei in hohem Maße auszeichnen. Im Jahr 1903 veröffentlichte die Zeitschrift »Outdoor Life« ein Interview, in dem Rain-in-the-Face über die Schlacht am Little Big Horn berichtete:

> »In dieser Nacht erschien Sitting Bull und hielt eine Ansprache, in deren Verlauf er ausrief: ›Ich habe euch den Ausgang der Schlacht vorhergesagt... Meine Medizin hat eure Herzen stark und mutig gemacht.‹ Er sprach lange. Alle Indianer schrieben ihm den Erfolg zu und gönnten ihm den Ruhm, denn seine Medizin hatte die Schlacht gewonnen. Allerdings hatte er sich am Kampfgeschehen nicht beteiligt; aus diesem Grund machte ihm Gall in dieser Nacht Vorwürfe: ›Während wir gekämpft haben, hast du Medizin gemacht. Der Ausgang der Schlacht wäre in jedem Fall derselbe geblieben.‹ Von da an haßten sie einander.«

Auch seinen Racheschwur gegen Tom Custer konnte Rain-in-the-Face in der Schlacht einlösen:

> »Dann sah ich Little Hair[1], und sofort fiel mir mein Schwur ein. Ich wußte, daß mir im Kampf nichts passieren konnte, denn ich trug mein Amulett, den Schwanz eines weißen Wiesels, bei mir. Ich kann mich nicht mehr erinnern, wie viele Soldaten ich töten mußte, um ihn zu erreichen. Er erkannte mich. Ich rief ihm zu und verhöhnte ihn. Seine Lippen bewegten sich, doch im Kampfgetöse konnte ich seine Stimme nicht hören. Er hatte Angst. Als ich ihm nahe genug war, erschoß ich ihn mit dem Revolver.
> Ich sprang vom Pferd, schnitt Little Hairs Herz aus der Brust, biß ein Stück davon ab und spuckte es ihm ins Gesicht. Hierauf bestieg ich mein Pferd wieder und ritt davon...«

---

[1] Beiname Tom Custers. Sein Bruder wurde Long Hair oder Yellow Hair genannt.

Oftmals wurden Zweifel an der Wahrheit all dieser Berichte und Erzählungen geäußert. Tatsächlich ergeben sich bei genauerer Betrachtung verschiedene Widersprüche. Der Photograph David F. Barry, ein langjähriger Freund von Rain-in-the-Face, schrieb 1905 zu diesem Thema:

> »Er war ein großer Indianer; in vielen Belangen wurde er allerdings schwer verleumdet. Daß er Custer getötet und sein Herz herausgeschnitten habe, ist so weit verbreitet, daß es kaum möglich ist zu widersprechen. Ich bin dieser Geschichte schon früher nachgegangen und fand, daß sie nicht stimmt. Rain-in-the-Face hat mit mir oft darüber gesprochen. Es bedrückte ihn, daß die Öffentlichkeit dies für wahr halten könnte.«

In diesem Zusammenhang wurde sogar die Vermutung geäußert, Rain-in-the-Face habe gar nicht an der Schlacht am Little Big Horn teilgenommen, er sei zu diesem Zeitpunkt sogar viele Meilen vom Kampfplatz entfernt gewesen, was aber sicher nicht stimmt. Es wird auch auf die geringe Wahrheitsliebe der Sioux hingewiesen und das angebliche geflügelte Wort »Er lügt wie ein Sioux« zitiert. Allerdings muß festgestellt werden, daß die Wahrheitsliebe der Weißen, mit denen die Indianer zu tun hatten, auch nicht eben groß war und sicher nicht zu einschlägigen Urteilen ermächtigte.
Rain-in-the-Face blieb auch bei Sitting Bull, als dieser nach Kanada zog. 1880 begab er sich zu General Miles in Fort Keogh, Montana, und lebte seitdem auf der Standing Rock Reservation. Während der Weltausstellung trat er öffentlich auf und signierte Exemplare des berühmten Gedichts Longfellows »The Revenge of Rain-in-the-Face«. Die Besucher bestaunten den immer noch herkulischen Mann, der zwar selbst nur zwei Dutzend Worte Englisch konnte, aber alles, was gesprochen wurde, verstand.
Rain-in-the-Face starb im Alter von dreiundsechzig Jahren. Über sein Ableben berichtete sein Freund Barry:

> »Es war am 12. September 1905; zehn Minuten, bevor er starb, sagte er, er wolle mir Lebewohl sagen und meine Hand schütteln. Er wollte beten und für mich im Jenseits alles tun, was er konnte. So war Rain-in-the-Face, der ›Wilde‹, als der er heut-

zutage in Lied und Legende dargestellt wird. Er war der treueste Freund, den ich jemals hatte, und bei aller Wildheit besaß er ein gutes Herz.«

Eine weitere große Führerpersönlichkeit, die die Tetons hervorbrachten – der letzte Sioux in der vorliegenden Auswahl – war der Brulé-Häuptling Spotted Tail.

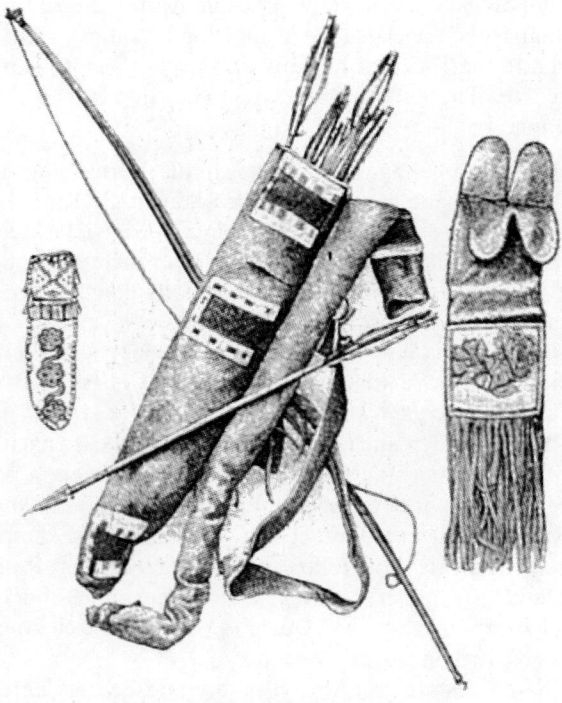

Jagdausrüstung der Plains-Indianer

SPOTTED TAIL

Sinte Galeska
Brulé
Geb. um 1823 am White River, South Dakota · Gest. 5. August 1881
in der Rosebud Reservation, South Dakota

Fotografie

»Wenn wir Alten Englisch nicht
lesen oder verstehen können,
so wollen wir, dass unsere Kinder
uns die Zeitungen übersetzen
und uns erzählen können,
was die Weissen tun.«

Spotted Tails Vater war ein Blackfeet-Sioux namens Cunka (Tangle Hair), seine Mutter eine Brulé-Indianerin; er war also genaugenommen kein reiner Brulé. Sein Knabenname war Jumping Buffalo; den Namen »Spotted Tail« erhielt er, als ihm ein weißer Fallensteller einen Waschbärenschwanz schenkte. Bereits 1839 wurde er von den Kriegern seines Stammes als Scout eingesetzt und erwarb sich schon bald großes Ansehen als Krieger.

Sein erster Einsatz im Kampf gegen die Amerikaner war beim sogenannten »Grattan-Massaker«, einem militärischen Unternehmen, das ebenso lächerlich war wie sein Anlaß. Ein Mormone hatte sich beklagt, daß ihm eine Kuh gestohlen und getötet worden sei. Ein Minneconjou-Krieger hatte das alte Vieh, das ins Brulélager gestolpert war, zum Gaudium seiner Gastgeber mit einem Pfeilschuß erlegt.

Der Mormone zeterte und verlangte Gerechtigkeit. Das Angebot Brave Bears, des Häuptlings der Brulé, einige seiner besten Pferde als Ersatz zur Verfügung zu stellen, wurde sowohl vom Besitzer des unglückseligen Rindviehs als auch von den eingeschalteten militärischen Stellen abgelehnt. Der Kommandant von Fort Laramie sandte Leutnant Grattan mit dreiundzwanzig Soldaten ins Dorf der Brulé, um den Minneconjou festzunehmen. Als die Brulé sich weigerten, ihren Gast auszuliefern, gab Grattan den Befehl, das Feuer zu eröffnen. Im nun folgenden Gemetzel wurde Brave Bear getötet; von Grattan und seinen Leuten blieb keiner am Leben.

In den Monaten danach gingen die empörten Brulé auf den Kriegspfad. Auch Spotted Tail, der Vetter Brave Bears, war bei ihnen. Der Angriff richtete sich sowohl gegen die traditionellen indianischen Feinde, die Pawnee und Omaha, als auch gegen die amerikanischen Soldaten. Im Zuge dieser Kämpfe überfiel General William S. Harney das Lager der Brulé und richtete ein grausiges Blutbad an. Zwar wurden auch viele weiße Dragoner getötet, aber nicht genug, um das Gemetzel zu verhindern. Die Soldaten nahmen zahlreiche Brulé gefangen, darunter auch Spotted Tails Frau und Tochter. Harney verlangte außerdem die Auslieferung der Anführer. Spotted Tail und einige andere prominente Brulé ergaben sich. Sie wurden in Fort Leavenworth ein Jahr festgehalten. Dieser Aufenthalt bedeutete einen Wendepunkt in Spotted Tails Leben.

Zum ersten Mal konnte er sich konkrete Vorstellungen von der Zahl und Stärke der amerikanischen Truppen machen. Sofort erkannte er, daß die Sioux die Weißen niemals mit Waffengewalt von der Eroberung der Plains abzuhalten in der Lage sein würden und daß die einzige Möglichkeit, sein Volk vor der Vernichtung zu retten, in geschickt geführten Verhandlungen bestünde. Dazu war es aber notwendig, den gleichen Bildungsgrad wie die weißen Agenten und Offiziere zu erlangen und sie an Klugheit möglichst zu übertreffen. Als er Fort Leavenworth als freier Mann verließ, stand der Entschluß zur Verwirklichung dieser Pläne in ihm fest.

Mittlerweile war Little Thunder Häuptling der Brulé geworden. Mit Eifer stürzte sich Spotted Tail in die Arbeit, er lernte Englisch, das er bald in Wort und Schrift beherrschte, beobachtete die Weißen, wo immer er Gelegenheit hatte, und eignete sich ihre Denkweise und auch ihre Tricks an. In all diesen Jahren führten die Brulé keine Kriege, wenn man von den fast schon routinemäßigen Kämpfen mit den Pawnee absieht. Spotted Tail wurde für Little Thunder immer unentbehrlicher, und es zeichnete sich immer deutlicher ab, daß Spotted Tail der Nachfolger im Häuptlingsamt sein würde.

Die Greueltaten Colonel Chivingtons und die Ermordung des Cheyenne-Häuptlings Black Kettle im Jahre 1864 schrien nach Vergeltung. In den darauffolgenden Kampfhandlungen, die in der Schlacht von Julesburg am 6./7. Januar 1865 gipfelten, führte Spotted Tail die Brulé an. Nach Beendigung der Kämpfe wurde er Oberhäuptling der Brulé.

Bei den Verhandlungen, die 1866 in Fort Laramie stattfanden, vertrat er die Interessen der Brulé. Auf dem Weg zum Fort war seine Tochter Yellow Buckskin Girl gestorben. Als Kind war sie während der Gefangenschaft ihres Vaters in Fort Leavenworth gewesen und hatte sich mit einigen Offizieren angefreundet. Als sie während der Reise fühlte, daß sie bald sterben müsse, bat sie darum, beim Fort begraben zu werden. Dieser Wunsch wurde ihr erfüllt; sie wurde mit militärischen Ehren beigesetzt. Jahre später überführte ihr Vater ihre Gebeine jedoch in seine Agentur.

Immer stärker distanzierte sich Spotted Tail von seinen kriegerischen Stammesbrüdern. Er diskutierte oft mit Abgesandten aus Washington und mit hohen Militärs. 1868 unterzeichnete er den Vertrag von Fort Laramie und gab an seine Leute »Ausweise« und Fahnen mit der Aufschrift »Spotted Tails Friendly Band« aus. Er war

Spotted Tails Pfeifenbeutel

weithin als einer der tüchtigsten Sioux-Häuptlinge geachtet, besonders was seine Verhandlungserfolge mit den Weißen betraf. Viele suchten Rat bei ihm. Mehrmals reiste er nach Washington.

Strikt widersetzte sich Spotted Tail der Absicht der Regierung, die Brulé zu Farmern umzuerziehen. Er brachte es sogar fertig, seine Agentur in die Nähe von Red Clouds Agentur zu verlegen, ohne eine ausdrückliche Genehmigung der zuständigen Stellen zu haben. Als die Verlegung bereits durchgeführt war, reiste er nach Washington und legalisierte sie nachträglich. Das neue Gebiet war für Ackerbau ungeeignet, womit der kluge Häuptling die Pläne der Regierung durchkreuzt hatte.

In ihrem Verhalten gegenüber den Weißen waren Spotted Tail und Red Cloud einer Meinung; frühere Differenzen hatten sie zwischenzeitlich beigelegt, sie gingen sogar gemeinsam auf die Bisonjagd. Als der russische Großfürst Alexis in den USA auf Besuch weilte, wurde Spotted Tail die Ehre zuteil, den hohen Herrn bei der Bisonjagd zu begleiten.

Anschließend lud ihn der Häuptling zu einem farbenprächtigen Tanzfest der Brulé ein, worüber sich der russische Gast begeistert äußerte. Schnell erkannte Spotted Tail den wahren Hintergrund von Custers Expedition im Juni 1876 in die Black Hills. Von Prof. Jenny, der 1875 unter dem Schutz von mehreren hundert Soldaten eine neuerliche genaue Untersuchung durchgeführt hatte, erfuhr er, welche Schätze in den Black Hills lagerten. Sein an der Welt der Weißen geschultes Denken ließ ihn bei den Verkaufsverhandlungen seine Forderungen exakt und sehr vernünftig formulieren:

»Wir werden Geld kassieren, solange wir auf dieser Erde leben. Wir verlangen, daß der Kaufbetrag beim Präsidenten fest angelegt und verzinst wird. Ich möchte von den Zinsen des Geldes leben. Der Betrag muß so hoch sein, daß wir alle von den Zinsen leben können.«

Wegen der beschämend niedrigen Angebote der amerikanischen Regierung kam es jedoch zu keinem Verkauf. Wenig später wurden Spotted Tail und Red Cloud allerdings durch die Drohung, die Lieferung der Lebensmittel einzustellen, dazu gebracht, einen Vertrag über die Abtretung der Black Hills zu unterzeichnen.
Die sich aus der Gier der Amerikaner nach dem Gold der Black Hills entwickelnden Ereignisse des Jahres 1876 erregten natürlich auch die Brulé, doch gelang es Spotted Tail, den Großteil seiner Krieger – vornehmlich die jungen – zu beruhigen und von einem Eingreifen in die Kämpfe abzuhalten. Auf Bitten General Crooks brachte es Spotted Tail, der inzwischen Häuptling beider Agenturen – Brulé und Camp Robinson – geworden war, auch zuwege, seinen Neffen Crazy Horse zur Übergabe zu bewegen. Sein Verhalten in den Geschehnissen, die zur Ermordung seines Neffen führten, mag zwar politisch klug gewesen sein, wirft aber vom menschlichen Standpunkt aus einen tiefen Schatten auf seine Person.
Als die Regierung die Umsiedlung der Brulé zum Missouri beschloß, weigerte sich Spotted Tail erneut, diesen Plänen zu folgen. Er stellte der Regierung kurzerhand ein Ultimatum.

> »Wir haben das Versprechen des Großen Vaters, daß wir im Frühjahr zu einer Agentur ziehen dürfen, die uns besser gefällt. Wir werden noch weitere zehn Tage warten, und wenn dann das Wort des Großen Vaters nicht eingelöst ist, werde ich meine jungen Krieger hierherbringen, diese Gebäude in Brand stecken und dann wegziehen. Ich habe einen anderen Ort für meinen künftigen Aufenthalt gewählt. Wir gehen dorthin, und es ist müßig, uns zu befehlen, nicht dorthin zu gehen oder woandershin zu gehen!«

Als sich in den zehn Tagen keine Reaktion zeigte, zog Spotted Tail mit seinen Leuten nach Westen, wo er sich am Rosebud Creek einen geeigneten Platz ausgesucht hatte. Geschickt nützte er den Wechsel der Indianeragenten aus. Dem Befehl nach Einführung einer Indianerpolizei auf der Agentur kam er formal nach, wählte für dieses

Amt aber nur Schwächlinge und Mischlinge, die ihm nicht ins Handwerk pfuschen konnten. Newell, der Indianeragent, hatte so wenig Durchsetzungsvermögen, daß er alles tat, was der Häuptling forderte. Er nahm es sogar hin, daß Spotted Tail die Post aus Washington kontrollierte.

Unter diesen schlauen Eigenmächtigkeiten litt natürlich das Ansehen Spotted Tails in Washington; es verbesserte sich aber wieder, als er seine Söhne und Enkel sowie andere Brulé in die neugegründete Indianerschule nach Carlisle schickte und so die Bestrebungen der offiziellen Stellen zu unterstützen schien, den Indianerkindern – natürlich nur den Kindern »zahmer« Indianer – Schulbildung zuteil werden zu lassen.

>»Wir wollen, daß sie die englische Sprache lernen, daß sie Englisch lesen, schreiben und sprechen können. Wenn wir Alten Englisch nicht lesen oder verstehen können, so wollen wir, daß unsere Kinder uns die Zeitungen übersetzen und uns erzählen können, was die Weißen tun.«

Spotted Tails Familie war ziemlich groß; er hatte vier Frauen, von denen jede mit ihren Kindern in einer eigenen Hütte wohnte. Als er einige Zeit später die Schule in Carlisle besuchte, um nach seinen Söhnen zu sehen, mußte er erfahren, daß sie dort nicht Englisch lernten, sondern zu Farmern und Handwerkern ausgebildet wurden. Voller Zorn nahm er – ungeachtet des Einspruchs des Sekretärs für Inneres – seine Söhne und Enkel mit.

Kurz zuvor war angeordnet worden, daß die Mitglieder der Indianerpolizei Vollblutindianer sein müßten. Polizeichef wurde daraufhin Crow Dog, ein rebellischer Brulé-Häuptling, dessen Geltungssucht und Intrigen für Spotted Tail schließlich verhängnisvoll werden sollten. Allerdings sollen auch Spotted Tails zahlreiche Liebesaffären dabei eine Rolle gespielt haben. Als zwei Händler unlautere Geschäftsmethoden anwandten, inszenierte Spotted Tail einen regelrechten Käuferstreik, dem durch Aufstellung von Streikposten Nachdruck verliehen wurde. Gemeinsam mit Red Cloud weigerte er sich ferner, mit der Eisenbahngesellschaft bei Vermessungsarbeiten zusammenzuarbeiten. Crow Dog forderte daraufhin den Agenten auf, für die Einhaltung der Anordnungen – Abberufung der Streikposten, Zusammenarbeit mit der Eisenbahngesellschaft, Schulbesuch der Kinder Spotted Tails – zu sorgen, doch Spotted Tail ignorierte alle Anordnungen.

Eine wahre Sensation war es, als Spotted Tail in einem Rechtsstreit, in den zwei seiner Stammesmitglieder verwickelt waren, einen weißen Rechtsanwalt zu ihrer Verteidigung verpflichtete und dessen Honorar sogar noch – für die damaligen Verhältnisse beinahe weltmännisch – mit einem Scheck bezahlte.

Crow Dog aber wühlte und intrigierte weiter. Sein Haß steigerte sich bis zur offenen Morddrohung, wonach er Spotted Tail am Unabhängigkeitstag 1881 erschießen werde. Er wagte es dann aber doch nicht zum angegebenen Termin, sondern wartete bis zum 5. August. Als Spotted Tail von einem Stammesfest nach Hause zurückkehrte, lauerte ihm der Mörder auf und erschoß ihn. Tödlich getroffen stürzte Spotted Tail vom Pferd. Crow Dog wurde verhaftet, zum Tod durch den Strick verurteilt, später aber freigelassen, weil die amerikanischen Stellen sich schließlich doch für nicht berechtigt hielten, einen Indianer wegen einer als Stammesangelegenheit aufzufassenden Tat zu verurteilen.

Spotted Tail war einer der brillantesten Sioux-Führer seiner Zeit, der an Bildung und Weitblick – leider aber nicht an Charakter – vielen anderen Häuptlingen seines Volkes überlegen war. In Würdigung seiner Verdienste wurde ihm 1967 auf der Rosebud Reservation ein Denkmal errichtet.

DIE BLACKFOOT

Weite Teile der kanadischen Ebenen wurden im 18. und 19. Jahrhundert von der Blackfoot-Konföderation beherrscht, die aus drei großen Algonkin-Stämmen bestand, den Blackfoot, den Blood und den Northern und Southern Piegan. Außerdem waren noch die Sarsi, ein kleiner Stamm der athabaskischen Sprachfamilie, in die Konföderation aufgenommen worden. Die vier Stämme waren weitgehend autonom und konnten ihre Häuptlinge frei wählen. Von einem großen Stammesrat, zu dem alle Stämme Vertreter entsandten, wurde der Oberhäuptling der Konföderation bestimmt.
Der Name »Blackfoot« leitet sich von der Sitte des Stammes her, die Mokassins schwarz zu färben. Ihr eigener Name lautet Siksika und bedeutet ebenfalls Schwarzfüße. Ihrer Überlieferung zufolge waren sie von Osten in die weiten Ebenen zwischen dem North Saskatchewan River und den Quellflüssen des Missouri gezogen und hatten sich, als sie Pferde bekamen, noch weiter nach Westen bis zum Fuß der Rocky Mountains ausgedehnt. Mit fast allen ihren Nachbarn mit Ausnahme der Atsina lagen die Blackfoot in Fehde, vor allem waren die Crow und Sioux ihre Erbfeinde. Zu den kanadischen Pelzhändlern an der Hudson Bay unterhielten sie freundliche Beziehungen, während sie den Amerikanern feindlich gesinnt waren. Neben den Sioux galten sie als die mächtigsten und gefürchtetsten Indianer der nördlichen Plains.
Missionare beschrieben die Blackfoot als stolzes, freiheitsliebendes Volk, dessen Lebensgrundlage ausschließlich die Bisonjagd war. Das Vordringen der Weißen stellte auch die Blackfoot vor bisher unbekannte Probleme. Glücklicherweise erwuchs ihnen in dieser Zeit – der zweiten Hälfte des 19. Jahrhunderts – in Crowfoot eine überragende, maßvolle und weise Führerpersönlichkeit.

DIE NÖRDLICHEN PLAINS

CROWFOOT
Blackfoot
Geb. 1821 in Blackfoot Crossing am Bow River, Provinz Alberta ·
Gest. April 1890 in Blackfoot Crossing

Fotografie

»WAS IST DAS LEBEN? DAS AUFLEUCH-
TEN EINES GLÜHWÜRMCHENS IN DER
NACHT, DER HAUCH EINES BÜFFELS
IM WINTER, DER KURZE SCHATTEN,
DER ÜBER DAS GRAS LÄUFT UND SICH
IN DER SONNE VERLIERT.«

Crowfoot war der zweite Sohn von Many Names, dem Oberhäuptling der Blackfoot-Konföderation und Häuptling der Mocassin-Abteilung der Blackfoot. Crowfoots Mutter war eine Indianerin vom Stamm der Blood, die ihre Zelte am Bow River in der heutigen Provinz Alberta hatten. Der Vater kümmerte sich sorgfältig um die Erziehung seines Sohnes; darüber hinaus gab es im Stamm auch eine schulähnliche Einrichtung: Unter Anleitung und Aufsicht eines alten, erfahrenen Häuptlings mußten sich die Knaben körperlich ertüchtigen und abhärten.

Der ursprüngliche Name Crowfoots war Nemorkan, später erhielt er den Namen Kayastah (»Ghost Bear«). Wegen seiner guten Fortschritte durfte Kayastah schon mit dreizehn Jahren an einem Kriegszug teilnehmen. Diese Züge richteten sich damals vornehmlich gegen die Crow, und weil sich Kayastahs älterer Bruder dabei besonders auszeichnen konnte, bekam dieser zuerst den Namen Crowfoot. Als Mitglied einer Friedensdelegation der Blackfoot durfte der ältere Crowfoot zu den Schoschonen nach Montana reisen. Die Schoschonen ermordeten aber alle Mitglieder der Delegation, darunter auch Crowfoot, wodurch sich der erzürnte Vater veranlaßt sah, den größten Kriegszug in der Geschichte der Blackfoot zu unternehmen. Mit einer Streitmacht, die zehntausend Krieger umfaßt haben soll, zog er gegen die verräterischen Schoschonen und besiegte sie in einem sechsunddreißigstündigen Kampf. Kayastah kämpfte heldenmütig und wurde schwer verwundet. Sein Vater ehrte die Tapferkeit seines zweiten Sohnes dadurch, daß er ihm den Namen seines toten Bruders Crowfoot gab.

Auch in den folgenden Jahren zeichnete sich Crowfoot in Kämpfen gegen benachbarte Stämme, besonders gegen die Cree, Assiniboin und Flathead aus. Von den Alten des Stammes wurden diese kriegerischen Auseinandersetzungen, die sich sogar bis zum Missouri erstreckten, als ständige Ertüchtigung gutgeheißen. Crowfoot gewann aber trotz aller kriegerischen Erfolge bald die Überzeugung, daß er seinem Stamm durch politische Klugheit und durch seine Rednergabe weit mehr nützen könne, als wenn er für ihn in den Krieg zöge. Als die Blackfoot zum erstenmal Kontakt mit den Weißen hatten und bisher unbekannte Krankheiten wie Masern und Pocken zahlreiche Opfer forderten, wußten die Medizinmänner in ihrer Verzweiflung keinen anderen Rat, als die Ausrottung der Weißen zu fordern.

DIE NÖRDLICHEN PLAINS

Auch Crowfoots Vater soll der Epidemie, die die Blackfoot um ein Viertel reduzierte, zum Opfer gefallen sein; Crowfoots Mutter und sein jüngerer Bruder überlebten. Schon lange vor dem Tod seines Vaters war Crowfoot ein geachteter, junger Anführer; in den Beratungen stach er bald durch seine blendende Rednergabe hervor, die die Blackfoot – wie die meisten Indianer – über alles schätzten. Nach wie vor nahm er jedoch an Kämpfen teil und wurde mehrfach verwundet. Als die Cree ein Winterlager der Blackfoot überfielen, konnte Crowfoot gerade noch rechtzeitig eingreifen. Pater Lacombe, ein Priester des Oblate Ordens, war zu dieser Zeit gerade bei den Blackfoot zu Besuch, um sie zum katholischen Glauben zu bekehren. Er konnte die Schlacht mitverfolgen und berichtete, Crowfoot habe gekämpft wie ein Bär. Eine andere Heldentat Crowfoots war die Errettung eines kleinen Kindes, das von einem Bären bedroht wurde. Crowfoot riß das Kind aus der Gefahrenzone und tötete das Raubtier. In einem der Kämpfe erlitt Crowfoot eine schwere Beinverletzung, die ihn zeitlebens lahmen ließ.

Ebenso wie sein Vater heiratete auch Crowfoot ein Mädchen vom Stamme der Blood. Der Ehe entsprossen mehrere Söhne; als einer von ihnen starb, adoptierte Crowfoot ein kleines Cree-Mädchen.

Im Laufe der Zeit wuchs sein persönliches Ansehen immer mehr, was in seinem klugen Eintreten für die Anliegen besonders der jungen Stammesmitglieder begründet lag. Selbstlos teilte er Hab und Gut mit Ärmeren, sein Ohr war für die Sorgen aller offen. Zu diesen Idealeigenschaften eines Politikers gesellte sich noch die Faszination seiner großen Persönlichkeit. Crowfoot war von großer, schlanker, aber sehniger Gestalt; sein Gesicht war kühn geschnitten, die ganze Erscheinung strahlte Würde und Kraft aus. Schon immer war es der Wunsch seines Vaters gewesen, daß der Sohn ebenfalls Häuptling der Blackfoot-Konföderation werden sollte. Dieser Wunsch ging schließlich auch in Erfüllung.

Neue, bisher nie gekannte Schwierigkeiten kamen auf die Blackfoot zu. Gewissenlose Händler – Ahnherren mancher heute angesehenen Handelsdynastien – brachten Schnaps und zerrütteten dadurch die Widerstandskraft eines Teiles des Stammes. Crowfoot erkannte die Gefahren, überfiel mit einer Schar Krieger ein Lager der Schnapshändler und zerstörte die Vorräte. Es half nichts.

Viel weißes Gesindel strömte ins Land, machte gnadenlos Jagd auf

die Bisons, deren Häute an die Fabriken im Osten verkauft wurden. Skrupellos wurde die anfängliche Gastfreundschaft der Indianer mißbraucht. Aber auch innerhalb des Stammes wurde die Gesetzlosigkeit immer stärker, etliche Krieger hielten sich nicht mehr an die Sitten und Gebräuche ihres Volkes.
Als an der Grenze von Montana Gold gefunden wurde, setzte ein neuer Ansturm von Abenteurern und zwielichtigen Existenzen ein. Erst das Eingreifen der Canadian North West Mounted Police im Jahre 1874 bereitete dem Treiben ein Ende. Besondere Dreistigkeit hatten die amerikanischen Schnapshändler gezeigt, die ihre »Whisky-Forts« einfach auf kanadisches Gebiet verlagert hatten, als die USA endlich den Verkauf von Feuerwasser an Indianer verboten hatten. Colonel Macleod, der Anführer der Mounted Police, setzte sich mit den Häuptlingen der Konföderation in Verbindung. Begeistert begrüßten und unterstützten sie seine Aktionen. Macleod nutzte die gute Stimmung bei den Häuptlingen und kündigte vor dem Stammesrat das Erscheinen von maßgebenden Männern der Regierung in Ottawa an, die mit dem Stamm einen Vertrag schließen würden. Die offene, ehrliche Art Macleods gefiel Crowfoot. Hatte es bisher nur einen Weißen gegeben, dem er Achtung und Freundschaft entgegengebracht hatte, Pater Lacombe, so war von nun an auch Colonel Macleod sein Freund.
1870 wurden Pläne der Regierung bekannt, eine Transkontinental-Eisenbahn zu bauen, deren Trasse das Gebiet der Blackfoot durchschneiden würde. Von ihren Freunden gewarnt, erkannten die Blackfoot die drohende Gefahr: Immer mehr Weiße würden in ihr Land kommen und das Wild vertreiben. Die Händler, die mit den Indianern schon jahrelang gute Geschäftsverbindungen unterhielten, sahen das Ende des Handels mit Fellen und Häuten kommen; die mächtige Hudson Bay Company widersetzte sich energisch jeder Besiedlung des Landes, der Regierung gelang es aber, die Handelsprivilegien der Gesellschaft für eineinhalb Millionen Dollar zu erwerben.
Crowfoot setzte nun unter dem Einfluß Pater Lacombes seine ganze Energie daran, den Stamm langsam auf eine andere Lebens- und Denkweise vorzubereiten. Seinen jungen Kriegern, die einen Raubzug gegen die Cree unternommen hatten, befahl er, die erbeuteten Pferde ihren Besitzern zurückzugeben. Man verstand ihn zwar nicht, respektierte sein Verlangen aber.

DIE NÖRDLICHEN PLAINS

Die Verhandlungen mit den Regierungsvertretern begannen am 18. September 1877 und fanden in Blackfoot Crossing, einem bevorzugten Lagerplatz der Blackfoot, statt. Die prominentesten Vertreter der weißen Seite waren David Laird, der Superintendent für die Indianer und Lieutenant Governor des Nordwest-Territoriums, und James Macleod, der Colonel der Mounted Police. Die Blackfoot sollten ein Gebiet von fünfzigtausend Quadratmeilen abtreten, jedes Stammesmitglied sollte dafür einen Betrag von zwölf Dollar erhalten. Derjenige Stamm, dessen Häuptling sich am nachdrücklichsten für die Vertragsunterzeichnung einsetzen würde, sollte noch zusätzlich Geld, Vieh und eine Ehrenmedaille bekommen.

Crowfoot und sein Bruder Three Bears lehnten strikt die Annahme von Geschenken ab, ehe der Stamm nicht über die Vertragsbedingungen informiert sei. Niemanden war bewußt, auf welch kleinem Gebiet die Blackfoot künftig zusammengepfercht sein würden. Die Indianer standen dem Verlangen der Weißen völlig verständnislos gegenüber; Land war für sie keine Ware, mit der man Handel treiben konnte. Bezeichnend für die Geisteshaltung Crowfoots ist folgende Anekdote: Einer der weißen Unterhändler verstreute ein Bündel Dollarscheine über den Boden. »So, wie ihr mit Fellen handelt, handeln wir mit diesen Papierstücken.« Crowfoot bückte sich, nahm eine Handvoll Erde und warf sie ins Feuer. »Nun wirf dein Geld ins Feuer. Schau, ob es so lange halten wird wie die Erde.« Als der Weiße dies betreten ablehnte, sagte Crowfoot zu ihm:

> »Dein Geld ist also nicht so gut wie unser Land. Der Wind wird es wegblasen, das Feuer wird es verbrennen, das Wasser wird es verderben. Nichts aber kann unser Land zerstören.«

Trotzdem wußte Crowfoot, dem das Schicksal der Sioux und Nez Percé bekannt war, daß eine Ablehnung des Vertrages seinem Volk den Krieg bringen würde. Pater Lacombe und seine Ordensbrüder hatten ihn eindringlich davor gewarnt, daß die Weißen Soldaten senden würden, wenn die Häuptlinge den Vertrag nicht unterzeichneten, um ihnen das Land gewaltsam wegzunehmen.

Voll Vertrauen hatten die Indianer die schwere Entscheidung in die Hände Crowfoots, ihres weisesten Häuptlings, gelegt. Crowfoot war sich der Bedeutung der Entscheidung bewußt. Sein Volk würde künftig unter kanadischen Gesetzen leben müssen, und es war ungewiß,

wie stark diese das Stammesleben, das die Grundlage für die Stärke der Blackfoot-Konföderation bildete, beeinflussen würden. Er bat sich Bedenkzeit aus.
Schweren Herzens fällte er seine Entscheidung. Er versprach, daß er am Morgen des fünften Tages den Vertrag unterzeichnen werde, und zog sich bis dahin in ein Tipi außerhalb des Lagers zurück.
Die Vertragsunterzeichnung fand unter großen Feierlichkeiten statt, der Union Jack wurde gehißt, Gouverneur Laird hielt eine Ansprache, in der er die Freude Seiner Britischen Majestät Königin Victoria ausdrückte und die ewige Verbundenheit zwischen Weißen und Indianern betonte.
In seiner Antwort bat Crowfoot seine Vertragspartner, in der Anfangszeit Geduld zu haben, bis sich alle – besonders die jungen Krieger – an die neue Lebensart gewöhnt hätten. Den Abschluß des feierlichen Aktes bildete ein großer Kriegstanz, den die Blackfoot so realistisch gestalteten, daß die weißen Offiziere schon ihre Soldaten alarmieren wollten. Nach dem Abzug der Weißen brachen die Indianer zur herbstlichen Bisonjagd auf.
Ein knappes Jahr vorher, im Dezember 1876, war Sitting Bull mit einigen Tausend Sioux vor den Amerikanern über die kanadische Grenze geflohen und hatte sich in der Nähe der Wood Mountains niedergelassen. Kurz darauf besuchte der große Sioux-Führer seinen alten Freund Crowfoot. Dieser veranstaltete zu Ehren seines Gastes ein großes Fest. Schon immer hatte Sitting Bull Crowfoot bewundert; als sichtbaren Ausdruck dieser Verehrung schenkte er ihm einige Pferde und versprach, seinem Sohn den Namen Crowfoot zu geben.

> »Wir werden Freunde bis ans Ende unserer Tage sein. Meine Kinder werden deine Kinder und deine Kinder meine Kinder sein.«

Trotz aller Freundschaft beteiligte sich Crowfoot nie an den Vergeltungsaktionen Sitting Bulls gegen die amerikanischen Siedler.
Bekanntlich bestand ein Teil der Indianerpolitik der USA in der Ausrottung der Bisons und somit in der Beseitigung der wichtigsten Lebensgrundlage der Plainsstämme. Allerdings hatten die Bisonschlächter keine Möglichkeit, ihr verderbliches Wirken auf kanadisches Gebiet auszudehnen, so daß Sitting Bull und seine Leute

noch immer Bisons jagen konnten, als ihre Stammesbrüder in den Reservationen schon auf die Rationen Washingtons angewiesen waren. Ähnlich verhielt es sich mit den Blackfoot: Als ihre vertraglich zugesicherten Lebensmittellieferungen schon im ersten Jahr nach dem Vertragsabschluß ausblieben, gingen sie einfach auf Bisonjagd und deckten sich mit dem Notwendigsten ein. Diese Selbständigkeit der nach Kanada emigrierten Sioux war der amerikanischen Regierung natürlich ein Dorn im Auge. Es mußte ein Weg gefunden werden, die restlichen Bisons an ihren jährlichen Wanderungen in die kanadischen Prärien zur Sommerweide zu hindern. Man faßte einen teuflischen Plan. Edgar Dewdney, der Indianeragent des Nordwest-Territoriums, berichtete:

> »1879 brachen an verschiedenen Stellen der Prärie Brände aus, die geplant zu sein schienen. Das Land nördlich der Grenze, von den Wood Mountains im Osten bis zu den Rocky Mountains im Westen und fast bis Qu'Appelle im Norden verbrannte.«

Ein Kommissar der Hudson Bay Company bemerkte dazu:

> »Es entstand der allgemeine Eindruck, daß die Brände von den Amerikanern gelegt worden waren, um die Büffel südlich der Grenze zu halten.«

Ein Protest des Generalgouverneurs von Kanada bei der Regierung der USA wurde einfach ignoriert.
Zum erstenmal in ihrer Geschichte mußten die stolzen Blackfoot bitteren Hunger leiden. Scharenweise kamen sie nach Calgary und Fort Macleod und schossen dort Vieh, um den ärgsten Hunger zu stillen. In aller Eile wurde ein Treffen in Blackfoot Crossing organisiert, wo Crowfoot und andere Häuptlinge Macleod ihre Sorgen und Nöte vortrugen. Macleod hatte alle Mühe, ihnen klarzumachen, daß das Vieh zur Viehzucht bestimmt war, nicht unmittelbar als Schlachtvieh. Auf den Bericht Macleods hin wurden die Pläne, die Blackfoot mit Gartenbau und Viehzucht vertraut zu machen, beschleunigt. Durch die Auszahlung der jährlichen Zuwendung waren die Indianer in der Lage, sich mit Vorräten und Munition für die Jagd auszustatten, denn im Osten war eine Bisonherde gesichtet worden. Für kurze Zeit schien noch einmal das freie Leben, wie es die Blackfoot immer ge-

führt hatten, zurückgekehrt zu sein. Doch diese Illusion währte nicht lange. Im nächsten Jahr kamen keine Bisons mehr; wohl oder übel mußten jetzt die Blackfoot Farmer werden.
Crowfoot war ebenso wie die anderen Häuptlinge der Konföderation gegen ein Leben als Farmer. Er hielt weiterhin seine Pferdeherde, er vergrößerte sie sogar noch. Seine Leute aber waren verzweifelt. Dadurch, daß es kein Wild mehr gab, konnten sie den umherziehenden Händlern keine Felle und Pelze mehr verkaufen und sich nicht mehr selbständig versorgen. Sie waren auf den Agenten angewiesen, der ihnen vorschrieb, was sie anbauen sollten, und meist auch die Geschäfte für sie abwickelte. Auch Crowfoot konnte ihnen in dieser Notlage nicht anders helfen, als sie ständig aufzufordern, die Zähne zusammenzubeißen.
Wie sehr die Blackfoot ihren Häuptling trotz allem schätzten, beweist der einhellige Beschluß aller ihrer Häuptlinge, dem nun Sechzigjährigen den Beinamen »Häuptling der Häuptlinge« zu verleihen. Durch unermüdliche Verhandlungen gelang es ihm, bessere Nahrungsmittel für sein Volk zu bekommen. Viele seiner Leute waren nämlich von dem fetten Schweinefleisch, das die Regierung aus den Schlachthöfen des Ostens lieferte, krank geworden, da sie eine derartige Ernährung nicht gewohnt waren.
1883 protestierte Crowfoot gegen das Vorgehen der Canadian Pacific Railway, die einfach ins Land der Blackfoot eindrang. Er befahl seinen Leuten, ihre Tipis auf der betreffenden Strecke zu errichten und die Vermessungsarbeiten zu verhindern. Kommissar Macleod intervenierte in Ottawa und erreichte, daß den Indianern Ersatzland zur Verfügung gestellt wurde. Daraufhin gab Crowfoot seine Erlaubnis, und die Vermessungsarbeiten konnten weitergeführt werden. Aus Dankbarkeit verlieh ihm die Eisenbahngesellschaft eine Ehrenmedaille.
Pater Lacombe und sein Orden setzten alle Anstrengungen daran, die Blackfoot zum Katholizismus zu bekehren, und forderten sogar, daß die Verwaltung dieser Stämme unter der Kontrolle der katholischen Kirche stehen müßte. Die Protestanten sandten daraufhin ebenfalls Missionare, um den Einfluß der Katholiken zu brechen. Die auf ihre Stammestradition stolzen Indianer empfanden es als Demütigung, von den Missionaren ständig als »gottlose Geschöpfe« bezeichnet zu werden. Als 1884 in der Nähe von Calgary die

DIE NÖRDLICHEN PLAINS

St. Joseph Industrial School eröffnet wurde, spalteten sich die Blackfoot – ähnlich wie die Cherokee – in zwei Parteien: Ein Teil des Stammes wandte sich gegen die Schulen und sah die Traditionen in Gefahr, der andere Teil befürwortete die Schulbildung. Pater Lacombe, der möglichst viele Kinder in die Schule bringen wollte, ging in seinem missionarischen Eifer sogar so weit, von der Mounted Police zu verlangen, sie möge die Kinder mit Gewalt zusammentreiben und in die Schule bringen.

Zu dieser Zeit nahm Crowfoot eine Einladung der Regierung in Ottawa und der Canadian Pacific Railway zu einer Reise in die Städte des Ostens an. Da starb einer seiner Söhne, und Crowfoot verschob die Reise bis nach dem Begräbnis. In Begleitung seines Bruders Three Bears, Pater Lacombes und der Häuptlinge North Axe von den Piegan und Red Crow von den Blood brach der Häuptling schließlich auf. In Montreal, wo sie Gäste der Eisenbahngesellschaft waren, und in Ottawa wurden sie mit großen Ehren empfangen. Allerdings war Crowfoot zu diesem Zeitpunkt schon sehr krank – er litt an Lungentuberkulose – und nahm nur aus Höflichkeit an all den Festlichkeiten teil.

Im Bewußtsein, daß er nicht mehr lange zu leben habe, wandte er sich noch mehrmals eindringlich an sein Volk und bat es, auf dem nunmehr eingeschlagenen Weg weiterzugehen und mit den indianischen und weißen Nachbarn in Frieden zu leben. Er selbst hatte einige Jahre zuvor den kläglichen Versuch des kanadischen Premierministers Sir John A. Macdonald scheitern lassen, der ihn gegen die aufständischen Cree und Métis[1] aufzuhetzen versucht hatte, um Zwietracht zwischen den kanadischen Indianern zu säen.

Im Herbst 1889 ließ Crowfoot sein Volk wissen, daß er im nächsten Frühjahr sterben werde. Im April 1890 ließ er Pater Doucett, einen katholischen Missionar, und den Indianeragenten Wheatley zu sich kommen, um seinen letzten Willen festzulegen. Kurz darauf fiel er ins Koma; alle glaubten, er sei tot, doch am Abend erwachte er noch einmal. Er rauchte eine Pfeife und bat seine Verwandten, nicht um ihn zu trauern:

---

[1] Die Métis waren kein eigentlicher Indianerstamm, sondern Abkömmlinge von französischen Trappern und Indianerfrauen.

»Was ist das Leben? Das Aufleuchten eines Glühwürmchens in der Nacht, der Hauch eines Büffels im Winter, der kurze Schatten, der über das Gras läuft und sich in der Sonne verliert.«

Dann starb Crowfoot, der weise Häuptling der Blackfoot, dessen Güte und Friedensliebe bei Indianern und Weißen gerühmt wurden und dem es trotz mancher Rückschläge doch gelungen war, sein Volk vor Krieg und Untergang zu bewahren.

DIE CROW

Die Crow gehören zur Hidatsa-Gruppe der Sioux-Sprachfamilie; sie selbst behaupten, sich einst von den Hidatsa abgespalten zu haben. Der Name »Crow« ist lediglich die Übersetzung des französischen »Gens des corbeaux«, was ebenso wie der eigene Name dieses Stammes, Absaroke, »Volk der Krähen« oder »Volk der Vögel« bedeutet. Die Crow wohnten im Gebiet des Yellowstone River und seiner Nebenflüsse, des Powder River und des Big Horn River. Sie bestanden aus drei Abteilungen, der Einfachheit halber wird aber vielfach nur zwischen River Crow und Mountain Crow unterschieden. Ihre Stärke wird für die Zeit um 1830 auf etwa dreitausendfünfhundert Personen geschätzt.

Trotz ihrer sprachlichen Verwandtschaft mit den Sioux herrschte zwischen diesen Völkern Todfeindschaft. Es fiel deshalb den Crow auch nicht ein, sich am Kampf gegen die Amerikaner zu beteiligen und die alte Feindschaft zu begraben – wie es andere Stämme gemacht hatten –, sie stellten sich vielmehr auf die Seite der Eroberer und unterstützten sie durch Bereitstellung von Scouts.

Wenngleich sich die Crow schon 1851 in Fort Laramie dafür entschieden hatten, sich bedingungslos auf die Seite der Weißen und damit gegen die meisten anderen Präriestämme zu stellen, so war es doch ein damals noch im Kindesalter befindlicher Häuptling, der die Geschicke seines Volkes entscheidend mitprägen sollte: Plenty Coups.

PLENTY COUPS

Aleek-chea-ahoosh (»Viele Heldentaten«)
Crow
Geb. 1848 in der Nähe des heutigen Billings, Montana ·
Gest. 3. März 1932

Fotografie

»LAUTSTARK VERKÜNDETEN DIE WEISSEN, DASS IHRE GESETZE FÜR JEDERMANN GEMACHT SEIEN, ABER WIR LERNTEN BALD, DASS SIE ZWAR VON UNS ERWARTETEN, DASS WIR SIE HIELTEN, SICH ABER NICHTS DABEI DACHTEN, WENN SIE SIE SELBST BRACHEN.«

DIE NÖRDLICHEN PLAINS

Plenty Coups ist einer der wenigen Häuptlinge, die eine authentische Lebensgeschichte hinterlassen haben. Der Schriftsteller Frank B. Linderman schrieb wortgetreu auf, was ihm der greise Führer der Crow 1928 erzählte:

> »Ich wurde vor 80 Wintern an dem Ort geboren, den wir The-cliff-that-has-no-pass nennen, und in dessen Nähe sich heute Billings befindet. Meine Mutter hieß Otter-woman, mein Vater Medicine Bird. Mein Großvater väterlicherseits trug den Namen Coyote-appears.«

Nach dem frühen Tod seines Vaters kam der Knabe in die Obhut seines Großvaters, der ihm eine sorgfältige Erziehung zuteil werden ließ. Auch den Namen erhielt er von seinem Großvater, der ihm eine große Zukunft prophezeite:

> »Ich träumte, daß sein Leben lang und reich an Heldentaten sein würde. Im Traum erfuhr ich auch, daß er Häuptling sein würde, der größte Häuptling, den unser Volk jemals hervorbringen würde.«

Der Tod seines Bruders, der 1857 im Kampf gegen die Sioux fiel, traf den Knaben schwer. Voller Verzweiflung fügte er sich selbst schwere Wunden zu, zog sich tagelang in die Einsamkeit zurück und grübelte über das Schicksal seines Stammes nach.
Immer wieder hatte er Visionen, in denen er aufgefordert wurde, die Kräfte seines Geistes zu schulen und zum Wohle seines Volkes einzusetzen. Während einer großen Beratung der Crow in den Beartooth Mountains träumte Plenty Coups, daß sämtliche Bisons von den Plains verschwinden würden. Ein Weiser des Stammes deutete den Traum als neuerliche Aufforderung des Großen Geistes an die Crow, niemals gegen die Weißen zu kämpfen.
Schon 1851, während der Beratungen von Fort Laramie, hatten die Crow den Entschluß gefaßt, sich auf die Seite der Amerikaner zu stellen. Dies fiel ihnen um so leichter, als sie mit allen benachbarten Stämmen mit Ausnahme der Schoschonen und Hidatsa verfeindet waren. Auch Plenty Coups setzte diese Politik später konsequent fort. Schnell war er zu einer der angesehensten Persönlichkeiten seines Stammes aufgestiegen. In den Auseinandersetzungen mit den Erbfeinden der Crow hatte er Kriegsruhm erworben und am Mussel-

shell River im Kampf gegen die Sioux seinen ersten Skalp erbeutet. Als Fünfzehnjähriger war er feierlich in die Reihe der Krieger aufgenommen worden.

»Mit 28 Jahren wurde ich Häuptling und kann mich gut erinnern, daß die Weißen damals Gold in den Black Hills fanden. Die Sioux und Cheyenne führten deswegen Krieg, die Crow aber waren klüger. Wir kannten die Macht der Weißen und wußten, wie zahlreich sie in ihrem eigenen Land waren. Es war aussichtslos, gegen sie zu kämpfen. Daher weigerten wir uns, dem Verlangen anderer Stämme nachzugeben und gegen die Weißen zu kämpfen. Unsere führenden Häuptlinge erkannten, daß wir uns die Weißen zu Freunden machen würden, wenn wir an ihrer Seite gegen ihre und unsere Feinde kämpften. Seit jeher lagen wir mit den Sioux, Cheyenne und Arapaho im Krieg, warum sollten wir nicht jetzt auch gegen sie kämpfen. Ihre vollständige Vernichtung konnte uns nur recht sein. Unsere Entscheidung war gefallen, nicht etwa, weil wir den weißen Mann liebten, der ja schon dauernd fremde Stämme in unser Land trieb, oder weil wir die Sioux, Cheyenne und Arapaho haßten, sondern weil es klar wurde, daß dies der einzige Weg war, unser herrliches Land für uns zu bewahren. Wenn ich zurückdenke, freue ich mich von Herzen, daß wir so und nicht anders gehandelt haben. Es gab keinen anderen Weg für uns.«

Ohne den politischen Weitblick Plenty Coups' schmälern zu wollen, sei darauf hingewiesen, daß seine Haltung keineswegs einer edlen Friedensgesinnung entsprungen war, sondern purem, aber legitimem Eigennutz: Erst das Rechtsempfinden großer Teile der drei genannten Stämme, das im erbitterten Widerstand gegen die weißen Eindringlinge zum Ausdruck kam, bot den Crow die Basis für ihr geschicktes Taktieren.
Im Frühjahr 1876 kam General Gibbon zum Lager Plenty Coups' am Rosebud, um die Hilfe der Crow zu erbitten. Plenty Coups erklärte sich sofort bereit, an der Spitze seiner Krieger an diesem »Kampf für den Frieden« teilzunehmen, wie der Vernichtungsfeldzug gegen die ihre Heimat verteidigenden Stämme mit einer heute nach wie vor geläufigen Phrase genannt wurde.

DIE NÖRDLICHEN PLAINS

Voller Begeisterung berichtet Plenty Coups vom Eintreffen der Crow und Schoschonen im Lager General Crooks am Goose Creek, wo eintausend Blauröcke der Ankunft ihrer indianischen Verbündeten harrten. Späher schwärmten aus und erkundeten die Umgebung. Entgegen den Warnungen Plenty Coups' zog General Crook aber den Rosebud hinab und schlug im Tal ein neues Lager auf. Blitzschnell nützte Crazy Horse die Chance. Ein wilder Kampf entspann sich, der mit der Niederlage Crooks endete. Als einen Tag später den von den Crow tief verehrten Leutnant Custer sein Schicksal ereilte, war Plenty Coups fassungslos, als Crook nicht in den Kampf eingriff.

»Son-of-the-morning-star (Custer) war zu seinem Vater gegangen und alle seine Leute mit ihm. Er starb im Kampf, wie es einem Krieger geziemt, zweimal tödlich getroffen. Er war so leichtsinnig gewesen, ein derart großes Dorf allein anzugreifen, aber er war zu tapfer, sich selbst das Leben zu nehmen wie ein Feigling.«

Trotz der beiden Niederlagen der amerikanischen Armee blieb Plenty Coups auf der Seite der Amerikaner. Ihm war klar, daß die Siege der vereinigten Stämme keinen bleibenden militärischen Wert haben und die Vernichtung der letzten »freien« Indianer eher noch beschleunigen würden. Den symbolischen Wert dieser Siege, der bis in unsere Zeit andauert, konnte und wollte Plenty Coups nicht sehen.
In den darauffolgenden Jahren stieg Plenty Coups zum einflußreichsten Häuptling der Crow empor. Immer stärker bemühte er sich, seinen Stamm an den Lebensstil der Weißen zu gewöhnen. Er selbst ging mit gutem Beispiel voran, baute ein Blockhaus und betrieb einen Verkaufsladen. Als es aber trotz allem immer wieder Meinungsverschiedenheiten mit dem Indianeragenten gab, reiste Plenty Coups kurzerhand nach Washington, trug seine Probleme vor und erhielt die Zusage, daß in seinem eigenen Land eine Reservation errichtet würde und daß man die Crow materiell und geistig – durch die Entsendung von Lehrern – unterstützen wolle.
Der Ausbruch einer Tuberkulose-Epidemie brachte neue Schwierigkeiten. Viele Crow verfielen in lähmende Teilnahmslosigkeit, die durch Krankheit und Nichtstun hervorgerufen wurde. Plenty Coups versuchte unermüdlich, seine Leute zur Arbeit anzuhalten und dazu

zu bringen, den Boden zu bebauen und Vieh zu züchten. Klar erkannte Plenty Coups die Probleme, die die Umstellung vom freien, »wilden« Nomadenleben auf die zivilisierte Seßhaftigkeit von Reservationsindianern mit sich brachte:

> »Um die Zeit, als ich etwa 40 Jahre alt war, traten in unserem Land starke Veränderungen ein, die uns zu einer gänzlich anderen Lebensart zwangen. Jedem war es nun klar, daß es bald keinen Büffel mehr auf der Prärie geben würde, und jeder fragte sich, wie wir danach unser Leben fristen sollten. Es gab ja nur mehr wenige Kriegszüge und fast keine Beutezüge mehr. Wir waren von Weißen umgeben, die Rinder züchteten. Ihre Häuser waren in der Nähe von Wasserstellen, ihre Dörfer standen an den Flüssen. Trotz der Veränderungen, die sie brachten, entschlossen wir uns, ihnen freundschaftlich gesinnt zu sein, aber es war nicht leicht für uns, denn die Weißen versprachen zu oft, etwas zu tun, wenn sie es aber dann durchführten, machten sie etwas ganz anderes.«

Angesichts all dieser Schwierigkeiten wuchs die Unzufriedenheit, die von Gegnern Plenty Coups' noch geschürt wurde. Diese hatte eine regelrechte Verschwörung zur Folge, deren Rädelsführer Sword Bearer, ein junger, fanatischer Unterhäuptling, war. Mit seinen Anhängern unternahm er einen Raubzug gegen die Blackfeet, um sich durch einen Erfolg dieser Art eine bessere Ausgangsposition bei der Bewerbung um das Amt des Oberhäuptlings der Crow zu schaffen. Pretty Eagle, der bisher dieses Amt bekleidete, war alt und gebrechlich, und es war leicht abzusehen, daß der Kampf um seine Nachfolge bald offen entbrennen würde.
Als Sword Bearers Schar erfolgreich zurückgekehrt war und ihrem Übermut lautstark Ausdruck gab, fühlte sich H. E. Williamson, der Indianeragent, bedroht und forderte militärischen Schutz an. Verzweifelt versuchte man, Plenty Coups zu finden, der sich nach dem Tod seiner Frau Flying Bird in die Einsamkeit zurückgezogen hatte. Die Lage spitzte sich immer mehr zu; glücklicherweise ließ sich das inzwischen eingetroffene Militär von Williamson nicht zu »Strafsanktionen« aufhetzen, obwohl Sword Bearer mit seinen Kriegern in der Nähe lagerte und dem Kampf entgegenfieberte.
Endlich erschien Plenty Coups, und die Macht seiner Persönlichkeit

ließ den Aufruhr wie ein Kartenhaus zusammenfallen. Bei einem Zwischenfall war Sword Bearer getötet worden, und mit seinem Tod war die Eintracht zwischen den Crow und den Amerikanern wiederhergestellt.
Im Jahre 1903 kamen die ersten Missionare zu den Crow; auch Plenty Coups ließ sich bekehren und wurde Christ. Unermüdlich war er für das Wohl seines Stammes tätig, führte Verhandlungen mit den Behörden und kämpfte gegen die Schnapshändler und ihr verderbliches Wirken. Leider hatte er dabei nicht den gewünschten Erfolg: Die Blüte des Stammes richtete sich durch Rauschgift und Alkohol langsam zugrunde. Erst als der Häuptling während des Ersten Weltkriegs einen flammenden Appell an seine Krieger richtete, sich zur amerikanischen Armee zu melden, erwachte der alte Kampfgeist da und dort wieder.
Drei Jahre nach dem Ende des Krieges legte Plenty Coups als Vertreter aller Indianer am Grabmal des Unbekannten Soldaten am Arlington-Friedhof in Washington einen Kranz nieder.

> »Im Namen aller amerikanischen Indianer flehe ich zum Großen Geist, daß die Soldaten nicht vergeblich ihr Leben gelassen haben, daß der Krieg zu Ende sei und daß der Friede, der mit dem Blut des Roten und des Weißen Mannes erkauft wurde, für immer gesichert sei.«

In den folgenden Jahren wurde Plenty Coups immer gebrechlicher, und sein Augenlicht wurde schwächer; doch ließ es sich der greise Häuptling nicht nehmen, alljährlich sein Festkleid anzulegen und zum Midland Empire Fair nach Billings zu reisen. Dort erfreute er sich am lustigen Treiben des Volksfestes und traf sich mit seinen alten Freunden.
Ebenso wie Spotted Tail, der große Brulé-Häuptling, hatte auch Plenty Coups die Bedeutung der Schulbildung erkannt und sich nachdrücklich für alle Maßnahmen auf diesem Gebiet eingesetzt. Im Gegensatz zu Spotted Tail hatte Plenty Coups jedoch niemals die englische Sprache beherrscht, weder in Wort noch in Schrift.
1928 übertrug der Häuptling seine sämtlichen Besitzrechte – er besaß etwa zweihundert Morgen Land – der Regierung der USA als »Erholungsgebiet für alle Menschen, gleichgültig welcher Rasse«. Über diesem Gebiet, das noch heute als Ausflugsziel dient, erhebt

sich als steinerner Wächter der Plenty Coups Peak. Im Rahmen einer feierlichen Zeremonie wurde die Übergabe vorgenommen, und noch einmal zog der greise, fast blinde Häuptling die Bilanz seines Lebens, das er voll und ganz dem Wohl seines Stammes gewidmet hatte:

> »Dieses Land soll ein Denkmal für die Freundschaft sein, die ich dem Weißen Mann gegenüber immer gehegt habe. Während meines ganzen Lebens habe ich niemals Abneigung gegen die Weißen gefühlt und habe alles getan, was ich konnte, um mit ihnen zusammenzuarbeiten und meine Stammesbrüder zu veranlassen, ebenso zu handeln...
> Dieses Land soll kein Denkmal für mich, sondern für das Volk der Crow sein. Es ist ein Beweis für meine Liebe zu allen Menschen, mögen sie rot oder weiß sein!«

Vier Jahre später starb Plenty Coups. Seine Gebeine ruhen in der Erde seiner Heimat – in einem Baumwollfeld in der Nähe seines Hauses.
Es gab unter den Prärie- und Plains-Indianern mehrere Stämme, die sich mehr oder minder früh auf die Seite der Amerikaner gestellt hatten und deren Krieger der Armee als Scouts dienten. Neben den Crow waren dies besonders die Pawnee, die Arikara und die Tonkawa. Unter all ihren Scouts befand sich aber kaum eine Persönlichkeit, die sich dem Delawaren Black Beaver an die Seite stellen ließe. Allerdings gab es einen, der an Popularität alle anderen weit übertraf: den Crow-Scout Curly.

DIE NÖRDLICHEN PLAINS

CURLY
Shes-his (»Lockenkopf«)
Crow
Geb. um 1858 am Little Rosebud, Montana · Gest. 21. Mai 1923
in der Crow-Agentur, Montana

Fotografie

»ICH HABE NICHTS BESONDERES
GELEISTET – ICH WAR GAR NICHT
IN DER SCHLACHT.«

Die Erregung der amerikanischen Öffentlichkeit über Custers Niederlage, die von den Zeitungen zur nationalen Katastrophe aufgebauscht wurde, schaffte das geeignete Klima für einige recht seltsame Blüten, von denen Curly eine der schillerndsten war.
Curly war einer von den Indianern, die sehr schnell erkannten, wie lohnend es war, den Presseleuten »authentische« Berichte über die Schlacht am Little Big Horn zu liefern, und die dadurch eine Popularität erreichten, die zu ihrer historischen oder menschlichen Bedeutung in keinem Verhältnis stand.
Erstmals wird er in einem Bericht Sergeant Wilsons erwähnt, den dieser an Leutnant Maguire, den Engineer Officer General Terrys, schrieb. Wilson befand sich an Bord des Dampfers »Far West«, der Ende Juni 1876 an der Mündung des Little Big Horn vor Anker lag.

> »Um die Mittagszeit[1] kam ein Indianerscout namens Curly, von dem man wußte, daß er bei General Custer gewesen sei, mit der Nachricht über eine Schlacht an; da aber kein Dolmetscher an Bord war, konnte man mit den Berichten nicht viel anfangen. Er machte einen außerordentlich niedergeschlagenen Eindruck, sein Appetit erwies sich aber als äußerst groß.«

Curly, der kein Wort Englisch konnte, hatte auf ein Segeltuch zwei Gruppen von Punkten gezeichnet, die die Sioux und die amerikanischen Soldaten darstellen sollten. Die eine Gruppe löschte er mit der Hand aus und blickte auf. Niemand konnte oder wollte glauben, was die Handbewegung ausdrückte.
Ein anderer Passagier des »Far West«, der Whiskyhändler Coleman, berichtete, Curly habe von einer Sandbank aus mit einem Fetzen gewunken, worauf man ihn an Bord geholt hätte. George Morgan, ein Weißer, der mit einer Crow-Frau verheiratet war, habe Curlys Bericht übersetzt: Curly sei zwei Meilen weit gekrochen, in eine Sioux-Decke gehüllt, Custers Regiment sei ausgelöscht, und Reno befinde sich in großer Gefahr.
Dieser Bericht, der zu dem Wilsons teilweise in Widerspruch steht, dürfte der Ausgangspunkt für die phantastischen und unglaublichen Abenteuer und Erzählungen Curlys gewesen sein, die schon wenige Wochen später die Zeitungen füllten. Inwieweit Curly selbst daran

---

[1] ...des 27. Juni.

beteiligt war, ist schwer festzustellen, es ist aber anzunehmen, daß er nicht der Initiator all der Legenden war, sondern sich von der Welle der Popularität einfach tragen ließ. Seine Bemerkung gegenüber Tom LeForge:

> »Ich habe nichts besonderes geleistet – ich war gar nicht in der Schlacht.«

läßt darauf schließen. Nach späteren Berichten soll Curly nicht nur für sich selbst eine Decke von einem Sioux-Pony genommen haben, sondern auch eine für Custer, den er zu überreden versucht habe, sich auf gleiche Weise zu retten. Dieser habe »natürlich« heroisch abgelehnt und habe den Heldentod vorgezogen. Eine andere Zeitung berichtete, Curly habe sich im Kadaver eines Pferdes versteckt, bis die Gefahr vorbei gewesen sei; dann habe er sein eigenes Pferd bestiegen, das auf ihn gewartet habe, und sei zur Mündung des Little Big Horn geritten.

Natürlich bezeichneten andere Indianer, die an der Schlacht teilgenommen hatten, Curly als Lügner. Tatsächlich ist es höchst unwahrscheinlich, daß die Sioux an diesem heißen Junitag überhaupt Decken mitgehabt hatten. Gewöhnlich trugen sie beim Kampf nur Breech-cloths und Mokassins. Ein in eine Decke gehüllter Krieger wäre also unbedingt sofort aufgefallen.

Der offizielle Bericht, den Curly General H. L. Scott gab, hebt sich von den Presseberichten wohltuend ab. Curly beschreibt darin, wie es zur Schlacht kam und wie ihm die Flucht gelang:

> »Wir[1] ritten auf den Felsklippen weiter nach Norden und gelangten in die Nähe des Indianerlagers, das unter uns am Fuß der Klippen lag. Jeder von uns feuerte zwei oder drei Schüsse auf das Lager ab. Zu diesem Zeitpunkt hatte Custer gerade den Fluß erreicht. Tausende Indianer setzten sich in Bewegung und zogen Custer entgegen, einige auch Reno.[2] Als Custer den Fluß erreichte, kehrten wir um. Mitch Boyer sagte, er wolle zu Custer und seinen Leuten gehen, wir aber sollten zu unserer

---

[1] Mitch Boyer und die Crow-Scouts Curly, White-man-runs-Him, Goes-Ahead und Hairy Mocassin. Mitch Boyer, ein Halbblut-Sioux, war der Anführer der Scouts.
[2] Major Marcus A. Reno war der »zweite Mann« nach Custer.

Truppe zurückkehren. Vom Hügel aus konnten wir sehen, wie sich Reno zum Fuß des Hügels zurückzog. Custers Arikara-Scouts brachten einige erbeutete Sioux-Pferde über den Fluß..., wir wissen nicht, was später aus ihnen wurde. Die Sioux folgten zuerst Reno nicht über den Fluß; sie richteten ihre Aufmerksamkeit auf einige Crow- und Arikara-Scouts, die in einigen Gehölzen auf der Westseite des Flusses eingeschlossen waren. Wir blieben solange stehen. Die Dinge standen schlecht... Wir folgten dem Hügelrücken und gingen nach Osten zum Rosebud. Ich verließ die anderen und zog zur Mündung des Reno Creek in südwestlicher Richtung. Die anderen riefen mir nach und wollten wissen, wohin ich ginge. Ich antwortete: ›Ich gehe hinunter und versuche, den Fluß zu erreichen, um Wasser zu bekommen.‹ Sie warnten mich: ›Tu das nicht, dieser Weg ist gefährlich!‹ Aber ich hörte nicht auf sie. Ich ritt zu der Stelle, wo Custer den Reno Creek überquert hatte, und wandte mich dann nach Osten zu den Hügeln, wo ich den Verpflegungstrain traf. Er zog weiter, das war das letzte, was ich von ihm sah. Dann ritt ich hinunter zur Mündung des Little Big Horn.«

Curly war am 10. April 1876 als Scout für sechs Monate zum 7. Infanterieregiment unter Leutnant James Bradley verpflichtet worden. Am 21. Juni wurde er zum 7. Kavallerieregiment überstellt, dem Regiment Custers. Auch nach dessen Vernichtung diente er wieder als Armeescout.
Am 25. Juni 1886, dem zehnten Jahrestag der Schlacht am Little Big Horn, trafen sich viele ehemalige Kämpfer an der Stätte des glorreichsten Sieges der Indianer und der bittersten Niederlage der amerikanischen Armee. Als Vertreter der indianischen Seite erschienen unter anderem Gall, Two Moons und White Bull, von der Gegenseite kamen Soldaten, die unter Reno und Benteen gekämpft hatten. Auch Curly war anwesend, ebenso David F. Barry, der berühmte Fotograf. Gall ließ noch einmal die schrecklichen Bilder der Schlacht vor den Zuhörern erstehen. Als er Curly erblickte, sagte er:

> »Du hast behauptet, in dieser Schlacht gewesen und entkommen zu sein. Du warst ein Feigling und bist davongelaufen, als die Schlacht begonnen hatte. Wenn du das nicht getan hättest, wärest du heute nicht hier.«

Curly schwieg. Einige Tage vor seinem Tod besuchte ihn Russell White Bear, ein bekannter Crow-Dolmetscher, und fragte ihn, was von den vielen Geschichten wahr sei. Curly gab zu, daß ihn Mitch Boyer weggeschickt habe:

> »Boyer rief mich zu sich und sagte: ›Curly, du verläßt uns jetzt besser. Du reitest den Weg zurück und beobachtest von einem geeigneten Punkt aus‹ – und dabei zeigte er auf den Hügelrücken östlich des Custer Hill – ›ob die Sioux uns besiegen. Wenn dies der Fall ist, gehst du zu Terry zurück und meldest, daß wir alle tot sind!«

Daß Curly diesen Auftrag getreulich erfüllte, ist im Grunde das einzig Sichere, das wir wissen. Alles andere war und bleibt Spekulation und hatte lediglich den Effekt, daß aus einem unbedeutenden, kleinen Scout ein berühmter Indianer wurde.
Curly, der zweimal verheiratet war, starb an Lungenentzündung. Seine Gebeine ruhen auf dem Custer Battlefield National Cemetery.

DIE GROSSEN EBENEN

DIE CHEYENNE

Die Cheyenne gehören zur Algonkin-Sprachfamilie und waren vor 1700 in Minnesota ansässig. Ihr Name rührt von dem Sioux-Ausdruck »Shahi-yena« her, der »Menschen einer fremden Sprache« bedeutet. Sie selbst nennen sich »Dzitsistäs«, »unser Volk«; zu Beginn des 18. Jahrhunderts wanderten sie nach Westen und ließen sich am Missouri und am Cheyenne River im heutigen North-Dakota nieder. Ende des 18. Jahrhunderts änderten sie unter dem Druck der Chippewa mehrfach ihre Wohnsitze, aber auch später waren sie örtlich nur schwer zu fixieren. Ähnlich wie die Teton stellten sie sich in ihrer Lebensweise völlig um und wurden ebenfalls zu Hauptträgern der Plainskultur. Zu Beginn des 19. Jahrhunderts zogen sie zum Oberlauf des Platte River. 1832 teilten sie sich: ein Teil zog nach Süden und ließ sich am Oberlauf des Arkansas bei Fort Bent nieder. Man unterschied fortan zwischen Southern Cheyenne und Northern Cheyenne. Durch den Vertrag von Fort Laramie 1851 wurde dieser Zustand endgültig.
Die Cheyenne waren sehr eng mit den Arapaho verbunden, die zwar ebenfalls Algonkin waren, aber eine völlig andere Sprache hatten, weshalb die beiden Stämme sich mittels Zeichensprache verständigen mußten. Auch mit den Sioux, mit denen sie ursprünglich in Feindschaft lebten, schlossen sie ein Bündnis.
Gemeinsam trugen diese beiden Völker die Hauptlast des Widerstandes gegen die erbarmungslos vordringende Flut der Weißen. Der Anlaß für dieses Bündnis, dem sich auch die Arapaho anschlossen, war der bereits geschilderte Überfall General Harneys auf das Lager der Brulé im Sommer 1855. Damals vereinbarten die drei Stämme, einander beizustehen, wenn sie wieder von den Weißen angegriffen würden.
Sowohl die Southern als auch die Northern Cheyenne hatten zahlreiche berühmte Persönlichkeiten aufzuweisen. Bei den Southern Cheyenne waren es vor allem der mit seiner Friedensbereitschaft scheiternde Black Kettle und der das Ideal eines Kriegshäuptlings verkörpernde Roman Nose.

DIE NÖRDLICHEN PLAINS

BLACK KETTLE

Motavato (»Schwarzer Kessel«)
Southern Cheyenne
Geb. 1803 in der Nähe der Black Hills, South Dakota ·
Gest. 27. November 1868 am Washita River, Oklahoma

Zeichnung von 1863

»ICH HABE WEDER DIE ABSICHT
NOCH DEN WUNSCH, GEGEN DIE
WEISSEN ZU KÄMPFEN. ICH UND
MEIN STAMM WOLLEN IN FRIEDEN
UND FREUNDSCHAFT MIT IHNEN
LEBEN.«

Black Kettle wurde den Weißen erst als fast Sechzigjähriger bekannt, als er im Jahr 1861 den Vertrag von Fort Wise, Colorado, unterzeichnete. Zu dieser Zeit war er der führende Häuptling der Southern Cheyenne. Schon zehn Jahre vorher war er bei dem Vertragsabschluß von Fort Laramie dabei, allerdings noch als unbedeutender, kleiner Häuptling. Erst in seinem letzten Lebensjahrzehnt reifte er zum angesehenen Führer seines Volkes, und das, was über das Leben Black Kettles bekannt und berichtenswert ist, beschränkt sich im großen und ganzen auf diesen Zeitraum.

1863 besuchte er zusammen mit Lean Bear, einem anderen Häuptling der Southern Cheyenne, Präsident Lincoln. Neben einem Orden bekam er auch eine amerikanische Garnisonsfahne mit siebenunddreißig Sternen geschenkt, die er voll Stolz jedesmal hißte, wenn er ein neues Lager aufschlug.

Welch geringen Wert das bunte Stück Stoff hatte, sollte er einige Jahre später am eigenen Leib verspüren. Auch ein Schreiben hatte er von Lincoln bekommen, worin versichert wurde, daß er ein guter Freund der USA sei. Auch dieses Papier sollte sich als wertlos erweisen.

Während eines Besuches in Fort Larned mußte Black Kettle zu seiner größten Verwunderung von Übergriffen der Soldaten auf friedliche Cheyenne hören. Sofort suchte Lean Bear die Soldaten auf, um ihnen den Orden und das Schriftstück zu zeigen, doch ohne Rücksicht eröffneten die Soldaten das Feuer und erschossen Lean Bear und seine Begleiter. Sofort tobte ein Kampf, der erst durch Black Kettles Eingreifen beendet wurde. Die Soldaten und ihr Kommandeur, Leutnant Eayre, flohen zum Fort zurück, verfolgt von den wütenden Cheyennekriegern, die dabei fünfzehn Kavalleriepferde erbeuten konnten.

Der Tod seines Freundes Lean Bear hatte Black Kettle tief erschüttert. Trotzdem war er weiterhin zum Frieden bereit. Aber die Amerikaner hatten daran wenig Interesse. Im Gegenteil. Colonel Chivington hatte Eayre befohlen, jeden Cheyenne zu töten, dessen er ansichtig würde.

Vergebens hatte sich Black Kettles weißer Freund William Bent, der mit einer Cheyennefrau verheiratet war, bei Chivington um eine Zurücknahme des unmenschlichen Befehls bemüht, aber der ehemalige Methodistenprediger war starrköpfig geblieben. Weder Black

Kettle noch William Bent konnten wissen, daß Chivington und Gouverneur Evans gemeinsam den Plan gefaßt hatten, sämtliche Indianer aus Colorado zu vertreiben. Evans besaß sogar noch die Unverfrorenheit, ein Rundschreiben an alle freundlich gesinnten Indianer zu richten, worin er sie aufforderte, nach Fort Lyon zu kommen, um zu vermeiden, daß sie irrtümlich angegriffen würden. Gegen ihre kriegerischen Stammesangehörigen, denen er dreist die Schuld an den Auseinandersetzungen in die Schuhe schob, wolle er so lange kämpfen, bis sie völlig unterworfen seien.
Die Soldaten machten aber keinerlei Unterschied zwischen »freundlichen« und »feindlichen« Indianern und kämpften sowohl gegen Sioux als auch gegen Cheyenne und Arapaho. Die Krieger revanchierten sich natürlich auf ihre Weise und überfielen Farmen, Poststationen und Wagenzüge. Black Kettle wollte dem Rat William Bents folgen und mit seinen Leuten nach Fort Lyon gehen. Er fand aber ebensowenig Gehör wie bei seinem Versuch, die Krieger von Überfällen abzuhalten. Sie hörten nicht mehr auf Black Kettle, sie hatten in Roman Nose, dem kühnen Anführer der Crooked Lances, einer Kriegerorganisation der Cheyenne, ein Idol gefunden, dem sie bedingungslos folgten.
Black Kettles Friedenswille ging sogar so weit, daß er vier weiße Gefangene von seinen eigenen Kriegern freikaufte und heimkehren ließ. Ende August ließ Gouverneur Evans verkünden, daß alle Bürger Colorados ermächtigt seien, jeden feindlichen Indianer, wo immer er angetroffen würde, sofort zu töten. Black Kettle beriet sich daraufhin mit seinen Häuptlingen und kam zur Ansicht, der erneuten Aufforderung des Gouverneurs, sich in Fort Lyon einzufinden, Folge zu leisten. Er ließ einen Brief an Agent Colley in Fort Lyon schreiben, in dem er seinem Friedenswillen Ausdruck gab und den Austausch von Gefangenen anbot. Major Wynkoop, der Kommandant des Forts, ritt mit einhundertsiebenundzwanzig Mann und einigen Cheyenne, die ihm die Botschaft überbracht hatten, ins Lager der Indianer, wo tags darauf eine Beratung zwischen Black Kettle und dem jungen, anfangs etwas mißtrauischen Offizier stattfand. Auch einige andere Häuptlinge nahmen teil, so Little Raven von den Arapaho. Wynkoops Mißtrauen schwand, und er versprach Black Kettle, sich voll dafür einzusetzen, die Soldaten von Angriffen auf die Cheyenne abzuhalten. Die Häuptlinge sollten mit ihm nach

Denver gehen, dort wolle er sie bei Verhandlungen mit dem Gouverneur unterstützen. Black Kettle willigte ein.

»Es gibt schlechte Weiße und schlechte Indianer. Daß sich die Dinge so entwickelt haben, ist die Schuld der Schlechten auf beiden Seiten. Auch einige meiner jungen Krieger sind dabei. Ich habe alles getan, was ich konnte, um den Krieg zu verhindern. Die Hauptschuld liegt aber bei den Weißen, die den Krieg begonnen haben und die Indianer gezwungen haben, zu den Waffen zu greifen.«

Etwa zwei Wochen später trafen Black Kettle und einige andere Häuptlinge in Denver ein. Wynkoop sprach beim Gouverneur vor; der aber weigerte sich, mit den Indianern zu sprechen, weil ein Friedensschluß seine Pläne durchkreuzt hätte. Endlich gab er mürrisch nach. Von vornherein hatte er die Absicht, es zu keinem Friedensschluß kommen zu lassen. Damit lud auch er einen gewichtigen Teil der Schuld an den grausamen Verbrechen, die nun folgen sollten, auf sich. An den ehrlichen Absichten Black Kettles bestand kein Zweifel:

»Wir wollen gute Botschaft nach Hause bringen, damit unsere Leute ruhig schlafen können. Ich bitte dich, allen Anführern deiner Soldaten zu sagen, daß wir den Frieden wollen und daß wir Frieden geschlossen haben, damit sie uns nicht als Feinde betrachten...
Wir sind ohne Furcht gekommen, um mit dir zu sprechen. Wenn ich nach Hause komme und meinen Leuten berichten kann, daß ich dir die Hand gegeben habe, so werden sie sich freuen...«

Evans aber blieb gegenüber diesem Angebot taub. Die Beratung endete ohne Ergebnis; das einzige, was die Cheyenne erfahren hatten, war, daß Major Wynkoop für sie zuständig sei. Leider dauerte es nicht lange, bis Wynkoop wegen seiner indianerfreundlichen Haltung bei seinen Vorgesetzten unangenehm auffiel. Wenige Wochen später wurde er abgelöst. Black Kettle besuchte den neuen Kommandanten, Major Anthony, und erhielt von diesem die Zusicherung, sie würden unter dem Schutz von Fort Lyon stehen, wenn sie in ihr Lager am Sand Creek zurückkehrten. Zufrieden zog der Häuptling in sein Dorf zurück, nicht ahnend, daß er von Anthony, einer Kreatur Chivingtons, grausam getäuscht worden war. Längst schon war Chivington mit Vorbereitungen für einen Überfall auf das Lager am Sand Creek beschäftigt. Während Anthony noch alles unternahm, um die Cheyenne in Sicherheit zu wiegen, brach Chivington mit siebenhundert Soldaten und vier Haubitzen auf. Kurz vorher hatte der einstige Prediger sein teuflisches Credo verkündet:

> »Ich bin hier, um Indianer zu töten, und ich glaube, daß es richtig und ehrenhaft ist, Indianer auf jede nur mögliche Art und Weise zu töten, die es auf Gottes Erdboden gibt!«

Im Lager am Sand Creek ahnte man von alldem nichts. Alle Bewohner – etwa sechshundert, davon zwei Drittel Frauen und Kinder – schliefen friedlich. Im Morgengrauen des 29. November 1864 wurden sie durch Pferdegetrappel geweckt. Eine Panik brach aus, als man die Soldaten erblickte. Black Kettle aber beruhigte seine Leute und zog die amerikanische Flagge hoch, die Schutz versprechen sollte. Dann krachten die ersten Salven. Es spielten sich unbeschreibliche Grausamkeiten ab. Die großteils betrunkenen Soldaten gerieten in einen wahren Mordrausch und metzelten auf barbarische Weise einhundertfünf Frauen und Kinder sowie achtundzwanzig Männer nieder. Etliche Häuptlinge waren unter den Toten, Black Kettles Frau wurde schwer verwundet, Black Kettle selbst konnte entfliehen. Die Überlebenden erreichten unter furchtbaren Strapazen – viele waren verwundet – das Jagdlager am Smoky Hill.

Als die Nachricht von der Greueltat, die als »Massaker am Sand Creek« ein besonders scheußliches Kapitel der Chronik des »Wilden Westens« bildet, bekannt wurde, riefen die Stämme der Sioux, die Arapaho und natürlich die Cheyenne zur Vergeltung auf. Die Friedenspolitik Black Kettles hatte offensichtlich völlig versagt, die meisten Cheyenne wandten sich von dem alten Häuptling ab. Dieser zog sich voll Verbitterung über die Treulosigkeit der Amerikaner in die Einsamkeit zurück. Die Amerikaner bekamen die Wut der Indianer alsbald zu spüren; Siedlungen, Frachttransporte, Militärposten wurden überfallen, Telegrafenleitungen zerstört, in Denver brach eine Panik aus, weil die Versorgung gefährdet war. Am 6. Januar 1865 wurde Julesburg angegriffen und geplündert.

Die Erfolge wurden im Winterlager am Republican River gebührend

gefeiert. Bei den Beratungen erschien auch Black Kettle wieder und
schlug vor, nach Süden zu gehen. Er fand aber wenig Zustimmung,
denn vornehmlich die jungen Krieger waren dafür, nach Norden zu
ziehen und sich den Northern Cheyenne anzuschließen.
Black Kettle wandte sich energisch gegen diesen Vorschlag und ging
mit ungefähr vierhundert meist älteren Leuten in das Gebiet südlich
des Arkansas, wo er sich den Southern Arapaho unter Little Raven
anschließen konnte.
Kurz darauf bekam Black Kettle Besuch. Regierungsbeamte aus
Washington kamen, um ihm das Mitleid des »Großen Vaters« und
seines Rates auszudrücken. Natürlich war dies nicht der wahre
Grund. Vielmehr wollte die Regierung erreichen, daß die Cheyenne
in Colorado keine Landansprüche mehr erheben konnten. Es kam
zu Verhandlungen mit den Beamten, die den Häuptlingen Black
Kettle und Little Raven nahelegten, nicht mehr nach Colorado
zurückzukehren, weil sie dort in dauernder Gefahr seien. Black
Kettle erwiderte:

> »Wir sind bereit, alles zu vergessen und mit euch friedlich und
> freundschaftlich zu sprechen, obwohl uns eure Soldaten über-
> fallen haben. Ich bin nicht gegen das, was der Präsident sagt,
> ich bin sogar dafür... Ich reiche euch erneut die Hand...
> Meine Leute sind froh, daß wieder Frieden herrscht und wir
> ruhig schlafen können...«

Am 14. Oktober wurde der Vertrag von Bluff Creek unterzeichnet.
Wieder einmal wurde »ewiger« Friede vereinbart, und Southern
Cheyenne und Southern Arapaho verzichteten auf jegliche Rechte
und Ansprüche im Territorium Colorado.
1867 fand in Medicine Lodge eine große Friedenskonferenz statt,
an der Vertreter der amerikanischen Regierung sowie zahlreiche
Häuptlinge der Kiowa, Comanchen, Kiowa-Apachen, Southern
Arapaho und Southern Cheyenne teilnahmen. Lange Zeit war es
ungewiß, ob außer Black Kettle, der von Anfang an dabei war, noch
andere Häuptlinge seines Stammes kommen würden. Nach fünf
Tagen kamen weitere Cheyenne, darunter Tall Bull und Gray Head;
Roman Nose aber weigerte sich strikt und verfolgte vom etwa
einhundert Kilometer entfernten Cimarron aus den Ablauf der Konferenz, über den er sich durch Boten unterrichten ließ. Es wird

berichtet, daß Black Kettle deswegen in großer Angst und Sorge war. Die Amerikaner wollten das Land nördlich des Arkansas für sich haben und lehnten die Forderung der Cheyenne nach Beibehaltung des Jagdrechtes am Smoky Hill ab, weil sie dort eine Eisenbahn bauen wollten. Erst nach langem Zureden George Bents, des Sohnes von William Bent, entschlossen sich Black Kettle und einige andere Häuptlinge, den Vertrag zu unterzeichnen, zusammen mit Kiowa und Comanchen in einer Reservation zu leben und nur mehr südlich des Arkansas auf Bisonjagd zu gehen. Etliche unzufriedene Cheyenne schlossen sich daraufhin Roman Nose an.

Schon im darauffolgenden Frühjahr wurden Lebensmittel und Munition knapp. Auch Major Wynkoop, der alte Freund der Cheyenne, konnte trotz größter Bemühungen nicht viel helfen. Die Krieger murrten, rotteten sich zusammen und zogen in kleinen Trupps nach Norden, um in ihren ehemaligen Jagdgebieten für Fleisch zu sorgen. Wynkoop bat um Geduld und intervenierte bei General Sheridan, dem neuen Kommandanten von Fort Kansas und Schöpfer des barbarischen Wortes, wonach nur tote Indianer gute Indianer seien.[1] Ein Treffen Sheridans mit Black Kettle fand statt, worauf die Cheyenne einige alte Gewehre erhielten.

Wenig später erfuhr Black Kettle, dessen Lager sich am Washita River befand, daß sich Militär im Anmarsch befand. Er begab sich zum Fort Cobb, um vom Agenten Aufklärung zu verlangen. Schroff und abweisend versicherte ihm dieser, daß er keine Sorge zu haben bräuchte, wenn sich seine Krieger friedlich verhielten. Das war eine glatte Lüge, da der Agent von Sheridans Plan, einen Winterfeldzug in die Gebiete südlich des Arkansas zu unternehmen, Kenntnis hatte.

Gleich nach seiner Rückkehr hielt Black Kettle eine Beratung ab und beschloß, am anderen Tag den Soldaten entgegenzureiten. Dazu sollte es allerdings nicht mehr kommen, denn noch in derselben Nacht überfielen die Soldaten ohne Vorwarnung das Dorf und ermordeten über einhundert Menschen, davon kaum ein Dutzend Krieger. Black Kettle wurde auf der Flucht durch zwei Schüsse getötet, ebenso seine Frau. Das blutige Gemetzel wurde von George A.

---

[1] Wörtlich lautet der Satz, den er gegenüber dem Comanchenhäuptling Tosawi äußerte: »Die einzigen guten Indianer, die ich gesehen habe, waren tote Indianer.«

Custer geleitet, der von General Sheridan den Auftrag hatte, die Dörfer der »wilden« Indianer zu zerstören. Custer, der das Attribut »wild« nach eigenem Gutdünken auslegte, besorgte dies gründlich und ließ sogar achthundert Ponys erschießen.
Ein Teil der Cheyenne-Krieger hatte sich wieder gesammelt und griff zusammen mit herbeigeeilten Arapaho die Nachhut Custers unter Major Elliott an und vernichtete sie völlig. Custer floh, ohne sich um Elliott zu kümmern, und wurde von Sheridan als Kriegsheld gefeiert. Triumphierend schwenkte er den Skalp Black Kettles, des wohl friedfertigsten Häuptlings der Cheyenne, dessen Leichnam jetzt irgendwo am Ufer des Washita lag. Auch er war ein Beispiel dafür, daß noch so ehrlicher Wille zum Frieden allein noch keine Gewähr für das Überleben bot.
In gleichem Maße wie der Stern Black Kettles als Häuptling der Southern Cheyenne sank, der in den letzten Jahren seines Lebens bei vielen Kriegern nur mehr als kraftloser, alter Mann galt, wuchsen Ruhm und Ansehen von Roman Nose, dem Anführer der Crooked Lances.

Custers Überfall auf Black Kettles Lager

DIE NÖRDLICHEN PLAINS

ROMAN NOSE

Woquini (»Römische Nase«)
Southern Cheyenne
Geb. um 1835 am Colorado · Gest. 17. September 1868
auf Beecher's Island, Colorado

Fotografie (Authentizität nicht gesichert)

»WIR WÜNSCHEN KEINE LÄRMENDE EISENBAHN IN UNSEREN JAGDGRÜNDEN, WO WIR BISONS JAGEN. WENN DIE BLEICHGESICHTER WEITER IN UNSER LAND DRINGEN, WIRD ES FRISCHE SKALPS DEINER BRÜDER IN DEN WIGWAMS DER CHEYENNE GEBEN. ICH HABE GESPROCHEN.«

Die Cheyenne hatten mehrere Kriegervereinigungen, die eigene Anführer besaßen und wegen ihrer Kühnheit weithin gefürchtet waren. Einer dieser Bünde waren die Crooked Lances, an deren Spitze Roman Nose stand. In vieler Hinsicht ist er mit Crazy Horse und Osceola zu vergleichen: Auch er war ein großer Stratege und tollkühner Kämpfer, auch ihm schlossen sich zahlreiche Krieger voller Begeisterung an, auch er fand einen frühen Tod.

Schon nach der Strafexpedition General Sullys (1863/64) wandte er sich gegen die nachgiebige Haltung Black Kettles und griff die eindringenden Weißen an. Als aber das Massaker vom Sand Creek die Empörung auf die Spitze trieb, da rief er zum Rachekrieg gegen die Mörder auf.

Eines der ersten Ziele war die Platte Bridge Station. Während der Belagerung fand der berühmte »Wagon-Box-Fight« statt, bei dem der Bruder von Roman Nose den Tod fand. Roman Nose sammelte seine Krieger, griff die Wagenburg von allen Seiten gleichzeitig an und tötete die hartnäckigen Verteidiger.

Aber schon im August 1865 entwickelte das Militär neue Aktivitäten. General Connor überfiel mit zweitausend Mann ein Arapaho-Dorf und verbrannte sämtliche Vorräte. Aufs neue sammelten sich die Krieger der Sioux, Cheyenne und Arapaho, um Connor zu bestrafen. Wieder einmal waren die nördlichen Plains im Aufruhr.

Roman Nose hatte sich im Sommer des Jahres 1865 in die Einsamkeit zurückgezogen, um durch Gebete Kraft für die bevorstehenden Kämpfe und den Schutz des Großen Geistes zu gewinnen. Ein alter Medizinmann fertigte einen prachtvollen Kopfschmuck für ihn an. Es muß ein eindrucksvolles Bild gewesen sein, wenn der kühne Anführer auf einem weißen Pony an der Spitze seiner Krieger ritt.

Eine der vielen Erkenntnisse, die Roman Nose in den folgenden Monaten gewann, war, daß die Bewaffnung seiner Leute der der Bleichgesichter auf die Dauer nicht gewachsen war und einer raschen Modernisierung bedurfte. Seine Krieger mit der Taktik der Weißen vertraut zu machen, hatte er sich schon seit längerem zur Aufgabe gestellt. Im Frühjahr 1866 ging Roman Nose auf die Bisonjagd; die Verträge, die Black Kettle geschlossen hatte, kümmerten ihn herzlich wenig, da er sie niemals unterzeichnet hatte.

Die Versuche, ihn zur Unterzeichnung der Verträge zu bewegen, die besonders von Major Wynkoop ausgingen, lehnte er empört ab.

DIE NÖRDLICHEN PLAINS

Immer mehr Trupps unzufriedener Cheyenne-Krieger stießen zu ihm, und Roman Nose schmiedete Pläne, die Stationen entlang der Postlinie zu zerstören, die durch die Jagdgebiete der Cheyenne führte.

Im selben Jahr fand eine Beratung in der Nähe von Fort Ellsworth statt, in der Roman Nose seinen Standpunkt klarmachte. Sein Verhandlungspartner, General Palmer, blieb allerdings stur und nahm die Warnungen nicht ernst.

> »Wir wünschen keine lärmende Eisenbahn in unseren Jagdgründen, wo wir Bisons jagen. Wenn die Bleichgesichter weiter in unser Land dringen, wird es frische Skalps deiner Brüder in den Wigwams der Cheyenne geben.«

Auch den Agenten der Overland Stage Company warnte Roman Nose eindringlich und forderte ihn auf, den Postverkehr binnen zwei Wochen einzustellen. Früh einsetzende Schneestürme beendeten ihn allerdings ohnehin vorzeitig.

General Hancock verlangte Verhandlungen mit den Cheyenne. Vierzehn Kriegshäuptlinge fanden sich in Fort Larned ein; zu Hancocks größter Enttäuschung war Roman Nose nicht dabei. Auf seine barsche Frage nach dem Grund bekam er zur Antwort, daß Roman Nose kein Häuptling sei. Wütend beschloß Hancock, mit seinen Soldaten ins Dorf der Cheyenne zu reiten, um mit Roman Nose zu sprechen. Dieser war, als er davon erfuhr, mißtrauisch und wollte einerseits die Soldaten nicht ins Dorf lassen, andererseits legte er keinen Wert darauf, mit Hancock zu sprechen. Schließlich ernannten ihn die Häuptlinge zum Anführer, Frauen und Kinder ritten nach Norden und brachten sich in Sicherheit.

Roman Nose ritt den Soldaten entgegen; er hatte gedroht, Hancock zu töten, weshalb ihm die Cheyenne den Häuptling Bull Bear zur Begleitung mitgaben, um den temperamentvollen Anführer vor allzu spontanen Handlungen zurückzuhalten. Roman Nose hatte einen prunkvollen Offiziersrock angelegt, war mit Gewehr, Pistolen, einem Bogen und einem Köcher voll Pfeile bewaffnet und trug eine weiße Fahne. Hinter ihm ritten etwa dreihundert Krieger.

Das Gespräch mit Hancock war sehr kurz. Roman Nose erklärte:

> »Wir wünschen keinen Krieg; wenn wir Krieg wollten, würden wir uns nicht in die Nähe eurer Kanonen begeben.«

Hancock erfuhr, daß Frauen und Kinder weggeritten waren, und bestand darauf, daß sie sofort ins Dorf zurückkehrten. Dies war natürlich reine Provokation, die Cheyenne-Führer erkannten dies auch sofort, versprachen zum Schein, dem Begehren des Generals zu entsprechen, und ritten weg. Erst nach zwei Tagen begriff Hancock, daß er getäuscht worden war. Er tobte und ließ das verlassene Lager in Brand stecken und sämtliche Vorräte vernichten. Dieser barbarische Akt hatte zur Folge, daß Roman Noses Krieger und die befreundeten Sioux eine ganze Serie von Angriffen auf Siedler, Bahnarbeitercamps, Poststationen und Postkutschen unternahmen und die unrechtmäßig erbauten Einrichtungen der Weißen vernichteten. Wieder einmal hatte eine sogenannte Friedensexpedition – diesmal unter dem unfähigen Hancock – zum Krieg geführt.

Nach dem Mißerfolg der Expedition wurde von der Regierung in Washington die Bildung einer Friedenskommission angeregt, was in weiterer Folge zur großen Konferenz am Medicine Lodge Creek führte. Roman Nose erklärte, er werde die Verhandlungen boykottieren, solange General Sherman daran beteiligt sei. Wie ernst es diesem um den Frieden zu tun war, illustriert seine Äußerung:

> »Wenn ihr den Kampf fortsetzt, werdet ihr alle sterben müssen. Diese Kommission ist nicht nur eine Friedenskommission, sondern auch eine Kriegskommission.«

Den Friedenskommissaren war klar, daß der Erfolg der Verhandlungen mit den Cheyenne im wesentlichen von der Teilnahme Roman Noses, des mächtigsten Anführers der Southern Cheyenne, abhing. Dieser war aber nicht zu bewegen, zum Medicine Lodge zu kommen, er verfolgte lediglich, ob Black Kettle irgendwelche vorschnellen Zugeständnisse machte und die Cheyenne dadurch in Schwierigkeiten brächte.

Die Entwicklungen nach der Vertragsunterzeichnung gaben Roman Nose recht. Im Zuge der Unruhen im Sommer 1868 entsandte General Sheridan eine Kompanie Scouts, um festzustellen, wo die Indianer lagerten. Umherstreifende Sioux entdeckten als erste das Lager der Weißen am Arikasee und meldeten es den Cheyenne. Häuptlinge und Krieger baten Roman Nose, sie gegen die weißen Eindringlinge zu führen. Die Hauptstreitmacht ritt voraus; der Angriff war für den nächsten Morgen vorgesehen. Entgegen der

Anweisung von Roman Nose, geschlossen mit allen Kriegern anzugreifen, führten einige Krieger auf eigene Faust einen Angriff auf die Pferde der Kundschafter durch, wodurch diese gewarnt waren und sich auf einer kleinen Insel im Fluß – Beechers Island – verschanzten.

Den ganzen Tag dauerte die Belagerung, ohne daß ein Erfolg abzusehen war. Am Nachmittag kam Roman Nose und bereitete sich auf den Kampf vor. Er legte die Kriegsbemalung der Cheyenne an, die aus den Farben Gelb, Schwarz und Rot bestand, und ritt in vollem Federschmuck zum Flußufer. Er soll geahnt haben, daß er an diesem Tag fallen werde. Beim ersten Angriff traf ihn eine Kugel in den Leib, so daß er vom Pferd stürzte. Erst als es finster war, fanden ihn seine Krieger. Noch in derselben Nacht – man schrieb den 17. September 1868 – starb Roman Nose, der von seinen Kriegern verehrte und geliebte Anführer, in dem alle Eigenschaften verkörpert waren, die die Cheyenne zum kriegerischsten, ritterlichsten und stolzesten Stamm der Plains gemacht hatten.

Nach dem Tod ihrer berühmtesten Führer spalteten sich die Southern Cheyenne nochmals. Ein Teil unter dem Häuptling Little Robe zog in die ärmliche Reservation bei Camp Supply, der andere Teil unter Tall Bull wandte sich nach Norden, um sich den Northern Cheyenne anzuschließen. Aber Tall Bull fiel bei Summit Springs im Kampf gegen die Kavallerie unter General Carr; die Überlebenden konnten entfliehen und erreichten endlich das langersehnte Ziel: ihre alte Heimat am Powder River.

Das Schicksal der Northern Cheyenne war nicht weniger tragisch als das ihrer südlichen Stammesbrüder. Es wurde maßgeblich durch zwei große und berühmte Persönlichkeiten des Stammes bestimmt, durch die Häuptlinge Dull Knife und Little Wolf.

DULL KNIFE

Tah-me-la-pash-me (»Stumpfes Messer«)
Northern Cheyenne
Geb. um 1835 am Powder River · Gest. 1883 in der Tongue River
Reservation

Fotografie

»ICH STEHE HIER AUF MEINEM
EIGENEN GRUND UND BODEN UND
WERDE NIEMALS ZURÜCKKEHREN[1].
EHER LASSE ICH MICH TÖTEN
ALS ZUR RÜCKKEHR ZWINGEN.«

[1] In das Indianerterritorium.

In jungen Jahren war Dull Knife ein gefürchtetes Mitglied der Dog Soldiers gewesen, des berühmten Kriegerbundes der Cheyenne. Schon früh bemühte er sich um Frieden mit den Weißen, lediglich 1865 nahm er am Krieg Red Clouds teil. Drei Jahre später, am 10. Mai 1868, unterzeichnete er in Fort Laramie den zwischen den Northern Cheyenne und Northern Arapaho einerseits und den Vereinigten Staaten andererseits geschlossenen Vertrag. Die Entwicklungen der darauffolgenden Jahre bewogen ihn jedoch, seine friedliche Haltung aufzugeben und sich enger an die »freien« Sioux unter Sitting Bull anzuschließen.

Im Winter 1875/76 lagerten Schoschonen am Big Horn River, geführt von ihrem berühmten Häuptling Washakie. Ebenso wie die Pawnee, Arikara und Crow kollaborierten die Schoschonen zu dieser Zeit mit den Amerikanern und stellten ihre Krieger der Armee als Scouts zur Verfügung. Als Dull Knife von der Anwesenheit der verhaßten Verräter erfuhr, gab er den Befehl zum Angriff. In einem erbitterten Ringen wurden die Schoschonen besiegt.

Wenige Monate später standen sich Krieger der beiden Stämme erneut gegenüber. Dull Knife und seine Leute hatten sich endgültig Sitting Bull angeschlossen, wozu die betrügerischen Machenschaften eines Indianeragenten und die ständigen Vertragsverletzungen der Amerikaner den Ausschlag gegeben hatten. In der Schlacht am Little Big Horn kämpften die Cheyenne Schulter an Schulter mit den Sioux unter Crazy Horse und Gall, und es war wohl mehr als Zufall, daß gerade sie es waren, die George A. Custer, dem Todfeind ihres Stammes, zu Beginn der Schlacht gegenüberstanden. Sie übten blutige Vergeltung für das Gemetzel am Washita und hatten wesentlichen Anteil am Untergang Custers.

Noch im selben Jahr schlug die Armee zurück. Am Morgen des 26. Novembers 1876 griff Kavallerie unter Colonel Mackenzie das Lager Dull Knifes an, verwüstete zahllose Hütten und stahl siebenhundert Ponys. Die Bewohner des Dorfes konnten zwar entfliehen, ergaben sich aber im Frühjahr 1877 bei Fort Robinson, zur selben Zeit, als sich dort auch Crazy Horse ergab. Die Cheyenne waren der festen Meinung, daß sie nunmehr friedlich in der Reservation leben könnten, zusammen mit den Sioux oder den Southern Cheyenne. Deshalb waren Dull Knife und der Häuptling Little Wolf, der sich ebenfalls ergeben hatte, äußerst befremdet, als ihnen die Indianeragenten nahelegten, sich mit ihren Leuten im fernen Indianerterritorium niederzulassen. Eilfertig versicherte General Crook den Häuptlingen, sie könnten mit ihren Leuten das Land sofort wieder verlassen, wenn es ihnen nicht gefalle, und in ihre alte Heimat zurückkehren.

Beruhigt durch diese Zusicherung brachen die Cheyenne auf und erreichten nach dreimonatigem Marsch die Darlington Reservation im Indianerterritorium, in der Southern Cheyenne und Southern Arapaho lebten. Aber die Versprechungen der Amerikaner erwiesen sich, wie schon so oft, als Lügen: In der angeblich so wildreichen Reservation gab es keinen einzigen Bison mehr, und auch das übrige Wild war fast ausgerottet. Das Land war öd, das Klima heiß und ungesund. Die Versorgungslage innerhalb der Reservation war katastrophal: Eine Rinderherde aus Texas, die dazu dienen sollte, den Hunger der Indianer zu stillen, war nach ihrer Ankunft selbst fast verhungert und bestand nur aus Haut und Knochen. Viele Cheyenne erkrankten an Malaria, es gab aber weder ausreichende ärztliche Versorgung noch überhaupt Medikamente. Nach Jahresfrist war die Hälfte der Northern Cheyenne tot.

Schon bald nach ihrer Ankunft hatten Dull Knife und Little Wolf den Wunsch geäußert, wieder zurückzukehren, wie es ihnen von General Crook zugesichert worden war. Die Rückkehr wurde ihnen aber in schroffem Ton untersagt. Als die Zustände immer unerträglicher wurden, die endlich erlaubten Bisonjagden keinerlei Erfolg brachten und die Cheyenne schon daran dachten, ihre eigenen Pferde zu schlachten, da beschlossen Dull Knife und Little Wolf, bei John Miles, dem Indianeragenten, vorzusprechen. Dull Knife war allerdings so krank und entkräftet, daß er Little Wolf, dem Kriegshäuptling der Cheyenne, das Wort übertrug.

DIE NÖRDLICHEN PLAINS

LITTLE WOLF
Oh' Kum hka'kit (»Kleiner Wolf«)
Northern Cheyenne
Geb. um 1820 im Gebiet der Black Hills · Gest. 1904 in der
Lame Deer Reservation, Montana

Fotografie

»SEIT WIR IN DIESE RESERVATION GESCHAFFT
WURDEN, MUSSTE MEIN VOLK HUNGERN. MIT
DEM VERHUNGERN KANNST DU MIR ALSO
NICHT MEHR DROHEN. ICH SAH GESTERN
KINDER, DIE AUS VERZWEIFLUNG GRAS ASSEN;
WILLST DU IHNEN DAS GRAS AUCH NOCH
WEGNEHMEN?«

Als Bewahrer des heiligen Bündels der Northern Cheyenne war Little Wolf die wichtigste Persönlichkeit des Stammes. Den Ruf der Tapferkeit erwarb er sich – wie viele andere berühmte Männer der Cheyenne und Sioux – in den Kämpfen gegen die indianischen Nachbarn. Seine körperliche Überlegenheit wird durch die Tatsache, daß er noch mit fast sechzig Jahren alle anderen Krieger seines Stammes im Wettlauf übertraf, eindrucksvoll illustriert. Er besaß auch die Gabe, seine Gedanken überzeugend und klar darzulegen. Seine ruhige, ja fast sanfte Art stand in krassem Widerspruch zu seinem Verhalten im Kampf, wo er wie ein Berserker wütete. Allerdings gab es lange Zeit wenig Gelegenheit, seine kriegerischen Eigenschaften gegen die Weißen einzusetzen. Erst 1865 nahm er an den Kämpfen teil, die durch Chivingtons Gemetzel am Sand Creek ausgelöst wurden.

Wenig später fuhr er nach Washington, besuchte Präsident Grant und fragte, was mit der Agentur sei, die die Vereinigten Staaten den Cheyenne im Jahre 1851 zugesagt hatten. Statt einer vernünftigen Antwort erhielt Little Wolf eine Friedensmedaille...

Die folgenden Jahre lebten Little Wolf und seine Leute auf der Red-Cloud-Agentur, von dort aus zogen sie alljährlich auf die Bisonjagd, so auch im Frühsommer des Jahres 1876, weshalb sie von den Ereignissen am Rosebud und am Little Big Horn nichts erfuhren und sich an den Kämpfen nicht beteiligen konnten. Als aber Colonel Mackenzie Dull Knifes Dorf überfiel und zerstörte, griff Little Wolf mit seinen Kriegern ein und half Frauen und Kindern, der Soldateska zu entfliehen. Er selbst wurde dabei schwer verwundet.

Von diesem Zeitpunkt an blieben die beiden Häuptlinge und ihre Gruppen zusammen und zogen gemeinsam ins Indianerterritorium, das ihnen die falschen Propheten der Bleichgesichter als gelobtes Land geschildert hatten. Nun stand Little Wolf also vor dem Indianeragenten John D. Miles und prangerte die desolaten Zustände an, unter denen die Northern Cheyenne zu leiden hatten:

> »Wir sind gekommen, um den Agenten um die Erlaubnis zur Rückkehr in unsere heimatlichen Berge zu bitten. Alle meine Leute sind dort großgeworden, in einem Land voller Nadelbäume und klarer, kalter Flüsse. Dort waren wir immer gesund, denn es gab genug Fleisch für uns alle. Dort waren wir

glücklich, bis die Soldaten des ›Großen Vaters‹ uns hierher schafften. Ein Jahr sind wir nun hier im Süden, und schon viele von uns sind tot. Dies hier ist kein guter Ort für uns, hier ist es zu heiß und zu staubig, hier haben wir nicht genug zu essen. Wir möchten nach Hause in unsere Berge zurückkehren. Wenn es außerhalb deiner Macht liegt, uns die Erlaubnis zur Rückkehr zu geben, dann laß einige von uns nach Washington gehen, damit sie von den Zuständen hier berichten; oder schreibst du nach Washington, um die Erlaubnis für uns zu bekommen, wieder nach Norden zu ziehen?...
Wir können nicht noch ein Jahr hierbleiben, wir wollen gleich weg von hier. Wenn wir noch ein Jahr bleiben, dann kann keiner von uns mehr nach Norden ziehen, dann sind wir alle tot.«

Miles war zu schwach, um etwas erreichen zu können. Als er erfuhr, daß drei unzufriedene Cheyenne-Krieger die Reservation verlassen hatten, begann er zu toben und verlangte von Little Wolf zehn Krieger als Geiseln, bis die drei Flüchtlinge gefaßt seien. Andernfalls würde er die Cheyenne verhungern lassen. Verächtlich erwiderte Little Wolf:

»Seit wir in diese Reservation geschafft wurden, mußte mein Volk hungern. Mit dem Verhungern kannst du mir also nicht mehr drohen. Ich sah gestern Kinder, die aus Verzweiflung Gras aßen; willst du ihnen das Gras auch noch wegnehmen?... Wir werden die Reservation verlassen und nach Norden in unsere Heimat gehen. Ich will nicht, daß hier Blut fließt. Verfolge uns erst, wenn wir schon einen kleinen Vorsprung haben. Wenn ihr dann den Kampf wollt, so werden wir uns ihm stellen und den Boden mit Blut tränken.«

Am anderen Tag, dem 9. September 1878, machten sich die Northern Cheyenne auf den Weg, der sie über mehr als eintausend Meilen in ihre alte Heimat am Powder River führen sollte. Dieser Zug der Cheyenne bildete das traurige Ereignis einer insgesamt völlig verfehlten Politik, die von der Hilflosigkeit des kleinen Indianeragenten Miles bis zum Versagen der amerikanischen Behörden in Washington.
Zwei Tage nach dem Aufbruch wurden die Cheyenne von den Sol-

daten eingeholt. Diese schickten einen Arapaho-Späher als Unterhändler und forderten sie zur Rückkehr auf. Little Wolf lehnte dieses Ansinnen ab:

> »Wir gehen nach Norden. Als wir bereit waren, in dieses Land zu gehen, bekamen wir das Versprechen, wieder zurückkehren zu dürfen. Wir werden unterwegs kein Eigentum eines Weißen antasten und niemanden angreifen, wenn man uns friedlich ziehen läßt. Wenn die Soldaten uns aber angreifen, werden wir uns wehren.«

Unverzüglich griffen die Soldaten an, hatten aber keinen Erfolg, weil die Cheyenne sich geschickt in den umliegenden Canyons verborgen hatten und am nächsten Morgen verschwunden waren.

Nun begann eines der beschämendsten Kapitel in der Geschichte der amerikanischen Armee. Aus allen Forts im Umkreis von eintausend Meilen brachen Soldaten zur Verfolgung der Cheyenne auf; weiße Siedler, Rancher und andere ehrenwerte Bürger rotteten sich zusammen, um die »indianische Gefahr« zu bannen. Schließlich waren über dreizehntausend bewaffnete Männer auf den Beinen, um eine Schar Cheyenne zu vernichten, die knapp dreihundert Personen umfaßte, davon achtzig Krieger. Wohl gelang es der Meute der Verfolger, einige erschöpfte alte Leute zu erschießen, aber der Haupttrupp erreichte unter der geschickten und umsichtigen Führung von Little Wolf nach sechs Wochen den Platte River. Über das weitere Vorgehen waren Dull Knife und Little Wolf verschiedener Meinung: Dull Knife empfahl, die Agentur Red Clouds aufzusuchen und diesen um Hilfe zu bitten. Little Wolf lehnte dies ab; sein Ziel war das Tal des Tongue River, die Heimat seines Volkes. Die Cheyenne teilten sich und zogen in verschiedenen Richtungen weiter.

Dull Knife und seine Leute gerieten in einen schweren Schneesturm und wurden von Soldaten eingeschlossen. Bei den Verhandlungen mußte der Häuptling erfahren, daß es in Nebraska überhaupt keine Reservationen mehr gab und Red Cloud und Spotted Tail jetzt in Dakota waren. Resignierend folgte Dull Knife den Soldaten nach Fort Robinson, wo seine Leute am nächsten Tag ihre Waffen abliefern sollten. In der Nacht zerlegten die Krieger die besten Gewehre und versteckten die Teile geschickt in ihren Gewändern. Was sie ablieferten, waren nur mehr oder weniger unbrauchbare Waffen.

Die Cheyenne wurden in einer Baracke untergebracht, die für nur halb so viele Personen gedacht war. Anfangs wurden sie freundlich behandelt, als aber im Dezember ein neuer Kommandant, Captain Wessels, nach Fort Robinson kam, verschlechterte sich die Lage. Auch Red Cloud, der aus Dakota gekommen war, konnte nicht mehr tun, als den Cheyenne Platz in seiner Agentur anzubieten, allerdings nur, wenn der Präsident in Washington damit einverstanden sei. Dull Knife beteuerte seine friedliche Haltung:

> »Wir sind dir dankbar, daß du dein Land mit uns teilen willst, und hoffen, daß uns der ›Große Vater‹ erlauben wird, zu euch zu kommen. Wir wollen nichts anderes, als in Frieden zu leben. Ich will keinen Krieg, mit niemandem. Ich bin zu alt, um zu kämpfen.«

Vier Wochen später kam die niederschmetternde Nachricht aus Washington, das Reservatssystem sei gefährdet, wenn die Cheyenne die Erlaubnis zum Verbleib bekämen. Wieder einmal hatte die Meinung des berüchtigten Generals Sheridan über Menschlichkeit und Vernunft gesiegt. Innenminister Schurz pflichtete dem General bei, und so wurden die Cheyenne aufgefordert, wieder ins Indianerterritorium zurückzugehen. Dull Knife weigerte sich, worauf man ihm fünf Tage Bedenkzeit gab. Das Nachdenken suchte man den Cheyenne noch dadurch zu erleichtern, daß man ihnen während dieser Zeit keine Nahrung gab. Nach Ablauf der Frist befahl Captain Wessels die Häuptlinge zu sich. Dull Knife weigerte sich; die anderen, die dem Befehl gefolgt waren, wurden gefesselt. Als Dull Knife davon erfuhr, erkannte er, daß es keinen Ausweg mehr gab:

> »Nun ist es Zeit, die besten Kleider anzuziehen und den Todesgesang anzustimmen. Wir müssen uns auf den Tod vorbereiten.«

Die Krieger bauten ihre Gewehre zusammen und legten die Kriegsbemalung an. Nochmals unternahm Wessels einen Versuch, den Häuptling umzustimmen. Dull Knife aber blieb standhaft, obwohl er von Hunger und Kälte stark geschwächt war.

> »Wir werden nicht mehr nach Süden gehen. Nur eine Möglichkeit gibt es, uns dorthin zu bringen: Ihr erschlagt uns und

schleppt unsere Leichen dorthin. Wir sind waffenlos. Kommt herein, wenn ihr wollt, und erschlagt uns mit Knüppeln wie Hunde.«

Als es draußen dunkel geworden war, gab Little Shield, der Anführer der Dog Soldiers, den Befehl zum Ausbruch. Der Wachtposten wurde erschossen; der Schuß alarmierte die Soldaten, die die davoneilenden Cheyenne verfolgten und wahllos Männer, Frauen und Kinder niederschossen. Dull Knife konnte mit Frau, Sohn, Schwiegertochter und Enkel entkommen. Nach unsäglichen Strapazen erreichten sie die Pine-Ridge-Agentur, wo sie Aufnahme fanden und bleiben durften. Später erhielt Dull Knife sogar die Erlaubnis, in der Heimat der Cheyenne zu siedeln. Im Tal des Rosebud, das zur Tongue River Reservation gehörte, verbrachte der unglückliche Cheyennehäuptling seine letzten Lebensjahre. Verbittert starb er dort im Jahre 1883.

Bei dem Ausbruch war es einunddreißig Kriegern gelungen, sich in die Berge durchzuschlagen. Sechs Tage lang wehrten sie sich mit Todesverachtung gegen die zehnfache Übermacht der Soldaten. Schließlich waren nur noch drei Dog Soldiers am Leben, die von ihren Verfolgern umzingelt wurden. Als sie keine Patronen mehr hatten, griffen sie mit den leergeschossenen Gewehren die Soldaten an und fielen im Kugelhagel des amerikanischen Militärs. Wohl selten war die Bezeichnung Heldentod so berechtigt wie beim Ende dieser drei Cheyenne-Krieger, deren Schicksal symbolisch für das Schicksal ihres Volkes ist.

Little Wolf hatte nach der Trennung von Dull Knife den Winter mit seinen Leuten in Erdlöchern verbracht und war erst, als es draußen wärmer geworden war, zum Tongue River aufgebrochen. Dabei begegneten sie einigen Cheyenne-Kundschaftern, die im Dienst der Armee standen, und kamen durch sie mit dem Scout Ben Clark zusammen, einem Mann, den sie noch von Fort Robinson in guter Erinnerung hatten. Er erwies sich auch jetzt noch als Freund der Cheyenne und forderte sie auf, mit ihm nach Fort Keogh zu gehen. Little Wolf faßte Vertrauen zu Clark.

»Ich werde Gewehre und Ponys abgeben, wenn ich in Fort Keogh bin, nicht jetzt. Du bist der einzige, der uns nicht sofort angegriffen hat, sondern mit uns gesprochen hat. Vielleicht legt sich jetzt der Sturm, unter dem unsere Herzen so lange gezittert haben.«

Es dauerte zwar noch mehrere Monate, bis der bürokratische Apparat in Washington die Erlaubnis gab, daß die Cheyenne am Tongue River eine eigene Reservation bekämen. Für viele war es zu spät: das lange Nichtstun ließ sie zum Alkohol greifen, auch Little Wolf wurde ein Opfer des Feuerwassers. Nachdem er im Rausch einen Totschlag begangen hatte, wurde er seiner Häuptlingswürde entkleidet und lebte fortan einsam und abgeschieden dahin. Die unmenschlichen Strapazen und die schwere Last der Verantwortung für sein Volk lassen Verständnis und Mitgefühl für seine plötzliche Schwäche aufkommen. Das Bild des großen Häuptlings, dem es nach unsäglichen Mühen gelungen war, für die Reste seines Volkes doch noch eine Reservation in seiner angestammten Heimat zu erreichen, wird dadurch nicht beeinträchtigt. 1904 starb er. Seinen Leichnam bestattete man aufrecht in einem Steinhaufen; der Blick des erloschenen Auges war weit über die Heimat seines stolzen Volkes gerichtet, über sein Land am Rosebud River.

Squaws der Cheyenne (Zeichnung von Möllhausen)

DIE GROSSEN EBENEN

DIE SÜDLICHEN PLAINS

DIE SÜDLICHEN PLAINS

DIE WICHTIGSTEN STÄMME: a) Comanchen
b) Kiowa
c) Lipan
d) Tonkawa

SPRACHGRUPPEN: a) Uto-aztekisch
b) Tanoa
c) Athapaskisch
d) Tonkawa

LEBENSGRUNDLAGE: Jagd auf Bisons

LEBENSFORMEN: Nomaden

WOHNFORMEN: Tipis, runde Strohhütten (Tonkawa)

Wie bereits erwähnt, nahm die historische Entwicklung in den südlichen Plains einen anderen Verlauf als im Norden. Die hier lebenden Stämme kamen wesentlich früher mit den Weißen in Kontakt. Überdies waren diese Kontakte viel intensiver, sowohl im Frieden als auch im Krieg. Die ersten Weißen, die durch die südlichen Plains zogen, waren 1540 Coronado und seine Leute. Schon bald wurden spanische Siedlungen gegründet, und dementsprechend früh kamen die Indianer des Südwestens und der südlichen Plains in den Besitz von Pferden. Besonders durch den Aufstand der Pueblo-Indianer im Jahr 1680 waren viele der bisher von den Spaniern sorgsam gehüteten Reittiere den Indianern in die Hände gefallen. Dies bewirkte nicht nur – wie im Norden – die Umstellung auf die Bisonjagd als ausschließliche Lebensgrundlage, sondern auch die Möglichkeit zu ausgedehnten Raubzügen. Davon waren nicht nur benachbarte Stämme betroffen, sondern vor allem die spanischen Siedlungen in Mexiko. Auf diese Weise, aber auch durch Handel erhielten die Indianer zahlreiche ihnen bisher unbekannte Waren, die ihrer neuen Lebensweise sehr zustatten kamen, wie Messer, Gewehre, eiserne Äxte und ähnliches.
Die wichtigsten Stämme der südlichen Plains waren die Kiowa und die Comanchen. Beide waren aus dem Norden gekommen, die

Comanchen früher als die Kiowa. Die Comanchen wurden einer der ersten Stämme, die sich auf die Bisonjagd zu Pferde spezialisierten, und nahmen auch bei der Verbreitung des Pferdes nach Norden eine Art Vermittlerrolle ein.

Spielsachen und Kinderschuhe der Plains-Indianer

Schon bei den Spaniern waren sie wegen ihrer Wildheit berüchtigt, und es gelang auch den Amerikanern nur schwer, ihrer Herr zu werden. Dabei lag ihre Stärke nicht in großen Aktionen, sondern in den zahllosen, von einzelnen Gruppen auf eigene Faust durchgeführten Überfällen und Beutezügen. Dies ist auch der Grund, warum die Comanchen im Verhältnis zu ihrer historischen Bedeutung nur relativ wenige berühmte Persönlichkeiten aufzuweisen haben. Die Kiowa hingegen, deren Kopfzahl etwa ein Siebtel der Stärke der Comanchen betrug, brachten im Vergleich dazu wesentlich mehr große Persönlichkeiten hervor.

Ebenso wie die Apachen sind auch die Comanchen und Kiowa vielfach als Inbegriff des Schlechten geschildert worden. Dazu ist zu bemerken, daß auch diese Stämme – wie viele andere – um ihre Jagdgründe und damit um ihre Existenz kämpften, die sie von den Amerikanern bedroht sahen. Daß sie in diesem Kampf alle ihre Fähigkeiten, besonders ihre unvergleichlichen Reitkünste, in die Waagschale warfen, war ihr legitimes Recht und sicherte ihnen – über alle subjektiven oder verfälschenden Berichte ihrer weißen Gegner hinaus – bleibenden Nachruhm.

DIE KIOWA

Nachdem lange Zeit angenommen worden war, die Kiowa seien als eigene Sprachgruppe anzusehen, ist man heute der Auffassung, daß sie zur Tanoan-Gruppe gehören und innerhalb dieser die Kiowa-Tanoan-Gruppe bilden. Auch eine Verwandtschaft zur uto-aztekischen Sprachfamilie wird vermutet. Die Bezeichnung für diesen Stamm entstand aus ihrem eigenen Namen »Kai-ywu«, der »erstes Volk« bedeutet.
Die Jagdgebiete der Kiowa sind schwer abzugrenzen. Im 19. Jahrhundert durchstreiften sie Gebiete von Kansas, Colorado, New Mexico, Texas und Oklahoma. Nach den Überlieferungen ihres Stammes lebten sie ursprünglich im Quellgebiet des Yellowstone River und des Missouri im heutigen Montana. Die Kiowa waren damals schon Nomaden. Erstmals kamen sie 1706 mit Weißen in Berührung; es handelte sich dabei um Spanier, die zum Yellowstone vorgedrungen waren. Damals hatten die Kiowa noch keine Pferde. 1732 berichten spanische Chronisten aber schon, daß die Kiowa in den Besitz von Pferden gelangt waren. Dadurch wurden sie wesentlich beweglicher und verließen aus irgendeinem nicht bekannten Grund ihre bisherigen Wohngebiete. Schon damals dürften sie eine Gruppe Apachen, also Vertreter der athabaskischen Sprachfamilie, in den Stamm aufgenommen haben, die sich jedoch kulturell völlig selbständig entwickeln konnten und als Kiowa-Apachen bekannt wurden. Auf ihrem Weg nach Süden, im Gebiet der Black Hills, trafen die Kiowa auf die Crow, mit denen sie sich verbündeten. Von den Cheyenne und Arapaho wurden sie aber noch weiter nach Süden verdrängt und erreichten um 1800 den Arkansas River. Das Gebiet südlich davon wurde von den Comanchen beansprucht, weswegen es anfangs zu Konflikten kam.
Später schlossen die beiden Stämme Frieden, die Kiowa zogen noch weiter nach Süden und ließen sich am Red River nieder. Die Kopfzahl des Stammes wurde auf höchstens zweitausend geschätzt. Gemeinsam mit den Comanchen kämpften sie gegen die Flut weißer

Siedler. Diese beiden Stämme zählten zu den erbittertsten Feinden der Amerikaner.

Zu Beginn der sechziger Jahre des vorigen Jahrhunderts war Fort Larned der westlichste Stützpunkt der amerikanischen Armee am Santa Fé Trail. Während die Southern Cheyenne unter Black Kettle und die Southern Arapaho unter Little Raven den Amerikanern freundlich gesinnt waren, beobachteten die Kiowa und Comanchen voll Mißtrauen, wie ständig schwerbeladene Wagenzüge gegen Westen zogen. Eine Reihe von Überfällen war die Folge, an denen meistens die Kiowa unter ihren beiden streitbaren Häuptlingen Satank und Satanta beteiligt waren; ihrer kriegerischen Haltung ist es zuzuschreiben, daß die Kiowa als gefährlichster Stamm der Plains galten, der im Vergleich zu seiner Kopfzahl die meisten Weißen getötet haben soll.

Ein Lager der Kiowa

SATANK

Sitting Bear (»Sitzender Bär«)
Kiowa
Geb. um 1810 im Gebiet der Black Hills, Dakota ·
Gest. 28. Mai 1871 bei Fort Sill, Indianerterritorium

Fotografie

»DIE WEISSEN SIND WIE KOJOTEN.
ES IST OHNE BEDEUTUNG, WIE VIELE
MAN TÖTET, ES WERDEN DOCH
IMMER MEHR.«

DIE SÜDLICHEN PLAINS

Nach einer langen Periode von Feindseligkeiten hatten die Kiowa um 1790 einen dauernden Frieden mit den Comanchen geschlossen. Fünfzig Jahre später vereinbarten sie mit den Cheyenne und Arapaho, gemeinsam eine Barriere gegen das Vordringen der Weißen zu bilden. Einer der Teilnehmer der Kiowa-Delegation war der junge Satank, der Anführer einer Kriegervereinigung der Kiowa. Durch seine kühnen Kriegszüge, vor allem gegen die Mexikaner und Amerikaner, wurde er bald zu einem der gefürchtetsten Häuptlinge der südlichen Plains.
Satanks Großvater war ein Sarsi-Indianer. Es war bei den Indianern keine Seltenheit – und brachte auch keine Probleme mit sich –, daß Abkömmlinge anderer Stämme eine bedeutende Rolle im Stamm spielten. Sowohl beim Zustandekommen des Vertrages zwischen den Kiowa und den Cheyenne im Jahr 1840 als auch beim Vertrag von Medicine Lodge war Satank Mitglied der Verhandlungsdelegation.
Typisch für seinen Mut und seine Konsequenz ist folgende Begebenheit: Als sein Sohn bei einem Beutezug nach Texas den Tod fand, ritt Satank auf eigene Faust zum Kampfplatz und holte den Leichnam.
Einer seiner tüchtigsten Anführer war Satanta, mit dem er in den sechziger und siebziger Jahren aufs engste verbunden war, weswegen es praktisch nicht möglich – und wohl auch nicht sinnvoll ist –, das Wirken der beiden Häuptlinge unabhängig voneinander zu schildern.

DIE GROSSEN EBENEN

SATANTA
White Bear (»Weißer Bär«)
Kiowa
Geb. um 1830 im Gebiet des Arkansas River · Gest. 11. Oktober 1878

Fotografie

»DIE SOLDATEN FÄLLEN MEINE
BÄUME, SIE TÖTEN MEINE BISONS,
UND WENN ICH DAS MITANSEHE,
SO MÖCHTE MIR DAS HERZ BRECHEN.
ICH BIN TRAURIG!«

Neben seinen kriegerischen Fähigkeiten besaß Satanta eine Rednergabe, die ihm die Bezeichnung »Orator of the Plains« eintrug. Schlagfertigkeit und Humor machten ihn auch auf diesem Gebiet zum gefürchteten Gegner.

Die Friedensverhandlungen von Medicine Lodge, bei denen die wichtigsten Stämme der südlichen Plains durch ihre Häuptlinge vertreten waren, gaben Satanta Gelegenheit, die Waffe der Rhetorik einzusetzen. Neben Satanta war auch Satank anwesend. Der alte Kiowa-Häuptling hinterließ bei allen Anwesenden, besonders bei den Vertretern der Presse, einen tiefen Eindruck. Nur einmal im Verlauf der Beratungen meldete er sich zu Wort. Hochaufgerichtet stand er vor der Friedenskommission, mit wehendem Haar, die Augen fest auf die Vertreter der Vereinigten Staaten gerichtet. Seine Anklage gipfelte in dem Satz:

>»Die Freundschaft des Weißen Mannes hat mich arm gemacht.«

Sogar Presseleute, die den Indianern nicht wohlgesinnt waren, hoben in ihren Berichten die Ausdruckskraft und Intelligenz Satanks hervor und betonten, daß sie noch selten von einer indianischen Persönlichkeit so beeindruckt gewesen wären.

Im Gegensatz zu Satank meldete sich Satanta mehrmals zu Wort. Schon rein äußerlich war Satanta eine überragende Erscheinung, groß und von mächtigem Körperbau. Die anwesenden Weißen wußten, welchen Einfluß er unter den Indianern hatte, sie wußten auch, wie gefährlich er sein konnte. Erst kurz zuvor hatte er in Fort Dodge Gefangene gegen Lösegeld freigegeben.

Satanta klagte die Vertreter der Regierung an, die Vereinbarungen von Little Arkansas aus dem Jahre 1865 nicht eingehalten zu haben. Die versprochenen Gewehre und die Munition lägen immer noch in den Lagerräumen. Er forderte nachdrücklich die Lieferung der versprochenen Waren und die Zahlung der vereinbarten jährlichen Summe.

Den Mitgliedern der Kommission war dieses Thema sichtlich unangenehm, man mußte aber feststellen, daß Satanta die Wahrheit gesprochen hatte. Als sich Satanta zu Beratungen mit seinen Leuten zurückziehen wollte, ergriff Ten Bears, der Hauptredner der Comanchen, das Wort und kritisierte die mangelnde Entscheidungskraft der

Kiowa. Daraufhin gab es eine heftige Kontroverse zwischen Satanta und Ten Bears, die damit endete, daß Satanta wutentbrannt die Beratung verließ. Es gelang den Kommissionsmitgliedern, die Wogen der Aufregung wieder zu glätten. Nochmals ergriff Satanta das Wort und brachte sein Mißtrauen gegenüber dem für die Kiowa und Comanchen zuständigen Indianeragenten Leavenworth zum Ausdruck. Er forderte dessen Ablösung. Neuerlich erhob sich Ten Bears und verteidigte Leavenworth, was beinahe wieder zu einem Abbruch geführt hätte.

Satantas Mißtrauen gegenüber dem Indianeragenten war insofern berechtigt, als dieser ständig bei den Armeestellen hetzte und die Verhaftung des Häuptlings wegen der Kriegszüge nach Texas forderte, die letztlich aber nur eine Folge des nicht erfüllten Vertrages von Little Arkansas waren.

Schon am 7. August hatte die Kommission beschlossen, die ausstehenden Waren nach dem Ende der Verhandlungen an die Indianer zu verteilen. Die Angriffe auf Leavenworth ignorierte man und befaßte sich statt dessen mit der Weigerung der Indianer, ein »zivilisiertes« Leben zu beginnen. Satanta erwiderte auf das Angebot der Amerikaner, den Kiowa eine Reservation zuzuteilen und ihnen dort Häuser zu bauen:

> »Ich habe gehört, daß ihr uns in eine Reservation in der Nähe der Mountains umsiedeln wollt. Dort würden wir krank werden und sterben. Vor langer Zeit gehörte dieses Land unseren Vätern; aber wenn ich jetzt flußaufwärts gehe, sehe ich überall Soldatenlager an den Ufern. Die Soldaten fällen meine Bäume, sie töten meine Bisons, und wenn ich das mitansehe, so möchte mir das Herz brechen.«

Abschließend sagte er:

> »Ich bitte die Kommission, dem Großen Vater mitzuteilen, was ich sage. Wenn es keine Bisons mehr in unserem Land gibt, werden wir es ihn wissen lassen. Dann werden wir bereit sein, in Häusern zu wohnen.«

Schließlich unterzeichneten neun Kiowa-Häuptlinge den Vertrag von Medicine Lodge, darunter Satank, Satanta und der den Weißen freundlich gesinnte Kicking Bird. Den Kiowa war eigenes Land garantiert worden, überdies die Jagdrechte südlich des Arkansas, solange es genug Bisons gäbe.

Nach Custers Überfall auf das Lager Black Kettles am Washita im Dezember 1868 hatte General Sheridan unter anderem auch die Kiowa aufgefordert, sich zu ergeben. Als diese sich mit Hinweis auf die Abmachungen von Medicine Lodge sträubten, befahl Sheridan dem in derartigen Aktionen erfahrenen Custer, den widerspenstigen Stamm zu zwingen, sich zu ergeben, oder ihn zu vernichten.

Custer brach auf und ritt zum Winterlager der Kiowa am Rainy Mountain Creek. Satanta und Lone Wolf ritten den Soldaten entgegen. Custer setzte sich mit den beiden Häuptlingen zu Verhandlungen nieder. Doch der tückische Büttel Sheridans hatte anderes im Sinn. Plötzlich wurden die Häuptlinge und ihre Begleiter überwältigt, gefesselt und nach Fort Cobb geschleppt, wo sie so lange eingesperrt werden sollten, bis sich die Kiowa ergeben hätten. Es gelang aber sämtlichen Begleitern Satantas und Lone Wolfs zu entfliehen; auch konnte Satanta seinen Sohn mit der Botschaft wegschicken, seine Leute sollten unverzüglich das Lager abbrechen und nach Westen fliehen.

Sheridan tobte, als er davon erfuhr, und drohte, die Häuptlinge hängen zu lassen. Eingeschüchtert ergaben sich viele Kiowa. Satanta und Lone Wolf wurden freigelassen, nachdem sie ihre Loyalität erklärt hatten.

Zwar hatten die Kiowa nun einen neuen Agenten bekommen, Lawrie Tatum, aber auch jetzt gab es Schwierigkeiten mit der Versorgung. Die Unzufriedenheit wuchs wieder, besonders unter den jungen Kriegern. Im Sommer 1870 hielten die Kiowa einen großen Sonnentanz am North Fork des Red River ab, an dem auch die Comanchen und Southern Cheyenne teilnahmen. Die aufgebrachten Krieger berieten, ob es nicht geraten sei, die Reservation zu verlassen und zur alten Lebensweise der Bisonjagd zurückzukehren. Ten Bears, der alte Comanchen-Häuptling, und Kicking Bird versuchten, die Krieger umzustimmen, ernteten aber nur Verachtung. Dies traf den sensiblen Kicking Bird so schwer, daß er, um sich wieder Ansehen zu verschaffen, einen Kriegszug nach Texas organisierte. Als Pläne der Amerikaner bekannt wurden, eine Eisenbahn quer durch das Bisonland zu bauen, entstand neue Unruhe. Satanta wollte nach Fort Sill reiten und verhandeln, einige waren für Krieg; Satank, dessen Sohn von den Texanern getötet worden war und der deswegen von Trauer und Resignation erfüllt war, warnte vor neuen Auseinandersetzungen:

»Die Weißen sind wie Kojoten. Es ist ohne Bedeutung, wie viele man tötet, es werden doch immer mehr. Wenn wir die Bleichgesichter aus unserem Land verjagen wollen, um die Büffel vor der Ausrottung zu retten, so müßten wir zuerst die Siedler verjagen, die Zäune durch die Prärie ziehen, Häuser und Eisenbahnen bauen und das Wild ausrotten.«

Der Kiowa-Medizinmann Mamanti rief die Krieger auf, nach Texas zu ziehen. Unter seiner Führung wurde im Mai 1871 ein Wagenzug überfallen und mehrere Weiße getötet. Der Indianeragent Tatum recherchierte im Auftrag General Shermans, der sich gerade in Fort Sill aufhielt, und erfuhr, daß Satanta und etliche andere Häuptlinge an dem Kriegszug teilgenommen hatten. Satanta selbst hatte, obwohl er nicht der Anführer gewesen war, die volle Verantwortung übernommen:

»Schon mehrfach habe ich dich aufgefordert, uns Waffen und Munition zu geben, aber wir haben nichts bekommen. Auch viele andere Bitten, die ich vorbrachte, hast du nicht erfüllt. Du hörst gar nicht auf das, was ich sage. Die Bleichgesichter planen, eine Eisenbahn durch unser Gebiet zu legen, aber das werden wir nicht erlauben...
Die unhaltbaren Zustände haben mich bewogen, mit meinen Kriegern nach Texas zu reiten und bei Fort Richardson einen Wagenzug zu überfallen.«

General Sherman bat die Häuptlinge zu sich. Satank witterte die Falle und weigerte sich mitzukommen, wurde aber gezwungen. Tatsächlich wurden die Kiowa festgenommen. Ringsherum hatten sich Soldaten verborgengehalten. Auch das mutige Eingreifen des herbeigeeilten Häuptlings Lone Wolf nützte nichts, trotzdem sollte diesem Mann später das schier Unmögliche gelingen: Er bekam Satanta frei. Die drei Häuptlinge Satank, Satanta und Big Tree, der ebenfalls an dem Kriegszug teilgenomen hatte, wurden in Armeewagen unter scharfer Bewachung nach Fort Richardson gebracht. Jeder Häuptling war in einem Wagen untergebracht und wurde von zwei Soldaten bewacht.

Hatte der Tod seines Sohnes den alten Satank schon tief getroffen, so ließen ihm die hinterlistige Gefangennahme und der bevorstehende Prozeß vor dem Tribunal der verhaßten Bleichgesichter seine Lage vollends aussichtslos erscheinen. Er stimmte seinen Todesgesang an, zerriß seine Fesseln, zog ein Messer und erstach einen seiner Wächter. Als er einem anderen das Gewehr entrang und fliehen wollte, brach er unter den Schüssen Korporal John B. Charltons, der auf dem Bock des nachfolgenden Wagens saß, zusammen und starb kurz darauf. Seinen Leichnam ließ man im Straßengraben liegen. Das Gericht verurteilte Satanta und Big Tree am 8. Juli 1871 zum Tod durch den Strick. Da die offiziellen Stellen in Texas ein Aufflammen der Unruhen befürchteten, wenn das Urteil vollstreckt würde, begnadigte man die beiden Häuptlinge zu lebenslangem Zuchthaus. Es bestand wenig Hoffnung, sie jemals wieder freizubekommen.

Krieg oder Frieden? Ratsversammlung der Indianer

KICKING BIRD

Tené-angpóte
Kiowa
Geb. um 1820 · Gest. 5. Mai 1875 in der Kiowa-Agentur,
Indianerterritorium

Fotografie

»MEIN HERZ IST HART WIE STEIN;
KEINE WEICHE STELLE IST MEHR
VORHANDEN. ICH DACHTE,
DER WEISSE MANN IST MEIN FREUND;
DESWEGEN HABE ICH IHM MEINE
HAND GEREICHT. ABER ER IST NICHT
MEIN FREUND.«

Kicking Birds Großvater war ein gefangener Crow, den die Kiowa in den Stamm aufgenommen hatten. Obwohl Kicking Bird im Kampf große Tapferkeit und strategisches Können bewies, war er gegenüber den Weißen sehr zurückhaltend und auf Ausgleich bedacht. Er hatte deshalb auch die Verträge von 1865 und 1867 unterzeichnet. Schon vor dem großen Sonnentanz 1870 hatten ihn Satank und Lone Wolf häufig kritisiert. Nun aber war die Grenze des Erträglichen erreicht. Kicking Bird forderte seine Widersacher auf, ihn auf einem Kriegszug zu begleiten.

Mit etwa einhundert Kriegern zogen die Häuptlinge zum Red River und überfielen dort eine Postkutsche, um das Militär zu provozieren. Die Soldaten kamen auch bald, und die Kiowa lieferten ihnen bei sengender Hitze einen mehrstündigen erbitterten Kampf. Kicking Bird hatte sich rehabilitiert und konnte im Triumph in die Reservation zurückkehren. Von nun an beteiligte er sich an keinen Aktionen gegen die Weißen mehr.

Nächtlicher Angriff der Indianer

DIE GROSSEN EBENEN

LONE WOLF

Gui-pa-go (»Einsamer Wolf«)
Kiowa
Geb. um 1830 im Gebiet der Staked Plains · Gest. April 1879

Fotografie

»MIT GANZER KRAFT HABE ICH MICH FÜR DEN FRIEDEN EINGESETZT. DIE REGIERUNG ABER HAT MICH BETROGEN UND IHRE VERSPRECHUNGEN GEBROCHEN; JETZT BLEIBT UNS NUR MEHR DER KRIEG.«

Nach dem Ausfall Satantas und Big Trees und dem Tod Satanks sammelten sich die beiden Gruppen innerhalb der Kiowa um zwei Häuptlinge: den für eine Zusammenarbeit mit den Weißen eintretenden Kicking Bird und den auf die alten Rechte seines Stammes pochenden Lone Wolf. Zwar hatte auch letzterer den Vertrag von Medicine Lodge unterzeichnet, die ständigen Vertragsverletzungen durch die Weißen hatten ihn aber vorsichtig werden lassen.

Im August 1871 sollten nun Verhandlungen zwischen den Kiowa und Comanchen einerseits und dem Indian Bureau in Washington andererseits stattfinden. Lone Wolf wurde vom Stammesrat beauftragt, die Delegation der Kiowa zu leiten. Mit außergewöhnlichem diplomatischen Geschick ergriff Lone Wolf die Chance, die sich ihm bot. Das Indian Bureau hatte einen Vertreter, Henry Alvord, nach Fort Sill geschickt, der die Kiowa abholen sollte. Lone Wolf machte dem verdutzten Beamten klar, daß eine Reise nach Washington nur dann in Frage käme, wenn er sich vorher mit den beiden gefangenen Häuptlingen abstimmen könne. Als Lone Wolf auf seiner Forderung beharrte und betonte, Satanta und Big Tree seien immer noch Häuptlinge der Kiowa, blieb dem texanischen Gouverneur nichts anderes übrig, als dieses Treffen zu ermöglichen. Der Kommandant von Fort Sill weigerte sich aus Angst vor einem Kiowa-Aufstand, die Zusammenkunft in den Mauern seines Forts stattfinden zu lassen. Nach längerem Hin und Her konnten sich die drei Häuptlinge in St. Louis treffen und die Verhandlungsstrategie für Washington festlegen.

Francis Walker, der Kommissar für indianische Angelegenheiten, versuchte, den Kiowa sowie den anderen Delegationen ein Ultimatum zu stellen, wonach sich sämtliche Stammesmitglieder bis spätestens 15. Dezember desselben Jahres im Umkreis von wenigen Meilen von Fort Sill einzufinden hätten. Wer dann noch außerhalb dieses Bereichs angetroffen werde, müsse damit rechnen, als Feind getötet zu werden. Während die Führer der Comanchen klein beigaben, erklärte Lone Wolf, er halte dies für undurchführbar, da nur Satanta und Big Tree imstande seien, die jungen Krieger zu zügeln. Er selbst sehe sich außerstande, dafür zu garantieren, und fordere daher die Freilassung der beiden Gefangenen.

Walker sah keinen anderen Weg, als die Freilassung zuzusichern. Da Lone Wolf aber wußte, daß derartige Versprechungen sehr schnell vergessen oder anders ausgelegt werden könnten, setzte er nun sei-

nerseits ein Ultimatum: Bis März 1873 mußten die beiden Häuptlinge frei sein.
Nach seiner Rückkehr wurde Lone Wolf von seinem Stamm wie ein Held gefeiert. Man rüstete zu einem feierlichen Empfang für Satanta und Big Tree. Vergeblich hatte Tatum, der Indianeragent, alles mögliche unternommen, um die Freilassung doch noch zu hintertreiben, Walker blieb bei seinem Entschluß. Daraufhin trat Tatum von seinem Posten zurück.
Immerhin verzögerte sich die Entlassung; der Gouverneur von Texas reiste extra nach Fort Sill, wohin auch die Gefangenen gebracht worden waren, und wollte an die Freilassung die Bedingung knüpfen, daß die Kiowa nun das Leben von Farmern beginnen müßten, sich in der Nähe der Forts anzusiedeln, Waffen und Pferde abzuliefern und sich regelmäßig im Fort zu melden hätten. Lone Wolf war zutiefst enttäuscht, aber auch Kicking Bird gab seinem Unmut Ausdruck:

> »Mein Herz ist hart wie Stein; keine weiche Stelle ist mehr vorhanden. Ich dachte, der Weiße Mann ist mein Freund; deswegen habe ich ihm meine Hand gereicht. Aber er ist nicht mein Freund.«

Die Spannung wuchs, jeden Moment konnte der Funke ins Pulverfaß fliegen. Der neue Indianeragent intervenierte beim Gouverneur, dieser ließ Lone Wolf und die anderen Häuptlinge zu sich kommen, appellierte – unnötigerweise – erneut an ihre Vertragstreue und ließ Satanta und Big Tree endlich frei. Lone Wolf hatte endgültig gesiegt. Satanta verzichtete nach seiner Rückkehr zum Stamm auf das Häuptlingsamt. Er hielt sich an die Vereinbarung und blieb in der Nähe des Forts. Im Oktober 1873 stahlen texanische Banditen den Kiowa zweihundert Pferde. Die erzürnten und hitzköpfigen jungen Krieger wollten diese Schmach nicht auf sich sitzen lassen und rüsteten zu einem Kriegszug, um sich wieder Pferde zu holen. Um aber Satanta und Big Tree nicht zu kompromittieren, wählten sie Mexiko als Ziel. Auf dem Rückweg wurden sie bei Fort Clark in ein Gefecht mit Soldaten verwickelt, bei dem Tauankia und Guitan, der Sohn und der Neffe Lone Wolfs, fielen.
Als Lone Wolf davon erfuhr, schnitt er vor Trauer seine Haare ab und schwor den Bleichgesichtern Rache. Er scharte im darauffolgenden Frühjahr etliche verwegene Krieger um sich und brach auf, um

DIE SÜDLICHEN PLAINS

die Leichen seines Sohnes und seines Neffen zu holen. Soldaten sämtlicher umliegender Forts verfolgten ihn, es gelang ihm aber, unbehelligt sein Ziel zu erreichen und die beiden Toten zu finden. Auf dem Rückweg geriet er aber mit seinen Leuten in arge Bedrängnis, so daß er die Toten eiligst begraben und sich seine Leute in kleinen Gruppen nach Hause durchschlagen mußten.

Im Sommer 1874 veranstalteten die Kwahadi-Comanchen auf ihrer Reservation am Elk Creek einen Sonnentanz, an dem auch die Kiowa teilnehmen sollten. Kicking Bird riet davon ab, weil die Kwahadi als aufrührerisch galten; Lone Wolf aber war voll Zorn, weil die Weißen ihm nicht einmal erlaubten, seinen Sohn und seinen Neffen zu Hause zu bestatten. Er nahm an dem Fest ebenso teil wie Satanta, der den Besuch als Repräsentationspflicht ansah.

Während des Festes wurde beraten, welche Maßnahmen man gegen die weißen Bisonjäger und ihr rücksichtsloses Treiben ergreifen könne, das den Indianern ihre Lebensgrundlage zu rauben drohte. Quanah Parker, der junge Kwahadi-Häuptling, hielt es für empfehlenswert, Adobe Walls, einen Handelsposten, anzugreifen. Dieser Entschluß wurde begeistert angenommen, auch Lone Wolf und Satanta beteiligten sich an dem Zug, der allerdings nach einer erfolglosen Belagerung abgebrochen wurde. Die Kiowa kehrten zu ihren Dörfern zurück, wo ebenfalls ein Sonnentanz abgehalten wurde, den Kicking Bird und seine Leute veranstaltet hatten. Es kam zu scharfen Kontroversen, Kicking Bird wurde vorgeworfen, die Probleme der Kiowa zu ignorieren und sorglos zu tanzen, während die Bisons ausgerottet würden. Lone Wolf schloß sich mit seinen Leuten den Kwahadi an.

Noch gespannter wurde die Lage, als im Sommer Heuschreckenschwärme die Ernte vernichteten, kaum mehr Bisons anzutreffen waren und der Indianeragent die Nahrungsmittelausgabe stoppte, um die aufgeregten Kiowa zur Ruhe zu zwingen. Es kam natürlich prompt zu Unruhen, etwa die Hälfte der Kiowa verließ die Reservation und zog mit Lone Wolf zu den Comanchen in den Palo Duro Canyon, ein schier paradiesisches Eiland in den Plains, wo es noch genug Bisons gab und die Kiowa sich nach langem wieder wohlfühlen konnten. Doch dieses Glück sollte nur von kurzer Dauer sein. General Sherman mobilisierte einige tausend Soldaten, darunter sogar Artillerie, um die Indianer zu suchen. Die Tonkawa-Armeescouts

hatten den Aufenthaltsort der Indianer bald gefunden. Am 26. September traf Lone Wolf mit der Kavallerie unter Colonel Mackenzie zusammen; es kam zum Kampf, Frauen und Kinder der Kiowa konnten entfliehen, aber die Soldateska zündete die Tipis an, zerstörte die Vorräte und erschoß auch mehr als tausend Pferde. Lone Wolf war mit über zweihundert Leuten entkommen, mußte sich aber aus Nahrungsmangel im Februar 1875 in Fort Sill ergeben. Dort wurden sie barbarisch behandelt, man raubte sie aus, verbrannte ihre Habseligkeiten, erschoß ihre Reittiere, sperrte die Männer in Zelte und gab ihnen rohes Fleisch zu essen. General Sherman, ein würdiger Nachfolger Amhersts und Jacksons, befahl, den Gefangenen den Prozeß zu machen und sie streng zu bestrafen.
Kicking Bird bekam von den Offizieren den Auftrag, sechsundzwanzig Gefangene auszuwählen, die nach Florida geschafft und dort eingesperrt werden sollten. Widersprebend kam der Häuptling dieser Aufforderung nach. Unter den Ausgewählten befanden sich auch Lone Wolf und Mamanti, der Medizinmann. Die Kiowa straften Kicking Bird mit Verachtung wegen seines Handelns, der sich vergeblich zu rechtfertigen gesucht hatte.
Der Medizinmann sprach eine düstere Drohung gegen Kicking Bird aus. Zwei Tage später war Kicking Bird tot. Es ist unbekannt, auf welche Weise er starb – man vermutet: an Gift –, die Kiowa dachten aber mit ehrfürchtiger Scheu an den Fluch des Medizinmannes.
Satanta war noch vor der Kapitulation Lone Wolfs festgenommen und ins Gefängnis geworfen worden. Der die Weite der Plains gewohnte Stammesführer wurde im Gefängnis krank und kam ins Gefängnishospital. Durch einen Sprung aus dem Fenster bereitete der hünenhafte Mann seinem Leben selbst ein Ende.
Lone Wolf blieb drei Jahre im Militärgefängnis in Fort Marion, Florida. Er erkrankte an Malaria und bekam die Erlaubnis, in seine Heimat zurückzukehren, wo er einige Monate später starb. Sein Adoptivsohn gleichen Namens folgte ihm im Häuptlingsamt nach.
Mit dem Tod ihrer berühmtesten Häuptlinge und der Ausrottung der Bisons war die Zeit zu Ende, in der die Kiowa der gefürchtetste Stamm der südlichen Plains waren. 1879 wurde die Kiowa-Agentur in Fort Sill aufgelöst und nach Anadarko in Oklahoma verlegt.

DIE COMANCHEN

Ebenso wie die Kiowa lebten auch die Comanchen ursprünglich in den Rocky Mountains, und zwar im Gebiet des heutigen Bundesstaates Wyoming. Da ihre Sprache mit der der Schoschonen fast identisch ist – die Comanchen gehören zum schoschonischen Zweig der uto-aztekischen Sprachfamilie –, wird vermutet, daß sie sich vor langer Zeit von den Schoschonen abgespalten haben. Die Herkunft des Namens »Comanche« ist nicht geklärt, man nimmt an, daß es sich um eine Zusammenziehung des spanischen Ausdrucks »camino ancho« handelt, der »breiter Weg« bedeutet und auf die Größe des von diesem Stamm »unsicher« gemachten Gebietes hinweisen soll. Sie selbst nennen sich Nemene, was »Volk« heißt.
Zu Beginn des 18. Jahrhunderts lebten die Comanchen im Südwesten von Kansas. Auf ihren Raubzügen, die in erster Linie der Erbeutung von Pferden galten, drangen sie weit nach Südwesten vor. Sie lagen in ständigem Krieg mit den Spaniern, aber auch mit ihren Erbfeinden, den Apachen, die von ihnen langsam aus den Plains verdrängt wurden.
Der erste Weiße, der sie in Kansas besuchte, war 1724 du Bourgmont. Er berichtete, daß sie tollkühne Reiter wären; auch einhundertfünfzig Jahre später galten sie noch als die besten Reiter der Plains und wurden in ihren Reitkünsten sicher von keinem Volk der Erde übertroffen. Im Lauf der Zeit breiteten sich die Comanchen so weit aus, daß sie in mehrere voneinander unabhängige Abteilungen zerfielen; die bekanntesten davon sind die Yamparika, die Penateka und die Kwahadi.
Als sie 1815 das erstemal mit amerikanischen Händlern in Berührung kamen, lebten sie im Nordwesten des heutigen Staates Texas. Man schätzte ihre Stärke für den Anfang des 19. Jahrhunderts auf über vierzehntausend Personen.
1834 wurde am North Fork des Red River die erste Konferenz zwischen Vertretern der Vereinigten Staaten unter Führung von Colonel Henry Dodge und den Comanchen unter ihren Häuptlingen

DIE GROSSEN EBENEN

Ishakoly (»Traveling Wolf«) und Tabequana (»Sun Eagle«) abgehalten. Im August 1835 wurde in Camp Holmes am Canadian River der erste Vertrag unterzeichnet. Als 1845 Texas von den Vereinigten Staaten annektiert wurde und 1849 in Kalifornien der Goldrausch ausbrach, strömte eine Flut von Siedlern, Abenteurern und Händlern nach Westen, die den heftigen Widerstand der Comanchen und Kiowa herausforderten.

Comanchen-Krieger

DIE SÜDLICHEN PLAINS

TEN BEARS

Parra-wa-samen (»Zehn Bären«)
Comanche
Geb. um 1791 · Gest. 23. November 1872 bei Fort Sill

Fotografie

»MEIN VOLK HAT NIEMALS ZUERST EINEN BOGEN ODER EIN GEWEHR GEGEN DIE WEISSEN ERHOBEN. ES HAT SCHWIERIGKEITEN IN UNSEREM VERHÄLTNIS GEGEBEN... ABER DIE SCHULD LAG NICHT BEI UNS. IHR HABT DEN ERSTEN SOLDATEN AUSGESANDT, UND WIR WAREN ES, DIE DEN ZWEITEN AUSGESANDT HABEN.«

DIE GROSSEN EBENEN

Ten Bears war der Sohn einer von den Comanchen in den Stamm aufgenommenen Ute-Indianerin. Er hatte es zum Kriegshäuptling gebracht und war kurzzeitig mit seiner Mutter zusammen zu den Ute gegangen. Diese erzählte einem Häuptling vom Wunsch ihres Sohnes, ein Ute zu werden, woraufhin der Häuptling den jungen Comanchen an Sohnes Statt annahm. Allerdings riet er ihm, nicht beim Stamm zu bleiben, weil er möglicherweise Schwierigkeiten haben könnte, da zwischen Ute und Comanchen kein freundliches Verhältnis herrsche. Vorher erwies Ten Bears dem Ute-Häuptling noch einen Dienst. Der Sohn des Häuptlings litt an einer unheilbaren Krankheit, sein Tod stand kurz bevor. Da er noch kein Krieger war, der Vater aber wollte, daß er den ruhmreichen Tod eines Kriegers sterbe, legten Ten Bears und einer seiner Freunde Kriegskleidung an. Auch den Knaben kleideten sie in die Ausrüstung eines Kriegers, ritten mit ihm davon und töteten ihn in einem Scheingefecht. Zum Dank schenkte der Häuptling Ten Bears Pferd und Ausrüstung des Toten, woraufhin Ten Bears zu den Comanchen zurückkehrte.
1865 besuchte Ten Bears Washington und erhielt vom Präsidenten die Zusicherung, daß niemand den Comanchen ihr Land wegnehmen wolle. Berühmt wurde Ten Bears jedoch durch seine Teilnahme an den Verhandlungen von Medicine Lodge. Aus allen Berichten geht hervor, daß er einer der markantesten Vertreter der indianischen Seite war. Er wird als hagerer alter Mann – er war damals hoch in den Siebzig – mit dünnem, grauem Haar und einem faltigen, stets leicht lächelnden Gesicht beschrieben. Erstaunlich war neben seiner körperlichen seine geistige Frische, die in einer Schlagfertigkeit Ausdruck fand, die ebenso beliebt wie gefürchtet war.
Am 20. Oktober 1867 hielt Ten Bears die Eröffnungsansprache, ein Glanzstück indianischer Rhetorik, das sich würdig an die Reden eines Red Jacket anschließt.

> »Wenn ich euch hier sehe, füllt sich mein Herz mit Freude, so wie sich die Bäche mit Wasser füllen, wenn der Schnee im Frühling schmilzt. Ich fühle mich froh wie die Ponys, wenn sie das saftige Frühlingsgras finden. Ich hörte von eurem Kommen, als ich viele Tagesreisen entfernt war, und mußte unterwegs oft das Nachtlager aufschlagen, ehe ich euch traf. Ich wußte, daß ihr gekommen wart, mir und meinem Volk Gutes

zu erweisen. Ich erwartete Vorteile, die ewig dauern würden, und mein Gesicht leuchtet vor Freude, wenn ich euch sehe. Mein Volk hat niemals zuerst einen Bogen oder ein Gewehr gegen die Weißen erhoben. Es hat Schwierigkeiten in unserem Verhältnis gegeben, und meine jungen Leute haben den Kriegstanz getanzt. Aber die Schuld lag nicht bei uns. Ihr habt den ersten Soldaten ausgesandt, und wir waren es, die den zweiten ausgesandt haben.

Vor zwei Jahren kam ich auf diesem Weg daher und folgte einer Bisonfährte, damit die Wangen unserer Frauen und Kinder rund blieben und sie nicht zu frieren bräuchten. Aber die Soldaten schossen auf uns; seit dieser Zeit gab es einen Lärm wie Donner, und wir wußten nicht, welchen Weg wir gehen sollten.«

Bei seinem Besuch in Washington hatte Ten Bears eine Vorstellung von der Zahl und Macht der Bleichgesichter bekommen. Er machte sich keine Illusionen über das Ende der Entwicklung und sah nur die beiden Alternativen, entweder zu tun, was die Weißen vorschlugen, oder mit seinem Stamm unterzugehen. Die Politik, die er in den folgenden Jahren betrieb, hatte konsequent die Realisierung eines friedlichen Zusammenlebens mit den Weißen zum Inhalt.

Allerdings beging auch er den schwerwiegenden Fehler, darauf zu vertrauen, daß es die Weißen ebenso ehrlich meinten. Sein Appell an die Kommission von Medicine Lodge, die Comanchen ihre alte Lebensart beibehalten zu lassen, verhallte ungehört.

»Ihr habt gesagt, ihr wollt uns in einer Reservation ansiedeln und für uns Häuser und Spitäler errichten. Ich lege keinen Wert auf eure Häuser. Ich bin auf der Prärie geboren, über die der Wind weht und nichts das Sonnenlicht abhält. Dort gibt es keine Grenzen und jeder kann frei atmen. Dort will ich auch sterben, nicht in einem engen Zimmer...

Wären die Texaner nicht in unser Land gekommen, so hätten wir jetzt Frieden. Aber die Reservation, die ihr uns geben wollt, ist zu klein. Die Texaner haben uns die Gebiete geraubt, wo das saftigste Gras und der dichteste Wald waren. Hätten wir sie behalten können, so wären wir euren Forderungen wahrscheinlich nachgekommen. Es ist aber zu spät. Das Land, an dem unser Herz hängt, hat nun der Weiße Mann in Besitz, und wir wünschen uns nur noch eines: über die Prärien zu ziehen, bis wir sterben.«

Im Vertrag von Medicine Lodge sollten sich die Comanchen verpflichten, keine weiteren Angriffe mehr gegen die Weißen zu unternehmen, und die Erlaubnis zum Bau von Straßen, Eisenbahnlinien und Militärposten in ihrem Gebiet geben. Außerdem sollten sie der Errichtung einer Agentur zustimmen; die Regierung würde ihnen dreißig Jahre lang alles zum Leben Notwendige liefern. Nach langen Diskussionen wurde der Vertrag unterzeichnet, ohne daß die Vertragspartner vom ehrlichen Willen des anderen überzeugt waren.
Als die Kiowa 1870 ihren großen Sonnentanz veranstalteten, warnte Ten Bears seine Krieger vor einer Teilnahme, man hörte aber nicht auf ihn. Gerade die jungen Krieger weigerten sich, die Ansichten des greisen Häuptlings als Erfahrungen eines langen Lebens anzusehen, und hielten Ten Bears für senil. Sein Ansehen schwand zusehends. Trotzdem leitete er 1872 die Delegation der Yamparika bei ihrem Besuch in Washington. Am 6. September hatte am Leepers Creek noch eine Beratung mit Captain Henry Alvord, einem Sonderbeauftragten des Indian Bureau, stattgefunden. Alvord, ein rücksichtsloser, für Verhandlungen völlig ungeeigneter Mann, drohte, daß alle »schlechten« Indianer bestraft würden. Sarkastisch bemerkte Ten Bears, die Regierung solle doch den Versuch machen, die Texaner umzusiedeln, nachdem es bei den Indianern so schlecht gelänge. Ergebnislos trennten sich beide Seiten.
In Washington beugte sich Ten Bears dem Ultimatum Francis Walkers, des Kommissars für indianische Angelegenheiten, wonach sich alle Indianer bis zum 15. Dezember bei Fort Sill einzufinden hätten. Die Yamparika, die natürlich von Lone Wolfs großem Verhandlungserfolg gehört hatten, straften Ten Bears nach seiner Rückkehr mit Verachtung. Der alte Mann nahm sich dies so zu Herzen, daß er sich gänzlich zurückzog und kurz darauf starb, verlassen von allen Freunden und Verwandten. Nur sein Sohn war bei ihm geblieben. Mit Ten Bears war einer der größten Redner der Plains-Indianer dahingegangen. Die Comanchen aber sahen fasziniert, wie noch einmal eine strahlende Persönlichkeit aus ihren Reihen emporstieg, der Kwahadi-Häuptling Quanah Parker.

DIE SÜDLICHEN PLAINS

QUANAH PARKER
Comanche
Geb. um 1848 · Gest. 23. Februar 1911 am Cache Creek,
Lawton, Oklahoma

Fotografie

»SAGT DEN WEISSEN HÄUPTLINGEN,
DASS DIE KWAHADI KRIEGER SIND
UND SICH ERST DANN ERGEBEN,
WENN DIE BLAURÖCKE KOMMEN
UND UNS BESIEGEN.«

Im Mai 1836 wurde Fort Parker, eine kleine Siedlerkolonie im Gebiet des Navasota River im damals noch mexikanischen Texas, von einer Schar Kiowa und Comanchen überfallen. Dabei wurden etwa vierzig Bewohner getötet und etliche gefangengenommen, darunter auch die neunjährige Cynthia Ann Parker und ihr sechsjähriger Bruder John, die Kinder des Siedlers Silias M. Parker.
Vier Jahre später berichteten reisende Händler, sie hätten das Mädchen bei einer Gruppe Comanchen am Canadian River gesehen. Vergeblich hatte der Anführer der Händler, Oberst Williams, versucht, das Mädchen gegen Lösegeld freizubekommen.
Als das Mädchen herangewachsen war, heiratete es Peta Nokona, einen jungen Kriegshäuptling der Kwahadi-Comanchen, mit dem sie sehr glücklich zusammenlebte und dem sie drei Kinder gebar. Eines Tages wurde sie von Jägern erkannt; sie versuchten, die junge Frau zur Rückkehr zu bewegen, aber sie lehnte dies entschieden ab.
Das Glück sollte aber leider nicht lange währen. Im Dezember 1860 wurde das Dorf, in dem sie mit ihrem Mann lebte, von Soldaten überfallen, wobei Peta Nokona von L. S. Ross, dem späteren Gouverneur von Texas, ermordet wurde. Cynthia Ann und ihre zweijährige Tochter brachte man gegen ihren Willen nach Austin, wo ihr Bruder, Oberst Dan Parker, sie wieder an ein »zivilisiertes« Leben zu gewöhnen versuchte. Sie war aber durch den vierundzwanzig Jahre dauernden Aufenthalt unter den Indianern so sehr Indianerin geworden, daß sie immer wieder zu »fliehen« versuchte; außerdem lebten ihre beiden Söhne, die bei dem Überfall fliehen konnten, noch unter den Comanchen, und sie sehnte sich nach einem Wiedersehen. Dieser Wunsch blieb unerfüllt; 1864 starben sie und ihre Tochter Little Prairie Flower.
Quanah, einer der beiden Söhne Peta Nokonas und Cynthia Anns, war zum Zeitpunkt, als sein Vater ermordet und seine Mutter gefangengenommen wurde, zwölf Jahre alt. Er wuchs als Waise auf und entwickelte sich bald zu einem ausgezeichneten Jäger, der im Stamm hohes Ansehen genoß. Trotzdem wäre er – wenn überhaupt – nicht so schnell Häuptling geworden, wenn nicht Gott Amor, der auch in den Ebenen Nordamerikas und unter den kriegerischen Comanchen sein zartes Unwesen trieb, kräftig dabei mitgeholfen hätte.
Quanah liebte Weckeah, die Tochter des Häuptlings Yellow Bear. Das Mädchen bat ihn um Hilfe, als der Sohn des begüterten, alten

DIE SÜDLICHEN PLAINS

Häuptlings Eckitoacup plötzlich um sie zu werben begann und sein Vater – einst Peta Nokonas Rivale bei Cynthia Ann Parker – zehn Pferde als Kaufpreis anbot. Dem beliebten jungen Krieger gelang es, sich unter seinen Kameraden neun Pferde zu leihen, so daß er dem Angebot Eckitoacups ein gleichwertiges entgegensetzen konnte. Höhnisch grinsend erhöhte der Alte sein Angebot auf zwanzig Pferde. Die Zeit drängte; Quanah faßte den Plan, mit Weckeah zu fliehen. Er besprach sich mit seinen Kameraden, die sich voll Begeisterung bereit erklärten, ihm zu helfen. In der nächsten Nacht verließ Quanah mit Weckeah und einundzwanzig Kriegern lautlos das Dorf, und sie gelangten nach mehrtägigem Ritt an einen Nebenfluß des Rio Concho. Dort begannen sie, auf zahllosen Streifzügen Pferde zu stehlen, was bei den Comanchen keineswegs anrüchig war, sondern sogar als eine Art Sport aufgefaßt wurde, für dessen meisterhafte Beherrschung sie berühmt waren.

Nach Jahresfrist verfügte Quanahs unentdeckt gebliebene Schar über eine stattliche Pferde- und Maultierherde. Nun konnten sie wieder Verbindung zum Stamm aufnehmen. Dies hatte einerseits den Vorteil, daß sich Quanahs Anhängerschaft auf mehrere hundert Krieger vergrößerte, andererseits aber auch den Nachteil, daß der neidische Eckitoacup Quanahs Aufenthalt erfuhr und sich mit einem Trupp Krieger auf den Weg machte, Weckeah für seinen Sohn zurückzuholen.

Als er die Schar Quanahs erblickte, war er über ihre Stärke derart erschrocken, daß er in einen Vergleich einwilligte. Quanah kehrte zum Stamm zurück und wurde bald zum geachteten und beliebten Oberhäuptling der Kwahadi. Er residierte in einem großen Landsitz am Fuß der Wichita-Berge.

Die Kwahadi waren der kriegerischste Stamm der Comanchen und der letzte, der sich den Weißen ergab. Quanah Parker weigerte sich, an den Verhandlungen von Medicine Lodge teilzunehmen:

> »Sagt den weißen Häuptlingen, daß die Kwahadi Krieger sind und sich erst dann ergeben, wenn die Blauröcke kommen und uns besiegen.«

Immer verwegener wurden die Beutezüge der Kwahadi; mexikanische Händler machten blendende Geschäfte, indem sie den Kwahadi das geraubte Vieh abkauften. Es gab Rancher, die allein das während des Bürgerkriegs von diesem Stamm geraubte Vieh auf mehrere hunderttausend Stück schätzten.

Im Oktober 1871 unternahm Colonel Mackenzie mit sechshundert Mann eine Strafexpedition gegen die Kwahadi; Quanah Parker unternahm einen tollkühnen Gegenangriff, versetzte die Pferde der Soldaten in Panik und konnte siebzig davon erbeuten. Nach einer ergebnislosen Verfolgung mußte Mackenzie verärgert nach Fort Richardson zurückkehren.

Die Kwahadi entsandten auch 1872 keine Delegation nach Washington. Quanah Parker rief vielmehr zum Kampf gegen die weißen Bisonjäger auf, die unter den Bisonherden wüteten und innerhalb von drei Jahren fast vier Millionen dieser Tiere abschlachteten. Er schlug vor, die Siedlung Adobe Walls anzugreifen, und begeistert schlossen sich den Kwahadi Teile der Kiowa, Cheyenne und Arapaho an. Am 27. Juni griffen etwa siebenhundert Krieger Adobe Walls an. Vorher war ihnen von einem Medizinmann versichert worden, daß sie kugelfest seien, als aber einige Krieger fielen, richtete sich der Zorn gegen den Medizinmann. Die Belagerung wurde abgebrochen, die Comanchen zogen sich in die Plains zurück.

Im September 1874 überfiel Mackenzie das große Lager der Indianer im Palo Duro Canyon. Die Kwahadi hatten zwar keine Verluste an Kriegern, der Mangel an Nahrungsmitteln zwang sie aber, sich im darauffolgenden Frühjahr zu ergeben.

Mit klarem Blick erkannte Quanah, welchen Weg sein Stamm nun einschlagen müsse. Er brachte seine Leute dazu, Ackerbau zu betreiben und die »Segnungen« der Zivilisation und des Fortschritts zu nützen, ihre Gefahren aber zu meiden. Er selbst zeichnete sich nicht nur als tüchtiger, geschickter Geschäftsmann aus, er hatte auch politische Ambitionen. Er träumte davon, Vertreter des Staates Texas im Kongreß in Washington zu werden. Seiner Meinung nach sei der geeignetste Abgeordnete eines von Weißen und Indianern bevölkerten Staates wie Texas ein Mann, in dessen Adern das Blut beider Rassen fließe. Zwar kam es nicht dazu, Quanah lebte aber als von Weißen und Indianern angesehener Mann auf seinem Landsitz, empfing Gäste und ging mit prominenten Besuchern, darunter sogar Präsident Roosevelt, auf die Jagd. Mehrmals unternahm er Reisen nach Washington und in andere Städte des Ostens.

Quanah Parker war rein äußerlich das Idealbild eines Indianers. Er war groß, athletisch, mit kühnen, aber sympathischen Gesichtszügen und kupferner Hautfarbe. An seine Mutter erinnerten die blauen Augen. Die farbenprächtige Stammestracht trug er mit der gleichen Würde und Selbstverständlichkeit wie die Kleidung der Weißen. Seine Familie bestand aus seiner Lieblingsfrau Weckaeh, vier weiteren Frauen – bei den Comanchen herrschte Polygamie – und einer ansehnlichen Kinderschar, die eifrig die Missionsschule besuchte.

Der letzte große Kriegshäuptling der Plains-Indianer, dessen Name in dem der Stadt Quanah weiterlebt, starb friedlich in seinem Heim in Oklahoma. Die große Zeit der stolzen, kriegerischen Stämme der Plains gehörte nun endgültig der Vergangenheit an.

Indianer auf Erkundung

TEIL III
DER FERNE WESTEN

Unter dem Begriff »Ferner Westen« sind alle kulturhistorisch-geographischen Regionen westlich der Plains zusammengefaßt. Es sind dies der Nordwesten – also das Plateau –, das Great Basin und der Südwesten sowie die Nordwestküste. Auch Kalifornien gehört dazu, da die kalifornischen Indianer aber keine nennenswerte Berühmtheit hervorbrachten, wurde diese Region nicht berücksichtigt. Einen Grenzfall stellen die Modoc im Nordosten Kaliforniens dar. Sie lassen sich weder eindeutig den kalifornischen Indianern noch denen des Plateaus oder des Nordwestens zuordnen. Hier wurden sie der besseren Übersichtlichkeit halber in das Kapitel »Der Nordwesten« eingereiht.

Jedes der genannten Gebiete bildet eine eigene, in sich geschlossene Kulturregion. Für die Indianer des Nordwestens waren Fischfang und Jagd die Lebensgrundlage, die am östlichen Rand der Rocky Mountains wohnenden Stämme gingen auch zusätzlich noch auf Bisonjagd in die Plains. Dabei kamen sie mit den Plains-Stämmen in Berührung, woraus sich einerseits Handelsbeziehungen, andererseits aber auch Konflikte entwickelten, wie beispielsweise zwischen Schoschonen und Sioux. Die Kultur der Nordweststämme ähnelte stark der der Plains-Indianer. Die Kultur der Nordwestküstenstämme unterschied sich davon völlig, sie war bestimmt vom Reichtum, um nicht zu sagen vom Überfluß, in dem sie teilweise lebten. Wie die Indianer an der Atlantikküste waren auch sie viel früher in Kontakt mit Weißen gekommen als die weiter im Landesinnern lebenden Stämme. Auch hier spielten Spanier und Franzosen eine wichtige Rolle, zeitweilig auch die Russen, die von Norden aus bis nach Kalifornien vordrangen. Während sich die Eroberung des Nordwestens, die nur wenige Jahrzehnte dauerte, äußerst blutig gestaltete, fanden an der Nordwestküste nur kleinere Auseinandersetzungen statt, weshalb sich in diesem Gebiet wieder nur wenige berühmte Persönlichkeiten herauskristallisierten.

Die Indianer des Great Basin standen auf sehr niedriger Kulturstufe, sie waren nomadisierende Sammler und Jäger. Es gab zwar vereinzelt Aufstände, letztlich boten sich aber auch hier keine geeigneten Voraussetzungen dafür, daß diesen Stämmen überragende Persönlichkeiten erwuchsen.

Anders verhielt es sich im Südwesten, dessen Bewohner zum Teil ein beachtliches kulturelles Niveau aufzuweisen hatten. Außerdem standen sie schon seit dem 16. Jahrhundert in Kontakt mit den Spaniern. Auf sehr hoher Kulturstufe standen diejenigen Stämme, die unter dem Begriff »Pueblo-Indianer« zusammengefaßt werden. Die ihnen benachbarten Stämme, vor allem Navaho und Apachen, waren kulturell zwar weniger entwickelt, bedienten sich aber gerne der kulturellen Leistungen der Pueblo-Indianer, sowohl auf legale als auch auf illegale Weise. Umgekehrt verhielt es sich mit den kriegerischen Fähigkeiten und dem Freiheitswillen dieser Völker.

Während die Pueblo-Indianer, die kulturell am höchsten entwickelt waren, sich nur zweimal in ihrer Geschichte erhoben, fanden zwi-

schen den Navaho und den Spaniern bzw. Mexikanern sowie später den Amerikanern längere Auseinandersetzungen statt. Den wohl härtesten Widerstand sämtlicher nordamerikanischen Indianer leisteten aber die Apachen. Dies spiegelt sich in einer großen Zahl berühmter Anführer wider. Auch eine jahrzehntelange Verteufelungskampagne vermochte nicht, den Apachen den Ruf einer der freiheitsliebendsten und kriegerischsten Völker der Erde zu rauben. Ihre Leistungen und Taten wie auch die der anderen Stämme des fernen Westens leben in ihren berühmten Persönlichkeiten fort.

DER FERNE WESTEN

DER NORDWESTEN

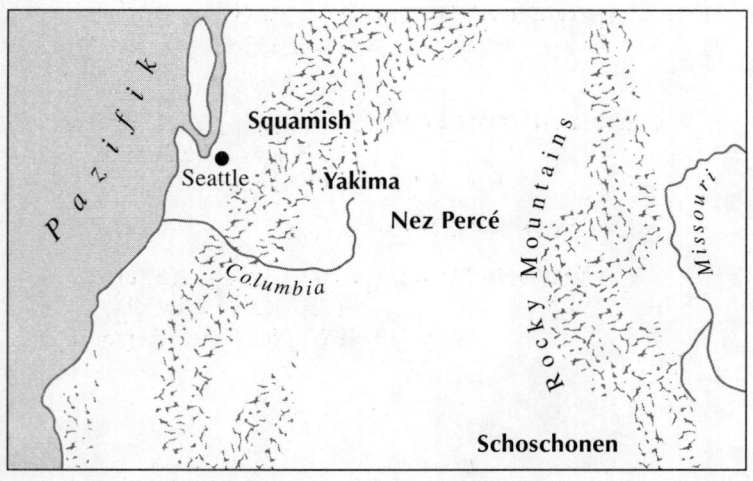

DER NORDWESTEN

DIE WICHTIGSTEN STÄMME AN DER KÜSTE:
a) Squamish
b) Haida
c) Nootka
Kwakiutl
d) Tlingit

SPRACHGRUPPEN:
a) Salish
b) Skittagetan
c) Wakashan
d) Athapaskisch und Haida

LEBENSGRUNDLAGE: Fischfang, Walfang

LEBENSFORMEN: Seßhaft

WOHNFORMEN: Blockhäuser, Langhäuser

DIE WICHTIGSTEN STÄMME AUF DEM PLATEAU:
a) Yakima
Wallawalla
Cayuse
Nez Percé
b) Piegan (Blackfoot)
c) Chinook (Flathead)

SPRACHGRUPPEN:
a) Shapwailuta
b) Algonkin
c) Chinook

LEBENSGRUNDLAGEN: Fischfang, Jagd auf Großwild und Bisons (Nez Percé), Wildpflanzen

LEBENSFORMEN: Seßhaft

WOHNFORMEN: Rinden- und Lederhütten
Erdhütten (Wallawalla)
Tipis (Nez Percé, Piegan)

Das »Nordwest-Territorium«, oft auch »Oregon-Territorium« genannt, umfaßte die heutigen Bundesstaaten Oregon, Washington, Idaho, den Westen von Montana und einen Teil von Wyoming. Es besteht im wesentlichen aus zwei gänzlich verschiedenen Kulturregionen. Während die Stämme an der Küste eine eigenständige Kultur entwickelt hatten, glich die Kultur der auf dem Plateau zwischen Küste und Rocky Mountains lebender Stämme sehr stark der der Plains-Indianer. Eine Sonderstellung nahm der Stamm der Modoc ein, der im Grenzgebiet von Oregon und dem Nordosten Kalifor-

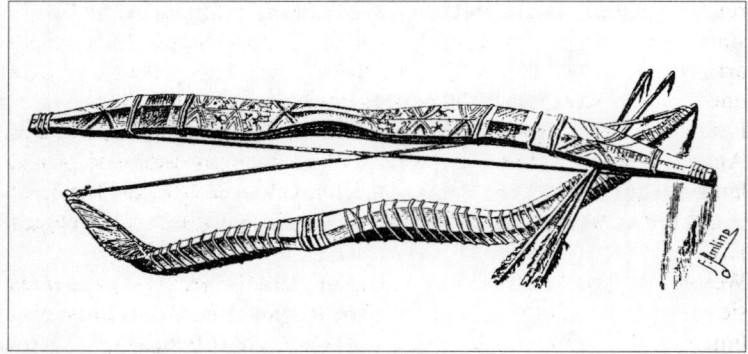

Bogen und Pfeile der Nordwest-Indianer

niens lebte und einerseits den Übergang zu den kalifornischen Indianern, andererseits zu den Indianern des Great Basin bildete.
Die ersten Weißen, die in diese Gebiete kamen, waren Engländer und Franzosen, teilweise auch Russen und Spanier. Den entscheidenden Anstoß zur »Erschließung« des Nordwestens der Vereinigten Staaten gab aber die Expedition von Lewis und Clark im Jahre 1805. Präsident Jefferson hatte seinen ehemaligen Sekretär Meriwether Lewis und den in Kämpfen gegen Indianer erprobten Captain William Clark beauftragt, die Gebiete zwischen dem Oberlauf des Missouri und dem Pazifik zu erkunden und eine Verbindung mit den Pelzhändlern an der Mündung des Columbia River herzustellen.

DER NORDWESTEN

Die Unterstützung des Unternehmens durch offizielle Stellen ermöglichte eine sorgfältige Vorbereitung. Auf eigens gebauten großen Booten fuhren Lewis und Clark von Pittsburg am Ohio an den Oberlauf des Missouri ins Gebiet der Mandan.
Von dort brachen sie nach Westen auf und erreichten am 15. November 1805 den Pazifischen Ozean. Durch ihren Reisebericht erfuhr man erstmals, welche Stämme in den Felsengebirgen, auf dem Plateau und an der Küste wohnten: Schoschonen, Flathead, Nez Percé und Yakima, um nur die heute bekanntesten zu nennen.
Im weiten Becken des Columbia und des Snake River lebten zahlreiche Stämme, von denen die meisten nur einige hundert Köpfe stark waren. Es gab unter ihnen allerdings nur wenige, die eine derartig ausgeprägte Erbfeindschaft hegten wie beispielsweise Sioux und Pawnee oder Apachen und Comanchen.
Leider war dem friedlichen Verhältnis, das anfangs zwischen den Amerikanern und den Stämmen des Nordwestens herrschte, keine lange Dauer beschieden. In den vierziger Jahren des 19. Jahrhunderts trafen die ersten Siedler ein und brachten Krankheiten, Alkohol und Krieg.
Wenn sich diese Stämme auch gelegentlich bekriegten, so schlossen sie sich doch sofort zusammen, wenn sie sich bedroht fühlten. Sie unternahmen sogar weite Kriegszüge bis in die Gebiete der Comanchen, Sioux, Crow oder Blackfoot, doch auch gegen die weißen Eindringlinge gingen sie oftmals gemeinsam vor.
Es ist merkwürdig, daß die Indianerkriege in der Nordwestecke der Vereinigten Staaten relativ geringen Niederschlag in der Literatur fanden. Weder in der einschlägigen Geschichtsschreibung noch in der Abenteuerliteratur wurde dieses Kapitel amerikanischer Geschichte angemessen behandelt. Leicht entsteht so der Eindruck, daß die Vereinigten Staaten mühelos, vielleicht sogar auf friedliche Art und Weise in den Besitz dieser Gebiete gelangt seien. Dies trifft nicht zu. Die Indianer des Nordwestens kämpften ebenso erbittert um ihre Heimat wie ein Jahrhundert zuvor ihre Brüder im »alten« Nordwesten oder etwa gleichzeitig die stolzen Stämme der Plains.

DER FERNE WESTEN

DIE KÜSTENSTÄMME

Als Nordwestküste wird die nordamerikanische Pazifikküste zwischen Alaska und Kalifornien bezeichnet. Die dort wohnenden Indianerstämme, zu deren bekanntesten die Haida, Tlingit, Kwakiutl und Nootka zählen, unterschieden sich in Kultur und Lebensweise grundlegend von den anderen Indianern Nordamerikas.
Sie lebten fast ausschließlich vom Fischfang und von der Jagd auf Robben, Wale und Delphine. Eine wichtige Rolle spielte der Rohstoff Holz, aus dem sie nicht nur Häuser, Boote, Geräte und Waffen anfertigten, sondern auch kunstvoll geschnitzt Totempfähle, Figuren und Masken für religiöse Zwecke. Da die Küstenmeere reichlich Nahrung boten, kam es häufig zu einer Art Wohlstandsübermut, der in den Potlachs seinen Ausdruck fand, verschwenderischen Festen, bei denen Nahrungsmittel und andere Güter in großen Mengen verschenkt und bisweilen auch vernichtet wurden.
Durch die geographische Lage bedingt, kamen die Indianerstämme der Nordwestküste früh in Kontakt mit Weißen. Schon zu Ende des 17. Jahrhunderts trieben sie lebhaften Pelzhandel mit Engländern und Franzosen. In der zweiten Hälfte des 18. Jahrhunderts schalteten sich auch die Russen ein, die von Alaska, das ihnen damals noch gehörte, an der Küste südwärts segelten. Dies rief sofort die Spanier auf den Plan, die ihrerseits nun nach Norden bis Alaska fuhren. 1799 errichteten die Russen im Gebiet der Tlingit ein Fort, das drei Jahre später von den Indianern vernichtet wurde. Um die Wende vom 18. zum 19. Jahrhundert traten auch die Amerikaner stärker ins Pelzgeschäft ein, was letzten Endes der Anlaß für die Lewis-und-Clark-Expedition war.
1809 kamen die Russen sogar bis nach Kalifornien, wo sie Fort Ross gründeten, das erst dreißig Jahre später wieder aufgegeben wurde.
Natürlich verliefen die Handelsgeschäfte nicht immer reibungslos, und es kam zu erbitterten Kämpfen zwischen Weißen und Indianern. Es waren dies allerdings keine auf breiterer Basis durchgeführten Kriege, was auch der Grund dafür sein dürfte, daß es kein Häuptling

oder Anführer der Nordwestküsten-Indianer zu größerem Ruhm brachte. Nur eine Ausnahme gab es: Seattle, den Häuptling der beiden miteinander verbündeten Stämme der Duwamish und Suquamish, der allerdings nicht durch Kriegstaten, sondern durch sein friedliches Verhalten berühmt wurde.

Die beiden Stämme lebten am Puget Sound in der nordwestlichen Ecke der Vereinigten Staaten und gehören zur Nisqualli-Dialektgruppe der Küsten-Salish. Die andere große Abteilung sind die Binnenland-Salish, zu denen die Flathead gehören. Nach deren indianischen Namen Salish wurde die Sprachfamilie benannt.

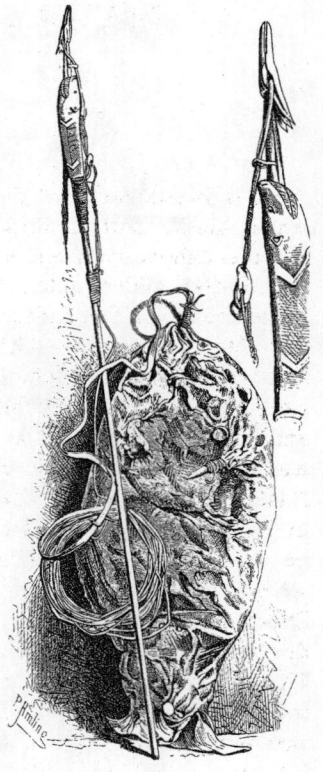

Harpune mit Schwimmer aus Seehundfell

DER FERNE WESTEN

SEATTLE

Sealth
Duwamish-Konföderation
Geb. um 1780 im Gebiet des Puget Sound, Washington ·
Gest. 7. Juni 1866 in der Port Madison Reservation, Washington

Fotografie

»ES GAB EINMAL EINE ZEIT, DA BEDECKTE UNSER VOLK DAS LAND SO WIE DIE WELLEN EINES WINDGEKRÄUSELTEN MEERES SEINEN MUSCHELBEDECKTEN GRUND. DOCH DIESE ZEIT IST SCHON LANGE DAHIN, VERSCHWUNDEN MIT DER MACHT DER STÄMME, DIE HEUTE NUR NOCH TRAURIGE ERINNERUNG SIND.«

Unter den Indianern, die 1792 zusahen, wie zwei britische Schiffe unter dem Kommando von Captain George Vancouver und Lieutenant William Broughton in den Puget Sound segelten, befand sich auch Seattle, der Sohn des Häuptlings Schweabe.
Es dauerte nicht lange, da schloß er mit den Seeleuten – den ersten Weißen, die er kennenlernte – Freundschaft. Die Freundschaft zu den Weißen sollte er ein Leben lang beibehalten, wenngleich er sich im klaren darüber war, daß sie es waren, die der indianischen Rasse den Untergang brachten.
Seattle war aber keineswegs feige. Dies hatte er als junger Häuptling bewiesen, als er Krieger aus den Stämmen, die die Duwamish-Konföderation bildeten, um sich scharte und in das Gebiet östlich der Cascade Mountains zog, um gegen die Yakima und andere Stämme zu kämpfen.
Nach erfolgreicher Rückkehr von diesem Unternehmen, das er nicht nur selbst geleitet, sondern auch selbst geplant und vorbereitet hatte, legte er seine Waffen nieder und nahm sich vor, künftig nie mehr in den Kampf zu ziehen.
Im Gebiet des Puget Sound hatten sich katholische Missionare aus Frankreich niedergelassen. Seattle unterstützte sie bei ihrem Wirken und trat schließlich selbst zum Christentum über. Bei der Taufe erhielt er den Namen »Noah«. Er war von Natur aus ein nachdenklicher, religiöser Mensch, und es ist daher nicht zu verwundern, daß er nach seiner Bekehrung in seinem Stamm die Sitte des täglichen Morgen- und Abendgebetes einführte, die auch nach seinem Tod beibehalten wurde.
Am 13. November 1851 landete der Schoner »Exact« in der Elliott Bay im Puget Sound. Der Kapitän Isaiah Folger und die zwei Dutzend Männer, Frauen und Kinder, die er an Bord hatte, wurden von den Indianern unter Seattle willkommen geheißen. Die Weißen gründeten eine Ansiedlung, die sie zuerst »New York« nannten, dann aber in »Alki« umtauften, eine indianische Bezeichnung für diese bewaldete Stelle der Elliott Bay. Zu Ehren des Häuptlings gaben sie der Siedlung später den Namen Seattle.
Es wird berichtet, daß Seattle anfangs damit nicht einverstanden war, da nach dem Glauben seines Volkes der Geist eines Toten zur Erde zurückkehren müsse, wenn sein Name genannt werde. Schließlich willigte er aber doch ein; gewiß erfüllte es ihn letztlich doch mit

Stolz und Freude, daß eine aufblühende Stadt der Weißen seinen Namen tragen sollte.

Seattle hatte ihnen nicht nur die Erlaubnis zum Siedeln erteilt, sondern sie auch bei der Erschließung der Umgebung und beim Bootsbau unterstützt. Seine Leute lieferten den Weißen, die sich anfangs natürlich nicht mit Jagd und Fischfang beschäftigen konnten, Wild und Fische.

So friedlich sich das Leben im Einflußbereich des weisen Seattle auch zu entwickeln schien, die anderen Stämme des Nordwest-Territoriums wurden immer unruhiger. Goldfunde im nördlichen Grenzgebiet von Washington und Idaho ließen die Zahl weißer Einwanderer sprunghaft anschnellen.

Um drohende Auseinandersetzungen mit den Indianern zu vermeiden, wurde der Superintendent für indianische Angelegenheiten und Gouverneur von Washington, Isaac I. Stevens, beauftragt, mit den einzelnen Stämmen Verhandlungen über die Abtretung von Land aufzunehmen und sie in Reservationen umzusiedeln.

Die Beratungen mit den Küstenstämmen fanden 1855 in Port Elliott statt und wurden mit einem Vertrag abgeschlossen, in dem Seattle sich bereit erklärte, das Land seines Volkes abzutreten und von nun an in einer Reservation zu leben. Bei der feierlichen Unterzeichnung erhob sich der stattliche, breitschultrige Häuptling und hielt eine Ansprache, die es als eindrucksvolles Zeugnis indianischer Redekunst verdient, wenigstens auszugsweise wiedergegeben zu werden:

> »Mein Volk ist nur klein, es gleicht den vereinzelten Bäumen auf einer Prärie, über die der Sturm fegt. Es gab einmal eine Zeit, da bedeckte unser Volk das Land so wie die Wellen eines windgekräuselten Meeres seinen muschelbedeckten Grund. Doch diese Zeit ist schon lange dahin, verschwunden mit der Macht der Stämme, die heute nur noch traurige Erinnerung sind.
>
> Für uns ist die Asche unserer Vorfahren heilig, und ihre letzte Ruhestätte ist geweihter Boden. Ihr durchzieht fern von den Gräbern eurer Vorfahren die Lande, und es scheint euch keinen Kummer zu bereiten. Eure Religion wurde von dem eisernen Finger eures Gottes in Steintafeln geritzt, so daß ihr sie nie vergessen konntet. Der rote Mann konnte sie weder begreifen

noch im Gedächtnis behalten. Die Überlieferungen unserer Vorfahren sind unsere Religion – die Träume unserer alten Männer, die ihnen der Große Geist in einsamen Nachtstunden sandte, und die Visionen unserer Häuptlinge. Sie ist unserem Volk ins Herz geschrieben.
Wenn eure Toten die Pforten des Grabes durchschreiten und über den Sternen wandeln, hören sie auf, euch und die Heimat zu lieben. Sie sind bald vergessen und kehren nie mehr zurück. Unsere Toten vergessen die herrliche Welt, die ihnen das Leben gab, niemals...
Wenn dereinst der letzte Indianer tot und die Erinnerung an meinen Stamm nur mehr ein Mythos unter den Weißen sein wird, dann werden die unsichtbaren Toten meines Stammes diese Küsten bevölkern, und wenn eure Kindeskinder glauben, allein auf dem Feld, im Speicher, im Laden oder in der Stille wegloser Wälder zu sein, dann werden sie doch nicht allein sein... Nachts, wenn es in den Straßen eurer Städte und Dörfer ruhig ist und ihr sie verlassen glaubt, werden sich in ihnen die Scharen derer drängen, die sie einst belebten und die dieses Land noch immer lieben. Der weiße Mann wird nie allein sein. Er möge gerecht sein und gütig mit meinem Volk umgehen, denn die Toten sind nicht ohne Macht. Tot – sage ich? Es gibt keinen Tod. Nur einen Wechsel der Welten.«

Nach dem Abschluß des Vertrages von Port Elliott lebte Seattle in der Port Madison Reservation. Er und seine Leute hielten sich auch in den folgenden Jahren, während im Nordwest-Territorium ein blutiger Krieg tobte, an die Abmachungen und beteiligten sich nicht an den Kämpfen.
Der mächtige und weise Führer der Duwamish-Konföderation starb im Alter von sechsundachtzig Jahren und wurde in Suquamish beigesetzt. 1890 wurde über seinem Grab ein Denkmal aus Granit errichtet. In Seattle, der Stadt, die seinen Namen auch späteren Generationen in Erinnerung bringt, wurde eine Bronzestatue aufgestellt, die den Häuptling in einer für ihn charakteristischen Haltung zeigt: Mit zum Zeichen des Friedens erhobener Hand.

DIE YAKIMA

Wie die meisten Stämme des Nordwestens werden auch die Yakima erstmals in den Berichten von Lewis und Clark erwähnt, allerdings unter der Bezeichnung »Cutsahnim«, vermutlich dem Namen eines Häuptlings. Sie gehören zur Shahaptian-Abteilung der Shapwailutan-Sprachfamilie; zu dieser Abteilung zählen auch die Walla Walla, Umatilla, Palouse und – als größter Stamm – die Nez Percé. Fischfang und Jagd bildeten die wichtigste Lebensgrundlage all dieser Stämme, die in ihrer Kultur eine starke Ähnlichkeit mit den Plains-Indianern aufwiesen.

Die Yakima waren ein relativ friedlicher Stamm, dessen Krieger von den Siedlern anfangs oft als Holzfäller oder Bootsleute verpflichtet wurden.

Dieses gute Verhältnis wurde durch die Habgier zahlreicher Siedler zerstört, die den Indianern Schnaps gaben und sie dann, wenn sie betrunken waren, ausraubten. 1855 versuchte Gouverneur Stevens, mit den Yakima, Cayuse, Walla Walla und Nez Percé einen Vertrag zu schließen. Die Verhandlungen fanden von 29. Mai bis 11. Juni in der Nähe von Walla Walla statt. Tausende Indianer hatten sich eingefunden, denen eine Delegation von etwa einhundert Amerikanern gegenüberstand.

Es bot sich ein ebenso farbenprächtiges Bild wie bei ähnlichen Zusammenkünften der Plains- und Prärie-Indianer. Es schien, als wolle eine zum Untergang verurteilte Kultur sich noch einmal in all ihrer Pracht zeigen.

Stevens verfolgte gemäß der offiziellen Indianerpolitik Washingtons das Ziel, möglichst alle Indianer des Plateaus in einer einzigen Reservation unterzubringen. Am besten geeignet schien ihm dazu das Land der als friedlich bekannten Nez Percé, auf deren »positiven« Einfluß er baute. Schärfster Gegner dieses Plans und eindrucksvollste Persönlichkeit nicht nur bei diesen Verhandlungen, sondern auch in dem darauffolgenden jahrelangen Krieg war Kamiaken, der Oberhäuptling der Yakima.

DER NORDWESTEN

KAMIAKEN
Yakima
Geb. um 1800 in der Nähe des heutigen Lewiston, Idaho ·
Gest. 1880 in seinem Lager am Palouse River

Zeitgenössische Zeichnung

»Ich fürchte, dass die Weissen nicht aufrichtig sprechen; dass ihre Kinder nicht tun werden, was für unsere Kinder recht ist, und dass sie sich nicht an das halten werden, was du in ihrem Namen versprochen hast.«

Kamiakens Vater war ein Nez Percé namens Yayayahela, seine Mutter war die Tochter des Yakima-Häuptlings Weowicht und hieß Kaemoxnith. Nach einigen Jahren übersiedelte sie mit dem Knaben in die Heimat ihres Stammes, in das Tal der Yakima. Dort brachte es Kamiaken schon als junger Mann zu beachtlichem Reichtum an Pferden. Er verstand es, aus den Begegnungen mit den Weißen insofern Nutzen zu ziehen, als er ebenfalls Rinder zu züchten begann und sich einen Garten anlegte, den er sorgfältig bebaute. Ebenso wie Seattle stand Kamiaken den Weißen freundlich gegenüber und unterhielt sich gerne mit den Missionaren.
Leider ließ das brutale Vorgehen der Amerikaner, namentlich der Siedler und Goldsucher, die sich wie die Eigentümer des Landes gebärdeten, die freundlichen Gefühle des mittlerweile zum Yakima-Häuptling aufgestiegenen Kamiaken in Feindschaft umschlagen. Scharf lehnte er das Angebot Gouverneur Stevens' ab, die Yakima sollten ihr Land verkaufen.
Die meisten anderen Häuptlinge der vom Plan des Gouverneurs betroffenen Stämme schlossen sich der Meinung Kamiakens an, der immer mehr zum geistigen Führer der Stämme Washingtons und Oregons geworden war. Während der Beratungen von Walla Walla kam es zu erregten Auseinandersetzungen. Weninock, der Sohn eines anderen Yakima-Häuptlings, erinnerte sich viele Jahre später an dieses größte Treffen der Nordwest-Indianer, das sowohl in seiner Bedeutung als auch in seiner Farbenpracht mit dem großen »Council« der Plains-Indianer in Medicine Lodge verglichen werden kann:

> »Ich war mit meinem Vater bei dem Council von Walla Walla; er war einer der Häuptlinge, die den Vertrag unterzeichneten. Ich erinnere mich gut an die Vertragsverhandlungen. In Walla Walla waren damals mehr Indianer zusammengekommen als jemals zuvor an irgendeinem anderen Ort in diesem Land. Abgesehen von Frauen und Kindern waren es 2000 indianische Krieger, die über einen Monat lang dort blieben. Viele Tage lang verhandelten die Indianer und die Kommissare der Regierung über den Vertrag. Eines Tages verkündete Gouverneur Stevens, was er niedergeschrieben hatte; einer der Dolmetscher übersetzte es für die Indianer. Nachdem jeder

Häuptling, auch Peupeumoxmox[1], gesprochen hatte, wollte Stevens die Meinung des Oberhäuptlings der Yakima hören. Er sagte: ›Kamiaken, der große Häuptling der Yakima, hat überhaupt noch nicht gesprochen... Er fürchtet sich nicht zu sprechen. – Laßt ihn freiweg reden!...
Da sagte Kamiaken: ›Ich fürchte, daß die Weißen nicht aufrichtig sprechen; daß ihre Kinder nicht tun werden, was für unsere Kinder recht ist, und daß sie sich nicht an das halten werden, was du in ihrem Namen versprochen hast.‹«

Der Gouverneur war gezwungen, seinen Plan zu ändern. Er schlug nun vor, drei Reservationen zu errichten, eine im Yakima-Tal für die Yakima und einige mit ihnen verwandte oder verbündete Stämme, die zweite zwischen den Bitterroot Mountains und dem Snake River für die Nez Percé, die dritte im Osten von Oregon für die Umatilla, Walla Walla und Cayuse. Die Mehrzahl der Häuptlinge weigerte sich zuerst, den Vertrag zu unterzeichnen, schließlich gaben sie aber nach. Es ist anzunehmen, daß sie nur zum Schein ihre Haltung änderten, um die Kommission in Sicherheit zu wiegen und sich in Ruhe auf einen Krieg mit den verräterischen Weißen vorzubereiten, die schon lange vor Abschluß des Vertrages ins Land geströmt waren.

Kamiaken lehnte es als einziger nach wie vor ab, zu unterschreiben. Konsequent zu sein war überhaupt einer seiner typischen Charakterzüge. Das hatte sich auch bei der Eröffnung der Beratung gezeigt, als einer der Regierungsagenten die üblichen Geschenke an die Häuptlinge verteilte und Kamiaken sich weigerte, etwas anzunehmen.

»Niemals habe ich von den Amerikanern auch nur soviel wie ein Weizenkorn bekommen, ohne dafür bezahlen zu müssen. Unter den Geschenken ist auch nichts, was ich mir kaufen möchte.«

Während Gouverneur Stevens nach Abschluß des Vertrages zufrieden nach Hause ritt, trafen sich die Yakima-Häuptlinge in Kamiakens Dorf und berieten die Lage. Sie beschlossen, keinen weißen Soldaten in ihr Land zu lassen; diejenigen Siedler aber, mit denen sie in gutem Einvernehmen standen, sollten gewarnt werden, damit sie sich in Sicherheit bringen könnten.

[1] Häuptling der Walla Walla.

Zahlreiche weiße Einwanderer hielten sich aber nicht an die Verbote der Indianer. Qualchin, ein Neffe Kamiakens, stieß mit seinen Kriegern bei einem Streifzug in der Nähe des Yakima River auf einen Trupp weißer Einwanderer und tötete sie. Als A. J. Bolon, ein Agent der Yakima, davon erfuhr, machte er sich gleich auf den Weg zu Kamiaken. Dessen Bruder Ice, mit dem er befreundet war, bat ihn, das Land zu verlassen, da er sonst seines Lebens nicht sicher sei. Bolon befolgte die Warnung, wurde auf dem Rückweg aber von drei Yakima-Kriegern ermordet. Weil Bolon nicht zurückkehrte, entsandte der Indianeragent Nathan Olney einen Späher in die Dörfer der Yakima. Dieser kehrte mit der Nachricht zurück, daß Bolon ermordet worden sei, daß die Yakima, Cayuse und Walla Walla zum Krieg gerüstet seien und daß Kamiaken verkündet habe, er werde, wenn es nötig sei, gegen die Armee und die Siedler auch fünf Jahre lang kämpfen.

C. H. Mason, der Stellvertreter Stevens', forderte militärische Hilfe an, um den drohenden Aufstand niederzuschlagen. Major Granville Haller brach mit einhundert Soldaten und einem Geschütz von The Dalles auf, Leutnant Slaughter mit fünfzig Mann von Fort Steilacoom. Haller nahm die Nachrichten vom Aufstand der Indianer nicht ernst und marschierte sorglos ins Land der Yakima. Kamiaken und seine Krieger griffen die Soldaten am Südrand des Simcoe Valley an und besiegten sie in einer zweitägigen Schlacht am 4. und 5. Oktober 1855. Im Schutz der Dämmerung entflohen die Überlebenden, darunter Haller, nachdem sie ihre Haubitze vergraben hatten.

Slaughter, der mit Haller zusammentreffen wollte, wurde gewarnt, kehrte um und zog zum White River, um dort gegen die Nisqualli zu kämpfen, die sich ebenfalls dem Aufstand angeschlossen hatten. Bei dieser Unternehmung fand er den Tod.

Der Aufstand breitete sich immer weiter aus. Es gab nur wenige Stämme, die neutral blieben, und nur einen, der auf der Seite der Amerikaner stand. Kamiaken war nun der unbestrittene Führer der konföderierten Stämme des Nordwest-Territoriums. Denen, die sich ihm nicht anschließen wollten, drohte er mit Krieg. Er wußte genau, daß der Erfolg seines Freiheitskampfes davon abhängen würde, wie fest er den Stammesbund schmieden könne. Dabei kam ihm eine sprachliche Besonderheit des Nordwest-Territoriums zugute, näm-

DER NORDWESTEN

lich das »Chinook«, ein Gemisch aus indianischen Sprachen sowie englischen und französischen Brocken, das auch die Indianer untereinander allgemein verwendeten. »Chinook« umfaßte bei seiner Entstehung in den vierziger Jahren des 19. Jahrhunderts etwa zweihundertfünfzig Wörter. Fünfzig Jahre später war der Wortschatz auf mehr als das Fünffache angewachsen. Er hat etliche indianische Dialekte verdrängt und ist zum Teil auch heute noch in Gebrauch.

Mit »Chinook« konnten sich die Stämme des Nordwestens leicht verständigen und hatten eine Basis zur Übermittlung von Nachrichten. Kamiaken machte davon reichlich Gebrauch und konnte so den festen Zusammenhalt der Konföderation sicherstellen.

Sobald der Gouverneur von Oregon, George Curry, von der Niederlage Hallers Nachricht erhielt, trommelte er in aller Eile Freiwillige zusammen. Auch die Siedler in Vancouver, Seattle und Olympia stellten Freiwilligenverbände auf. Mason ernannte Major Rains zum Brigadegeneral dieser Verbände.

Während der folgenden Jahre fanden zahlreiche, zum Teil sehr blutige Kämpfe statt. Peupeumoxmox griff Fort Walla Walla an, das von seiner Besatzung verlassen worden war, zerstörte es und bemächtigte sich der Vorräte. Kurz darauf fiel er in der Schlacht bei French Town in die Hände Colonel Kellys und wurde von einem Freiwilligen mit dem Gewehrkolben erschlagen. Gerade als Kamiaken Boten zu den Cœur d'Alene und Spokan mit der Bitte um Entsendung weiterer Krieger losgeschickt hatte, erlitten Peupeumoxmox' Krieger in der Schlacht bei Fort Bennett eine entscheidende Niederlage. Kamiakens Werbekampagne war diesmal nur teilweise erfolgreich. Ein Winterfeldzug der Armee blieb allerdings ebenfalls ohne Erfolg. Im Frühjahr marschierte Kelly südlich des Columbia River nach Fort Henrietta, während Colonel Cornelius zu gleicher Zeit auf der Nordseite des Flusses demselben Ziel zustrebte. Cornelius stieß mit einer etwa dreihundert Krieger starken Streitmacht der Yakima zusammen, die von Kamiaken geführt wurde. Sofort entspann sich ein heftiges Gefecht, in dessen Verlauf es den Indianern gelang, die Pferde der Amerikaner in Panik zu versetzen. Zu Fuß waren die Soldaten den Kriegern Kamiakens nicht gewachsen. In dieser Schlacht gab Kamiaken mit einer schwarzen, viereckigen Fahne seine Befehle; es war das erste Mal, daß sich ein indianischer Feldherr dieser Methode der Befehlsübermittlung bediente.

Auch in zahlreichen anderen Schlachten kämpfte Kamiaken an der Spitze seiner Krieger. Neuerlich unternahmen die Amerikaner einen Feldzug gegen die entschlossen um ihre Heimat kämpfenden Indianer. Diesmal hatte Colonel Wright den Befehl übernommen. Trotz mehrerer wütender Angriffe kleinerer Kriegertrupps konnte er weit in indianisches Gebiet eindringen. Die Mehrzahl der Krieger war mit dem Fischfang beschäftigt, der ihre Hauptnahrungsquelle für den Winter bildet. Wochenlang drängte Kamiaken vergebens auf eine entscheidende Schlacht, die meisten Häuptlinge stellten nur eine beschränkte Zahl von Kriegern zur Verfügung. Verärgert zog sich Kamiaken zurück. Es gelang Wright zwar, mit einigen Häuptlingen Teilabkommen zu schließen, die Lage wurde dadurch aber keinesfalls sicherer; zumal etliche der Häuptlinge im darauffolgenden Winter schon wieder auf den Kriegspfad gingen.

Angesichts dieser Lage begannen die Amerikaner damit, eine Reihe gut befestigter Blockhäuser zu errichten, in denen die illegalen Siedler Zuflucht finden konnten, wenn die Indianer sie verjagen wollten. Mit Sorge verfolgten diese die immer größer werdende Zahl von Weißen und erkannten, daß sie nicht mehr lange warten dürften, die lästigen Eindringlinge zu vertreiben. Nun schlug Kamiakens große Stunde. Er sandte Boten an alle Stämme und forderte sie auf, eine große Allianz zu bilden, um gemeinsam ihr Land gegen die Amerikaner zu verteidigen. Kamiakens Aktion war von großem Erfolg begleitet. Besorgt meldete Craig, der Indianeragent der Nez Percé, daß sich alle Indianer im Gebiet des Columbia verbündeten. Er forderte deshalb Waffen für die Nez Percé, da diese wegen ihrer Freundschaft zu den Weißen ebenfalls bedroht seien. Craig begab sich daraufhin in Begleitung von sechzig Kriegern unter dem Häuptling Lawyer nach Walla Walla, wo sie sich einem Verband von Freiwilligen anschlossen. Gemeinsam fügten sie einer indianischen Streitmacht bei Grande Ronde eine Niederlage zu. Die Beteiligung der Nez Percé verstärkte noch den Haß der verbündeten Nordwest-Indianer gegen diesen Stamm.

Ein neuerlicher Versuch Gouverneur Stevens', die Indianer zu Verhandlungen zu bewegen, war nur zum Teil erfolgreich. Zwar kamen einige Abordnungen der Cayuse, Umatilla und natürlich der Nez Percé, doch die maßgebenden Führer der Yakima, Kamiaken, Owhi, Qualchin und Skloom, weigerten sich ebenso zu kommen wie der

Kriegshäuptling der Nez Percé, Looking Glass, der sich von dem verräterischen Häuptling Lawyer distanzierte. Das Treffen verlief ganz anders, als Stevens es sich vorgestellt hatte. Die Feindschaft zwischen den Nez Percé und den übrigen Indianern kam voll zum Ausbruch, so daß sich Stevens veranlaßt sah, der Empfehlung Colonel Edward J. Steptoes zu folgen und den Beratungsort in die Nähe von Steptoes Lager zu verlegen. Unterwegs stießen Stevens und seine Leute auf einen starken Kriegertrupp unter Führung Kamiakens, Owhis und Qualchins. Es kam zwar nicht zum Kampf, aber die an den Beratungen teilnehmenden Indianer waren durch die Nähe Kamiakens in ihrem Selbstbewußtsein so gestärkt, daß sie gegen die Amerikaner und die Nez Percé unverhüllte Drohungen ausstießen. Stevens fühlte sich gezwungen, die Beratungen abzubrechen. Es kam zu Auseinandersetzungen, in die sich schließlich auch Steptoe und seine Soldaten einmischten. Voller Zorn griff Kamiaken daraufhin Steptoe an, und nur mit Mühe und Not konnten die Amerikaner The Dalles erreichen.

In General Wool, einem der wenigen charakterlich hochstehenden Generäle der US-Army, erwuchs den Indianern ein unerwarteter Verbündeter. Er meldete nach Washington, daß Stevens die neuerliche Verhandlungsrunde nur deshalb abgehalten habe, um einen Anlaß für einen neuen Indianerkrieg zu haben. Seiner Meinung nach war das Walla-Walla-Gebiet eine ideale Reservation, da die Cascade Mountains eine Art Puffer zwischen den Weißen und den Indianern bildeten.

Er hinderte auch weiße Siedler daran, sich im Land der Indianer niederzulassen. Immerhin war der Vertrag von 1855 weder von Kamiaken unterzeichnet noch vom Kongreß ratifiziert. Dem Wirken dieses edlen und menschlichen Mannes war leider keine lange Dauer beschieden. 1857 wurde Stevens Kongreßabgeordneter in Washington; Jim Nesmith wurde Superintendent für indianische Angelegenheiten in Oregon und Washington. Die beiden brachten es nicht nur fertig, daß gegen Wool eine Untersuchung eingeleitet wurde, sie erreichten sogar seine Abberufung. Sein Nachfolger, freilich nur in militärischer Hinsicht, wurde General Newman S. Clarke.

Ein Teil der amerikanischen Politik gegen die Indianer des Nordwest-Territoriums bestand darin, keinen Stamm in den Besitz von Waffen oder Munition kommen zu lassen. Als Gerüchte aufkamen, die Mormonen lieferten den Indianern Gewehre und unterstützten sie auch anderweitig, betraute Clarke Colonel Steptoe mit der Überwachung und Unterbindung derartiger Kontakte. Dies war der Anstoß zu einem Unternehmen, dessen Ausgang und Auswirkungen starke Parallelen zu Custers Niederlage am Little Big Horn – fast zwanzig Jahre später – aufweisen.

Am 6. Mai 1858 brach Colonel Steptoe mit einhundertachtundfünfzig Soldaten und einer Schar Nez-Percé-Scouts sowie zwei Kanonen von Fort Walla Walla auf. Die Ausrüstung der Soldaten war von sehr unterschiedlicher Qualität, jeder Soldat hatte zudem nur vierzig Schuß Munition dabei. Steptoe war der Meinung, daß eine reine Demonstration der Macht ausreiche, um die Indianer vor weiteren Aktionen abzuhalten. Eine Schar Palouse, die sich scheinbar vor ihm zurückzog, lockte ihn immer tiefer in feindliches Gebiet. Nach über einer Woche gelangte Steptoe zum Palouse River, wo er von den Indianern gewarnt wurde, noch weiter vorzudringen, da er sonst angegriffen werde. Nach mehrfachen ergebnislosen Verhandlungen kam es am 17. Mai bei Tohottonimme, in der Nähe des heutigen Colfax im Nordwesten Washingtons, zur Schlacht, die mit einer schweren Niederlage der Amerikaner endete.

Die Überlebenden, unter ihnen Steptoe, entkamen im Schutz der Dunkelheit und wurden von Timothy, einem Nez-Percé-Häuptling, in Sicherheit gebracht.

Der Ausgang der Schlacht, die als »Battle of Rosalia«, »Battle of Tohottonimme« oder »Steptoe's Desaster« bekannt wurde, versetzte die Indianer in einen Taumel der Begeisterung. Hunderte Krieger, die sich bisher noch nicht an den Kämpfen beteiligt hatten, verließen ihre Dörfer und schlossen sich Kamiaken an. Bei den Amerikanern hatte die Nachricht von Steptoes Niederlage Verbitterung und Wut hervorgerufen. Man schrie nach Vergeltung, ohne zu bedenken, daß die Indianer lediglich ihr Land gegen unrechtmäßige Invasoren verteidigt hatten.

Im August zog Colonel George Wright mit sechshundert gut ausgebildeten Soldaten, darunter Kavallerie und Artillerie, und einer Schar Nez-Percé-Scouts neuerlich gegen Kamiaken. Von Fort Simcoe brach Major Granett mit dreihundert Mann auf. Kamiaken wich zwar aus, mußte sich aber zwischen dem 1. und 5. September zweimal zur Schlacht stellen. Die erste Schlacht fand bei Four Lakes statt und

endete mit einer Niederlage der vereinigten Stämme. Kamiaken entging nur knapp dem Tod, als eine Kanonenkugel ein großes Holzstück aus einem Baum riß, unter dem der Häuptling mit seinen Anführern stand. Die zweite Schlacht fand kurz darauf in derselben Gegend statt. Neben zahlreichen Kriegern verloren die Indianer auch etwa achthundert Pferde, die Wright sofort erschießen ließ, und büßten einen großen Teil ihrer Wintervorräte ein.
Auf der Flucht zerstörten sie ihr eigenes Dorf, um es vor der Plünderung durch die Soldaten zu bewahren.
Nach dem Sieg über die Indianer schlug Wright am Latah Creek sein Lager auf und empfing die verschiedenen Häuptlinge zu Verhandlungen. Die einzigen, die zum größten Ärger Wrights nicht erschienen, waren die Häuptlinge der Yakima und der Spokan. Wright diktierte die Bedingungen und ging mit äußerster Brutalität gegen die Indianer vor, die am 12. September kapituliert hatten. Er ließ vierundzwanzig Häuptlinge hängen, während Granett seine Gefangenen erschießen ließ. Qualchin, der vermutlich im Auftrag Kamiakens gekommen war, um die Lage zu erkunden und den Verlauf der Verhandlungen zu beobachten, wurde mit der fadenscheinigen Begründung, einige Siedler getötet zu haben, sofort gehängt.
Nach der Ermordung Qualchins floh Kamiaken mit einigen Vertrauten in die Rocky Mountains, wo er bei den Crow für einige Zeit Zuflucht fand. Von dort aus ging er für mehrere Jahre nach British Columbia. Anfang der sechziger Jahre kehrte er mit seiner Frau zurück und ließ sich bei den Palouse nieder. 1865 wurde die Yakima Reservation gegründet. Noch einmal hatte der große Indianerführer des Nordwestens unter seinen alten Feinden zu leiden: Sie nahmen ihm seine Frau weg, und er stand neuerlich vor dem Nichts. 1880 starb er in seinem Lager in der Nähe des Palouse River. Kamiaken hatte gleichermaßen als Staatsmann wie als Stratege fast ein Jahrzehnt lang die Geschicke des Nordwest-Territoriums entscheidend beeinflußt und geprägt. In einem fast vier Jahre dauernden blutigen Krieg (1855–1858) hatte er bravourös gegen einen skrupellosen, landhungrigen Feind gekämpft und versucht, über seinen eigenen Stamm hinaus den Indianern des Nordwestens die Heimat zu erhalten.

DIE NEZ PERCÉ

Im Jahr 1805 betraten Lewis und Clark das Land der Nez Percé, die ein großes Gebiet im Zentrum des heutigen Bundesstaates Idaho sowie Teile der Staaten Washington und Oregon bewohnten. Lewis und Clark wurden freundlich aufgenommen und erhielten die Erlaubnis, das Land zu durchqueren. Dafür beschenkten sie die Nez Percé großzügig, war zur Folge hatte, daß diese künftig den Amerikanern freundlich gesinnt waren, bis die Landgier der weißen Eindringlinge dieses Vertrauensverhältnis zerstörte.
Die Nez Percé, deren Name – »Durchbohrte Nasen« – von französischen Trappern herrührt und auf die frühere Sitte, Ringe in der Nase zu tragen, zurückzuführen ist, waren der größte und mächtigste Stamm der Shahaptian-Abteilung der Shapwailutan-Sprachfamilie. Sie selbst nannten sich Tsutpeli. Obwohl sie den Amerikanern gegenüber friedlich waren und sich rühmten, mehr als ein halbes Jahrhundert lang keinen Amerikaner getötet zu haben, waren sie doch ein stolzer und kriegerischer Stamm, dessen Lebensweise, Kleidung und Sitten sehr stark von den Plains-Indianern beeinflußt waren. Die Nez Percé lebten hauptsächlich von Jagd und Fischfang, außerdem züchteten sie Pferde. Während des Krieges der Nordwest-Stämme (1855 bis 1858) verhielten sie sich teils neutral, teils standen sie auf seiten der Amerikaner, wodurch sie von den anderen Stämmen etwas isoliert waren. Einmal mehr stellte sich heraus, daß eine derartige Politik keineswegs immer belohnt wurde. In den maßgebenden Jahrzehnten zwischen 1850 und 1880 brachten die Nez Percé zwei berühmte Persönlichkeiten hervor, die Vater und Sohn waren: Old Joseph und (Young) Joseph. Zwar übertraf letzterer seinen Vater noch weit an Berühmtheit, es ist aber reizvoll, verfolgen zu können, wie sehr Joseph in seinem Charakter und seiner Geisteshaltung durch seinen Vater geformt wurde. Dies gibt ein ebenso anschauliches wie bewegendes Bild indianischer Erziehung, die fernab aller sogenannten pädagogischen Erkenntnisse zu beachtlichen Leistungen fähig war.

DER NORDWESTEN

OLD JOSEPH

Tu-eka-kas
Nez Percé
Geb. um 1800 · Gest. 1871 im Wallowa-Tal

Zeitgenössische Zeichnung

»MEIN SOHN, VERGISS NIE DIE WORTE DEINES STERBENDEN VATERS! DIESES LAND BIRGT DEN LEICHNAM DEINES VATERS. VERKAUFE NIE DIE GEBEINE DEINES VATERS UND DEINER MUTTER!«

Ende der dreißiger Jahre des 19. Jahrhunderts kam Reverend Spalding, ein Missionar, nach Idaho und wurde von den dortigen Indianern, insbesondere den Nez Percé, freundlich aufgenommen. Dabei lernte er einen der maßgebenden Häuptlinge des Stammes, Tu-eka-kas, kennen, dem er nach dessen Taufe den christlichen Namen Joseph[1] gab. Tu-eka-kas, ein gebürtiger Cayuse, der eine Nez-Percé-Indianerin geheiratet hatte, war ein willensstarker, weitsichtiger Mann, der den Amerikanern und ihren Absichten im Grunde mißtraute. Zwar verhielt er sich in den folgenden Jahren und Jahrzehnten friedlich, warnte aber – ebenso wie Kamiaken – seine Leute, von den Amerikanern Geschenke anzunehmen, da es dann später heißen würde, die Weißen hätten das Land käuflich erworben.

Als im Jahr 1855 die große Beratung von Walla Walla abgehalten wurde, nahm Old Joseph zwar daran teil, weigerte sich aber, einen Vertrag zu unterzeichnen. Sein Sohn Joseph berichtete später:

> »Mein Vater lehnte es ab, irgend etwas mit dieser Beratung zu tun zu haben, weil er ein freier Mann sein wollte. Er wollte, daß niemand auch nur einen Teil der Erde besitze, und es konnte auch niemand verkaufen, was er nicht besaß. Mr. Spalding nahm meines Vaters Arm und sagte: ›Komm und unterzeichne den Vertrag!‹ Mein Vater stieß ihn weg und sagte: ›Warum verlangst du von mir, daß ich mit einem Federstrich meine Heimat hergebe. Du sollst lieber geistige Dinge mit uns sprechen und uns nicht zureden, unser Land zu verlassen!«

Alle Versuche, Old Joseph doch noch zur Unterzeichnung des Vertrages zu bewegen, schlugen fehl.

> »Ich will dein Papier nicht unterzeichnen! Geh, wohin du willst... Ich bin kein Kind, ich kann selbständig denken.«

Während des Krieges der Nordwest-Stämme verhielten sich die Nez Percé Old Josephs anfangs neutral, später stellte er den Amerikanern Scouts zur Verfügung. Dafür schlossen die Amerikaner mit den Nez Percé einen Vertrag, in dem sie dem Stamm »ewigen Frieden« zusicherten. Dieser sollte indes nicht lange dauern.

---

[1] Den Beinamen »Old« erhielt er, um ihn von seinem gleichnamigen Sohn unterscheiden zu können.

1859 fand eine große Zusammenkunft aller Nez Percé mit dem Beauftragten für indianische Angelegenheiten im Territorium, A. J. Cain, statt. Die Nez Percé sollten nun, nach Beendigung des Krieges, das im Vertrag von 1855 festgelegte Gebiet freigeben. Dafür würden sie Geld, landwirtschaftliche Geräte sowie Mühlen, Schmieden und andere Einrichtungen erhalten. Während der bestochene Häuptling Lawyer sofort zustimmte, lehnte Old Joseph entschieden ab.
Seine Befürchtungen erwiesen sich als begründet. Von den Versprechungen der Amerikaner war in den darauffolgenden Jahren nichts zu merken.
Anfang der sechziger Jahre wurde im Land der Nez Percé Gold gefunden. Tausende Goldsucher, Abenteurer und Siedler strömten ins Land, und Old Joseph mußte seine ganze Autorität aufbieten, seine Krieger vor Übergriffen abzuhalten. Die Amerikaner boten neue Verhandlungen an, Old Joseph lehnte es entrüstet ab zu kommen. Schließlich kam es im Mai 1863 doch zu einem Treffen, bei dem der verräterische Lawyer einmal mehr das große Wort führte.
Die amerikanischen Unterhändler schlugen den Abschluß eines neuen Vertrages vor, in dem die Nez Percé mehr als drei Viertel ihres Landes, darunter das herrliche Wallowa-Tal, abtreten sollten. Old Joseph lehnte dieses Ansinnen entrüstet ab, doch einige andere, wahrscheinlich durch Geschenke oder Geld bestochene Nez-Percé-Häuptlinge – an ihrer Spitze Lawyer – unterzeichneten den Vertrag. Old Joseph erkannte diesen Vertrag, durch den er und seine Leute ihre Heimat verloren hätten, natürlich nicht an. Um auch keinerlei »Irrtümer« bei den Siedlern aufkommen zu lassen, umgab er dieses Gebiet eigenhändig mit Grenzpfählen.

> »Hier ist das Land meines Volkes... Innerhalb der Grenze ist unser Volk geboren, sie umgrenzt die Gräber unserer Väter, und wir werden diese Gräber niemals an irgend jemanden abgeben.«

Stolz und unbeirrbare Heimatliebe waren die herausragendsten Eigenschaften Old Josephs, die er auch seinem Sohn Joseph, der ihn an Ruhm weit übertreffen sollte, weitergab. Hinzu kamen ein natürliches Gottvertrauen und tiefe Frömmigkeit, die sich nicht zuletzt darin äußerte, daß er jeden Morgen die Leute seines Lagers mit dem Ruf weckte:

»Auf! Es ist Tag! Danken wir dem Großen Geist, daß wir leben.«

In den folgenden Jahren, als Old Joseph alt und schwach wurde, trat sein Sohn immer stärker in den Vordergrund. Über den Tod seines Vaters berichtet Joseph:

»Mein Vater sandte nach mir. Ich sah, daß er im Sterben lag, und ergriff seine Hand. Er sagte:
›Mein Sohn, mein Körper kehrt zur Mutter Erde zurück, und mein Geist wird schon bald dahingehen, um dem Großen Geist zu begegnen. Wenn ich gegangen bin, denke an dein Land! Du bist der Häuptling dieses Volkes. Es erwartet von dir, daß du es führst. Denke stets daran, daß dein Vater nie sein Land verkaufte. Du mußt deine Ohren verschließen, wenn man dir einen Vertrag vorlegt, mit dem du dein Land verkaufst. Noch einige Jahre, und du wirst von Weißen umgeben sein. Sie trachten nach diesem Land! Mein Sohn, vergiß nie die Worte deines Vaters und deiner Mutter!‹
Ich drückte die Hand meines Vaters und versprach ihm, sein Grab mit meinem Leben zu schützen. Mein Vater lächelte und ging weg ins Land des Großen Geistes.
Ich begrub ihn in dem herrlichen Tal der sich windenden Gewässer. Ich liebe dieses Land mehr als den Rest der Welt. Ein Mann, der das Grab seines Vaters nicht liebt, steht tiefer als ein wildes Tier.«

Nach dem Tod seines Vaters wurde Joseph der Häuptling der im Wallowa-Tal lebenden Nez Percé.

DER NORDWESTEN

JOSEPH
Hin-mah-too-yah-lat-kekht
(»Der Donner, der zu erhabenen Berggipfeln hallt«)
Nez Percé
Geb. um 1840[1] im östlichen Oregon · Gest. 21. September 1904
in Nespelem, Colville Reservation

Fotografie

»ICH HABE NIEMALS DEN ANSPRUCH
ERHOBEN, MIT DEM LAND TUN ZU
KÖNNEN, WAS ICH FÜR RICHTIG HALTE.
DER EINZIGE, DER DIESES RECHT HAT,
IST DER, DER ES GESCHAFFEN HAT.

[1] Nach anderen Angaben soll Joseph beim Tode seines Vaters siebenunddreißig Jahre alt gewesen sein, müßte demnach also um 1834 geboren sein.

Joseph verlebte im Wallowa-Tal eine glückliche und unbeschwerte Kindheit. Sein Vater, der ihn schon früh zu seinem Nachfolger bestimmt hatte, ließ ihm eine sorgfältige Erziehung angedeihen. Obwohl Joseph nicht kriegerisch veranlagt war und auch nicht die Gelegenheit hatte, derartige Fähigkeiten in ständigen Kämpfen mit den Nachbarstämmen zu entwickeln – wie es bei den Sioux- und Cheyenne-Häuptlingen der Fall war –, so lernte er doch alles, was ein Krieger können mußte. Noch stärkeren Wert aber legte Old Joseph darauf, seinen Sohn in geistiger und charakterlicher Hinsicht auf sein Häuptlingsamt vorzubereiten. Fast sämtliche Charaktereigenschaften Old Josephs sind auch bei Young Joseph – wie ihn die Amerikaner anfangs nannten – anzutreffen: Edelmut, Gottesfurcht, Verantwortungsbewußtsein und Mut.

Dazu kam eine außergewöhnliche Rednergabe; seine starke, bildhafte Formulierungskunst ist auch bei der Lektüre seiner Reden und Ansprachen noch deutlich festzustellen.

> »Gott erschuf Land für die Indianer, und es war, als würde er ein großes Tuch ausbreiten. Darauf setzte er die Indianer. Sie wurden hier in diesem Land erschaffen; ... damals begannen die Flüsse zu fließen. Dann schuf Gott die Fische in den Flüssen, ließ Wild in den Bergen leben und befahl ihnen, sich zu vermehren. Dann gab der Schöpfer uns Indianern das Leben. Wir gingen umher, und als wir das Wild und die Fische sahen, wußten wir, daß sie für uns gemacht waren. Gott schuf Wurzeln und Beeren, damit Frauen sie sammelten ...
> Gott schuf uns, damit wir hier lebten; und es war unser Recht zu jagen und zu fischen, soweit ich und mein Großvater sich zurückerinnern können.«

Nachdem sich Old Joseph geweigert hatte, den Vertrag von 1863 zu unterzeichnen, machte er seine beiden Söhne, Joseph und Ollokot, darauf aufmerksam, daß das Wallowa-Tal von dem neuen Vertrag, den wieder der Verräter Lawyer unterzeichnet hatte, nicht betroffen sei. Es sei vielmehr nach wie vor Eigentum der Nez Percé.

Die Wirren des Sezessionskrieges lenkten die Aufmerksamkeit der Amerikaner für einige Jahre vom Nordwest-Territorium ab. 1871 starb Old Joseph, und sein Sohn wurde Häuptling der Wallowa-Nez-Percé. Schon kurz darauf wurde er mit Problemen konfrontiert, über

deren weitreichende Folgen für seinen Stamm er sich im klaren war. Es tauchten nämlich Regierungsvertreter auf, die einen sofortigen Abzug der Nez Percé aus dem Wallowa-Tal forderten.
Joseph trat dieser Forderung so entschieden entgegen, daß sich Präsident Grant aufgrund der Berichte seiner Beamten gezwungen sah, am 16. Juni 1873 durch eine Verordnung jegliche Ansiedlung Weißer im Wallowa-Tal zu untersagen. Zwei Jahre später aber brach er sein Wort und gab doch die Erlaubnis zur »Besiedlung« des Tals, wie dieser Landdiebstahl scheinheilig genannt wurde. Innerhalb einer bestimmten Frist sollten die Nez Percé ihre Heimat verlassen und in die Lapwai Reservation gehen. Zwei von Spannungen und Unruhen erfüllte Jahre folgten. Als sich Joseph abermals weigerte, erhielt schließlich General Otis O. Howard den Befehl, die widerspenstigen Nez Percé aus dem Tal zu vertreiben. Obwohl Howard innerlich von der Unsinnigkeit dieser Politik überzeugt war, mußte er den »wilden Mann« spielen. Er forderte Joseph zu einem Gespräch auf, das in Lapwai stattfinden sollte.
Joseph erschien im Mai 1877 in Begleitung seines Bruders Ollokot, des Kriegshäuptlings Looking Glass und des Medizinmannes Toohoolhoolzote, einer Art Stammespropheten der Nez Percé. Dieser brachte Howard mit seinen Antworten derart in Verlegenheit, daß der General sich nicht anders zu helfen wußte, als ihn gefangenzunehmen und den Häuptlingen ein Ultimatum zu stellen. Innerhalb von dreißig Tagen hätten sie das Wallowa-Tal zu räumen und nach Lapwai zu gehen.
Schweren Herzens mußte Joseph erkennen, daß er keine andere Wahl hatte, als sich der Drohung zu beugen. Toohoolhoolzote, der mittlerweile wieder freigelassen worden war, rief zum Krieg gegen die Landräuber auf, Joseph aber mahnte zur Besonnenheit. Hastig trieben die Nez Percé ihre Herden zusammen – soweit es ihnen in der kurzen Zeit möglich war – und schlugen nach Überquerung des Snake River im Rocky Canyon ein großes Lager auf.
Obwohl die Zeit drängte und Howard gedroht hatte, die Nez Percé mit Waffengewalt zu vertreiben, wenn sie den Termin auch nur um einen Tag überschritten, machten diese keinerlei Anstalten weiterzuziehen. Die Unruhe unter den jungen Kriegern wuchs; Ollokot, Toohoolhoolzote, White Bird und einige andere Häuptlinge riefen zum Krieg, doch Joseph mahnte neuerlich zur Ruhe. Seine Krieger

wurden aber immer widerspenstiger. Eine Schar junger Heißsporne nahm die Ermordung eines Nez Percé durch einen Siedler zum Anlaß für mehrere blutige Überfälle auf Weiße.

Joseph war verzweifelt: es gab nun keine Möglichkeit mehr, den Frieden zu bewahren. In dieser Situation erwies er sich nun vollends als weitblickender Führer seines Stammes. Da er das Schicksal der Plains-Indianer kannte, faßte er sofort den Plan, so wie Sitting Bull nach Kanada zu gehen, wo die Indianer nicht verfolgt wurden.

Im White Bird Canyon in Idaho kam es am 17. Juni 1877 zur ersten Auseinandersetzung mit den Verfolgern. Zuvor hatte Joseph einen letzten Versuch unternommen, den Konflikt friedlich beizulegen, doch die amerikanischen Soldaten, die von Captain Perry geführt wurden, eröffneten trotz der weißen Flagge das Feuer auf die Unterhändler der Nez Percé. Mit knapper Not konnten diese sich in Sicherheit bringen. Die vorrückenden Truppen gerieten unter das Feuer der Nez Percé, die ebenso wie die Krieger der Modoc als Scharfschützen berühmt waren. Durch einige meisterhafte strategische Schachzüge gelang es den Nez Percé, die Soldaten Perrys in die Enge zu treiben, ihnen schwere Verluste zuzufügen und schließlich in die Flucht zu schlagen. Perry hatte neben zahlreichen Verwundeten vierunddreißig Tote zu beklagen, während von Josephs Kriegern nur vier verwundet wurden.

Wenige Tage später erschien General Howard mit über zweihundert Mann im White Bird Canyon, um Perrys Scharte auszuwetzen. Doch Joseph, dessen Späher alle Bewegungen des Gegners genau verfolgten, entschied sich für einen von Howard nicht erwarteten Schritt: Statt sich in dem unwegsamen Gelände jenseits des Snake River zu verstecken, überschritt er den Salmon River und zog nach Norden, wo er ihn neuerlich überquerte. Der geprellte Howard irrte in den Bergen umher und suchte die Nez Percé, die inzwischen am Clearwater mit Looking Glass, dem Kriegshäuptling des Stammes, und seinen Leuten zusammengetroffen waren. Kurz zuvor hatten sie einer Abteilung Kavallerie unter Captain Whipple einen Hinterhalt gelegt und elf Mann getötet.

Gemeinsam bekräftigten Joseph und Looking Glass den Entschluß, ihre Leute – siebenhundert an der Zahl, davon etwa zweihundertfünfzig Krieger – nach Kanada zu führen. Ehe sie aufbrachen, meldeten Späher das Anrücken Howards, dessen Streitmacht sich nunmehr auf siebenhundert Mann verstärkt hatte. Außerdem verfügte Howard über drei Geschütze, mit denen er sogleich das Lager der Nez Percé beschießen ließ – erfolglos, denn blitzschnell hatten die Indianer Frauen und Kinder sowie die zweitausend Pferde, die sie mitführten, in Sicherheit gebracht. Dann rief Joseph zum Angriff. Seine Scharfschützen nahmen die Stellungen der Amerikaner unter Beschuß, und voll Grimm sah Howard, wie seine Soldaten von den Kugeln der Nez Percé niedergemäht wurden. Mitten im wildesten Kampfgetümmel war Joseph und gab seine Befehle. Seine berittenen Krieger griffen Howards Truppen von den Flanken her an, so daß sich der berühmte Bürgerkriegsgeneral in die Defensive gedrängt sah. Sogar nachts ließen die Nez Percé den Soldaten keine Ruhe, als aber am Morgen des nächsten Tages das Anrücken von Kavallerie gemeldet wurde, zogen sich die Indianer zurück, ohne auch nur das geringste zurückzulassen.

Ähnlich wie die Schlacht von Point Pleasant[1] wurde auch diese Schlacht am Clearwater von den Amerikanern teilweise als Sieg deklariert, bei den Teilnehmern selbst herrschte allerdings alles andere als Siegesfreude.

Um Zeit für die Vorbereitungen für den langen Weg nach Kanada zu gewinnen, schlug Joseph in der Nähe von Kamiah ein Lager auf und schickte Unterhändler zu General Howard. Dieser verlangte die sofortige Kapitulation, außerdem sollten alle Krieger vor Gericht gestellt werden. Joseph verwendete keinen Gedanken auf dieses indiskutable Ansinnen und brach auf, um über die Bitter Root Mountains nach Montana zu gelangen. Howard wollte daraufhin die Verfolgung einstellen, erhielt aber vom Kriegsministerium in Washington den strikten Befehl, die Verfolgungsjagd fortzusetzen. Hierauf nahm Howard mit Captain Rawn in Fort Missoula Verbindung auf, der sogleich mit zweihundert Mann aufbrach, um Joseph im Lolo Canyon, durch den er unweigerlich kommen mußte, den Weg abzuschneiden. Am 27. Juli erschien Looking Glass mit einigen Kriegern, um mit Rawn zu verhandeln. Dieser versuchte aber nur, Zeit zu gewinnen, damit Howard die Nez Percé von hinten angreifen könne. Er bat sie, am nächsten Tag wiederzukommen, um weiterzuverhandeln. Joseph und Looking Glass durchschauten ihn aber, gingen zum Schein auf

---

[1] Vgl. Seite 62, 96 und 144

die Frist ein, suchten und fanden aber einen Weg, die steilen Wände der Schlucht zu erklimmen und zogen, ohne daß es Rawn und seine Soldaten gewahr wurden, mit all ihren Leuten und Tieren oben vorbei.

Am Big Hole River schlugen sie trotz der Warnungen Josephs, der sich noch keineswegs sicher fühlte, ein Lager auf, um zu jagen und den Verwundeten etwas Erholung zu gönnen. Josephs Argwohn sollte sich bestätigen.

Am 9. April 1877 überfiel der auf telegraphischem Weg benachrichtigte Colonel Gibbon das Lager der Nez Percé. Beim ersten Angriff wurden zahlreiche Frauen und Kinder getötet, und Panik schien auszubrechen, doch Joseph bewahrte trotz seiner Wut klaren Kopf, befahl seinen Kriegern, die Soldaten von der Seite und von hinten anzugreifen. Einmal mehr bekamen die Amerikaner die Zielsicherheit der Nez-Percé-Scharfschützen zu spüren. Einunddreißig Soldaten büßten den gemeinen Überfall mit dem Leben, achtunddreißig wurden verwundet. Gibbons Abteilung wäre wohl restlos vernichtet worden, wäre Joseph nicht gemeldet worden, daß Howard im Anmarsch sei. Unverzüglich gab Joseph den Befehl zum Rückzug. Der Überfall Gibbons wirkt um so abstoßender, als die Nez Percé auf ihrem Zug niemals Zivilisten etwas zuleide getan hatten, sie hatten unterwegs sogar Vorräte bei weißen Händlern gekauft und bezahlt.

Erbarmungslos setzten die Amerikaner ihre Verfolgungsjagd fort. Schon meinte Howard, die Nez Percé seien so geschwächt, daß sie sich bald ergeben würden, da entführten sie ihm des Nachts seine sämtlichen Packtiere und töteten vier Leute. Ohnmächtig vor Wut mußte Howard zurückbleiben, wandte sich zum Yellowstone, wo sich der berüchtigte General Sherman gerade aufhielt. Verärgert über die lächerliche Rolle der US-Armee ließ er nach Fort Keogh den Befehl ergehen, die Nez Percé zu umzingeln. Joseph versuchte indes, bei den befreundeten Schoschonen Hilfe zu bekommen, diese lehnten es aber ebenso ab wie die Crow; sie befürchteten, in den Strudel der Ereignisse mithineingezogen zu werden. Die Crow verrieten sogar – was ihnen nicht zur Ehre gereicht – die Nez Percé an Colonel Samuel Sturgis, der mit dreihundertfünfzig Mann des neu aufgefüllten, einst von Custer geführten 7. Kavallerieregiments von Fort Keogh aufbrach, um Joseph den Weg zu versperren.

Mit einem geschickten Manöver lenkte der große Stratege seine

Verfolger auf eine falsche Fährte und zog weiter nach Norden zur kanadischen Grenze, ohne zu wissen, daß sich nun auch General Miles auf seine Fährte gesetzt hatte. Die Nez Percé überquerten am 23. September den Missouri; ihre Vorräte gingen zur Neige, die Meute der Verfolger wurde immer größer. Zum Glück fanden sie einen kleinen Militärstützpunkt, dessen Vorratslager sie leerten. Solcherart gestärkt, zogen sie weiter nach Norden und lagerten auf der Nordseite der Bear Paw Mountains.

Am 29. September griff General Miles mit sechs Kompanien des 5. Infanterieregiments, zwei Abteilungen des 2. Kavallerieregiments und drei Abteilungen des 2. Infanterieregiments die Nez Percé an, die von den Sioux- und Cheyenne-Scouts der Armee aufgespürt worden waren. Der erste Angriff brach im Kugelregen der Nez Percé zusammen. Binnen weniger Minuten fielen mehr als fünfzig Kavalleristen, darunter die meisten Offiziere. Die Nez Percé beklagten neben sechzehn Kriegern zwei ihrer wichtigsten Unterführer: Josephs Bruder Ollokot und Toohoolhoolzote.

General Miles war aufgrund der hohen Verluste gezwungen, den Kampf zu beenden. Sofort befahl Joseph, Schützengräben und Brustwehren anzulegen. Auch einen neuerlichen Angriff des 7. Kavallerieregiments und einer Kompanie unter Captain Snyder schlugen die Nez Percé zurück. Während des Kampfes kam ein schwerer Schneesturm auf. In der Nacht verstärkten die Nez Percé ihre Befestigungen, Joseph sandte Boten nach Kanada zu Sitting Bull, um ihn um Hilfe zu bitten. Ein Teil der Boten erreichte das nur einen Tagesmarsch entfernte Lager der Sioux; eine militärische Hilfeleistung war Sitting Bull aber zu riskant.

Am folgenden Morgen bat Miles über einen Unterhändler Joseph um eine Unterredung. Die beiden Gegner trafen sich; Joseph lehnte Miles Forderung nach bedingungsloser Kapitulation ab und verlangte seinerseits, daß den Nez Percé die Rückkehr ins Wallowa-Tal gestattet werde. Die Unterredung endete ohne Ergebnis. Gleich darauf eröffneten die Amerikaner das Feuer mit ihrem Geschütz, aber die Nez Percé hielten sie mit wohlgezielten Schüssen in Schach. Erneut verlangte Miles zu verhandeln, Joseph ging auf das Angebot von General Miles ein, der die Abgabe der Waffen verlangte; dafür dürften die Nez Percé wieder nach Idaho zurückkehren, wo sie ihre Waffen zurückbekämen. Sein verräterischer Plan, Joseph festzuhalten, wurde durchkreuzt, weil die Nez Percé einen Offizier gefangennahmen und auf diese Weise Joseph wieder freibekamen.

Inzwischen war General Howard mit seinen Truppen angekommen, Joseph wußte, daß kaum mehr Rettung möglich war, da auch die Hilfe Sitting Bulls ausgeblieben war. Erneut fanden Verhandlungen statt, man bot Joseph an, daß seinen Leuten das Leben geschenkt und sie in die Reservation zurückkehren dürften. Der Häuptling erbat sich Bedenkzeit und kehrte in sein Lager zurück.

Looking Glass und White Bird wollten weiterkämpfen. Immerhin hatten die Nez Percé nur neunzehn Krieger verloren, während Miles ein Fünftel seiner Soldaten eingebüßt hatte. Joseph sah, wie müde und erschöpft besonders die Frauen und Kinder waren. Als in einem neuerlichen Gefecht Looking Glass den Tod fand, ritt Joseph schweren Herzens zu den Generälen, um sich zu ergeben. In schwierigstem Gelände hatte er mit seinen Leuten mehr als zweitausend Meilen zurückgelegt und zeitweise bis zu zweitausend Verfolger in Schach gehalten. Die Ansprache, die Joseph bei seiner Übergabe hielt, erlangte als Meisterwerk indianischer Redekunst und ergreifende Schilderung einer aussichtslosen Situation große Berühmtheit:

> »Sagt General Howard, daß ich sein Herz kenne. Was er mir vorher erzählt hat, fühle ich jetzt in meinem Herzen. Ich bin des Kampfes müde. Unsere Häuptlinge sind tot: Looking Glass ist tot, Toohoolhoolzote ist tot. Die alten Männer sind tot. Es sind jetzt die jungen Männer, die entscheiden. Ollokot, der die jungen Männer führte, ist tot. Es ist kalt, und wir haben keine Decken. Die kleinen Kinder sterben vor Kälte. Viele meiner Leute sind weggelaufen zu den Hügeln, ohne Decken, ohne Nahrung; keiner weiß, wo sie sind, vielleicht erfrieren sie gerade. Ich möchte Zeit haben, nach meinen Kindern zu suchen und zu sehen, wie viele ich noch finden kann. Vielleicht finde ich sie unter den Toten. Hört mich an, ihr Generäle! Ich bin müde, mein Herz ist krank und traurig. Von nun an will ich niemals mehr kämpfen.«

Nicht alle Nez Percé ergaben sich. In der Nacht gelang es White Bird, mit mehr als einhundert Leuten[1] – darunter Josephs Tochter – zu

---

[1] Nach anderen Angaben mit etwa vierzig Leuten.

Joseph ergibt sich General Howard

Fuß die kanadische Grenze zu erreichen. Freundlich gesinnte Cree-Indianer halfen den Erschöpften weiter, bis sie mit Sitting Bull zusammentrafen, der sie in seinem Lager willkommen hieß.
Joseph und seinen Leuten erging es schlechter. General Miles brach von neuem sein Wort und ließ die Nez Percé nicht in ihre Reservation zurückkehren, sondern schaffte sie brutal nach Fort Leavenworth in Kansas, wo viele an Malaria starben. Im Juli 1878 brachte man sie ins Indianerterritorium, wo ihnen ein öder Landstrich als Reservation angeboten wurde. Vergeblich protestierte Joseph gegen den Verrat der Amerikaner. Er, der sich ja nur ergeben hatte, weil er die Frauen und Kinder nicht im Stich lassen wollte, betonte immer wieder, seine Übergabe sei im Vertrauen auf das Wort von General Miles geschehen.
Schließlich erlaubte man ihm, nach Washington zu reisen, wo er am 14. Januar 1879 vor Kabinetts- und Kongreßmitgliedern eine Rede hielt, in der er an Präsident Hayes appellierte, seinem Stamm die Rückkehr in seine Heimat zu ermöglichen.

»Ich verstehe nicht, warum für mein Volk nichts getan wird. Man redet und redet, und nichts geschieht. Gute Worte machen mein totes Volk nicht lebendig. Sie nützen auch meinem Land nichts, das nun von den Weißen überschwemmt ist. Sie schützen das Grab meines Vaters nicht. Sie ersetzen mir auch meine Pferde und mein Vieh nicht. Schöne Worte können mir meine Kinder nicht zurückgeben; schöne Worte werden das Versprechen eures Kriegsführers Miles nicht einlösen. Sie werden meinem Volk seine Gesundheit nicht zurückgeben und es nicht vor einem frühzeitigen Tod bewahren. Schöne Worte allein werden meinem Volk keine Heimat schaffen, wo es in Frieden leben kann und wo es sein eigener Herr ist.
Ich bin es müde, nutzlose Worte zu sprechen. Es macht mein Herz krank, wenn ich an all die schönen Worte und an all die gebrochenen Versprechen denke. Es ist schon zuviel geredet worden, von Männern, die kein Recht dazu haben. Zu viele Fehldeutungen, zu viele Mißverständnisse zwischen den Weißen und den Indianern hat es schon gegeben.
Wenn die Weißen mit den Indianern in Frieden zusammenleben wollen, so können sie es ohne Schwierigkeiten tun.
Unruhen lassen sich vermeiden. Behandelt alle Menschen gleich, gebt ihnen dasselbe Gesetz, gebt ihnen allen dieselbe Chance zu leben und sich zu entwickeln. Alle Menschen wurden vom selben Großen Geist erschaffen. Sie sind alle Brüder.
Die Erde ist die Mutter aller Menschen, und alle Menschen sollen gleiches Anrecht auf sie haben.
Ihr könnt genausogut erwarten, daß das Wasser in den Flüssen aufwärts fließt, wie ihr von jemandem, der frei geboren ist, erwarten könnt, daß er zufrieden ist, wenn er eingekerkert ist und ihr ihm die Freiheit verweigert, zu gehen, wohin es ihm beliebt. Wenn ihr ein Pferd an eine Stange bindet, erwartet ihr dann, daß es sich kräftig entwickeln wird? Wenn ihr einen Indianer auf einem kleinen Flecken Land haltet und ihn zwingt, dort zu bleiben, wird er weder zufrieden sein, noch wird er wachsen und gedeihen.
Ich habe etliche von den großen weißen Häuptlingen gefragt, woher sie das Recht nehmen, dem Indianer zu befehlen, an einem Platz zu bleiben, während er mitansehen muß, daß die

Weißen gehen, wohin es ihnen beliebt. Sie konnten mir keine Antwort darauf geben.
Ich verlange von der Regierung nur, so behandelt zu werden, wie andere Menschen behandelt werden. Wenn ich nicht in meine Heimat zurückkehren kann, dann laßt mich wenigstens in einem Land leben, wo mein Volk nicht so rasch dahinstirbt.
Ich weiß, daß sich meine Rasse umstellen muß. Wir können unsere bisherige Lebensart wegen der Weißen nicht beibehalten. Wir wollen nur die Möglichkeit erbitten, so zu leben wie andere Menschen. Wir verlangen, als Menschen anerkannt zu werden. Wir bitten darum, daß dasselbe Gesetz auf alle Menschen gleich angewandt wird. Wenn ein Indianer das Gesetz bricht, straft ihn durch das Gesetz! Wenn ein Weißer das Gesetz bricht, straft ihn ebenso!
Laßt mich ein freier Mann sein – ein Mann, der sich frei bewegen kann, der bleiben kann, wo er will, der arbeiten kann, was er will, und Handel treiben, wo es ihm beliebt, der frei ist in der Wahl seiner Lehrer, und der in Freiheit die Religion seiner Väter ausüben kann; der frei ist im Denken, im Sprechen und im Handeln – und ich werde jedes Gesetz beachten oder mich der Strafe beugen!«

Doch auch dieser Appell blieb ohne Resonanz. Dessen ungeachtet aber stellte sich Joseph mit dieser Rede würdig in die Reihe großer indianischer Redner vom Schlage eines Tecumseh, Red Jacket oder Seattle. Auch bei den Nez Percé hing die Bedeutung eines Anführers – neben seinen kriegerischen Eigenschaften – vor allem von seinen rhetorischen Fähigkeiten ab.
Bei den Nez Percé wiederholte sich dasselbe beschämende Schauspiel wie bei den Cheyenne oder den Apachen. Auch sie wurden jahrelang gegen ihren Willen im Indianerterritorium festgehalten. 1883 erlaubten die Behörden einer Gruppe von dreiunddreißig Frauen und Kindern, in ihre Heimat zurückzukehren; ein Jahr später ließ man eine größere Zahl Nez Percé heimkehren. Joseph und seine restlichen Leute hielt man für zu gefährlich, um sie wieder ins Wallowa-Tal ziehen zu lassen. Sie durften aber 1885 wenigstens nach Nespelem in die Colville Reservation im Staat Washington gehen.

1889 besuchte Joseph das Wallowa-Tal; traurig blickte er über die Wiesen und Wälder der einstigen Heimat, in der sich niederzulassen ihm aber verwehrt wurde.

Unermüdlich setzte er sich dafür ein, daß auch der Rest seines Volkes heimkehren dürfe. 1903 reiste er ein letztesmal nach Washington, wo er mit Präsident Roosevelt und General Miles sprach. Aber auch jetzt gab man ihm die Erlaubnis nicht, obwohl Joseph offensichtlich bereits »zivilisiert« war. Mit ganzer Kraft widmete er sich der Erziehung der jungen Nez Percé, um ihnen die Voraussetzungen für ein Bestehen in der geänderten Umwelt zu geben und sie vor Alkohol und Spiel zu warnen.

Am 21. September 1904 starb Joseph, eine der ganz großen indianischen Persönlichkeiten; es ist schwer zu sagen, was an ihm mehr zu bewundern ist; seine menschliche Größe, sein strategisches Genie oder seine Rednergabe. Man kann General Howard, seinem einstigen Gegner, recht geben, der von Joseph sagte, er sei der vollkommenste Indianer, den er je gesehen habe.

Joseph in späten Jahren

DIE SCHOSCHONEN

Die Schoschonen sind der wichtigste Stamm des nach ihnen benannten Zweiges der uto-aztekischen Sprachfamilie. Ihre Sprache ist mit der der Comanchen eng verwandt, mit denen zusammen sie eine eigene Dialektgruppe bilden. Die Bedeutung des Wortes »Schoschonen« ist unbekannt, es scheint aber kein etymologischer Zusammenhang mit dem ebenfalls geläufigen Namen »Snake-Indians« (»Schlangen-Indianer«) zu bestehen; allerdings werden damit häufig nur die im Norden, speziell in Oregon lebenden Schoschonen bezeichnet.
Zu Beginn des 19. Jahrhunderts erstreckten sich die Wohngebiete der Schoschonen über weite Gebiete der heutigen Staaten Wyoming, Oregon und Idaho, aber auch über Teile von Montana, Utah und Nevada. Bei den Schoschonen sind deutlich zwei verschiedene kulturelle Stufen zu unterscheiden: Die nördlichen und östlichen Schoschonen glichen in Charakter und Lebensweise stark den Plains-Indianern, während die südlichen und westlichen Teile dieses Volkes auf niedrigerer Kulturstufe standen und ebenso wie die Paiute als »Diggers«, also Wurzelgräber, bezeichnet wurden.
Die Jagdgebiete der nördlichen Schoschonen hatten sich früher viel weiter nach Osten erstreckt; Plains- und Prärie-Stämme, die früher in den Besitz von Feuerwaffen gelangt waren, hatten die Schoschonen jedoch in die Felsengebirge zurückgedrängt.
Ebenso wie die Crow waren auch die Schoschonen einer der Stämme, die den Amerikanern während der Indianerkriege des 19. Jahrhunderts unschätzbare Dienste geleistet hatten. Der Grund für ihre bereitwillige Hilfe lag einerseits darin, daß diejenigen Stämme, die sich am erbittertsten gegen das Vordringen der Amerikaner wehrten, ohnehin Erbfeinde der Schoschonen waren, und andererseits waren die Schoschonen einer der wenigen Stämme, deren anfänglich freundliches Verhalten gegenüber den Weißen nicht mit Erpressung und Krieg quittiert wurde. Wie alle diese »freundlichen« Stämme brachten auch die Schoschonen nur wenige berühmte Persönlichkei-

ten hervor, da auch hier das schon mehrfach angesprochene Spannungsfeld relativ klein war. Dafür gehören Sacagawea, die indianische Führerin der Lewis-und-Clark-Expedition, und Washakie, der mächtigste Häuptling der Schoschonen und treue Verbündete der Amerikaner, zu den populärsten Indianern der Vereinigten Staaten überhaupt.

DER NORDWESTEN

SACAGAWEA

Bird Woman (»Vogelfrau«)
Schoschonin
Geb. um 1786 am Oberlauf des Salmon River, Idaho ·
Gest. 9. April 1884 in Fort Washakie, Wyoming

Nach einer zeitgenössischen Plastik

»SIE WAR INTELLIGENT, FRÖHLICH,
WENDIG, WUSSTE IMMER EINEN
AUSWEG, ERMÜDETE NIE UND WAR
TREU WIE GOLD.«

Tagebucheintragung von Lewis und Clark

Sacagawea wurde als zwölfjähriges Mädchen während einer Bisonjagd ihres Stammes von Blackfoot-Kriegern geraubt und später als Sklavin an die Hidatsa verkauft. Mit vierzehn Jahren wurde sie an den bei den Hidatsa lebenden frankokanadischen Waldläufer Toussaint Charbonneau weiterverkauft, dessen Frau sie wurde. 1805 wurde er von Lewis und Clark im Zuge ihrer Expeditionsvorbereitungen als Dolmetscher verpflichtet. Dabei lernten die beiden auch Sacagawea kennen, die sich in weiterer Folge als wesentlich wertvoller für die Expedition erweisen sollte als ihr Mann.

Von großem Wert war Sacagawea auch wegen ihrer Ortskenntnisse. Sie kannte die Jagdgründe ihres Stammes östlich und westlich des Lemhi-Passes, aber auch die Gebiete bis zu den Three Forks, die sie als Kind bei den alljährlichen Bisonjagden ihres Stammes kennengelernt hatte. Von den Three Forks aus war sie von den Hidatsa in deren Dörfer am Missouri gebracht worden.

Charbonneau hatte sie zur Bisonjagd in die Landstriche westlich des Missouri mitgenommen und mit ihr jedes Jahr mindestens einmal den britischen Handelsposten am Assiniboin River besucht.

Die Verpflichtung Charbonneaus durch Lewis und Clark war nur auf die Verhandlungen mit den Hidatsa beschränkt, deren Sprache er beherrschte. Es war keineswegs beabsichtigt, ihn bis zur Beendigung der Expedition mitzunehmen. Allerdings erkannten Lewis und Clark bald, daß sie für ihr kühnes Unternehmen unbedingt Pferde benötigten. In ausreichender Zahl konnten sie diese nur von den Schoschonen bekommen. Deshalb war es naheliegend, Sacagawea als Dolmetscherin und Unterhändlerin heranzuziehen, zumal sie eine Garantie für ein friedliches Verhältnis mit den Schoschonen bildete. Zusätzlich verrichtete sie alle Arbeiten, die ihr als Frau zukamen: Sie nähte Kleidung aus Fellen, fertigte Mokassins an und kümmerte sich um das Wohl der Expeditionsteilnehmer. Daneben versorgte sie auch noch ihren beim Aufbruch etwa zwei Monate alten Säugling »Pomp«, der schon bald der Liebling der rauhen Männer war.

Am 7. April 1805 findet sich im Journal der Expedition folgender Eintrag:

> »Die Frau Charbonneaus begleitete uns mit ihrem kleinen Kind; wir hoffen, daß sie uns als Dolmetscherin für die Snake dienen wird.«

Oftmals wird behauptet, Sacagawea hätte Lewis und Clark über die Rocky Mountains geführt. Das ist sicherlich übertrieben, denn dazu hätten ihre Ortskenntnisse nicht ausgereicht. Sie führte die Expedition lediglich über den Lemhi-Paß und über einige ihr bekannte Bergpfade dieser Gegend.
Trotzdem stimmten Lewis und Clark wahre Lobeshymnen auf Sacagawea an. Als der auf dem Wasser sehr ungeschickte Charbonneau das Boot umkippte, rettete die mutige Indianerin die wertvolle Ladung mit Sammelobjekten. Oberhalb der großen Fälle des Missouri wurde die Reise immer schwieriger. Sacagawea erkrankte schwer, man brachte sie zu den nahegelegenen Schwefelquellen. Während des mehr als vier Wochen dauernden Aufenthalts – vom 15. Juni bis 16. Juli – schafften die Männer die Boote und das Gepäck unter großen Mühen fast dreißig Kilometer flußaufwärts. Am 10. August erreichten sie die Wasserscheide zwischen dem Golf von Mexiko und dem Pazifischen Ozean. Dort stießen sie auch auf das erste Schoschonendorf, dem sie sich mit wehender amerikanischer Flagge näherten. Das Mißtrauen der Schoschonen, die einen Angriff ihrer Erbfeinde, der Blackfoot, fürchteten, schwand erst, als sie in Sacagawea eine Angehörige ihres Stammes erkannten, es schlug in Freude um, als sich herausstellte, daß unter den Bewohnern des Dorfes Sacagaweas Bruder Cameahwait war. Nun bedeutete es für Lewis und Clark keinerlei Schwierigkeiten mehr, genug Pferde zu bekommen, ohne die eine Fortsetzung der Reise nicht möglich gewesen wäre.
Die Schoschonen erwiesen sich als sehr gastfreundlich und brachten den Besuchern unter anderem gebratenen Lachs. Dies war für Lewis und Clark ein weiteres Zeichen dafür, daß die Wasserscheide erreicht war, da die Lachse nur vom Pazifik flußaufwärts gekommen sein konnten. Allerdings war der »Lachs«-Fluß weder mit Booten noch mit Kanus befahrbar. Die Schoschonen hatten Lewis jedoch einen Landweg beschrieben, auf dem die Expedition ihren Weg zu Pferd fortsetzen konnte. Am 12. September überschritten Lewis und Clark den Lolo-Paß; zehn Tage später stießen sie auf Dörfer der Nez Percé, wo sie ebenfalls freundlich aufgenommen wurden. Über den Snake und Columbia River gelangten sie am 15. November 1805 an das heißersehnte Ziel: Vor ihnen lag der Pazifische Ozean.
In einem Blockhaus, das sie später Fort Clatsop nannten, verbrach-

ten sie den Winter. Im Frühjahr kehrten sie zurück. Wieder führte Sacagawea die Expedition über schier unzugängliche Bergpässe. Die Veröffentlichung des Expeditionsberichts von Lewis und Clark begründete die Popularität der einfachen Indianerin.

>»Mit ihrem hilflosen Säugling ritt sie mit den Männern, sie führte uns zielsicher über Bergpässe und durch einsame Gegenden; sie war intelligent, fröhlich, wußte immer einen Ausweg, ermüdete nie und war treu wie Gold; sie riß uns alle mit.«

Nach der Beendigung der Expedition trennte sie sich von Charbonneau, blieb mit ihrem Sohn bei den Schoschonen in Wyoming und heiratete einen Comanchen, bei dem sie bis zu dessen Tod blieb. Später heiratete sie einen Franzosen, der aber bald darauf getötet wurde. Clark kümmerte sich um ihren Sohn Baptiste, dem es dadurch möglich wurde, in St. Louis die Schule zu besuchen. Sie selbst wollte ihre Heimat aber nicht verlassen. Als Herzog Paul Wilhelm von Württemberg, der kühne Forscher, 1822 bis 1824 seine erste Reise nach Nordamerika unternahm, adoptierte er Baptiste und nahm ihn nach Württemberg mit. Auf seiner zweiten Reise – 1829 – zum oberen Missouri brachte er ihn wieder zurück! 1830, im Alter von fünfundzwanzig Jahren, kehrte Baptiste zu seinem Stamm zurück. 1871 nahm er seine Mutter mit auf die neuerrichtete Schoschonen-Reservation, wo er bis zu ihrem Tod im Jahre 1884 für sie sorgte. Er selbst starb ein Jahr später.
Der Sacagawea-Park am Zusammenfluß des Snake und des Columbia River, an einem ehemaligen Lagerplatz der Lewis-und-Clark-Expedition, erinnert an die neben Pocahontas wohl berühmteste Indianerin Nordamerikas.
Nach ihrem Sohn »Pomp« wurde der berühmte Pompey's Pillar benannt, ein großer Felsen, in den im Lauf der Jahre zahllose Namen und Mitteilungen, darunter auch in indianischer Bilderschrift, eingeritzt wurden. Sogar Clark hat sich im Pompey's Pillar verewigt.
Im Sommer 1905, einhundert Jahre nach der aufsehenerregenden Expedition von Lewis und Clark, wurde im City Park in Portland, Oregon, eine Bronzestatue zu Ehren dieser populärsten Indianerin des Westens errichtet. Wenn Sacagawea auch häufig idealisiert und teilweise romantisiert wurde und ihre Berühmtheit vielleicht nicht in diesem Maß gerechtfertigt ist, so hat der Typ der einfachen und

fleißigen Indianerfrau, den sie in idealer Weise verkörpert, ein derartiges Denkmal verdient.

Sacagawea hatte die letzten Jahrzehnte ihres Lebens bei einer Schoschonen-Abteilung verbracht, die unter dem Namen »Washakie's Band« bekannt war. Anführer dieser Abteilung war Washakie, ein Häuptling, der zeit seines Lebens den Amerikanern freundlich gegenüberstand und sie bei allen Unternehmungen nach Kräften unterstützte. Aus dieser Sicht ist es verständlich, daß er für die Amerikaner zum Idealbild des »guten« Indianers wurde.

WASHAKIE

Pinaquana (»Der den Büffel im Lauf erlegt«)
Schoschone
Geb. um 1804 im südlichen Wyoming · Gest. 20. Februar 1900
in Fort Washakie, Wyoming

Fotografie

»WIR... SIND NUR MEHR TRAURIGE ÜBERBLEIBSEL EINST MÄCHTIGER STÄMME, ZUSAMMENGEPFERCHT AUF KLEINE FLECKEN EINES LANDES, DAS VON RECHTS WEGEN UNSER EIGENTUM IST – ZUSAMMENGETRIEBEN WIE ABGEURTEILTE ZUCHTHÄUSLER.«

Washakies Mutter war eine Schoschonen-Indianerin, sein Vater ein Krieger vom Stamm der Umatilla. Mehrfach wurde behauptet, sein Vater sei Weißer gewesen, womit seine unerschütterliche Freundschaft zu den Amerikanern begründet werden sollte. Wie zahlreiche andere Beispiele zeigen, kann eine auffallende Zuneigung zu den Weißen jedoch ebensowenig als stichhaltiger Beweis für derartige Vermutungen dienen wie erbitterte Feindschaft gegen die Weißen für indianische Abstammung. Allerdings soll Washakie im Vergleich zu anderen Indianern sehr hellhäutig gewesen sein.

Über Washakies Jugend ist nicht viel zu berichten. Sein ursprünglicher Name war Pinaquana, was soviel wie »Süßer Geschmack« bedeutet. Seine kriegerischen Fähigkeiten entwickelte auch er in den zahllosen Auseinandersetzungen mit den Erbfeinden seines Stammes, vor allem den Sioux und Blackfoot.

1844 wurde er Häuptling der östlichen, also der am stärksten den Plains-Indianern ähnelnden Abteilung der Schoschonen. Neben seinen hervorragenden körperlichen Eigenschaften, von denen besonders seine Muskelkraft und seine Ausdauer gerühmt wurden, besaß Washakie eine ausgeprägte politische Begabung. Bisher waren die Schoschonen in zahlreiche kleine Gruppen verstreut gewesen; Washakie führte sie zu einem straff organisierten Stammeswesen zusammen, innerhalb dessen er eine lange Zeit unumstrittene Machtposition ausübte. Der Lebensraum von »Washakie's Band«, die 1885 etwa neunhundert Köpfe zählte, erstreckte sich vom Wind River im Norden bis zum Green River im Süden. Am 3. Juli 1868 wurde in Fort Bridger in Wyoming ein Vertrag unterzeichnet, der den Schoschonen ihr Land in den Wind River Mountains als Reservation garantierte. Auf ihr Jagdgebiet am Green River mußten sie verzichten.

Um die Mitte des 19. Jahrhunderts erreichte die erste Welle von Auswanderern das Gebiet der Schoschonen. Agenten der Regierung hatten die Indianer aufgefordert, den Auswanderern mit Rat und Tat zu helfen, und Washakie kam dieser Aufforderung mit großer Gewissenhaftigkeit nach. Er und seine Leute halfen den Weißen, wo sie konnten, versorgen sie mit Nahrungsmitteln, Kleidung und Pferden, zeigten ihnen den Weg über die Rocky Mountains und schützten sie, so gut es ging, gegen feindliche Indianer. Der schlaue Häuptling hatte schon bald erkannt, daß ein bewaffneter Widerstand gegen die

Amerikaner auf die Dauer zwecklos sei und daß es seinem Stamm mehr Nutzen bringe, wenn er sich aktiv auf die Seite der weißen Eindringlinge stellte. Er tat dies mit solchem Erfolg, daß einige tausend Auswanderer sich öffentlich und in schriftlicher Form bei den Schoschonen bedankten.

Er warnte seine Stammesbrüder, zu den Waffen zu greifen, als General Connor 1863 gegen die Bannock zog: vergebens. In der Schlacht am Bear River wurden sie zusammen mit den Bannock besiegt. Washakie jedoch war mit seinen Leuten nach Fort Bridger geflohen und hatte sich auf diese Weise in Sicherheit gebracht.

Neben seiner hilfreichen Haltung gegenüber den Auswandererzügen hatte er sich bei den Weißen auch durch seine freundschaftlichen Beziehungen zu Trappern und Jägern und durch seine Dienste für die Hudson Bay Company sowie für die amerikanische Armee sehr beliebt gemacht. Daß dies aber nicht auf Feigheit, sondern höchstens auf einen gewissen Opportunismus zurückzuführen war, bewiesen seine kriegerischen Taten. Immer wieder nahm er an Kämpfen gegen die Blackfoot, aber auch gegen die Crow teil. Er widmete sich persönlich der Ausbildung seiner Krieger, duldete innerhalb des Stammes keinen Widerspruch und scheute sich nicht, Meinungsverschiedenheiten mit anderen Häuptlingen im Zweikampf zu bereinigen. Davon zeugte beispielsweise eine tiefe Narbe auf der Stirn des Kriegshäuptlings Pushican, die von einem Tomahawkhieb Washakies herrührte.

Als Washakie das siebente Lebensjahrzehnt fast vollendet hatte, wurden Stimmen laut, die die Ablösung des nun doch schon zu alten Häuptlings forderten. Dieser erfuhr davon, verließ wortlos das Lager und war für zwei Monate verschwunden. Als man einen Stammesrat abhielt, um über seine Nachfolge zu entscheiden, tauchte plötzlich die mächtige, ehrfurchtgebietende Gestalt des alten Häuptlings vor der erstaunten Rastversammlung auf. Washakie hielt sieben frische Skalpe empor und rief:

> »Laßt denjenigen, der eine größere Tat vollbringen kann, die Häuptlingswürde beanspruchen! Wer meinen Platz einnehmen will, soll ebenso viele Skalpe erbeuten!«

Beschämt senkten seine Gegner den Blick. Bis zu seinem Lebensende blieb seine einzigartige Machtposition unangefochten.

Erneut bekräftigte er gegenüber den Offizieren seine Loyalität. Während der Kämpfe der Amerikaner gegen die Sioux, Cheyenne, Arapaho und Ute in den sechziger und siebziger Jahren leisteten Washakie und seine Krieger Scoutdienste für das amerikanische Militär. Im Winter 1875/76 wurde Washakies Lager von den Cheyenne unter Dull Knife angegriffen. Die Schoschonen erlitten eine schwere Niederlage und schlossen sich General Crook an, um Gelegenheit zur Rache zu finden.
Sechsundachtzig Schoschonen-Scouts zogen mit Crook an den Rosebud. Zusammen mit ihren »Kollegen« vom Stamm der Crow hatten sie die Aufgabe, die Sioux an den Flanken anzugreifen. Drei Wochen später traf Washakie selbst mit zweihundert Kriegern in Crooks Hauptquartier ein. Der alte Häuptling trug einen riesigen Kopfschmuck aus Adlerfedern, der hinter seinem Pony auf dem Boden schleifte. Stolz erklärte er, da die Regierung großzügig zu den Schoschonen gewesen sei, wolle er nur zeigen, daß ein Indianer eine erwiesene Wohltat niemals vergesse. Noch einmal konnte sich der über siebzigjährige Washakie als unerschrockener Kämpfer hervortun. Die Schwadron Captain Guy V. Henrys wurde bei ihrem Angriff von Cheyenne-Kriegern umzingelt und abgeschnitten. Verzweifelt versuchten Henry und seine Soldaten, einen Rückweg zu erkämpfen. Henry wurde getroffen und stürzte vom Pferd. Er wäre verloren gewesen, wenn sich nicht Washakie und seine Krieger eine Gasse freigekämpft und den Verwundeten schützend umgeben hätten. Es gelang ihnen, die Cheyenne so lange abzuwehren, bis Verstärkung unter Captain Mills herbeikam und die Situation retten konnte.
Auch nach den Niederlagen Crooks und Custers standen noch Schoschonen-Scouts in den Diensten der amerikanischen Armee und halfen bei der endgültigen »Befriedung« der Cheyenne und anderer Stämme.
Trotz ihrer Hilfeleistung in den verschiedenen Indianerkriegen wurden die Schoschonen bei den Vertragsverhandlungen, in denen es um Lage und Größe ihrer Reservation ging, nicht immer gut behandelt. Washakie, der seinen Stamm bei allen Beratungen vertrat, wußte aber, daß es wenig Sinn hätte, Gewalt anzuwenden.
Er nahm sich aber die Freiheit – und als Patriarch unter den Reservations-Indianern konnte er es sich erlauben –, ab und zu den Vertretern der amerikanischen Regierung gehörig die Meinung zu

sagen. So auch 1878, als er sich beim Gouverneur von Wyoming über die zu kleine Reservation beklagte:

»Der weiße Mann, der dieses ganze unermeßliche Land von einem Meer bis zum andern Meer in Besitz genommen hat, darin nach Belieben umherstreift und sich niederläßt, wo es ihm gefällt, kann unseren Schmerz darüber nicht ermessen, daß wir auf einem so kleinen Fleck zu leben gezwungen sind; und das mit der unauslöschlichen Erinnerung an die Tatsache, die euch ebensogut bekannt ist wie uns, daß jeder Fußbreit von dem, was ihr stolz Amerika nennt, vor gar nicht so langer Zeit dem roten Mann gehört hat…
Doch der weiße Mann hatte auf irgendeine und nicht begreifliche Weise Kenntnis von einigen Dingen, die wir nicht gelernt hatten, darunter die Anfertigung besserer Werkzeuge und furchtbarer Waffen, die für den Krieg besser taugten als unsere Bogen und Pfeile. Und die Menschenmassen, die aus den Ländern jenseits des Ozeans nachströmten, schienen kein Ende nehmen zu wollen.
So wurden unsere Väter langsam, aber sicher vertrieben oder getötet, und wir, ihre Söhne, sind nur mehr traurige Überbleibsel einst mächtiger Stämme, zusammengepfercht auf kleine Flecken eines Landes, das von Rechts wegen unser Eigentum ist – zusammengetrieben wie abgeurteilte Zuchthäusler und bewacht von Männern mit Gewehren, denen es nur Spaß machen würde, uns abzuknallen.
Doch dies ist nicht alles. Die Regierung der Weißen versprach uns, daß sie uns reichlich mit allem versorgen würde, was wir zu einem bequemen Leben brauchen, wenn wir uns mit dem kleinen Fleckchen Land, das sie uns zugestanden, zufrieden gäben, und daß sie darauf achten würde, daß kein weißer Mann die Grenzen unseres Landes überschreite, um unser Wild oder etwas anderes, das uns gehört, wegzunehmen. Doch hat sie ihr Wort nicht gehalten!
Ich lache, weil ich glücklich bin, weil mein Herz gut ist. Ich sehe meine Freunde um mich, und es ist schön, sie zu treffen und ihnen die Hände zu schütteln. Du hast gehört, was ich will. Das Wind River Land steht mir zu. Ich will das Tal des Wind

River zu meiner Heimat und die dazugehörigen tributpflichtigen Länder im Osten –, und ich möchte das Privileg, in den Bergen zu jagen, wo immer es mir gefällt.«

Gegen Ende seines Lebens war Washakie blind und gelähmt. Einige Jahre vor seinem Tod war er Mitglied der protestantischen Episkopalkirche geworden, hatte Missionare zu sich gerufen und sich durch große Frömmigkeit hervorgetan.
Als fast Hundertjähriger starb er auf der Wind River Reservation, an dem Ort, der seinen Namen trug.
Die Armee der Vereinigten Staaten ordnete ein Staatsbegräbnis an, das erste, das einem Indianer gewährt wurde. Der Trauerzug war eineinhalb Meilen lang und wurde von berittener Polizei begleitet. Soldaten und Offiziere, Agenturbeamte und zahllose Indianer folgten dem flaggengeschmückten Sarg nach. Auf dem Friedhof von Fort Washakie wurde der größte Häuptling, den die Schoschonen hervorgebracht hatten, beigesetzt. Auf seinem imposanten granitenen Grabdenkmal findet sich die Inschrift:

»Always loyal to the Government and to his white brothers.«[1]

---

[1] »Der Regierung und seinen weißen Brüdern immer treu ergeben.«

DIE MODOC

Ebenso wie die Nez Percé gehören auch die Modoc zur Sapwailutan-Sprachfamilie, allerdings zu einer anderen Abteilung, der Lutuamian-Abteilung, zu der noch die Klamath gehören. Der Name Modoc rührt von »Moatokni« her und bedeutet »die Südlichen«. Zusammen mit ihren Nachbarn, den Klamath, bilden sie den Übergang von den Plateau-Stämmen zu den kalifornischen Indianern, was sich auch in ihren kulturellen Eigenarten niederschlägt. Diese vergleichsweise kleinen Stämme wohnten an der Grenze zwischen Nordost-Kalifornien und Oregon, vor allem am Tula Lake und im Lost River Valley. Sie lebten hauptsächlich von Jagd und Fischfang und waren außerordentlich friedlich. Diese Eigenschaft hatten sie mit den kalifornischen Indianern gemein; was sie von diesen aber unterschied, waren ihr Stolz und ihre Wehrhaftigkeit, wie sie auch die Plateau-Indianer hatten.

Ihr erstes Zusammentreffen mit den Weißen fand erst um die Mitte des 19. Jahrhunderts statt. Wie so oft, nahm auch hier das anfänglich gute Verhältnis ein abruptes Ende. 1853 überfielen einige Shasta-Indianer einen Auswandererzug. Als die überlebenden Weißen die Nachricht nach Yreka gebracht hatten, fiel eine Schar von fünfundsechzig Goldgräbern über das erstbeste Indianerlager her, um Rache zu nehmen. Zufällig war es ein Lager der Modoc, in dem die blutgierige Horde ihren Rachedurst durch Ermordung wehrloser Frauen und Kinder stillte. Dieses Massaker bildete den Auftakt zu Unruhen, die zwei Jahrzehnte lang andauern und im teuersten Indianerkrieg der Vereinigten Staaten gipfeln sollten. Dieser Krieg war im wesentlichen von der Persönlichkeit des Modoc-Häuptlings Captain Jack geprägt.

DER NORDWESTEN

CAPTAIN JACK

Kintpuash
Modoc
Geb. um 1835 · Gest. 3. Oktober 1873 in Fort Klamath

Fotografie

»HABEN WIR INDIANER ÜBERHAUPT
EINE CHANCE, VON EUCH WEISSEN
UND EUREN GESETZEN GERECHTIGKEIT
ZU ERFAHREN? ICH SAGE NEIN!«

Captain Jack war der Sohn des Modoc-Häuptlings Combutwaush und tat sich zum erstenmal hervor, indem er öffentlich seinem Vater widersprach. Nach dem Überfall der Goldgräber hatten sich die Modoc in die Lava Beds zurückgezogen, ein etwa dreißig Quadratmeilen großes, bizarres und höhlenreiches Lavagebiet, das als Versteck ideal geeignet war. Dort berieten die Häuptlinge darüber, wie sie sich künftig den Weißen gegenüber verhalten sollten. Während sich Combutwaush unter dem Beifall fast aller Anwesenden für Krieg aussprach, widersprach ihm sein Sohn heftig. Er warnte vor der Übermacht der Weißen, gegen die anzukämpfen sinnlos sei und nur den Verlust der Heimat zur Folge hätte. Obwohl sich Combutwaush von den Worten seines Sohnes distanzierte und sogar ausrief, er schäme sich, einen derartigen Feigling zum Sohn zu haben, war doch die allgemeine Kriegsbegeisterung etwas gesunken, und die Beratung endete, ohne zu einem Ergebnis geführt zu haben.

Wenige Tage später überfiel eine Schar Modoc-Krieger, geführt von dem Häuptling Schonchin, als Vergeltung für das Massaker der Goldgräber einen Auswandererzug. Dabei fanden mehr als siebzig Weiße den Tod, nur drei entkamen. Die folgenden Jahre waren von Spannungen erfüllt, Captain Jack blieb aber nach wie vor bei seiner friedlichen Haltung.

Im Jahr 1856 verlor Combutwaush bei einem blutigen Massaker, das eine Kompanie Oregon-Freiwilliger unter den Modoc anrichtete, sein Leben. Ben Wright, der Führer dieser Kompanie, hatte die arglosen Modoc zu einem Fest eingeladen, bei dem über den Frieden beraten werden sollte. Die Modoc schlugen im Vertrauen auf die weiße Fahne ihr Lager in der Nähe des Soldatenlagers auf. Im Morgengrauen des nächsten Tages umzingelten die Leute Wrights das Lager der Modoc und feuerten ohne Vorwarnung so lange darauflos, bis sich nichts mehr bewegte. Nach einer anderen Version versuchte Wright, die zweiundvierzig eingeladenen unbewaffneten Modoc-Krieger zu vergiften; als dieses Vorhaben zu mißlingen drohte, gab er durch die Ermordung eines neben ihm sitzenden Kriegers selbst das Zeichen zum allgemeinen Gemetzel.

Auch dieser Verrat vermochte Captain Jack, der nach dem Tode seines Vaters Häuptling der Modoc geworden war, nicht von seiner friedlichen Haltung abzubringen. Es bildeten sich aber zwei Parteien im Stamm, eine den Weißen feindlich gesinnte, die von Schonchin

geführt wurde, und eine friedliche, an deren Spitze Captain Jack stand.
Es entwickelte sich ein beinahe freundschaftliches Verhältnis zwischen den Bewohnern von Yreka und den Modoc Captain Jacks. Unter den Modoc und Klamath war es damals durchaus üblich, Sklavenhandel zu betreiben. Besonders die Frauen und Mädchen der Modoc waren bei den Goldgräbern sehr begehrt. Man behauptete in diesem Zusammenhang sogar, daß Captain Jack der Leiter eines Zuhälterringes gewesen sei.
Wegen seiner Ähnlichkeit mit einem Goldgräber namens Jack gab Richter Steele aus Yreka dem Modoc Kintpuash den Spitznamen Captain Jack, den alsbald auch die Modoc verwendeten. Der Richter Elisha Steele wurde im September 1863 von Präsident Lincoln zum Indianeragenten der Yreka-Region bestellt. Sein vordringlichstes Ziel sah er darin, die drei zerstrittenen Stämme dieser Gegend – die Modoc, Klamath und Shasta – zum Frieden zu bewegen. Durch Intrigen gelang es dem kalifornischen Senator John Conness aber, Steele von seinem Posten zu entfernen. In der Folge wurde die Situation so verworren, daß Captain Jack mit seinen Leuten zu Richter Steele ging und ihn bat, für sie einen Vertrag aufzusetzen. Obwohl Steele wußte, daß er dazu nicht mehr befugt war, kam er dem Wunsch der Modoc doch nach. Er versprach ihnen auch, sich dafür einzusetzen, daß sie eine Reservation am Lost River, westlich des Tula Lake erhielten.
Die Regierungsstellen torpedierten natürlich diesen Vertrag schon allein deshalb, um Steele in Mißkredit bringen zu können. Obwohl es völlig sinnlos war, beschlossen sie, einen neuen Vertrag mit den Modoc abzuschließen. Am 9. Oktober 1864 fanden in der Nähe der Klamath-Agentur Verhandlungen zwischen Regierungsvertretern und Vertretern der Klamath, der Modoc und einer kleinen Gruppe von Paiute statt. Der Superintendent für indianische Angelegenheiten, J. W. Perit Huntington, verfolgte den Plan, alle Indianer des Umkreises in eine Reservation zu bringen, und versprach ihnen jährliche Zahlungen über einen Zeitraum von fünfzehn Jahren. Außerdem wollte die Regierung für die Indianer Geschäfte, Mühlen und Schulen bauen. Die Klamath stimmten den Vorschlägen sofort zu – immerhin sollte die Reservation auf ihrem Gebiet liegen –, die Modoc und Paiute unterzeichneten aber nur widerwillig.

In einem aber waren sich alle einig: Wenn schon nicht Steele Agent sein konnte, so wollten sie wenigstens einen ihnen bekannten und vertrauenswürdigen Mann mit dieser Aufgabe betraut sehen. Diese integre Persönlichkeit wurde in Lindsay Applegate gefunden, der im September 1865 sein Amt antrat.

Der Plan vom friedlichen Zusammenleben der Stämme erwies sich jedoch als unrealistisch. Es kam zu einem Aufstand der Paiute und zu ständigen Auseinandersetzungen zwischen den Modoc und den Klamath, die immer wieder betonten, daß das Land ihnen gehöre. Zudem betrachteten die Amerikaner nicht mehr Captain Jack als Häuptling der Modoc, sondern den alten Schonchin, was eine Spaltung des Stammes zur Folge hatte. Captain Jack war der Schikanen der Klamath schließlich überdrüssig, widerrief seine Unterzeichnung des Vertrages von 1864 und verließ mit seinen Leuten die Reservation, um zum Lost River zurückzukehren.

Als die Siedler dies erfuhren, erfaßte sie Angst. Sie protestierten in Fort Klamath und forderten den Abzug der Modoc. Der Kommandant des Forts, Captain McGregor, versuchte es durch Überredung, Captain Jack weigerte sich aber. Ebenso vergeblich waren die Versuche Applegates und Huntingtons. Als dieser den Modoc Gewalt androhte, erwiderte Captain Jack seinerseits mit der Drohung, das Feuer zu eröffnen. Zornig forderte Huntington militärische Unterstützung vom Fort, McGregor aber hatte keine Lust, neben dem Krieg gegen die Paiute noch in eine zweite Auseinandersetzung verwickelt zu werden.

Während dreier Jahre lebten Captain Jack und seine Leute ziemlich unbehelligt außerhalb der Reservation. Im Herbst 1872 erfuhren die Modoc, daß die Regierung Militär gegen sie ausgesandt habe, um sie in die Reservation zurückzutreiben. Der Kommandant der achtunddreißig Soldaten, Captain David Jackson, verhandelte mit Captain Jack, der sich auch ohne lange zu zögern bereit erklärte, in die Klamath-Reservation zurückzugehen. Auch auf die Forderung Jacksons, daß die Modoc vorher alle Waffen abzuliefern hätten, ging Captain Jack ein. Weil einer der Soldaten einem Modoc mit dem Revolver drohte, zog dieser eine Pistole; zwei Schüsse krachten gleichzeitig, worauf die Soldaten sofort das Feuer auf die größtenteils unbewaffneten Modoc eröffneten. Diese stürzten zu ihren Waffen und schossen zurück. Als sich aber Siedler einmischten, zogen sich die Modoc

DER NORDWESTEN

in die Lava Beds zurück, die ihnen Schutz boten. Captain Jack verfügte über zweiundfünfzig Krieger, dazu kamen noch etwa einhundertfünfzig Frauen, Kinder und Greise. Er organisierte einen Postendienst, der Tag und Nacht die Umgebung beobachtete und jede Truppenbewegung meldete. Von nun an erwies sich Captain Jack als kluger, umsichtiger Führer, der die übermächtigen Vereinigten Staaten in den – bezogen auf die Zahl der Gegner – kostspieligsten Krieg ihrer Geschichte verwickeln sollte. Dieser Krieg trug den Modoc auch den Ruf ein, neben den Nez Percé die besten Scharfschützen unter den Indianern zu sein.

Am 15. Januar 1873 ritt ein Kavallerieregiment, das unter dem Befehl von General Gillem stand, auf die Lava Beds zu. Die Soldaten spotteten und sprachen überheblich von den Modoc-Steaks, die es bald geben würde. Am 17. Januar erreichten sie die Lava Beds, und die Scouts machten sich eben daran, die Modoc zu suchen, da krachte ein Schuß, und einer der Offiziere stürzte tot zu Boden. Nun folgte eine Salve wohlgezielter Schüsse, die unter den Soldaten heillose Verwirrung stifteten; sie feuerten in die Richtung, aus der die Schüsse kamen, die Schützen blieben jedoch unsichtbar.

Als sich dann noch Nebel auf die düsteren Schluchten der Lava Beds senkte, wurde die Lage der Soldaten aussichtslos. Einer nach dem anderen wurde verwundet oder getötet, bis sie sich nach qualvollen Stunden endlich unter dem Schutz der Dunkelheit zurückziehen konnten. Voll Freude konnte Captain Jack feststellen, daß keiner seiner Krieger auch nur verwundet war. Zähneknirschend mußten die Soldaten zusehen, wie die Modoc in Sichtweite des Militärlagers ihre Kriegstänze aufführten.

General Gillem ließ aus den umliegenden Stützpunkten Verstärkung kommen. Binnen kurzem waren an die eintausend Mann bei den Lava Beds versammelt, Soldaten des 1. Kavallerieregiments, des 21. Infanterieregiments, Artilleristen, Freiwillige aus Kalifornien und Oregon sowie Siedler. Ehe eine zweite Aktion gestartet wurde, versuchte jedoch General Edward R. S. Canby, der nach der Niederlage das Kommando übernommen hatte, mit den Modoc zu verhandeln. Als Leiter einer Friedenskommission, der außerdem noch Colonel A. B. Meacham und Reverend E. Thomas angehörten, nahm Canby Gespräche mit Captain Jack auf. Das erste Treffen fand am 10. März 1873 auf Fairchilds Ranch statt und endete ohne Ergebnis. Die

Modoc bestanden auf ihrer Forderung nach einer eigenen Reservation. Beim zweiten Treffen, das am 27. März stattfand, machte Captain Jack den Vorschlag, die Amerikaner sollten den Modoc die Lava Beds als Reservation geben, an denen ohnedies kein Siedler Interesse habe. Darauf wollte sich Canby nicht einlassen, bevor die Modoc nicht mit einer weißen Fahne ihre »Festung« verlassen hätten. Zornig entgegnete ihm Captain Jack:

> »Jetzt gib acht, Canby! Als ich noch ein Knabe war, rief ein Mann namens Ben Wright 45 Leute meines Stammes zu sich, auch mit einer weißen Fahne. Was glaubst du, wie viele von ihnen mit dem Leben davonkamen? Nur sieben. Ich werde nicht mit einer weißen Fahne kommen. Ich wage es nicht!«

Neuerlich gingen die Verhandlungspartner ohne Ergebnis auseinander. Die Modoc hielten in ihrer Festung eine große Beratung ab, in der sich Unterführer wie Hooker Jim und Schonchin John für die Fortsetzung des Krieges aussprachen und als echte Modoc lieber sterben als sich ergeben wollten, während Captain Jack seine Leute bat, Ruhe zu bewahren und abzuwarten. Daraufhin verspotteten ihn die anderen Häuptlinge, nannten ihn ein altes Weib, banden ihm ein Tuch um die Schultern und setzten ihm einen Damenhut auf. Wütend riß Captain Jack den Hut herunter und schrie, er wolle ihnen schon zeigen, daß er ein echter Modoc sei. In dieser Situation schmiedeten sie den Plan, die Mitglieder der Friedenskommission während der nächsten Zusammenkunft zu ermorden. Captain Jack fiel dabei die Aufgabe zu, Canby zu ermorden.

Obwohl Canby durch Tobey Riddle, eine Modoc-Frau, die zusammen mit ihrem weißen Mann Frank Riddle bei den Beratungen immer dolmetschte, vor dem Anschlag gewarnt worden war, hielt er es für unmöglich, daß Captain Jack und seine fünf Begleiter es wagen würden, mitten unter eintausend Soldaten eine derartige Tat zu vollbringen. Dieser Irrtum sollte ihn das Leben kosten. Anfangs verlief die Beratung, für die eigens ein Zelt errichtet worden war, friedlich. Als aber nach etwa einer Stunde die Rede darauf kam, welches Gebiet die Modoc erhalten sollten, wurde die Debatte mit einem Schlag hitzig, Captain Jack sprang auf, schrie in seiner Mundart »Alles bereit«, zog eine Pistole und zielte aus drei Schritt Entfernung in das Gesicht Canbys, der ebenfalls aufgestanden war. Die Waffe versagte,

Captain Jack drückte nochmals ab, und die Kugel traf Canby unter dem rechten Auge. Bogus Charley, ein anderer Modoc, sprang herbei und schnitt dem General blitzschnell die Kehle durch. Ein weiterer Modoc, Boston Charley, erschoß Reverend Thomas, der junge Schonchin schoß auf Meacham, doch Tobey Riddle fiel ihm in den Arm und riß ihn zu Boden. Schonchin schlug die Indianerin nieder und schoß noch siebenmal auf den Verwundeten, bis er ihn für tot hielt. Als er ihn skalpieren wollte, sprang ihn Tobey Riddle förmlich an und rettete Meacham dadurch das Leben. Auf ihren gellenden Ruf hin, daß Soldaten kämen, flohen die Modoc, erschossen dabei aber noch einen Leutnant.

Die Bluttat schlug hohe Wellen, vor allem wegen des Todes zweier so geschätzter Männer, wie Canby und Thomas es waren. Drei Tage später marschierte General Jefferson C. Davis[1] mit mehr als eintausend Mann zu der Modoc-Festung in den Lava Beds. Eine mörderische Salve empfing sie, die acht Soldaten das Leben kostete. Drei Tage lang dauerte der Kampf; kein Modoc zeigte sich, aber für die Soldaten war es der sichere Tod, wenn sie sich aus ihren Stellungen hervorwagten. Der einzige schwache Punkt der Modoc war ihre Versorgung. Davis erkannte dies und versuchte, sie vom Tula Lake, woher sie Wasser holten, abzuschneiden.

Jedes Vorrücken mußte er aber mit schweren Verlusten bezahlen, wobei sich Captain Jack als überragender Stratege erwies. Sicherlich hätten die Modoc noch viel länger Widerstand leisten können, wäre nicht in ihren eigenen Reihen Streit aufgeflammt. Hooker Jim und seine Leute flohen aus den Lava Beds und ergaben sich. Um ihre eigene Haut zu retten, boten sie Davis sogar ihre Unterstützung gegen Captain Jack an. Obwohl sie als Scouts verpflichtet wurden, dauerte es aber immer noch mehrere Wochen, bis sich Captain Jack am 1. Juni 1873 – übrigens als letzter – ergab. In die nunmehr zerfetzte Uniform General Canbys gekleidet, wankte er erschöpft aus seinem Versteck und murmelte: »Meine Beine machen nicht mehr mit.« Die Soldaten nahmen ihn fest und schafften ihn nach Fort Klamath.

Im Juli fand der Prozeß gegen Captain Jack und seine vier

---

[1] Er steht in keinem Zusammenhang mit dem gleichnamigen Südstaaten-Präsidenten.

Mitangeklagten – darunter Schonchin John und Boston Charley – statt. Hooker Jim und die anderen, die übergelaufen waren, wurden nicht unter Anklage gestellt. Als Captain Jack das Wort ergreifen durfte, nutzte er die Gelegenheit zu einer scharfen und rhetorisch wirkungsvoll aufgebauten Anklage gegen die Verbrechen, die die Amerikaner an den Modoc begangen hatten:

»Seht den guten Boden und die Größe des Landes, das mir und meinen Leuten genommen wird. Wenn ich mehr reden wollte, könnte ich euch Tatsachen erzählen und Dinge durch Weiße bezeugen lassen, die euch die Augen öffneten über die Art und Weise, wie meine Leute durch die Weißen getötet wurden. Ich möchte sagen, daß kein Weißer je für diese Taten bestraft wurde. Wenn die Weißen, die unsere Frauen und Kinder töteten, verurteilt und bestraft worden wären, hätte ich nicht soviel über mich und meine Kameraden nachgedacht. Haben wir Indianer überhaupt eine Chance, von euch Weißen und euren Gesetzen Gerechtigkeit zu erfahren? Ich sage nein! Ihr Weißen könnt jederzeit jeden beliebigen Indianer erschießen, ganz gleich, ob wir in Frieden oder im Kriegszustand leben. Kann mir jemand von euch sagen, wann je in der Vergangenheit ein Weißer dafür bestraft wurde, daß er einen Modoc kaltblütig tötete? Nein, ihr könnt es mir nicht sagen! Ich stehe am Rand des Grabes. Mein Leben ist in der Hand eurer Leute. Ich klage die Weißen des Massenmordes an, nicht nur einmal, sondern viele Male. Denkt an Ben Wright – was tat er? Er tötete fast 50 meiner Leute, darunter meinen Vater. Wurde er oder einer seiner Männer je bestraft? Nein, kein einziger! Bedenkt, Ben Wright und seine Männer waren kultivierte Weiße. Die anderen Weißen in Yreka machten ihn zu einem Helden, weil er unschuldige Indianer ermordete. Nun, hier bin ich. Ich tötete einen Mann, nachdem er mich viele Male getäuscht hat, und ich wurde von meinen eigenen Kriegern dazu gezwungen. Das Gesetz sagt: ›Hängt ihn, er ist ohnehin nur ein Indianer; diese können wir jederzeit ohne irgendwelche Folgen töten, aber dieser hat etwas getan, deshalb hängt ihn.‹ Warum lautet das Gesetz der Weißen für Ben Wright nicht genauso?«

Wie zu erwarten war, erkannte das Kriegstribunal die Argumente Captain Jacks nicht an und verurteilte ihn und seine Mitangeklagten wegen des Mordes an den Mitgliedern der Friedenskommission zum Tod. Auf zahlreiche Proteste hin milderte Präsident Grant zwei der Todesurteile in Haftstrafen; er weigerte sich aber strikt, Captain Jack und die anderen zu begnadigen.
Am 3. Oktober wurden sie in Fort Klamath gehängt. Der Körper des Modoc-Häuptlings wurde einbalsamiert und im Osten gegen zehn Cent Eintritt zur Schau gestellt.

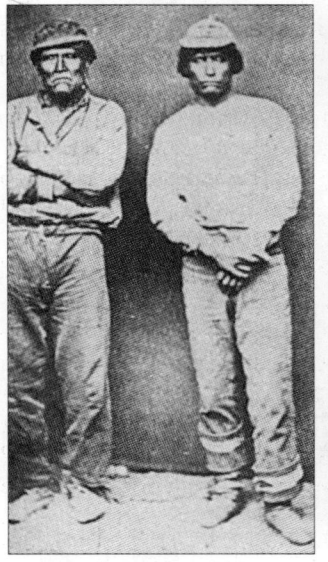 

Schonchin Jack und Captain Jack kurz vor der Hinrichtung   Gefangene Modoc

Damit war ein makabrer Schlußstrich unter einen der sinnlosesten Indianerkriege gezogen, der einmal mehr die Kurzsichtigkeit und sinnlose Brutalität der amerikanischen Indianerpolitik unter Beweis gestellt hatte. Er zeigte aber auch, zu welchen strategischen Meisterleistungen auch ein ursprünglich friedlicher Häuptling eines vergleichsweise unbedeutenden Stammes fähig war, wenn es galt, um sein bedrohtes Leben zu kämpfen.

DER FERNE WESTEN

DAS GROSSE BECKEN

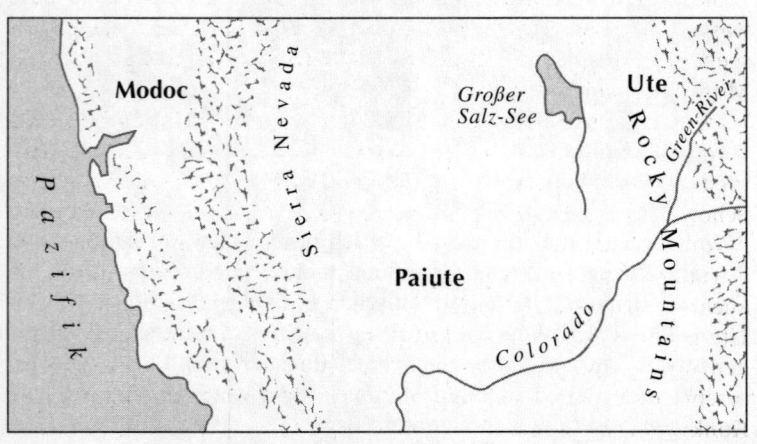

DAS GROSSE BECKEN

DIE WICHTIGSTEN STÄMME: Schoschonen
Ute
Paiute
SPRACHGRUPPEN: Uto-aztekisch
LEBENSGRUNDLAGEN: Jagd, Sammeln von Wildpflanzen
LEBENSFORMEN: Nomaden
WOHNFORMEN: Tipis

Das Große Becken (Great Basin) erstreckt sich von der Sierra Nevada nach Osten bis zu den Wasatch-Bergen und umfaßt den Großteil von Utah und Nevada. Im Gegensatz zum Columbia und Snake River Plateau im Norden bietet die Natur hier nur sehr karge Lebensmöglichkeiten. In der Hauptsache finden sich hier Wüstengebiete, die von wenigen wasserarmen Flüssen durchzogen werden; was nicht versickert oder verdunstet, fließt in die zahlreichen Salzseen, deren bedeutendster der Große Salzsee ist, an dessen Ufer die Mormonenstadt Salt Lake City liegt.

Aufgrund des geringen Fisch- und Wildbestandes in diesen Gebieten vermochten die hier lebenden Stämme nur eine sehr niedrige Kulturstufe zu erreichen. Vor allem waren es Paiute, Ute und südliche Schoschonen, die als nomadisierende Sammler die öden Landstriche durchstreiften. Nur dort, wo sie mit angrenzenden Kulturregionen in Berührung kamen, erreichten sie eine höhere Kulturstufe und damit auch eine gewisse geschichtliche Bedeutung. Als Beispiel seien die Ute genannt. Sie gelangten schon sehr früh in den Besitz von Pferden und gewannen dadurch in Kriegführung und Jagd eine Vormachtstellung, die es ihnen erlaubte, mit den Plains-Stämmen in Konkurrenz zu treten.

Insgesamt ist die Zahl der berühmten Indianer, die diese Kulturregion hervorbrachte, nur gering. Die Stämme des Großen Beckens setzten den Amerikanern vergleichsweise geringen Widerstand entgegen. Am bekanntesten wurden die Aufstände der Paiute und Bannock unter ihren Anführern Egan und Buffalo Horn sowie die Revolte der Ute, die auch Ouray, der bedeutendste Häuptling dieses Volkes, nicht zu verhindern vermochte.

Aber auch einige religiöse Bewegungen gingen von den Indianern des Great Basin aus; die wichtigste war die Ghost-dance-Bewegung des Paiute-Propheten Wovoka, deren Wirkung vor allem die Plains-Indianer erfaßte, im Massaker von Wounded Knee aber ihr gewaltsames Ende fand.

Ghost-dance um 1890

DIE UTE

Die Ute zählen zum schoschonischen Zweig der uto-aztekischen Sprachfamilie und sind somit Verwandte der Paiute, Schoschonen und Comanchen. Ihre Wohn- und Jagdgebiete lagen hauptsächlich im Osten des heutigen Bundesstaates Utah und in Zentral- und West-Colorado, reichten aber bis in die nördlichen Gebiete von New Mexiko sowie nach Wyoming und Nevada. Die Ute lebten hauptsächlich von der Jagd; die großen Herbstjagden waren die einzigen Gelegenheiten, bei denen sich mehrere der zahlreichen verstreut lebenden Gruppen zusammenschlossen. Die bekanntesten Untergruppen der Ute sind die Capote, die Elk-Mountain, die Moache, die Tabeguache oder Uncompahgre, die Yampa und die White River.

Die ersten Weißen, mit denen die Ute Bekanntschaft machten, waren Spanier. Erstmals werden sie 1623 in einem Bericht von Fr. G. Zarate-Salmeron erwähnt. Danach wird mehrfach über das Verhältnis zwischen Ute und spanischen Siedlern berichtet, das sehr wechselhaft war. Viele Ute-Kinder dienten als Sklaven bei spanischen Familien. Meist flohen sie, wenn sie größer waren, und kehrten zu ihrem Stamm zurück. Durch die Spanier, vor allem aber auch im Gefolge des Aufstandes der Pueblo-Indianer 1680, kamen die Ute in den Besitz von Pferden, was ihnen eine wichtige Vormachtstellung gegenüber weiter nördlich lebenden Stämmen verschaffte. Wie bei den meisten Stämmen änderte sich dadurch auch bei den Ute die Lebensweise völlig. Sie konnten nun in die Plains zur Bisonjagd ziehen und waren nicht mehr auf die kleinen Herden angewiesen, die ab und zu in die Rocky Mountains kamen. 1776 drang eine Expedition unter Silvestre Velez de Escalante tiefer in das Gebiet der Ute ein. Das Tagebuch Escalantes und die Aufzeichnungen seines Kartographen sind die wichtigsten frühen Quellen über dieses Volk.

Etwa um die Mitte des 18. Jahrhunderts zerfiel das Bündnis zwischen den Ute und den Comanchen. Von da an stellten sich die Ute den Spaniern oft als Scouts oder Krieger zur Verfügung, wenn es gegen die Comanchen ging.

Als im 19. Jahrhundert die amerikanischen Siedler immer weiter nach Colorado und Utah vorstießen, nahmen die Überfälle auf Siedlungen und Gehöfte zu. Vor allem die Mormonen waren stark davon betroffen. Der erste Vertrag zwischen den Ute und den USA wurde am 30. Dezember 1849 geschlossen. Im Krieg der Amerikaner gegen die Navaho standen die Ute auf der Seite der Weißen. 1863 wurden vom Gouverneur des Territoriums Colorado, Evans, neuerlich Verhandlungen mit den Ute aufgenommen; das Ziel war, den unersättlichen Siedlern neues Land zu verschaffen. Unter den Häuptlingen, die mit Evans verhandelten, befand sich auch Ouray, der bekannteste Führer der Ute.

DAS GROSSE BECKEN

OURAY
The Arrow (»Der Pfeil«)
Ute
Geb. um 1820 in Taos, New Mexico · Gest. 24. August 1880
in der Ute Agentur, Colorado

Fotografie

»EIN INDIANER, DER EINEN VERTRAG
MIT DEN VEREINIGTEN STAATEN
SCHLIESST, GLEICHT EINEM BÜFFEL,
DER MIT DEN JÄGERN, DEREN PFEILE
IHN DURCHBOHRT HABEN, EINEN
VERTRAG SCHLIESST.«

Ouray verdankte seine Position als Häuptling der in Colorado lebenden Uncompahgre-Ute mehr der Tatsache, daß bereits sein Vater Häuptling war, als seiner eigenen Tüchtigkeit. Wohl kämpfte er, der seiner Abstammung nach halber Apache war, in seiner Jugend häufig gegen die Sioux, in seinem ganzen Wesen war er aber kein Mann des Krieges, sondern des geschickten Verhandelns und des Kompromisses. Dementsprechend ausgeprägt war auch seine Rednergabe, zu der sich noch Intelligenz und Sprachbegabung gesellten: Ouray beherrschte zwei Fremdsprachen, Englisch und Spanisch. Er benützte jede sich ihm bietende Gelegenheit, um mit Trappern, Händlern oder Reisenden zu sprechen und seine Kenntnisse zu erweitern.

Nachdem er mit der Sekte der Methodisten nähere Bekanntschaft geschlossen hatte, schränkte er seinen bisher beachtlichen Alkoholkonsum ein. Trotzdem blieb er weit und breit wegen seiner Geschwätzigkeit bekannt.

Seine letzten kriegerischen Ambitionen legte er ab, als er 1860 in einem Kampf mit den Sioux seinen einzigen Sohn verlor. Zwei Jahre darauf ließ er sich in der Los-Pinos-Agentur nieder, wo er es verstand, seine Sprachkenntnisse in klingende Münze umzusetzen. Er bezog als Regierungsdolmetscher ein Jahresgehalt von fünfhundert Dollar. Mit Sorge beobachteten die Amerikaner, daß die Situation im Colorado-Territorium immer gespannter wurde. Die Siedler forderten immer mehr Land oder nahmen es sich auf eigene Faust. Die Indianer ließen sich die Übergriffe nicht gefallen und wehrten sich. Unter den umherschweifenden Trupps, die – wie die Amerikaner es nannten – das Land »unsicher« machten, waren natürlich auch Ute. Sie gehörten zu den verschiedensten Unterstämmen und waren in ihren Unternehmungen gänzlich frei. Um die Lage zu bereinigen, wandten die Amerikaner den alten Trick an, den schon William Penn bei den Delawaren praktiziert hatte. Sie »ernannten« irgendeinen Häuptling zum obersten Häuptling des betreffenden Stammes oder Volkes und schlossen mit ihm einen Vertrag, der dann für alle galt. Im Fall der Ute fiel die Wahl auf den redseligen Ouray. Am 7. Oktober 1863 wurde in Conejos, Colorado, der Vertrag zwischen den Vereinigten Staaten und den Ute unterzeichnet. Darin traten die Ute alle Gebiete von Colorado, die östlich der Hauptkette der Rocky Mountains lagen, an die Vereinigten Staaten ab und gestatteten darüber hinaus allen Weißen, in den Bergen nach Gold, Silber und anderen Bodenschätzen zu suchen. Dafür sollten sie zehn Jahre lang jährlich Lebensmittel und Waren im Wert von zwanzigtausend Dollar erhalten. Unter dem Vertrag findet sich Ourays Name als »U-ray, or Arrow«. Man vermutet, daß das Wort »Ouray« eine Verballhornung des englischen Wortes »Arrow« darstellt; nach einer anderen Version entstand »Ouray« als der indianisch ausgesprochene Name »Willie«, den er als Kind von einer amerikanischen Familie erhalten haben soll.

Wie bereits erwähnt, hatten die Ute während des Krieges gegen die Navaho den Amerikanern wertvolle Dienste geleistet; dabei hatten sie sich die Achtung und Freundschaft Kit Carsons erworben, der sie schon von seiner Tätigkeit als Indianeragent gut kannte.

Dieser erhielt um 1866 von der Regierung den Auftrag, in Colorado die wegen des scheußlichen Massakers am Sand Creek erhitzten Gemüter der Indianer zu besänftigen. Bei dieser Mission schloß er mit Ouray, der ihn tatkräftig unterstützte, enge Freundschaft. Gleichzeitig wandte er sich von seinem alten Freund Ka-ni-ache ab, dem Häuptling der Moache-Ute, der sich schon bei den Verhandlungen von 1863 nachdrücklich gegen eine Abtretung von Land ausgesprochen hatte und im Lauf der Zeit Ourays Gegenspieler geworden war. Carson stand Ouray sogar bei der Bekämpfung Ka-ni-aches bei.

1868 reisten die beiden Freunde gemeinsam nach Washington; mehrere andere Ute-Häuptlinge, die ebenfalls vom Indian Bureau eingeladen waren, begleiteten sie. Anlaß für die erneuten Verhandlungen waren Klagen von Siedlern über eine »dauernde Belästigung durch die Ute«. Daraus resultierte die unverblümte Forderung, die Ute müßten in ein abgeschlossenes Reservat gebracht werden. Selbstverständlich sollte das dadurch frei werdende Land den Siedlern zur Verfügung gestellt werden. Die Regierungsvertreter verlangten von den Ute-Häuptlingen, sie sollten einen Wortführer bestimmen; einstimmig fiel die Wahl auf Ouray, der sich in der Folge als geschickter Taktiker erwies.

> »Ein Indianer, der einen Vertrag mit den Vereinigten Staaten schließt, gleicht einem Büffel, der mit den Jägern, deren Pfeile ihn durchbohrt haben, einen Vertrag schließt. Er hat keine andere Wahl, als sich hinzulegen und nachzugeben.«

Es gelang ihm, den landhungrigen Amerikanern ein wesentlich größeres Gebiet abzutrotzen, als diese den Ute ursprünglich lassen wollten. Außerdem mußten sich die Amerikaner verpflichten, ihre Leute vom Betreten des Ute-Landes abzuhalten. Am 2. März 1868 wurde dieser Vertrag unterzeichnet.

Es sollte nicht lange dauern, da verlangten Siedler und Goldgräber neuerlich mehr Land. Wieder beugte sich das Indian Bureau bereitwillig diesen Forderungen und sandte im September 1873 eine Kommission unter Führung von F. R. Brunot nach Los Pinos, um mit Ouray und den anderen Häuptlingen zu verhandeln. Die Regierung bot für eine weitere Abtretung von Reservationsland fünfundzwanzigtausend Dollar pro Jahr; zusätzlich sollte Ouray, der sich bis dahin strikt dem Angebot widersetzt hatte, ein jährliches Gehalt von eintausend Dollar, eine schöne Farm und ein Haus bekommen. Daraufhin änderte Ouray seine Meinung, und das Abkommen wurde geschlossen. Als die Ute den wahren Grund erfuhren, beschuldigten sie Ouray des Verrats. Sein Ansehen im Stamm war erheblich angeschlagen. 1879 kam es in der White-River-Agentur zu einem blutigen Aufstand der Ute, der von dem gleichermaßen unfähigen wie arroganten Indianeragenten Nathan C. Meeker verschuldet worden war. In seinem missionarischen Wahn hatte er versucht, den Ute einen völlig anderen Lebensstil aufzuzwingen. Als er feststellen mußte, daß seine Pläne nicht realisierbar waren, verlangte er eine Umsiedlung der Ute in das Indianer-Territorium. Die Häuptlinge Nicaagat und Colorado (auch Colorow) riefen ihre Krieger zum Widerstand auf. Als Ouray von den Kämpfen erfuhr, sandte er einen Boten mit folgender Nachricht zu den White-River-Ute:

> »Ich befehle euch, die Feindseligkeiten gegen die Weißen zu beenden und niemandem ein Leid zuzufügen, vor allem nicht, wenn es sich um Unschuldige handelt, sofern ihr nicht selbst gezwungen seid, euer Leben und Eigentum vor ungesetzlichen und unbefugten Übergriffen durch Pferdediebe und Verbrecher zu schützen. Alles, was dieses Maß übersteigt, würde für die Beteiligten verheerende Folgen haben.«

Ourays Befehl trug wesentlich zur Beendigung der Kämpfe bei, in deren Verlauf zwölf Soldaten sowie der Agent Meeker den Tod gefunden hatten. Trotzdem war mit diesem Aufstand das von den

Amerikanern ohnehin geplante Schicksal der Ute besiegelt. Als schwerkranker Mann reiste Ouray nochmals nach Washington. Die Schmerzen seiner schweren Nierenentzündung und das Wissen um seinen baldigen Tod hatten Ouray wohl seinen letzten Widerstandswillen geraubt. Es blieb ihm nichts anderes übrig, als sich der Entscheidung von Innenminister Schurz zu beugen: Die Ute mußten endgültig ihre Heimat verlassen und in ein Reservat in Utah übersiedeln. Im August 1881 trieb die Armee die Ute rücksichtslos aus Colorado fort.
Ouray, ihr berühmtester Häuptling, erlebte diesen Unglückstag seines Volkes nicht mehr. Er war ein Jahr zuvor, am 24. August 1880, gestorben.

DIE PAIUTE

Bei den Paiute ist zwischen Northern- und Southern-Paiute zu unterscheiden. Die Northern-Paiute sind kein Stamm im eigentlichen Sinn, sondern lediglich eine Sammelbezeichnung für eine Dialektgruppe bzw. die dazugehörigen Stämme des schoschonischen Zweiges der uto-aztekischen Sprachfamilie. Sie lebten im Great Basin, und zwar im Westen des heutigen Bundesstaates Nevada, im südöstlichen Oregon sowie im östlich der Sierra Nevada gelegenen Teil Kaliforniens. Die Southern-Paiute, die zu einer anderen Dialektgruppe gehören, wohnten im westlichen Teil von Utah, im Nordwesten von Arizona und in den südöstlichen Gebieten Kaliforniens. Oftmals werden die Paiute auch »Digger-Indianer«, Wurzelgräber, genannt. Dies deutet auf die Lebensweise dieser relativ primitiven, nomadisierenden Stämme hin, die sich vor allem von Wurzeln, Grassamen und Nüssen sowie von den wenigen vorkommenden Wildarten, wie Antilopen und Kaninchen, ernährten.
Die Southern-Paiute kamen schon im 16. Jahrhundert erstmals mit Weißen in Berührung, es ergaben sich aber kaum Spannungen. Auch in den folgenden Jahrhunderten fanden nur unbedeutende Auseinandersetzungen statt.
Die Northern-Paiute hatten erst zu Beginn des 19. Jahrhunderts Kontakt mit den Weißen. Wie die meisten Stämme waren auch sie freundlich und hilfsbereit, als aber der Strom der Siedler und Goldsucher immer stärker anschwoll und immer üblere Begleiterscheinungen zeigte, griffen auch die Paiute zu den Waffen. Gleichwohl war die berühmteste Persönlichkeit, die sie hervorbrachten, kein Mann des Krieges, sondern ein Religionsgründer, dessen Wirken bis weit in die Plains reichte und mit der letzten, tragischen Phase der Indianerkriege aufs engste verknüpft war: Der Prophet Wovoka.

DAS GROSSE BECKEN

WOVOKA

The Cutter
Paiute
Geb. um 1858 im Mason Valley, Nevada ·
Gest. 20. Oktober 1932 im Mason Valley, Nevada

Fotografie

»GOTT TRUG MIR AUF, DASS ICH ...
MEINEN LEUTEN SAGEN SOLLE,
SIE MÖGEN GUT SEIN, EINANDER
LIEBEN UND NICHT KÄMPFEN,
STEHLEN ODER LÜGEN. ER GAB MIR
DIESEN TANZ, UM IHN MEINEM VOLK
WEITERZUGEBEN.«

Wovokas Vater Tavibo war ein bekannter Prophet der Paiute. Er nahm seinen Sohn schon sehr früh auf seine Wanderungen durch die über weite Gebiete verstreuten Lager der Paiute mit. Dadurch wurde Wovoka aufs engste mit der Religion seines Volkes vertraut, die von einer starken Beseelung von Pflanzen, Tieren und Naturerscheinungen geprägt war. Außerdem hatten besonders die Northern-Paiute einen starken Hang zu Ritualen und Zeremonien.

Nach dem Tod seines Vaters wurde der vierzehnjährige Knabe in die Familie des Ranchers David Wilson aufgenommen. Hier erhielt er den Namen Jack, weshalb er auch als Jack Wilson bekannt wurde. Seinem frommen und bibeleifrigen Ziehvater verdankte Wovoka tiefe Eindrücke vom Leben und Wirken Christi. Besonderes Interesse erweckten in ihm die Wundertaten Christi sowie überhaupt der Gedanke von der Ankunft eines Messias. Wovoka beschäftigte sich intensiv mit religiösen Problemen, lernte auf Reisen verschiedene Sekten und ihre Wirkung auf die Menschen kennen und bildete sich daraus nach und nach seine eigenen Vorstellungen.

Zwei Welten, die des Christentums und die der Naturreligion seines Volkes, verschmolzen schließlich bei ihm zu einem in sich geschlossenen Ganzen, das die geistige Grundlage für die Ghost-dance-Bewegung bildete.

Wie Wovoka später berichtete, hatte er, nachdem er von einem schweren Fieber genesen war, eine Erscheinung gehabt.

> »Als die Sonne starb, ging ich zum Himmel und sah Gott und alle Menschen, die vor langer Zeit gestorben waren. Gott trug mir auf, daß ich zurückkehren und meinen Leuten sagen solle, sie mögen gut sein, einander lieben und nicht kämpfen, stehlen oder lügen. Er gab mir diesen Tanz, um ihn meinem Volk weiterzugeben.«

Aufgrund der Sonnenfinsternis, die Wovoka als Zeitpunkt angab, konnte ermittelt werden, daß er seine Erscheinung am 1. Januar 1889 gehabt haben mußte. An diesem Tag hatte eine totale Sonnenfinsternis stattgefunden. Die Verknüpfung dieser beiden Ereignisse erinnert an Tecumsehs Bruder Tenskwatawa, der im Sommer 1806 prophezeit hatte, daß sich an einem bestimmten Tag durch seine Macht die Sonne verdunkeln werde. Als dies tatsächlich geschah, galt Tenskwatawa als mächtigster Prophet des alten Nordwestens und konnte die politischen Ideen seines Bruders Tecumseh verwirklichen helfen.[1]

Wovoka verfolgte aber keine politischen Ziele. Er war davon überzeugt, die Botschaft des Großen Geistes vermitteln zu müssen. Dabei bediente er sich des Tanzes, eines wichtigen Bestandteils zahlreicher Rituale der verschiedensten Religionen.[2] Wovoka maß sich selbst keinerlei Göttlichkeit zu, wurde aber von seinen Stammesbrüdern als Messias bezeichnet. Die Wurzel hierfür lag vielleicht in der Auffassung zahlreicher Sekten – wie der Mormonen –, die an eine Wiedergeburt Christi auf Erden glauben. Der Wortlaut von Wovokas Verkündigung der Botschaft des Großen Geistes ist überliefert:

> »Alle Indianer müssen tanzen, an jedem Ort, sie dürfen niemals aufhören zu tanzen. Schon bald, schon im nächsten Frühjahr, wird der Große Geist kommen. Er wird alles Wild zurückbringen... Alle toten Indianer werden auferstehen und wieder lebendig sein. Sie werden alle stark sein wie junge Männer, sie werden wieder jung sein. Auch wenn ein Indianer alt und blind ist, wird er wieder jung sein und sich am Leben freuen. Wenn der Große Geist zurückkommt, werden alle Indianer weit hinauf in die Berge steigen, weg von den Weißen, die ihnen dann nichts mehr tun können. Wenn die Indianer hoch oben sind, wird eine große Flut kommen, und alle Weißen werden ertrinken. Dann wird das Wasser zurückgehen. Überall werden nur noch Indianer sein, und es wird viel Wild geben. Dann wird der Medizinmann allen Indianern auftragen weiterzutanzen, und eine gute Zeit wird anbrechen.«

Obwohl Wovoka mit seiner Lehre keinen politischen Zweck verfolgte, waren die Auswirkungen dennoch hochpolitisch. Der »Ghost-Dance«, wie der von dem »Messias« der Paiute gepredigte Tanz genannt wurde, wuchs in kurzer Zeit zu einer ausgedehnten Bewegung, die besonders unter den Plains-Stämmen zahlreiche Anhänger fand. Die Lage, in der sich die meisten dieser Indianer befanden, bildete einen geradezu idealen Nährboden für die Ghost-dance-Bewegung: Aus ihrer gewohnten Lebensweise gerissen und in Reserva-

---

[1] Vgl. Seite 149 ff.
[2] Im Mittelalter gab es auch im Christentum noch religiöse Tänze.

tionen gepfercht, vegetierten sie meist dumpf vor sich hin, angewiesen auf das, was ihnen die Indianeragenten mit der Miene von Almosengebern zukommen ließen und was doch in Wirklichkeit nur der Bruchteil eines Äquivalents für das ihnen Geraubte war. Die Regierung verbot sogar die Abhaltung des Sonnentanzes, aus dem die Indianer in den schweren Jahren des Krieges gegen die Amerikaner Kraft geschöpft hatten. Als die Indianer von der Existenz eines Messias im Westen erfuhren, erfüllte sie neue Hoffnung. Sie verlangten, Genaueres zu erfahren. Kicking Bear, Short Bull und Porcupine, drei »Holy Men« der Reservationen in South Dakota, beschlossen, zu dem Messias nach Nevada zu reisen und seine Botschaft mit eigenen Ohren zu hören. Sie fuhren zuerst mit der Eisenbahn und legten den Rest des Weges zu Pferde zurück. Von den Paiute-Indianern, die ihnen die Pferde zur Verfügung gestellt hatten, erfuhren sie, daß der »Red God of Nevada« am Walker Lake wohne. Dort waren schon mehrere hundert Indianer der verschiedensten Stämme – darunter Arapaho, Cheyenne, Schoschonen und Bannock – versammelt. Der Messias ließ ihnen sagen, sie sollten warten, er werde bald kommen. Jeder von ihnen erhielt, wie Porcupine später Major Carroll berichtete, eine weiße Nuß, die sie essen mußten. Kurz vor Sonnenuntergang des dritten Tages erschien Wovoka. Zum Erstaunen der Indianer war er kein Weißer, wie sie vermutet hatten, sondern einer der Ihren.
Er sprach zu den Anwesenden:

> »Ich habe nach euch gesandt und freue mich, euch nun zu sehen. Ich werde euch nachher von euren Verwandten erzählen, die tot sind und die Erde verlassen haben. Meine Kinder, ich möchte, daß ihr auf alles hört, was ich euch zu sagen habe. Ich werde euch einen Tanz lehren, und ich möchte, daß ihr ihn tanzt. Bereitet euch für den Tanz vor, und dann, wenn der Tanz zu Ende ist, werde ich zu euch sprechen.«

Porcupine berichtet weiter:

> »Dann tanzten sie, der Messias sang. Sie tanzten bis tief in die Nacht, bis er sagte, es sei genug. Am nächsten Morgen sah ich den Messias wieder, und diesmal sah er ganz anders aus. Er war nicht so dunkel wie ein Indianer, aber auch nicht so hell

wie ein Weißer. Er trug keinen Bart, hatte aber sehr starke Augenbrauen. Er war ein gutaussehender Mann. Man sagte uns, wir sollten nicht sprechen, denn selbst wenn wir flüsterten, würde uns der Messias hören. Er sprach den ganzen Tag zu uns und begann zu singen, dann zitterte er eine Weile am ganzen Körper und setzte sich dann nieder. Wir tanzten die ganze Nacht; der Messias lag am Boden, als wäre er tot. Am nächsten Morgen trafen wir uns wieder. Der Messias sagte zu uns: ›Ich bin der Mann, der alles ringsum erschaffen hat. Ich lüge euch nicht an, meine Kinder. Ich schuf diese Erde und alles, was sich darauf befindet. Ich war im Himmel und habe eure toten Freunde gesehen, ich habe auch meinen Vater und meine Mutter gesehen. Am Anfang, nachdem Gott die Erde erschaffen hatte, schickten sie mich zurück, um den Menschen zu predigen; und als ich kam, fürchteten sich die Menschen vor mir und behandelten mich schlecht. Da seht ihr, was sie mir angetan haben‹ (er zeigte seine Wunden). ›Ich machte keinen Versuch zu meiner Verteidigung. Ich stellte fest, daß meine Kinder böse waren, daher verließ ich sie und kehrte in den Himmel zurück. Ich sagte ihnen, daß ich in vielen hundert Jahren wieder zurückkehren würde, um nach ihnen zu sehen. Nach Ablauf dieser Frist wurde ich auf die Erde zurückgeschickt, um neuerlich zu versuchen, den Menschen zu predigen. Mein Vater sagte mir, die Erde sei alt geworden und verbraucht und die Menschen seien schlecht geworden – ich solle alles in den ursprünglichen Zustand zurückversetzen und es verbessern.‹

Ich kehrte zu meinem Stamm zurück, um dies alles zu berichten. Der Messias hatte uns aufgetragen, es jedermann zu erzählen.«

Sitting Bull ließ sich von Kicking Bear genau von der Reise berichten. In Windeseile griff die Ghost-dance-Bewegung um sich, die Indianer schöpften neue Hoffnung, legten das »Ghost shirt«, ein eigenes Gewand für den Ghost-dance, an, das sie kugelfest machen sollte, und tanzten, bis sie in Ekstase fielen. In diesem Zustand fanden sie alles so, wie der Messias es ihnen beschrieben hatte, und vergaßen darüber die bittere Realität ihres Daseins.

Obwohl die Bewegung völlig unkriegerisch war, beobachteten die Indianeragenten mit Mißtrauen, wie sich die Indianer zusammenrotteten und gemeinsam tanzten. Aus Unkenntnis, teils auch aus Haß meldeten sie, daß eine Revolte bevorstünde, und forderten Militäreinsatz. Während die Ermordung Sitting Bulls unter normalen Umständen sicherlich zu einem Aufstand der Sioux geführt hätte, waren sie von Wovokas Prophezeiungen, wonach im darauffolgenden Frühjahr die Weißen von der Flut vernichtet würden, so überzeugt, daß sie nicht zu den Waffen griffen. Doch der Traum von der Rückkehr der toten Indianer und vom Verschwinden der Weißen endete unter den mörderischen Schüssen von Wounded Knee.
Die Nachricht von dieser Greueltat erfüllte Wovoka mit Abscheu und Entsetzen, denn niemals war seine Lehre auf Gewalt ausgerichtet gewesen. Zwar wurde der Ghost-Dance vereinzelt noch weitergetanzt, im großen und ganzen bewahrheitete sich aber, was Red Cloud über die Botschaft Wovokas gesagt hatte:

> »Wenn sie wahr ist, wird sie sich über die ganze Erde verbreiten; wenn sie nicht wahr ist, wird sie dahinschmelzen wie der Schnee unter den heißen Strahlen der Sonne.«

Fast vergessen, starb der Schöpfer der Ghost-dance-Bewegung am 20. Oktober 1932 in seiner Hütte am Walker Lake. Auch er mußte erkennen, daß für die Indianer nur mehr ein Weg blieb:

> »Meine Kinder, meine Kinder! In längst vergangenen Tagen rief ich euch auf, auf die Jagd zu gehen oder dem Kriegspfad zu folgen. Nun sind diese Pfade mit Sand verschüttet, sie sind bedeckt mit Gras; die jungen Männer können sie nicht finden. Meine Kinder, heute rufe ich euch auf, einem neuen Pfad zu folgen, dem einzigen Pfad, der nun noch offen ist: dem Pfad des Weißen Mannes...«

Ghost-Dance

DER FERNE WESTEN

DER SÜDWESTEN

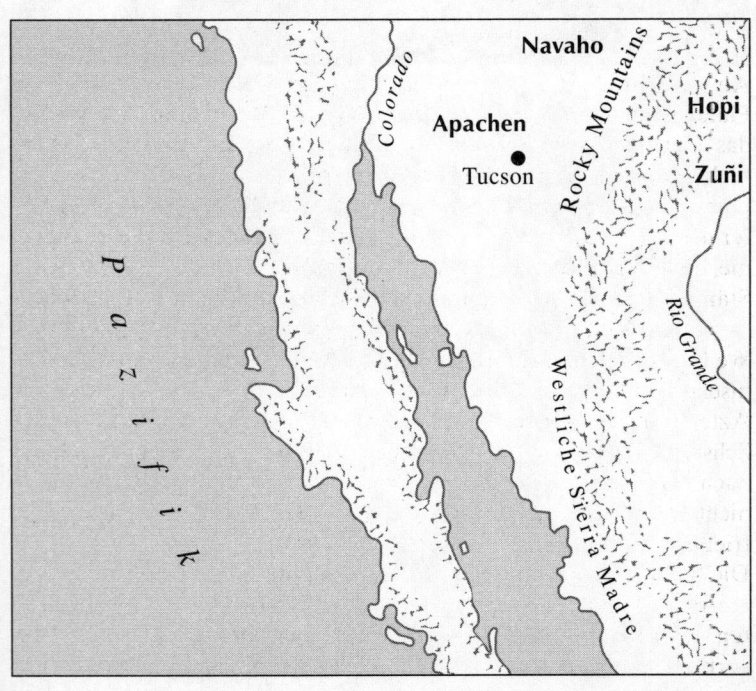

DER SÜDWESTEN

DIE WICHTIGSTEN STÄMME: a) Apachen
  Navaho
  b) Zuñi
  c) Hopi

SPRACHGRUPPEN: a) Athapaskisch
  b) Zuñi
  c) Uto-aztekisch

LEBENSGRUNDLAGEN: a) Jagd, Maisanbau
  b), c) Gartenbau

LEBENSFORMEN: Halbnomaden (Apachen)
  Seßhaft (Navaho)

WOHNFORMEN: Tipis, Rinderhütten (Apachen)
  Hogans (Navaho), Pueblos
  (Lehmhäuser)

An das Große Becken schließt sich im Süden eine Reihe von Plateaus an, die sich entlang des Colorado River hinziehen und in das Hochland von Arizona übergehen. Diese Landschaft ist stark zerklüftet und weist zahlreiche Canyons auf.

Die wichtigsten indianischen Bewohner des Südwestens sind die unter dem Sammelbegriff »Pueblo-Indianer« zusammengefaßten Stämme, die Navaho und die Apachen sowie die Pima und Papago. Diese Stämme und Völker unterschieden sich nicht nur in ihrer Lebensweise und Kultur, sondern auch in ihrem Verhalten gegenüber den Weißen, mit denen sie früher als die meisten anderen nordamerikanischen Indianer in Berührung kamen. Nach der Eroberung des Aztekenreiches zogen spanische Expeditionen aus den unterschiedlichsten Motiven, die von Forscherdrang bis zu Goldgier reichten, nach Norden. Ihre Begegnungen mit den Eingeborenen verliefen nicht immer freundlich, obwohl sogar die Apachen anfangs sehr friedlich waren.

Die Pueblo-Indianer waren die ersten, die unter der spanischen Herrschaft und der religiösen Intoleranz der Eroberer zu leiden hatten. Dies führte so weit, daß sich diese autonom lebenden Stämme verbündeten und im Jahre 1680 in einem blutigen Aufstand ihre

Unterdrücker verjagten. Der Anführer dieser Revolte, der Medizinmann Popé, wurde zur bekanntesten historischen Persönlichkeit der Pueblo-Indianer, die sich fortan – mit Ausnahme eines kleineren Aufstandes im 19. Jahrhundert – friedlich verhielten. Ausschlaggebend für die geringe Anzahl berühmter Persönlichkeiten unter den Pueblo-Indianern war neben der ereignisarmen historischen Entwicklung die Tatsache, daß es keine ausgesprochene Stammesorganisation gab; jedes Dorf hatte sein Oberhaupt, über dem weder ein Stammesrat noch irgendeine andere hierarchische Ebene mehr existierte. Lediglich während des genannten Aufstandes wurde dieses Prinzip durchbrochen.

Die Häuptlinge der Navaho hatten allerdings eine größere Einflußsphäre, wenn auch keine institutionalisierte Macht. Ihr Einfluß hing in der Regel von kriegerischen Erfolgen oder – was oftmals die Folge davon war – vom Reichtum ab. Berühmtheit erlangten einzelne Navaho-Führer erst, als der Stamm in Kontakt mit den Amerikanern kam, als die Gebiete von Arizona und Nordmexiko an die USA fielen und die Amerikaner systematisch darangingen, das Land und dessen Bewohner unter Kontrolle zu bekommen. Spanier und Mexikaner waren für die Navaho nur insofern von Bedeutung gewesen, als sie jahrzehntelang, ja jahrhundertelang beliebte Ziele für Raubzüge abgegeben hatten.

Ähnlich wie bei den Navaho war die Entwicklung bei den kriegerischen Apachen. Ihr erbitterter Widerstand gegen die brutale Ausrottungspolitik der amerikanischen Regierung, bei dem sie ebensowenig vor Grausamkeiten zurückschreckten wie die Amerikaner und Mexikaner, trug ihnen ein denkbar schlechtes Ansehen in der öffentlichen Meinung, der Geschichtsschreibung und sogar in der Literatur ein. Das Klischee von den »roten Teufeln« geistert auch heute noch durch so manches Druckerzeugnis. Bezeichnenderweise brachten die Apachen aber eine Reihe berühmter und bedeutender Persönlichkeiten hervor, deren Lebensgeschichte eine differenzierte Einschätzung des Freiheitskampfes dieses Volkes ermöglicht und dazu beitragen kann, verzerrte Bilder und Perspektiven zu korrigieren. Es ist bemerkenswert, daß die Stämme des Südwestens zu den ersten nordamerikanischen Indianern gehörten, die mit Weißen zusammentrafen und zu den letzten, die sich den Amerikanern ergaben. Außerdem bewiesen diese Stämme eine sehr starke Lebens-

DER SÜDWESTEN

kraft: Pueblo-Indianer, Apachen und Navaho zählen zu denjenigen nordamerikanischen Indianern, die mit den veränderten Gegebenheiten am besten zurechtgekommen sind.

Pueblo aus Stein oder Adobe; die Stockwerke sind mit Leitern verbunden

DIE NAVAHO

Die Navaho bilden gemeinsam mit den Apachen den südlichen Zweig der athapaskischen Sprachfamilie. In präkolumbischer Zeit waren sie aus dem Norden eingewandert und hatten die im Südwesten ansässigen Pueblo-Stämme teilweise zurückgedrängt. Daraus ergaben sich zwar dauernde Konflikte, aber die Navaho übernahmen sehr viel von der Kultur der Pueblo-Indianer. Sie gaben ihr Nomadenleben auf, bauten Mais an und brachten es zu einer weithin gerühmten Fertigkeit im Töpfern und Weben. Noch ein zweitesmal änderten sie ihre Lebensweise grundlegend: als sie von den Weißen die Schafzucht übernahmen und Pferde hielten. In den ständigen Kämpfen gegen ihre Erbfeinde, die Ute und die Comanchen, sowie gegen die Mexikaner entwickelten die Navaho auch beachtliche kriegerische Fähigkeiten.
Als Mexiko nach dreijährigem Krieg 1824 seine Unabhängigkeit von Spanien erhielt, erreichte die Unsicherheit im Norden des jungen Staates einen Höhepunkt. Mexiko hatte weder die Mittel noch die Soldaten, um für Ruhe in seinen Grenzprovinzen zu sorgen. So gab es beinahe täglich Überfälle der Apachen, Comanchen, Ute und Navaho auf Mexikaner und Pueblo-Indianer. Neben Schafen und Pferden wurden auch Menschen geraubt, es entwickelte sich sogar ein regelrechter Sklavenhandel. Besonders betroffen davon waren die Pueblo-Indianer und die Navaho, da deren Frauen und Mädchen wegen ihrer Fertigkeit im Weben vor allem bei Mexikanern und Comanchen sehr begehrt waren, sei es als Hausgesinde oder auch als Ehefrauen. Allerdings hielten auch die Navaho ihrerseits zahlreiche Pueblo-Indianer als Sklaven. Als General Kearnys »Army of the West« im Jahr 1846 New Mexico in einer fast unblutigen Aktion unter die Oberhoheit der USA gebracht hatte, da forderten die Weißen, die ihre Loyalität als Bürger der Vereinigten Staaten erklärt hatten, daß den Überfällen der Indianer ein Ende gemacht werden müsse. Kearny erließ einen Aufruf, in dem er alle Indianer aufforderte, Friedensverträge mit den Amerikanern abzuschließen.

DER SÜDWESTEN

Die ersten, die sich einfanden, waren die Pueblo-Indianer. Sie boten ihre Hilfe im Kampf gegen die verhaßten Navaho an. Das war aber keineswegs im Sinne Kearnys, der Frieden haben wollte. Auch Apachen und Ute fanden sich ein und versicherten, künftig friedlich zu sein. Nur die Navaho kamen nicht. Weil Kearny aber nach Kalifornien weiterziehen mußte, gab er Colonel Doniphan von den Missouri Volunteers den Auftrag, sich mit den Häuptlingen der Navaho in Verbindung zu setzen und für einen Friedensvertrag zu sorgen. Diese Aufgabe war insofern nicht leicht, als die Navaho nur selten nach Santa Fé kamen. Doniphans Leute fanden aber Unterstützung bei den »Enemy Navaho«, denjenigen Nachkommen der Navaho, die sich in den spanischen Siedlungen niedergelassen und den Pueblo-Indianern angeschlossen hatten. Von ihnen erfuhren die Amerikaner, daß die Navaho in den wilden Chuska Mountains lebten und daß ihr mächtigster Anführer der alte Narbona sei.

Narbona wirkte anfangs durch sein Alter und das hohe Ansehen, das er bei allen Navaho genoß, als ausgleichender Faktor. Es kam zu einem Vertragsabschluß mit den Amerikanern. Als der greise Häuptling jedoch bei einem Handgemenge mit Amerikanern von diesen erschossen wurde, brachen die Gegensätze in aller Schärfe auf. Ein Teil des Stammes trat für Frieden und Einhaltung des Vertrages ein, während die anderen aufgrund der Mordtat alle Vereinbarungen für nichtig erklärten und zum Krieg riefen. Wortführer der »Tauben« waren Ganado Mucho, ein reicher Herdenbesitzer, und Long Earrings, während an der Spitze der »Falken« Narbonas Schwiegersohn Manuelito und Barboncito standen.

Typischer Hogan der Navaho

BARBONCITO

Yich'i – 'dah yilwo' (»Der Bärtige«)
Navaho
Geb. ca. 1808 im Canyon de Chelley ·
Gest. 1870 im Canyon de Chelley

Fotografie

»WENN WIR WIEDER IN UNSEREM
LAND SIND, WIRD ES VON NEUEM
ERSTRAHLEN, UND DIE NAVAHO
WERDEN SO GLÜCKLICH SEIN
WIE IHR LAND.«

Barboncito wurde im Herzen des Navaholandes, im Canyon de Chelley, geboren und entstammte dem Jemez-Clan; er war somit ein Nachkomme der Jemez-Frauen, die einst bei den Navaho Schutz gefunden hatten, als zahlreiche Krieger ihres Stammes im Kampf gefallen waren.

Aufgrund seines bei Indianern nicht alltäglichen Bartwuchses erhielt der junge Krieger den Namen »Mann mit dem Schnurrbart«; auch bei den Amerikanern wurde Barboncito als Mr. Whiskers bekannt. Sein richtiger Name war allerdings Yich'i–'dah yilwo', was soviel wie »Der, der vorwärts schreitet« bedeutet.[1] Barboncito wird als besonnener, im Grunde friedliebender Mann beschrieben. Die Amerikaner schätzten ihn sehr und sahen in ihm – was natürlich zum Teil auch Berechnung war – den obersten Führer der Navaho. In Wirklichkeit waren nach Long Earrings' Tod er, Delgadito und Manuelito die wichtigsten Häuptlinge des Stammes.

Jeder dieser Häuptlinge hatte eine stattliche Zahl von Anhängern und verfügte somit über die nötige militärische Schlagkraft, um immer größere Kriegszüge zu unternehmen. Eine dieser Unternehmungen führte sie bis nach Sante Fé, wo sie zahlreiche Schafe erbeuteten und niedermachten, was sich ihnen in den Weg stellte.

Nach der Unterzeichnung des obskuren Vertrages, der zwischen Colonel Bonneville und dem Agenten Collins auf der einen und Herrero the Blacksmith auf der anderen Seite geschlossen worden war, wollten Barboncito und Manuelito die Weißen nicht mehr länger in ihrem Land dulden. Mit zweitausend Kriegern griffen sie im Morgengrauen des 30. April 1860 Fort Defiance an. Nach zweistündigem erbittertem Kampf mußten die Navaho der Übermacht der Kanonen weichen und zogen sich in ihre fast unzugänglichen Canyons zurück. Dennoch waren sie der festen Überzeugung, den Amerikanern eine Lehre erteilt zu haben.

Nach monatelangem Kleinkrieg, der weder den Navaho noch den Amerikanern, die sich der Hilfe rachelüsterner Zuñi- und Ute-Scouts bedienten, Vorteile brachte, kam es zu Beginn des Jahres 1861 zu Verhandlungen zwischen Colonel Canby und den Häuptlingen der Navaho. Danach herrschte wieder einige Zeit Ruhe. Als im

---

[1] »He who runs forward«, auch mit »He runs up to him« und »He is anxious to step forward« wiedergegeben.

selben Jahr plötzlich die Soldaten Fort Defiance verließen, triumphierten die Navaho und betrachteten den Abzug als Erfolg ihrer Politik. Sie wußten nicht, daß zwischen Nord- und Südstaaten ein blutiger Krieg ausgebrochen war. Der Osten New Mexicos stand auf der Seite der Union, die vorgab, gegen die Sklaverei zu sein, was sie später allerdings nicht daran hindern sollte, gegenüber den Indianern eine gnadenlose Politik der Ausrottung zu betreiben. Der westliche Teil war für die Konföderation und spaltete sich unter dem Namen Arizona ab. Da die Goldtransporte aus Kalifornien durch Arizona und New Mexico gingen, war die Regierung in Washington bestrebt, den Kriegszügen und Überfällen der Navaho und Apachen ein Ende zu bereiten.

General Carleton, ein Armeeoffizier, marschierte mit einer großen Schar Freiwilliger von Kalifornien ins Land der Navaho ein. Sein Befehl lautete, sich weder auf Verträge noch überhaupt auf Verhandlungen mit den Indianern einzulassen. In seinen Augen waren die Navaho wilde Tiere; ihnen konnte genausowenig getraut werden wie den Wölfen in den Bergen. Allerdings sah er sich außerstande, mit seinen im Indianerkrieg gänzlich unerfahrenen Freiwilligen auch nur die kleinste Aktion gegen die Navaho zu unternehmen. Deshalb wandte er sich an Kit Carson, den berühmten Scout und Indianeragenten, den die Indianer wegen seiner Fertigkeit im Lassowerfen »Rope Thrower« nannten.

Kit Carson stellte ein Freiwilligen-Regiment aus erfahrenen Trappern, Scouts und mexikanischen Schafhirten auf; letztere schienen ihm wegen ihres unbändigen Hasses auf die Navaho besonders geeignet zu sein. Die Devise lautete denn auch, alle männlichen Navaho zu töten und Frauen und Kinder gefangenzunehmen. Nach ihrer Unterwerfung sollten die Navaho – so bestimmte Carleton – in ein Reservat im Osten New Mexicos geschafft werden, im Gebiet des Rio Pecos. Die Spanier nannten den Ort Bosque Redondo, die Amerikaner Fort Sumner, nach einem kleinen Fort, das sich dort befand. Nachdem im Jahr 1863 die Mescalero-Apachen nach Bosque Redondo geschafft worden waren, beriefen Carleton und Carson ein Treffen mit den Häuptlingen der Navaho ein, das in Cubero abgehalten wurde. Carleton erzählte den Indianern die gleichen Märchen, wie viele Vertreter der Vereinigten Staaten vor und nach ihm, und faselte von fruchtbarem Land und reichen Ernten.

Während die Enemy Navaho zur Übersiedlung bereit waren, lehnte Barboncito, der zu einem der größten Redner seines Stammes geworden war, das Ansinnen Carletons rundweg ab. Die Navaho, so argumentierte er, seien so mächtig wie die Weißen und wollten weiterhin ihre Herden in ihrer alten Heimat hüten.
Es war wieder Krieg. Die Navaho überfielen von neuem Soldatentrupps und Nachschubtransporte und machten reiche Beute an Schafen, Pferden und Vorräten. Zudem hofften sie, daß die Weißen durch die ständigen Überfälle zermürbt würden. Diese Hoffnung erwies sich jedoch als trügerisch, denn Kit Carson gab nicht so schnell auf. Er marschierte mitten ins Navaholand und ließ das verlassene und dem Verfall preisgegebene Fort Defiance wieder aufbauen. An die Indianer ging die Botschaft, sie sollten sich beim Fort einfinden, wo sie verpflegt und in Gruppen nach Fort Sumner gebracht würden, wo sie fortan leben sollten. Als sein Aufruf ohne Widerhall blieb, erteilte er Major Cummings den Befehl, sämtliche Getreidefelder und Obstbäume der Navaho niederzubrennen und ihr Vieh zu stehlen. Ein wohlgezielter Schuß eines Navahokriegers bereitete dem üblen Treiben Cummings' ein jähes Ende. Hierauf verstärkten die Amerikaner jedoch noch ihre Anstrengungen, verwüsteten das Land und töteten und skalpierten die Navaho, wo immer sie sie trafen.
Um dem Wüten der Soldaten und der mit diesen verbündeten Ute- und Zuñi-Scouts zu entgehen, floh ein Teil der Navaho zu den Jemez, ein anderer Teil zu den Apachen nach Arizona; einige westliche Gruppen zogen unter der Führung Manuelitos zum Grand Canyon, eine weitere Abteilung ging nach Norden in die Navaho Mountains. Der Rest mit den Häuptlingen Barboncito und Delgadito blieb im Canyon de Chelley. Die Vernichtung ihrer Nahrungsgrundlagen und der heranrückende Winter zwangen die Führer jedoch, sich zu Verhandlungen bereit zu erklären. Als Carleton davon erfuhr, lehnte er es ab, Gespräche zu führen. Hierauf ergab sich Delgadito. Barboncito und seine Leute hingegen blieben in den Bergen.
Zornig begann Carson mit Vorbereitungen für eine neuerliche Aktion gegen die hartnäckigen Navaho. Der schlaue Barboncito überfiel aber Carsons Maultierherde, trieb sie weg und schlachtete die Tiere, um Fleischvorräte anzulegen. Trotzdem konnte er mit seinen Leuten auf Dauer keinen Widerstand leisten, auch er mußte sich ergeben.

Im März 1864 zogen die Navaho mit Ochsenkarren und Viehherden von Fort Defiance über Fort Wingate zum Rio Grande und gelangten nach einem längeren Aufenthalt in der Nähe von Albuquerque nach Fort Sumner am Rio Pecos. In diesem Gebiet wollte Carleton das »Modell« einer Indianerreservation schaffen, wobei er allerdings von völlig unrealistischen Vorstellungen ausging, da ihm jedes Verständnis für Lebensweise und Mentalität der Navaho fehlte. Zudem war das Unternehmen außerordentlich schlecht organisiert; das geplante Dorf für die Indianer war noch nicht einmal begonnen. Zu allem Überfluß gehörte Bosque Redondo den Comanchen, die natürlich die Navaho überfielen und etwa zweihundert Pferde erbeuteten. Daraus entwickelte sich ein ständiger Kleinkrieg.
Nach drei Jahren war es offensichtlich, daß Carletons Navaho-Aktion gescheitert war. Die Navaho, die sich in ihrer neuen »Heimat« überhaupt nicht zurechtfinden konnten, forderten die Rückkehr in ihr angestammtes Gebiet in den Chuska Mountains. Die amerikanische Regierung, die zehn Millionen Dollar in die Aktion gesteckt hatte, beauftragte General Sherman mit der Untersuchung der Angelegenheit. Im Mai 1868 begannen Verhandlungen zwischen General Sherman und Barboncito, den die Navaho zu ihrem Sprecher gemacht hatten und der nun seine Rednergabe und sein diplomatisches Geschick wirkungsvoll unter Beweis stellte. Als Barboncito das Wort ergriff, versäumte er es nicht, die Zustände in der Reservation zu schildern.

> »Dadurch, daß wir hierher gebracht wurden, haben wir große Verluste unter unseren Leuten hinnehmen müssen. Viele von uns sind gestorben, auch viele unserer Tiere sind zugrunde gegangen. Unsere Großväter hatten keine Erfahrung mit den Lebensbedingungen außerhalb unseres Heimatlandes, und ich halte es nicht für richtig, in der Fremde zu leben, da wir es nie gelernt haben. Bei der Erschaffung der Navaho wurden uns vier Berge und vier Flüsse gezeigt, innerhalb derer wir leben sollten... Von unseren Vorfahren wurde uns erzählt, daß wir uns niemals östlich des Rio Grande oder westlich des San Juan niederlassen dürften, und ich glaube, daß der Grund für die vielen Todesfälle unter unseren Leuten und unseren Tieren darin liegt, daß wir hierher gekommen sind...

Gleich, nachdem wir hierher gebracht worden waren, begannen wir, Bewässerungsgräben anzulegen (ich selbst habe mit meinen Leuten mitgearbeitet), und wir gruben alle die Kanäle, die ihr hier seht. Wir haben stets ausgeführt, was man uns aufgetragen hat... Wir haben uns nie geweigert, einen Auftrag auszuführen. Wir wurden hierher gebracht, auf diesen Grund und Boden. Er ist nicht fruchtbar, wir pflanzen, doch es gedeiht nichts; von der Herde, die wir mitbrachten, ist nur noch ein kleiner Teil am Leben. Als wir hierher gebracht wurden, haben wir alles in unseren Kräften Stehende getan, doch wir fanden, daß es vergebliche Mühe war. Deshalb haben wir aufgegeben; deshalb haben wir in diesem Jahr nichts mehr angebaut und gar nicht mehr versucht, irgend etwas zu tun.

Wir haben tatsächlich Samen in die Erde gelegt, doch es wollte nichts höher als zwei Fuß wachsen. Den Grund dafür weiß ich nicht, ich glaube aber, daß dieser Boden nie für uns bestimmt war...

Wir wissen, wie man bewässert und anbaut, und dennoch können wir hier keine einzige Getreideart züchten... Wir wissen auch, wie man Herden züchtet und wie man sie versorgt. Die Kommissare können sich überzeugen, daß wir kaum noch Schafe und Pferde haben; fast alle, die wir hierher brachten, sind verendet. Das hat uns so arm gemacht, daß wir keine Mittel haben, andere zu kaufen.

Viele von uns waren einst wohlhabend; jetzt haben sie nichts in ihren Händen, worauf sie schlafen können, außer auf Säcken. Einige von uns haben natürlich schon noch eine kleine Herde, doch sie haben nicht annähernd das, was sie vor einigen Jahren besaßen, als wir noch in unserem alten Land waren...

Als wir auf unsere Art leben konnten, lebten wir glücklich, wir besaßen viel Vieh und hatten nichts zu tun, als die Tiere zu hüten. Wenn wir Fleisch wollten, brauchten wir sie nur zu schlachten...

Vor einigen Jahren noch sah ich, wenn ich den Kopf hob, ringsumher Viehherden; ich bin betrübt, jetzt kein einziges Tier mehr zu sehen... Ich kann es kaum ertragen, wenn ich daran denke, daß alle Nationen rundherum (ich meine Mexikaner und Indianer) gegen uns sind; der Grund liegt darin, daß wir arbeiten. Wenn wir die Mittel hätten, könnten wir uns viel besser durchschlagen als die Mexikaner und Indianer.

Im vergangenen Winter hörte ich, daß eine Kommission kommen sollte; nun bin ich froh, daß sie hier ist, denn ich erwarte, von der Kommission den Grund ihres Kommens zu hören. Wir haben alle erklärt, daß wir nicht länger hier bleiben wollen.

Wenn ich meine Gedanken heute in die Tat umsetzen kann, werde ich dem General von Herzen danken und von ihm denken wie von meinem Vater und meiner Mutter... Wie du selbst siehst, bin ich ein starker, beherzter Mann, und bevor ich alt und krank bin, möchte ich den Ort sehen, wo ich geboren bin...

Ich möchte aufbrechen und mein Land sehen. Wenn wir in unser Land zurückgebracht werden, dann werden wir euch Vater und Mutter nennen... Ich spreche für den ganzen Stamm, für die Tiere, vom Pferd bis zum Hund, sogar für die Ungeborenen.

Alles, was du gehört hast, ist die Wahrheit und ist die Meinung des ganzen Stammes.

Mir scheint es, als ob der General alles leitete wie ein Gott. Ich hoffe deshalb, daß er alles für die Indianer tut, was in seiner Macht steht, diese Hoffnung geht in meine Füße hinein und aus meinem Mund hinaus. Ich spreche zu dir, General Sherman, als spräche ich zu einer Gottheit, und ich möchte, daß du mir sagst, ob du uns in unser Land führen willst.«

Ob sich der brutale Sherman durch Barboncitos Worte geschmeichelt fühlte oder ob es direkte Weisungen der US-Regierung waren, wenigstens in dieser Ecke Frieden zu bekommen, sei dahingestellt. Jedenfalls ging der General auf die Forderung des Navaho-Häuptlings ein, was diesen sichtlich euphorisch stimmte:

»Wenn wir wieder in unserem Land sind, wird es von neuem erstrahlen, und die Navaho werden so glücklich sein wie ihr Land. Schwarze Wolken werden aufziehen, und es wird Regen zur Genüge geben. Korn wird wachsen im Überfluß, und alles wird glücklich sein.«

Am 1. Juni 1868 wurde in Fort Sumner der Vertrag zwischen den Vereinigten Staaten und den Navaho unterzeichnet, in dem diese eine Reservation in ihrer alten Heimat bekamen[1].
Zwei Wochen später brachen die Navaho auf. Major Dodd, der neue Indianeragent, begleitete sie mit einer Abteilung Militär. Bei Fort Wingate schlugen sie ein Lager auf, die Soldaten kehrten wieder nach Fort Sumner zurück. Das Martyrium der Navaho in Bosque Redondo war zu Ende.
Major Dodd erklärte den Häuptlingen von einem Hügel aus die Grenzen der Reservation, die allerdings erst noch vermessen werden mußte. Auch die Agentur, für die Fort Defiance als Sitz vorgesehen war, mußte erst errichtet werden. Aus diesem Grund konnten die Navaho erst im November 1868 in ihre Reservation einziehen. Das Wiedersehen mit der Heimat war traurig. Die Hogans waren zerfallen, die Obstbäume umgehackt, die Felder verödet. Nur langsam fanden sich die Navaho wieder in ihren alten Lebensrhythmus. Barboncito tat alles in seiner Macht Stehende, um seinem Volk den Neuanfang zu erleichtern; immer wieder sprach er seinen Leuten Mut zu und kümmerte sich um Ordnung und Frieden. Als er 1870 starb, verloren die Navaho einen ihrer besten Führer; hauptsächlich seinem Verhandlungsgeschick und seiner Klugheit hatten sie es zu verdanken, daß sie erreichten, was nur wenigen Stämmen gelang: eine Reservation in ihrer angestammten Heimat zu bekommen.

---

[1] Im Anhang ist der Vertragstext in voller Länge wiedergegeben (s. S. 529 ff.).

DER FERNE WESTEN

MANUELITO

»Pistol Hole«
Navaho
Geb. um 1820 im Canyon de Chelley · Gest. 1893 in der
Navaho Reservation

Fotografie

»ES IST, ALS OB DIE WEISSEN IN EINEM GRASREICHEN CANYON WÄREN, WIR NAVAHO SIND OBEN AUF DER TROCKENEN MESA. WIR KÖNNEN DIE WEISSEN SPRECHEN HÖREN, KÖNNEN SIE ABER NICHT ERREICHEN. MEIN ENKEL! ERZIEHUNG IST DIE LEITER DAZU!«

DER SÜDWESTEN

Als Schwiegersohn des mächtigen Häuptlings Narbona war Manuelito schon früh bekannt geworden. Allerdings war er damals bei weitem nicht so kompromißbereit wie Narbona. Von Friedensverträgen wollte er grundsätzlich nichts wissen. Aus diesem Grund wird er auch den Verhandlungen von Bear Spring ferngeblieben sein; jedenfalls fehlt auf dem Vertrag sein Name. Seine ablehnende Haltung gegenüber den Weißen verstärkte sich noch, nachdem sein Schwiegervater unter den Schüssen amerikanischer Soldaten gefallen war. Zusammen mit Barboncito führte er diejenigen Navaho an, die für Krieg mit den Amerikanern eintraten, während Long Earrings und Ganado Mucho die Anführer der friedensbereiten Navaho waren. Die Erfolge, die Manuelito bei seinen Zügen hatte, und der Ruf seiner großen Tapferkeit veranlaßten zahlreiche Krieger, sich ihm anzuschließen.

Manuelito wird als über sechs Fuß große, stattliche Erscheinung mit edlen Zügen beschrieben. Im Gegensatz zu anderen Häuptlingen, die sich teilweise oder ganz mexikanisch kleideten, trug er Wildlederkleidung und Leggings. Fast ebenso berühmt war Manuelitos Pferd Racer, ein edles Tier, das schnell und klug war wie die Schlangenart, der es seinen Namen verdankt. Als es ihm von einer Schar Comanchen gestohlen wurde, verfolgte er sie mit allen seinen Kriegern bis an die Grenze von Utah. Kaum hatten sie dort erschöpft ein Lager aufgeschlagen, griffen die Comanchen an. Im Gegensatz zu den Navaho waren sie mit Gewehren ausgerüstet; die Navaho aber hatten den Mangel an Schußwaffen durch eine besondere Kampfweise ausgeglichen: Sie hängten sich blitzschnell an die Seite ihres Pferdes, nutzten geschickt jede Deckung und schossen erst, wenn der Gegner sein Gewehr abgeschossen hatte und wieder laden mußte. Während des wilden Handgemenges mit den Comanchen sah Manuelito, wie einer der Feinde sein Gewehr auf ihn richtete. Gedankenschnell warf sich Manuelito zur Seite, um sich dann mit der Kriegskeule auf den Comanchen zu stürzen. Dieser aber hatte ein zweischüssiges Gewehr und drückte nochmals ab. Manuelito wurde in die Brust getroffen und stürzte zu Boden. Sein Bruder riß ihn aufs Pferd und sprengte davon. Er wußte, daß Manuelito nur gerettet werden konnte, wenn die Kugel schnellstens entfernt wurde.

Unter Manuelitos Leuten befand sich ein mexikanischer Hufschmied, der sich auch auf die Heilung von Mensch und Tier verstand. Er rettete Manuelito das Leben. Als »Erinnerung« an diesen Tag blieb Manuelito eine tiefe Narbe auf der Brust. Die Amerikaner nannten ihn von da an »Pistol Hole«. Manuelitos Kriegerschar umfaßte Ende der vierziger Jahre etwa einhundert Mann. Sie durchstreiften das Land, bauten an verschiedenen verborgenen Orten Mais an, um ihn vor dem Zugriff der Feinde zu bewahren, und brachten Frauen und Kinder in schwer zugänglichen Canyons unter. Die Errichtung von Fort Defiance veranlaßte Manuelito, gemeinsam mit anderen Häuptlingen zum Krieg aufzurufen. Da die Navaho aber gewohnt waren, in kleinen Gruppen unter dem jeweiligen Führer unabhängig voneinander zu kämpfen, entwickelte sich kein auf breiter Front geführter Krieg, sondern ein jahrelanger Kleinkrieg. Eine Ausnahme bildet lediglich der Angriff auf Fort Defiance vom 30. April 1860. Vergleicht man die Verluste, die die Navaho in den Auseinandersetzungen mit den Amerikanern erlitten, mit den Verlusten anderer Stämme, so nehmen sie sich äußerst niedrig aus.

Im Winter 1861 wurde in Fort Wingate – damals noch Fort Fauntleroy genannt – ein Abkommen unterzeichnet, in dem die Einstellung der Feindseligkeiten vereinbart wurde. Einige Monate lang ging dies auch gut, doch ein Massaker, das die Soldaten von Fort Wingate am 22. September 1861 völlig grundlos unter den Navaho anrichteten, brachte wieder Krieg. Während der folgenden Jahre ergaben sich nach und nach die einzelnen Häuptlinge mit ihren Leuten, nur Manuelito dachte nicht daran. Carleton drohte ihm, ihn zu Tode zu hetzen – ohne Erfolg. Häuptlinge, die sich ergeben hatten – wie Delgadito und Herrero Grande –, suchten Manuelito im Auftrag der Amerikaner auf, um ihn zu überreden – ebenfalls ohne Erfolg. Manuelito sah nicht ein, warum er sein Land verlassen und in ein ihm fremdes Gebiet – Bosque Redondo – ziehen sollte:

> »In meinem Volk gibt es eine Überlieferung, wonach wir niemals die drei Flüsse – den Rio Grande, den San Juan und den Colorado – überschreiten dürfen. Auch die Chuska Mountains können wir nicht verlassen. Ich habe nichts zu verlieren, nur mein Leben; sie können kommen, wann immer sie wollen, und mich töten, aber von hier weggehen werde ich nicht.«

Was aber weder Feinde noch Freunde vermochten, das gelang dem Hunger. Am 1. September 1866 ergab sich Manuelito mit dem Rest seiner Krieger. Die nächsten beiden Jahre verbrachten sie in Bosque Redondo, bis der Vertrag von 1868 den unhaltbaren Zuständen in der Reservation ein Ende setzte.

In der Navaho-Reservation in den Chuska Mountains verwaltete Manuelito als Unterhäuptling die Gebiete im östlichen Teil, während Ganado Mucho für den westlichen Teil zuständig war.

Manuelito lebte in der Nähe von Tohachi, dem heutigen Manuelito Springs. Im Gegensatz zu Ganado Mucho, der sehr reich war und über große Herden verfügte, besaß Manuelito, der sich immer mehr als Krieger denn als Viehzüchter betätigt hatte, nur eine kleine Herde. Bei den Navaho stand er in höchstem Ansehen; wenn es Schwierigkeiten in der Reservation gab und einige Heißsporne ihrem Unmut Luft machten, erhob Manuelito seine volltönende Stimme und warnte sie eindringlich.

»Meine Brüder! Denkt daran, wir haben unser Wort gegeben. Kein Kampf mehr, kein Raub! Nehmt eure Rationen und geht heim, um zu arbeiten.«

Die Hitzköpfe widerstanden daraufhin – beschämt durch die Worte ihres verehrten Häuptlings – der Versuchung, wieder Raubzüge zu unternehmen. Als Barboncito 1870 starb, übernahmen Manuelito und Ganado Mucho gemeinsam die Führung des Stammes.

Unermüdlich setzten sie sich für das Wohl ihrer Leute ein. Bei Stammesfesten und bei den alljährlichen Zeremonien mahnten sie immer wieder:

»Wenn ihr etwas braucht, dann stehlt es nicht. Tauscht es ein oder kauft es.«

1872 kam ein neuer Indianeragent, Thomas Keam. Er stellte eine kleine Truppe von neunundneunzig Scouts auf, die als eine Art Reservationspolizei fungierte und unter dem Befehl Manuelitos stand. Insgeheim wollte Keam feststellen, wie ernst es dem einstigen Kriegshelden mit seiner friedlichen Haltung war. Manuelito versah seine neue Aufgabe mit größtem Erfolg. Allerdings wurde einige Zeit später die Truppe durch den Kongreß auf zehn Mann reduziert, also praktisch aufgelöst.

1876 begann die Regierung mit der Vermessung der Eisenbahnstrecke. Im Vertrag von 1868 hatten die Navaho zugesichert, den

Bahnbau nicht zu behindern, nun aber sahen sie, daß durch die Streckenführung viel wertvolles Weideland, das ohnehin knapp war, und etliche Wasserstellen verlorengingen. Kurzentschlossen fuhr Manuelito mit sechs weiteren Häuptlingen mit der Eisenbahn nach Washington. Der Präsident erläuterte ihnen, daß ein vierzig Meilen breiter Streifen zu beiden Seiten der Bahnlinie laut Gesetz Eigentum der Eisenbahngesellschaft sei. Manuelito machte dem »Großen Vater« aber klar, daß die Navaho jetzt Schwierigkeiten hätten, genug Futter für ihre Schafe aufzutreiben. Er erreichte immerhin, daß der Präsident einer Erweiterung des Reservationsgebietes zustimmte.

1879 begannen die Bahnarbeiter mit dem Verlegen der Geleise, 1881 dampfte der erste Zug in Fort Wingate ein.

Kurz darauf wurde weiter westlich noch eine Station errichtet, Ferry Station; zu Ehren des großen Häuptlings wurde sie später in Manuelito umbenannt. Diesen Namen trägt sie heute noch.[1] Im Winter desselben Jahres trafen schon die ersten Züge mit Vorräten in Manuelito ein, von wo aus die Waren auf Fuhrwerken nach Fort Defiance geschafft wurden. Da die Navaho ein Jahr zuvor Pferde- und Ochsenkarren bekommen hatten, konnten sie die Transporte selbst durchführen. Oft leitete Manuelito die Wagenzüge nach Fort Defiance, womit er sich beachtliche Summen verdiente.

Nach und nach gewöhnten sich die Navaho an die neue Lebensweise und vervollkommneten ihre handwerklichen Fähigkeiten; sie brachten tüchtige Silberschmiede hervor, ihre Web- und Töpferwaren waren weitum gefragt. Für die Kinder der Navaho wurde eine Schule errichtet, in der sie Englisch lernten und in Ackerbau und Viehzucht unterwiesen wurden. Nach ihrer Rückkehr zum Stamm sollten sie ihr Wissen weitergeben.

Manuelito forderte die Navaho auf, ihre Kinder zur Schule zu schicken, und ging selbst mit gutem Beispiel voran, indem er seine beiden älteren Söhne dorthin sandte. Doch einer der Söhne starb kurz darauf. Aus Gram darüber begann Manuelito zu trinken. In nüchternen Momenten trat er nach wie vor für die Schule ein, aber

---

[1] Zwischen Fort Wingate und Manuelito wurde später noch eine weitere Bahnstation errichtet, die nach einem Bahnbeamten Gallup benannt wurde und heute wegen des alljährlichen Indianertreffens einer der berühmtesten Orte des Südwestens ist.

sein eigenes tragisches Schicksal wirkte eher abschreckend auf die anderen Navaho. 1893 starb Manuelito als gebrochener Mann. Einige Tage vor seinem Tod hatte er an seinen Enkel die folgenden Worte gerichtet:

> »Mein Enkel! Die Weißen haben viele Dinge, die die Navaho brauchen. Wir können sie aber nicht bekommen. Es ist, als ob die Weißen in einem grasreichen Canyon wären, wo sie Wagen, Pflüge und genug Nahrung haben. Wir Navaho sind oben auf der trockenen Mesa[1]. Wir können die Weißen sprechen hören, können sie aber nicht erreichen. Mein Enkel! Erziehung ist die Leiter dazu. Sag unserem Volk, daß es sie nehmen soll!«

Navaho kehren von einem Kriegszug heim

[1] Hochebene

DIE APACHEN

Die Herkunft des Namens »Apache« ist nicht eindeutig geklärt. Man vermutet, daß er von dem aus der Zuñi-Sprache stammenden Wort »ápachu« herrührt, das soviel wie »Feinde« bedeutet und ursprünglich für die Navaho gegolten hatte. Die Apachen zählen zur südlichen Abteilung der athabaskischen Sprachfamilie und gliedern sich in einen westlichen und einen östlichen Zweig. Zum westlichen Zweig, der sprachlich starke Ähnlichkeit mit den Navaho aufweist, zählen die Mescalero, Chiricahua und die San Carlos, während der östliche Zweig im wesentlichen aus den Jicarilla, Lipan und Kiowa-Apachen besteht. Sie selbst bezeichnen sich als N'de[1], »Menschen«.
Die Lebensweise war bei den einzelnen Stämmen unterschiedlich. Hauptsächlich lebten sie von der Jagd, betrieben aber auch Ackerbau. Ihren Aufenthalt wählten sie oft in Abhängigkeit von der Jahreszeit. Im Sommer zogen sie in die Bergwälder der Rocky Mountains, im Herbst gingen sie ins Tal und ernteten ihre Felder ab.
Die ersten Weißen, mit denen sie Kontakt hatten, waren die Spanier Coronados. Anfangs war das Verhältnis durchaus freundlich, die spanischen Entdecker schildern sie als »edles Volk, vertrauenswürdig in ihrer Freundschaft«. Das brutale und arrogante Auftreten der Spanier in den folgenden Jahrzehnten hatte allerdings zur Folge, daß die Apachen mit gleicher Münze zurückzuzahlen begannen und die Siedlungen und Gehöfte der spanischen Einwanderer überfielen. Grausamkeit wurde mit Grausamkeit vergolten, bis die Mexikaner schließlich Skalpprämien aussetzten und damit den gegenseitigen Haß auf die Spitze trieben. Die natürliche Reaktion der Apachen auf diese verbrecherische Maßnahme war ein gnadenloser Kampf gegen die Mexikaner. Als durch den Krieg zwischen den Vereinigten Staaten und Mexiko 1846 bis 1848, teilweise aber auch durch Kauf, große Teile des alten Gebietes von Nordmexiko an die USA gefallen waren, kamen die ersten Amerikaner nach New Mexico und Ari-

---

[1] Auch Inde.

zona. Der Großteil befand sich lediglich auf dem Durchzug nach Kalifornien, denn die Gebiete luden nicht zum Siedeln ein, es blieben aber doch Pelzjäger und Händler im Land. Die Amerikaner mit ihrem Draufgängertum und ihrer unkomplizierten Art stachen in den Augen der Apachen vorteilhaft von den als feige und falsch empfundenen Mexikanern ab; man respektierte und achtete sich gegenseitig.
Durch gemeinen Verat wurde dieses Verhältnis abrupt beendet. 1837 verriet James Johnson, ein amerikanischer Händler, seinen Freund, den Mimbreño-Häuptling[1] Juan José und dessen Leute an eine Bande Abenteurer, die billig zu Skalpprämien kommen wollten. Etwa vierhundert Männer, Frauen und Kinder wurden in Santa Rita grausam niedergemetzelt, Johnson ermordete eigenhändig seinen Freund. Nach dem Tod des trägen, fetten Juan José übernahm Mangas Coloradas die Führung des über die Bluttat erbitterten Stammes.

Chiricahana-Squaws

[1] Die Mimbreño sind eng mit den Chiricahua verwandt.

MANGAS COLORADAS

Red Sleeves »Rote Ärmel«
Mimbreño
Geb. 1793 in den Mimbres Mountains, Arizona ·
Gest. 18. Januar 1863 in Fort West, Arizona

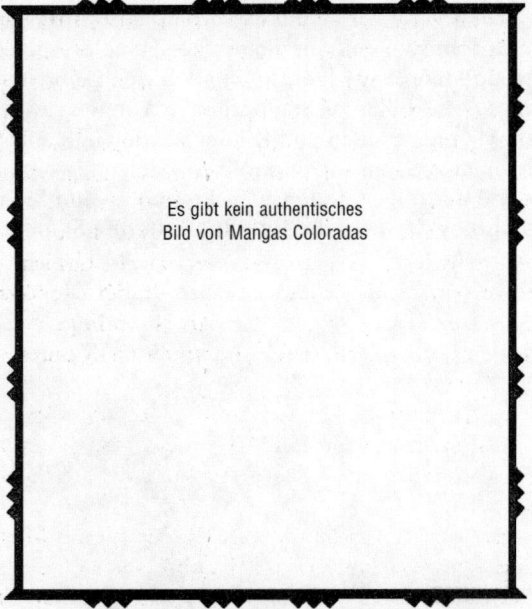

Es gibt kein authentisches
Bild von Mangas Coloradas

»IHR SEID IN UNSER LAND
GEKOMMEN UND FREUNDLICH
AUFGENOMMEN WORDEN...
WIR VERTRAUTEN DARAUF, DASS WIR
BRÜDER SEIEN UND DASS IHR SO
EMPFINDEN WÜRDET, WIE WIR
EMPFINDEN.«

DER SÜDWESTEN

Mit Mangas Coloradas hatte ein Mann die Führung der Mimbreño übernommen, der gleichsam schon zum Häuptling geboren war und der in keiner Weise dem falschen Klischee vom Apachen entsprach, wie es heute noch gerne kolportiert wird. Mangas Coloradas war von außergewöhnlicher Körpergröße – er soll über zwei Meter groß gewesen sein –, kräftig und geschmeidig. Schon allein seine stattliche Erscheinung, sein mächtiges Haupt mit der hohen Stirn und den kühnen, scharfen Zügen erweckten Achtung und Ehrfurcht. Seinem ungewöhnlichen Äußeren entsprachen seine ebenso ungewöhnlichen Geistesgaben, die er sowohl im Frieden als auch im Krieg aufs wirkungsvollste einzusetzen verstand.

Ersten Ruhm erwarb er sich auf Streifzügen gegen die »Erbfeinde« der Apachen, die Mexikaner. Auf einem dieser Züge nahm er eine Mexikanerin gefangen, die ihm so gut gefiel, daß er sie zur Frau nahm. Zwar bekam er daraufhin mit den Verwandten seiner bisherigen Frauen Schwierigkeiten, durch einen erfolgreich geführten Zweikampf verschaffte er sich aber Ruhe. Mit der Mexikanerin hatte er drei Töchter, die er klugerweise an Häuptlinge benachbarter Stämme verheiratete, womit er den Zusammenhalt unter den Stämmen festigte.

Längst hatte er erkannt, daß ein Kampf gegen die Weißen nur mit vereinten Kräften erfolgreich zu führen wäre. Unter seiner Führung wurden die Mimbreño einer der gefürchtetsten Stämme des Südwestens.

Seine erste große Aktion bestand darin, Rache für das Massaker von Santa Rita zu nehmen. Santa Rita del Cobro, ein Ort, der seine Existenz den Kupfervorkommen in dieser Gegend verdankte, hatte etwa vierhundert Einwohner, meist Minenarbeiter mit ihren Familien. Sie waren völlig auf die regelmäßigen Warentransporte von Chihuahua angewiesen. Genau diese Lebensader schnitt Mangas Coloradas ab. Als die Lieferungen ausblieben, bemächtigte sich der Einwohner Unruhe. Sie ahnten, worauf das Wegbleiben der Wagenzüge zurückzuführen sei, und dachten an das Massengrab unweit von Santa Rita. Voll Verzweiflung machten sie sich auf den Weg nach Chihuahua, um dem Hungertod zu entgehen; sie erreichten niemals ihr Ziel. Mangas Coloradas hatte den Mord an den vierhundert Mimbreño durch den Tod von fast ebenso vielen Weißen gerächt. Nur eine Handvoll entkam, etliche Kinder wurden gefangengenommen.

In der Folge führte Mangas Coloradas zahlreiche Kriegs- und Raubzüge gegen die Mexikaner durch; die Gebiete der Provinzen Chihuahua, Sonora und Durango waren ihre bevorzugten Ziele. Zwar stand der hünenhafte Häuptling oft selbst an der Spitze seiner Krieger, den Erfolg seiner Strategie hatte er aber nicht zuletzt seiner organisatorischen Klugheit zu verdanken: Bald nach seinem »Amtsantritt« hatte er sieben seiner hervorragendsten Krieger um sich geschart und zu Unteranführern gemacht. Unter ihnen befand sich Victorio, der später einer der berühmtesten Häuptlinge der Apachen werden sollte.

Nach dem Ende des Krieges zwischen den Vereinigten Staaten und Mexiko traf eine Grenzkommission in Santa Rita ein. Sie verfügte über starken militärischen Schutz, so daß Mangas Coloradas, der um die Unterlegenheit seiner Leute hinsichtlich Bewaffnung wußte, keinen Angriff riskierte. Er suchte vielmehr zusammen mit einigen Begleitern die Amerikaner auf, um über ein friedliches Zusammenleben zu verhandeln. Es kam auch eine Art friedliche Koexistenz zustande; als die Amerikaner aber in zunehmendem Maße Mexikaner in Schutz zu nehmen begannen und damit die Neutralität verletzten, forderte Mangas Coloradas vom Leiter der Grenzkommission, J. R. Bartlett, Rechenschaft darüber:

> »Ihr seid in unser Land gekommen und freundlich aufgenommen worden. Weder eure Leute noch ihr Hab und Gut und ihr Vieh wurden behelligt. Ihr konntet allein, zu zweit oder zu dritt durch unser Gebiet ziehen, ihr konntet in Frieden kommen oder gehen. Wenn dir Tiere auskamen, wurden sie dir zurückgebracht. Unsere Frauen und Kinder kamen hierher und betraten eure Häuser. Wir waren Freunde und Brüder. Wir verließen uns darauf und scheuten uns nicht, unsere Gefangenen mitzubringen. Wir vertrauten darauf, daß wir Brüder seien und daß ihr so empfinden würdet, wie wir empfinden. Wir hatten nichts zu verbergen und kamen weder heimlich noch nachts. Wir kamen am hellichten Tage und zeigten euch unsere Gefangenen... Warum habt ihr uns unsere Gefangenen weggenommen?«

Der Beamte erklärte verlegen, er sei durch ein Abkommen verpflichtet, die Mexikaner zu schützen. Schließlich und endlich kam doch eine halbherzige Einigung zustande; die Apachen erhielten als Entschädigung Waren im Wert von über zweihundert Dollar, dafür konnten die Gefangenen – es handelte sich in diesem Fall um zwei Knaben – in ihre Heimat ziehen.

War es diesmal noch friedlich abgegangen, so spitzte sich die Lage zu, als ein in den Diensten der Grenzkommission stehender Mexikaner im Streit einen Apachen tötete und dafür nicht bestraft wurde. Die Indianer vergalten diese Tat durch eine Serie von Überfällen auf Pferde- und Rinderherden der Amerikaner.

Ungefähr um diese Zeit wurde bei Pinos Altos Gold gefunden. Voll Mißtrauen und Unbehagen sah Mangas Coloradas, wie weit über einhundert goldhungrige Abenteurer ins Land strömten. Um sie vom Gebiet seines Stammes abzulenken, verfiel der sonst so gerissene Häuptling auf einen Plan, der sich nicht bewähren sollte. Er begab sich ins Lager der Goldgräber und erzählte ihnen von Goldfundorten, die noch viel reicher seien als die bei Pinos Altos. Die genaue Lage würde er ihnen verraten, wenn sie sich bereit erklärten, das Land zu verlassen. Die Goldgräber argwöhnten Verrat, überwältigten den Häuptling, banden ihn fest und peitschten ihn, bis ihm die Haut in Fetzen vom Leib hing. Ohne einen Schmerzenslaut ertrug Mangas Coloradas die Schläge, mit jedem Hieb aber grub sich sein Haß gegen die Amerikaner tiefer in seine Seele ein. Taumelnd verließ er das Lager.

Die brutale Tat der Goldgräber war das Signal für den erbarmungslosesten Indianerkrieg in der Geschichte Nordamerikas. Mangas Coloradas sandte Boten zu den benachbarten und befreundeten Stämmen und forderte sie auf, sich ihm anzuschließen und die Amerikaner zu züchtigen und aus dem Land zu jagen. Zahlreiche Krieger und Häuptlinge folgten seinem Ruf. Sein prominentester Verbündeter war Cochise, sein Schwiegersohn, der Häuptling der Chiricahua-Apachen.

Unerwartete Hilfe für die Apachen bedeutete der Ausbruch des amerikanischen Bürgerkrieges 1861. Der Großteil der Soldaten wurde aus den Forts abgezogen, zahlreiche Minen wurden stillgelegt, die Siedlungen der Minenarbeiter leerten sich. Ohne zwischen Anhängern der Nord- oder Südstaaten zu unterscheiden, überfielen die Apachen jeden Weißen, der ihnen begegnete. Die Gebiete entlang des Rio Grande wurden verwüstet, Tubac in Schutt und Asche gelegt. Damals erwarben sich die Apachen jenen Ruf, den die meisten Verfasser von Reiseberichten und Abenteuerromanen ohne nähere Beschäftigung mit den Ursachen in ihre Werke übernahmen und der darin gipfelte, daß man die Angehörigen der Pariser Unterwelt »Apachen« nannte.[1] Binnen kurzer Zeit war Arizona von Weißen »gesäubert«, lediglich Tucson war noch von Weißen bewohnt, doch war die Einwohnerzahl auf weniger als zweihundert Köpfe geschrumpft.

Selbstverständlich war es eines der dringlichsten Ziele von Mangas Coloradas, sich an den Goldgräbern von Pinos Altos zu rächen. Da ihr Lager aber von Arizona-Freiwilligen verstärkt worden war, schlug der erste Angriff fehl. Als der Häuptling aber wenig später erfuhr, daß eine Schar von vierzehn Goldgräbern das Lager verlassen hatte und in Richtung Apache-Paß zog, da sah er die Stunde der Vergeltung gekommen. Er legte ihnen einen Hinterhalt in der Nähe des Passes. Die Hälfte der Schar fiel im ersten Angriff der Apachen, zwei weitere erwürgte der riesige Häuptling mit bloßen Händen. Tage später fand eine Abteilung Soldaten unter Captain John C. Cremony die mit Pfeilen gespickten Leichen.

Gemeinsam mit Cochise griff Mangas Coloradas am Apache-Paß dreihundert unter dem Befehl von Captain Thomas Roberts stehende kalifornische Freiwillige an, die nach Osten zogen, um sich mit den Unionstruppen in New Mexico zu verbinden. Das Kriegsglück schien auf seiten der Apachen zu sein, doch einigen tollkühnen Soldaten gelang es, trotz heftigen Feuers eine der beiden mitgeführten Kanonen in Stellung zu bringen. Diese Waffe war den Apachen neu, vorsichtshalber zogen sie sich zurück. Mangas Coloradas griff erst dann wieder ein, als ein kleiner Trupp Kavallerie aufbrach, um den nachfolgenden Captain Cremony zu warnen. Während des Kampfes wurde Mangas Coloradas von einer Kugel schwer verwundet. Seine besorgten Krieger brachen daraufhin sofort den Kampf ab und schafften ihren Häuptling zu einem bekannten Arzt im mexikanischen Städtchen Janos. Sie stellten den Arzt kurzerhand vor die

---

[1] Unmittelbarer Anlaß dafür waren wohl die Romane und Erzählungen des Franzosen Olivier Cloux (1818–1883), besser bekannt unter seinem Schriftstellernamen Gustave Aimard. Er schilderte die Apachen als wahre Teufel voll Blutgier und Grausamkeit.

Alternative, entweder Mangas Coloradas zu heilen oder Janos mit allen seinen Bewohnern dem Untergang zu weihen. Glücklicherweise konnte der Arzt feststellen, daß die Kugel keine lebenswichtigen Organe verletzt hatte. Er verband den Häuptling; die eiserne Natur des immerhin schon Siebzigjährigen überwand die Verwundung erstaunlich schnell. Doch Roberts und seine Leute waren in der Zwischenzeit schon entkommen.
Sowohl Soldaten der Nord- als auch der Südstaaten machten nun Jagd auf die Apachen, die bis weit nach Texas hinein Gebiete völlig entvölkert hatten. Captain Baylor, der Gouverneur der Konföderierten in Arizona, befahl, jeden Apachen zu töten, den man treffe, und Frauen und Kinder als Sklaven zu verkaufen. Jefferson Davis aber, der Präsident der von der Geschichtsschreibung als so inhuman hingestellten Südstaaten, enthob Baylor daraufhin seines Postens. Die Unionsregierung war bei weitem nicht so menschenfreundlich und beauftrage General Carleton, im Südwesten »Ruhe zu schaffen«; im übrigen war ihm von höchster Stelle genau das befohlen worden, was Captain Baylor vorgeschlagen hatte.
Anfangs konnten Carletons kalifornische Freiwillige keinerlei Vorteile gegenüber den Apachen gewinnen. Das Blatt wandte sich erst, als sich Mangas Coloradas plötzlich entschloß, mit den Amerikanern in Friedensverhandlungen zu treten. Seine Berater traf dieser Entschluß wie ein Blitz aus heiterem Himmel, sie rieten ihrem Häuptling dringend ab, doch starrsinnig beharrte er darauf. Es wurde viel herumgerätselt, was ihn wohl dazu bewogen haben mochte; war es Kriegsmüdigkeit, war es sein hohes Alter oder war es die Einsicht, daß es trotz aller Erfolge doch nicht möglich wäre, die Amerikaner auf Dauer vom Land der Apachen fernzuhalten?
So ehrlich die Friedensabsichten des Häuptlings waren, so skrupellos wurden sie von den Amerikanern ausgenutzt. Captain J. Walker und Colonel E. D. Shirland heckten einen Plan aus, um Mangas Coloradas in ihre Hände zu bekommen. Durch einen Boten lud Shirland den Mimbreñohäuptling zu Verhandlungen ein. Unterhäuptlinge und Medizinmänner warnten Mangas Coloradas vor einem Hinterhalt, doch dieser blieb starrsinnig. Am 17. Januar 1863 brach er in Begleitung von fünfzehn Kriegern auf. Shirland und seine Kompanie kalifornischer Freiwilliger hatten ihr Lager unweit von Fort McLean aufgeschlagen. Einer von Walkers Leuten ritt den Apachen entgegen

und begrüßte sie mit als Zeichen des Friedens erhobener Hand. Während die Krieger mißtrauisch die Umgebung musterten, wechselte der Häuptling einige Worte mit dem Amerikaner und befahl dann seinen Leuten, zurückzukehren. Ihm sei freier Abzug versprochen, und er werde in zwei Tagen zurückkehren. Kaum waren jedoch die Apachen verschwunden, da sah sich Mangas Coloradas von Soldaten umringt. Widerstand war angesichts dieser Übermacht sinnlos, man brachte ihn ins Lager. Walker und Shirland waren zu feige, sich blicken zu lassen. Mit stoischer Ruhe setzte sich der Häuptling, der sich über sein Schicksal völlig im klaren war, ans Feuer, er legte sich sogar hin und schlief ein.

Walker und Shirland hatten dem Kommandanten des Forts, Captain J. R. West, eilig ihre »Heldentat« gemeldet.

West kam herbei, besah sich den schlafenden Gefangenen und gab den beiden Wächtern Collyer und Mead folgenden Befehl, dessen Wortlaut überliefert ist:

> »Männer, dieser alte Mörder ist noch jeder Militäraktion durch die Lappen gegangen und hat eine 500 Meilen lange blutige Spur entlang der alten Poststrecke hinterlassen. Morgen früh will ich ihn tot oder lebendig haben; versteht ihr? Ich möchte, daß er morgen früh tot ist!«

Die beiden Wächter verstanden. Einer von ihnen hielt sein Bajonett in die Flammen des Lagerfeuers, bis es glühte, dann stieß er es ins Bein des Gefangenen. Mit einem Schrei fuhr Mangas Coloradas auf, da trafen ihn die Kugeln der beiden Mörder. Sie feuerten auch noch ihre Revolver auf ihr wehrloses Opfer ab, das blutüberströmt auf dem Boden lag. Der gefürchtete Anführer der Apachen war tot. Man trennte sein mächtiges Haupt vom Rumpf und verkaufte es in den Osten. Den Leichnam warf man in einen Graben.

Captain John C. Cremony, einer der langjährigen Gegner des Häuptlings und später Indianeragent bei den Apachen, der gleichwohl zu objektiverer Einschätzung fähig war, würdigte Mangas Coloradas' Persönlichkeit:

> »Er war der größte und begabteste Apache des 19. Jahrhunderts. Seine scharfsinnigen Pläne bewiesen, daß er über mehr staatsmännische Umsicht verfügte als irgendein anderer In-

dianer unserer Zeit. Wie keiner seiner Vorgänger verstand er es, größere Teile seines Volkes zusammenzuhalten und sie von der Notwendigkeit des Zusammenhaltens und von der gemeinsamen Stärke zu überzeugen. Insgesamt verfügte er über mehr Einfluß als irgendein anderer Indianer unserer Zeit. Er besaß sehr viele gute Eigenschaften, war aber auch rücksichtslos und grausam wie der wildeste Wilde. Mit den Namen derer, die ihm zum Opfer fielen, könnte man ein Buch füllen, doch seine kriegerischen Leistungen sind einzigartig. Durch seine gnadenlose Kriegsführung verwandelte er ein Gebiet, doppelt so groß wie Kalifornien, in eine trostlose Einöde.«

Nach dem Tod von Mangas Coloradas gelang es keinem Häuptling mehr, die Apachen nochmals so stark zusammenzuschließen, wenn auch einzelne Häuptlinge unglaubliche Erfolge im Kampf gegen Amerikaner und Mexikaner erzielten. Einer der wertvollsten Verbündeten von Mangas Coloradas war der Chiricahua-Häuptling Cochise.

Apachen

COCHISE

Chiricahua
Geb. um 1815 in den Chiricahua Mountains, Arizona ·
Gest. 8. Juni 1874 in den Dragoon Mountains, Arizona

Zeitgenössische Darstellung

»ALS ICH JUNG WAR UND DIESES LAND DURCHSTREIFTE, SAH ICH NUR APACHEN, KEINE ANDEREN MENSCHEN. VIELE JAHRE SPÄTER ZOG ICH WIEDER DURCH DAS LAND UND SAH, DASS ANDERE MENSCHEN GEKOMMEN WAREN, UM ES IN BESITZ ZU NEHMEN. WARUM?«

DER SÜDWESTEN

Cochise, der Sohn eines Chiricahua-Häuptlings namens Nachi, folgte gegen Ende der dreißiger Jahre des vorigen Jahrhunderts seinem Vater in der Häuptlingswürde nach. Wie bei vielen anderen großen Persönlichkeiten hatten sich seine hervorragenden Anlagen bereits früh entwickelt. Der ständige Kleinkrieg mit den Mexikanern bot dem jungen Cochise genügend Gelegenheit, seine kriegerischen und strategischen Fähigkeiten auszubilden. Von Natur aus war er großmütig, offen und mutig, den mexikanischen Skalpjägern gegenüber kannte er allerdings kein Pardon. Daß er dabei sehr grausam sein konnte, hat man später als schwarzen Fleck in seinem Charakterbild bezeichnet. Hält man sich aber vor Augen, daß die Skalpjäger mit Vorliebe auf Frauen und Kinder Jagd machten, weil dabei die Prämie am leichtesten zu verdienen war, so kann man die Grausamkeit der Apachen verstehen.

Auch nach der Unterzeichnung des einzigen Vertrages, der zwischen den Vereinigten Staaten und den Apachen geschlossen wurde – es war der Vertrag vom 1. Juli 1852 –, hatten die Chiricahua nur wenig Kontakt mit den Amerikanern. In dem Abkommen waren ihre Grenzen garantiert worden, dadurch schien eine solide Grundlage für eine friedliche Zukunft geschaffen worden zu sein. 1858 wurde der erste Postverkehr nach San Francisco eingerichtet; die Route der »Butterfield Overland Mail« führte durch die Heimat der Chiricahua, über den berühmt-berüchtigten Apache-Paß. Cochise erklärte sich in einer Beratung am Apache-Paß bereit, die Sicherheit des Postweges zu garantieren. Seine Krieger halfen sogar bei der Errichtung von Poststationen und verjagten weißes Gesindel, das sich in der Gegend herumtrieb.

Dieses gute Verhältnis Cochises zu den Amerikanern war auch der Grund, warum er dem Aufruf seines Schwiegervaters Mangas Coloradas zum Krieg gegen die Eindringlinge nicht gleich folgte.

Er wäre sicherlich auch nicht in den Krieg eingetreten, wenn nicht die Wahnsinnstat eines ehrgeizigen Dummkopfes das gegenseitige Vertrauen zerstört hätte. Ein Siedler, der mit einer Mexikanerin und deren halbindianischem Kind zusammenlebte und den man schon oft vor den Apachen gewarnt hatte, war von Apachen überfallen worden. Dabei wurden das Kind und eine Viehherde geraubt. Als der Siedler den Überfall in Fort Buchanan meldete, wurde Leutnant Bascom beauftragt, den Fall zu untersuchen.

Bascom, der kurz zuvor aus West Point gekommen war und darauf brannte, sich einen Namen zu machen, zog mit sechzig Soldaten zum Apache-Paß, um von Cochise Rechenschaft zu fordern. Cochise kam auch mit einigen Verwandten, nur mit Messern bewaffnet, da eine weiße Flagge auf dem Zelt der Soldaten nichts Böses vermuten ließ. Als der Häuptling Bascom versicherte, er wisse von dem Vorfall nichts, schrie dieser, daß er lüge und gab ein verabredetes Zeichen. Seine Leute stürzten auf die Apachen zu, um sie gefangenzunehmen, Cochise aber sprang mit einem tigerartigen Satz zur Zeltwand, schlitzte sie mit dem Messer auf und entkam, obwohl Bascom auf ihn schießen ließ. Cochises Verwandte fielen aber in die Hände des unglückseligen Leutnants. Unverzüglich holte Cochise seine Krieger und griff die Soldaten an, die gezwungen waren, sich in das Stationsgebäude zurückzuziehen.

In der Nacht gelang es einem der Leute Bascoms, unbemerkt zu entkommen, um Hilfe zu holen. Ein Trupp von fünfzehn Mann unter Führung Captain Irwins kam aus Fort Buchanan und fand auf der Paßhöhe die verkohlten Reste eines Wagenzugs, den Cochise überfallen hatte. Das Angebot Cochises, die Gefangenen auszutauschen, hatte Bascom abgelehnt; ergrimmt ließ Cochise seine sechs Gefangenen zu Tode martern. Irwin war es inzwischen gelungen, zu Bascom zu stoßen; gemeinsam befahlen sie, als Vergeltung die sechs gefangenen Apachen hinzurichten. Die Körper der Gehenkten ließen sie zur Warnung baumeln.

Daraufhin verbündete sich Cochise mit Mangas Coloradas, und die Apachen wurden zum Schrecken von Arizona und New Mexico. Nach der Ermordung von Mangas Coloradas konnte General Carleton mehrere Erfolge erzielen, da die Apachen durch den Verlust ihres berühmtesten Führers verwirrt waren. Ein Teil der Mescalero ergab sich und wurde nach Bosque Redondo am Rio Pecos geschafft, eine Art Konzentrationslager für Indianer. Der Guerillakrieg ging aber mit unverminderter Heftigkeit weiter.

Cochise hatte etwa dreihundert Krieger um sich geschart und hielt den Südwesten in Atem, obwohl Carleton alles aufbot, seinen Ausrottungsbefehl zu realisieren. Er verpflichtete Marikopa-, Papago- und Pima-Krieger, also Erbfeinde der Apachen, als Scouts, versicherte sich der Hilfe der mexikanischen Behörden und mobilisierte auch die Zivilbevölkerung gegen die Apachen. Trotz dieser gigantischen

Menschenjagd gelang es ihm nicht, das Land zu »befrieden«. Cochises Kampfgeist war ungebrochen; mit einigen hundert Kriegern trotzte er einer vielfachen Übermacht. Mehrere tausend Soldaten und sechs Generäle waren gegen ihn im Einsatz. Tausende Weiße fanden in den Jahren bis 1871 den Tod, das Land verödete.
Die Regierung erkannte, daß ihrem bisherigen Vorgehen kein Erfolg beschieden war, und löste Carleton ab. 1865 versuchten es die Amerikaner wieder mit Verhandlungen, doch Cochise dachte nicht daran; der mehrmalige Verrat amerikanischer Offiziere hatte ihn so verbittert, daß er im Frühjahr 1871 auch eine Einladung Ely Parkers, des irokesischen Kommissars für indianische Angelegenheiten, nach Washington zu kommen, mit dem Hinweis ausschlug, die Amerikaner seien nicht vertrauenswürdig. Es gab lediglich einen Weißen, dem Cochise Vertrauen schenkte: Tom Jeffords, den Posthalter von Tucson. Dieser war nach dem Verlust von sechzehn Kutschen persönlich zu Cochise geritten und hatte um Einstellung der Überfälle gebeten. Cochise imponierte diese Kühnheit; er versprach, Jeffords Leute künftig nicht mehr zu behelligen. Aus diesem ersten Zusammentreffen entwickelte sich eine lebenslange Freundschaft. Tom Jeffords sollte beim Zustandekommen eines Friedens später noch eine wichtige Rolle spielen.
Das scheußliche Massaker, das Einwohner von Tucson am 30. April 1871 bei Camp Grant unter den friedlichen Aravaipa[1] des Häuptlings Eskiminzin anrichteten, bestätigte Cochise aber vorläufig noch in seiner Haltung.
Die jedem Rechtsdenken hohnsprechenden Vorgänge im Anschluß an das Massaker und der Freispruch der Mörder bewirkten jedoch, daß die Regierung in Washington ihre Bemühungen verstärkte, mit den Apachen, speziell mit Cochise, zu Verhandlungen zu kommen. Ausschlaggebend war auch die niederschmetternde Nachricht vom Untergang der für unbesiegbar geltenden »Flying Squadron« Leutnant Cushings, die zahlreiche Apachen auf dem Gewissen hatte, schließlich aber doch in einen Hinterhalt Cochises geraten war. Im Juni 1871 übernahm General Crook das Kommando über Arizona. Er entsandte fünf Kompanien Kavallerie mit dem Auftrag, Cochise tot oder lebendig herbeizuschaffen. Der Häuptling zog sich nach

---

[1] Die Aravaipa (Arivaipa) gehören zu den San Carlos Apachen.

New Mexico zurück, ließ aber General Granger in Sante Fé die Botschaft zukommen, daß er bereit sei, mit ihm in der Agentur Canada Alamosa zusammenzutreffen.

General Granger betonte bei dem Treffen, die Chiricahua müßten in Reservationen gehen und sich verpflichten, diese nie zu verlassen. Cochise erwiderte:

> »Meine Worte sind ehrlich, ich möchte dich nicht täuschen, möchte aber auch nicht getäuscht werden. Was ich will, ist ein fester, dauerhafter Frieden. Als Gott die Welt erschuf, gab er einen Teil davon den Weißen, einen anderen Teil den Apachen... Warum sind sie aufeinandergetroffen? Nun, da ich spreche, sollen sich Sonne, Mond, Erde, Wasser, Vögel und Tiere, sogar die ungeborenen Kinder über meine Worte freuen. Lange haben die Weißen mich gesucht. Hier bin ich. Was wollen sie?... Warum legen sie so großen Wert auf mich? Ich bin nicht mehr Häuptling über alle Apachen, ich bin nicht mehr reich, ich bin nur ein armer Mann. Nicht immer war die Welt so. Wir sind von Gott nicht so gemacht worden wie ihr. Wir kommen wie Tiere auf die Welt, im dürren Gras, nicht in Betten wie ihr. Deshalb streifen wir wie Tiere nachts umher, rauben und stehlen. Wenn wir das hätten, was ihr besitzt, dann hätten wir es nicht notwendig, so zu handeln. Ich habe keine Macht über die Indianer, die rauben und töten, sonst würde ich es verhindern...
>
> Gott hat mir befohlen hierherzukommen. Er sagte, es sei gut, in Frieden zu leben, deshalb bin ich gekommen. Als ich mit den Wolken und der Luft in der Welt umherzog, sprach Gott zu meinen Gedanken und befahl mir, hierherzukommen und mit allen Frieden zu schließen. Er sagte, die Welt sei für alle da. Als ich jung war und dieses Land durchstreifte, sah ich nur Apachen, keine anderen Menschen. Viele Jahre später zog ich wieder durch das Land und sah, daß andere Menschen gekommen waren, um es in Besitz zu nehmen. Warum?«

Granger teilte Cochise den Plan der Regierung mit, die Agentur von Canada Alamosa nach Fort Tularosa zu verlagern, doch der Häuptling lehnte dies kategorisch ab. Diese Gegend sei für seine Leute nicht geeignet. Granger lenkte ein, und Cochise sicherte zu, sich fortan friedlich zu verhalten. Ein Augenzeuge dieser Beratungen schildert seinen Eindruck von dem berühmten Chiricahua-Häuptling:

> »Während er sprach, hatten wir Gelegenheit, diesen außerordentlichen Mann zu beobachten... Er war 1,85 m groß und hager; in seinem zähen Körper war jeder Muskel deutlich zu sehen. Sein glänzend schwarzes Haar, das ungefähr in Kinnhöhe gerade geschnitten war, war da und dort von Silbersträhnen durchzogen. Seine Haltung verriet ungewöhnliche Stärke.«

Als die Regierung jedoch einige Zeit später auf der Verlagerung der Agenten bestand, zogen sich Cochise und seine Chiricahua in die Berge zurück.
Durch Vermittlung von Tom Jeffords kam im September 1872 ein Treffen zwischen Cochise und General Oliver O. Howard zustande. Howard blieb elf Tage im Apachenlager und gewann einen außerordentlich positiven Eindruck von Cochise und den Apachen insgesamt. Er erkannte, welches Unrecht den Apachen angetan worden war, und bemühte sich um einen ehrlichen Frieden. Howard ging sogar so weit, von seinem bisherigen Vorschlag, wonach die Chiricahua in eine Reservation am Rio Grande übersiedeln sollten, abzuweichen und Cochise eine Reservation in den Chiricahua Mountains zuzusichern. Der Häuptling wußte, wie wichtig es war, einen guten und vor allem ehrlichen Indianeragenten zu haben, und forderte Howard auf, Tom Jeffords mit diesem Amt zu betrauen. Nach einigem Zögern willigte Jeffords ein. Es gelang ihm auch, diese ungewohnte Aufgabe anfangs einigermaßen zu lösen, und das trotz zahlreicher Schwierigkeiten, die ihm vor allem von dem fanatischen »Ring« von Geschäftsleuten in Tucson gemacht wurden, dem nichts ungelegener kam als ein Frieden mit den Apachen. Aber auch die Regierung in Washington trug ihren Teil dazu bei, daß das von beiden Seiten mit dem besten Willen begonnene Projekt schließlich scheiterte. Sie kümmerte sich um die Versprechungen, die General Howard im Namen von Präsident Grant gemacht hatte, überhaupt nicht, baute weder Läden noch Schulen, schickte unbrauchbare oder gar keine Lebensmittel und schlug zu guter Letzt sogar noch vor, die Chiricahua sollten Ackerbauern werden. Abgesehen davon, daß der

Boden dazu gar nicht geeignet war, fehlten auch die Werkzeuge zur Bodenbearbeitung. Schließlich beschloß die Regierung, aus Einsparungsgründen die Chiricahua Reservation aufzulösen und die dort lebenden Apachen in die San Carlos Reservation umzusiedeln. Cochise reagierte auf diese Hiobsbotschaft nicht mit der erwarteten Schärfe. Er war zu Beginn des Jahres 1874 schwer erkrankt und fühlte, daß er nicht mehr lange zu leben habe. Seine Unteranführer, darunter auch seine Söhne Taza und Naiche, erklärten, keine Macht der Welt könne sie bewegen, ihre Heimat zu verlassen. Auch Tom Jeffords protestierte, doch ohne Erfolg. Kurz darauf befielen Cochise starke Schmerzen. Woran er litt, hatte auch der Armeearzt, den Tom Jeffords aus Fort Bowie geholt hatte, nicht feststellen können. Ehe Jeffords den Arzt neuerlich zu Hilfe holen konnte, starb Cochise.

Wo Cochise begraben wurde, blieb bis heute unbekannt. Tom Jeffords hütete dieses Geheimnis bis an sein Lebensende. Zum Andenken an den großen Chiricahua-Häuptling wurde in den Dragon Mountains der »Cochise Memorial Park« errichtet. Dort befindet sich eine Gedenktafel mit der Inschrift:

> »1874 starb hier in seiner über alles geliebten Bergfestung Cochise. Er war der größte Krieger der Apachen und wurde von den Seinen heimlich bestattet. Der genaue Ort seines Grabes ist unbekannt.«

Als Jeffords im Schmerz um den Freund und verärgert über den Wortbruch der amerikanischen Regierung, sein Amt aufgeben wollte, baten ihn Cochises Söhne zu bleiben. Jeffords war den Chiricahua dann auch weiterhin ein treuer Freund und unterstützte Taza, den sein Vater zum Nachfolger bestimmt hatte, nach Kräften. Jeffords gelang es nicht, den Einfluß des mächtigen »Rings« bei den maßgebenden Stellen in Tucson zu brechen. So mußten einige hundert Chiricuahua den Weg in die fieberverseuchte, sumpfige San Carlos Reservation antreten. Die Verhältnisse in dieser Reservation waren unbeschreiblich, dumpf dämmerten die Apachen dahin, suchten zum Teil ihre Zuflucht im Alkohol und verloren zusehends an Widerstandskraft. Der erste, der diesem untragbaren Zustand ein Ende setzte und mit seinen Kriegern dieses Tal der Verzweiflung verließ – »ausbrach«, wie es im damaligen Sprachgebrauch hieß –, war der Mescalero-Häuptling Victorio.

DER SÜDWESTEN

VICTORIO
Mimbreño
Geb. um 1820 im Gebiet von Ojo Caliente, New Mexico ·
Gest. 14. Oktober 1880 Tres Castillos Hills, Chihuahua, Mexiko

Zeitgenössische Darstellung

»WENN ER EIN WEISSER WÄRE, DANN
WÜRDE ER ALS EINER DER GRÖSSTEN
FELDHERRN, DIE DIE MENSCHHEIT
JE GEKANNT HAT, IN DIE GESCHICHTE
EINGEHEN.«
General Crook über Victorio

Im Norden Mexikos gibt es eine Überlieferung, wonach Victorio mexikanischer Abstammung gewesen sein soll. Als Knabe soll er von der Rancho del Carmen geraubt worden und unter den Apachen aufgewachsen sein. Ob dies der Wahrheit entspricht, mag dahingestellt bleiben. Derartige Gerüchte resultierten oftmals aus einer gewissen Fassungslosigkeit auf weißer Seite, daß indianische Anführer militärische Erfolge gegen die US-Army zu erzielen imstande waren.[1]
Wie dem auch sei, Victorio fühlte sich zeitlebens als Apache und unterschied sich weder in seinem Äußeren noch in seiner Lebensweise oder Religion auch nur im geringsten von anderen Stammesmitgliedern. Auch er war eine große, stattliche Erscheinung, mit kühngeschnittenen Zügen, breiten Backenknochen und schmalem, ungeheure Energie verratendem Mund.
Mangas Coloradas ernannte ihn zu einem seiner Unteranführer und Berater. Von dem großen Häuptling hatte er auch seine strategischen und taktischen Kniffe, worin er seinen Lehrmeister allerdings noch übertraf. Victorio war an dem jahrzehntelangen Krieg der Mimbreño gegen die Mexikaner und später gegen die Amerikaner beteiligt und zeichnete sich dabei schon durch eine auch unter den Apachen außergewöhnliche Umsicht in der Kriegsführung aus.
Nach dem Tod von Mangas Coloradas führte Victorio mit einer Schar Mimbreño und Mescalero den Krieg auf eigene Faust weiter. Vor allem operierte er in den Gebieten am Rio Grande südlich von El Paso. Als die Regierung der Vereinigten Staaten nach Beendigung des Bürgerkrieges Kontakte mit den Apachen zu knüpfen versuchte, erklärte sich Victorio zu Gesprächen bereit. In Santa Rita trafen er und Nana, sein Unteranführer, am 21. April 1865 mit einem Vertreter der Regierung zusammen. Victorio war zu einem Frieden bereit:

>»Ich und meine Leute sind kriegsmüde, wir wollen Frieden. Wir sind arm und haben für unsere Familien und uns selbst kaum genug Nahrung oder Kleidung. Wir wollen Frieden schließen, einen dauerhaften Frieden.«

Die Regierung erklärte ihnen, daß sie nach Bosque Redondo gehen müßten, es gäbe keine andere Wahl. Victorio erbat sich Bedenkzeit

---

[1] Man denke in diesem Zusammenhang z. B. an die Geschichten über Osceola oder Sitting Bull.

und wollte zwei Tage später in Pinos Altos erneut mit dem Regierungsvertreter zusammentreffen. Dieser aber wartete vergebens. Victorios Leute waren teils nach Mexiko, teils zu Cochise gezogen. Sie dachten nicht daran, in das verhaßte Bosque Redondo zu gehen. Der Guerilakrieg ging weiter, bis es 1871 dem Abgesandten Präsident Grants, Vincent Collyer, gelang, einen Großteil der Apachen zu überreden, in Reservationen zu gehen. Victorio und sein Stamm hielten es dort aber nicht lange aus, sie wechselten auf eigene Faust in die Chiricahua Reservation in Arizona über und waren nicht eher zu bewegen, diese zu verlassen, als bis sie in Warm Springs (Ojo Caliente) eine eigene Reservation bekamen, die ihren Vorstellungen entsprach. Damit schien endgültig Frieden hergestellt zu sein. Victorios Leute waren zufrieden und fühlten sich wohl. Plötzlich aber brach die amerikanische Regierung neuerlich ihre Versprechen und Verträge und forcierte nun eine Politik der »Konzentration«. Das bedeutete, daß alle Indianer eines Gebietes in einer einzigen Reservation angesiedelt werden sollten. Es ist wohl mehr als ein Wortspiel, wenn man diese Reservationen als die ersten Konzentrationslager in Amerika bezeichnet. Diese zentrale Reservation war die berüchtigte San Carlos Reservation; die fadenscheinige Begründung für die neuerliche Umsiedlung war die angebliche Unterstützung der aufständischen Chiricahua durch die Apachen von Warm Springs. Sie wurden im Mai 1877 in die öde, häßliche San Carlos Reservation getrieben, doch schon im September flohen etwa dreihundert von ihnen. Teilweise trieb sie jedoch der Hunger wieder zurück, so daß die Amerikaner ihre Entscheidung wieder revidierten und eine Rückkehr nach Warm Springs gestatteten.

Die Freude währte nur kurz. Im August 1878 wurden sie neuerlich in die San Carlos Reservation geschafft. Da erklärte Victorio, daß er des lächerlichen Hin und Hers müde sei. Mit etwa achtzig Kriegern verschwand er in die Berge. Im Februar kam er heimlich zu Besuch und berichtete, wie gut es den freien Apachen gehe, und forderte die anderen auf, sich ihm anzuschließen. Als die amerikanischen Beamten von seiner Anwesenheit erfuhren, waren sie auf einmal gesprächsbereit. Victorio war aber mißtrauisch und verschwand wieder. Ende Juni tauchte er wieder auf und verhandelte mit dem Agenten S. A. Russell. Er forderte, sich mit seinen Leuten bei den Mescalero niederlassen zu dürfen, und verlangte die gleichen Rationen wie

diese. Der Zauderer Russell wollte aber erst in Washington anfragen und ließ Victorio solange warten.
Victorio, der in Grant County unter Mordanklage stand, wurde nervös, als ihm gemeldet wurde, daß aus Silver City mehrere Männer mit einem Richter und einem Staatsanwalt kämen. Unverzüglich suchte er Russell auf und stellte ihn zur Rede. Er drohte ihm, sich zu nehmen, was er brauche, ohne weiterhin zu warten. Der verängstigte Agent rief Truppen aus Fort Stanton zu Hilfe, worauf Victorio und seine Leute verschwanden. Kurz zuvor war Victorio noch bei Dr. Blazer, dem Arzt der Agentur, gewesen, hatte sich von ihm verabschiedet und erklärt, daß er Angst habe, länger zu bleiben. Die unüberlegte Handlungsweise Russells bildete den Funken, der das Pulverfaß zur Explosion brachte.
Nach einem Überfall auf zwei Schafhirten zog Victorio sengend und brennend nach Westen, ins Gebiet des Rio Gila. Die Soldaten verfolgten ihn, worauf er sich nach Südwesten wandte, New Mexico durchquerte und die Grenze nach Mexiko überschritt. Wenig später ritt er wieder in die Vereinigten Staaten, wo er sich mit einem Trupp Mescalero unter dem Häuptling Cabalero zusammenschloß. Weil ihm aber die 10. Kavallerie und die Texas Rangers auf den Fersen waren, entwich er schnell wieder nach Mexiko. Seine Kriegerschar war mittlerweile auf etwa dreihundert Mann angewachsen.
Am 4. September 1879 tauchte er völlig unerwartet in Warm Springs auf, wo ein Militärposten errichtet worden war. Blitzartig überfiel er die acht Soldaten, die die Herden bewachten: binnen weniger Minuten waren die Apachen mit sechsundvierzig erbeuteten Pferden verschwunden. Zurück blieben acht tote Soldaten. Verzweifelt versuchte der Kommandant des Militärpostens, die Apachen zu verfolgen, doch diese waren in alle Winde zerstoben.
Nach diesem Muster verliefen zahlreiche weitere Aktionen Victorios. Der Mimbreño-Häuptling war schier unerschöpflich in seinen Listen. Im Oktober brachen etwa zwanzig Freiwillige aus mexikanischen Grenzgemeinden zu einem Rachezug gegen die Apachen auf. Als sie am Straßenrand drei ledige Pferde erblickten, ritten sie darauf zu, um sie mitzunehmen. Die dort verborgenen Apachen eröffneten das Feuer und töteten sechs Freiwillige. Ehe die restlichen Weißen Hilfe holen konnten, waren die Apachen schon wieder über die mexikanische Grenze entwischt.

Auf der Agentur entstand durch Victorios kühne Unternehmungen Panik. Agent Russell forderte Truppen an, erhielt aber abschlägige Antwort. Nun entwickelten sich ernstliche Differenzen zwischen dem Militär und den Indianeragenten. Man warf sich gegenseitig Unfähigkeit in der Bewältigung des »Indianerproblems« vor, ein Vorwurf, der wohl in beiden Richtungen gerechtfertigt war. Die Situation wird durch ein Schreiben, das Leutnant C. W. Smith am 2. Dezember 1879 an Russell richtete, treffend charakterisiert:

> »Ich habe Sie vor der Gefahr, in der Sie sich befinden, gewarnt und kann nichts anderes tun, als diese Warnung zu wiederholen. Ich mache Sie darauf aufmerksam, daß Sie nur einem toten Apachen vertrauen können. Aber Gott stehe Ihnen bei – denn er ist der einzige, der dies kann –, wenn Sie einem lebenden Apachen vertrauen.«

Victorio schlug sich indessen bravourös sowohl mit den Amerikanern als auch mit den Mexikanern, die ihn verfolgten. Er hatte in den Candelaria Mountains ein geeignetes Versteck gefunden und konnte von dort aus alle Maßnahmen seiner Gegner verfolgen. Fünfzehn Mexikaner, die sich näherten, um ihn dazu zu überreden, das Gebiet zu verlassen, kehrten ebensowenig zurück wie eine zweite Schar, die sie retten sollte.

Victorios Erfolge gegen eine vielfache Übermacht waren nicht nur in seinem Kampfgeist und Listenreichtum begründet, sondern basierten auf einem außerordentlich gut organisierten Nachrichten-, Nachschub- und Versorgungsdienst. Signale wurden mit Spiegeln übermittelt, ein Netz von Spähern war über die Umgebung gezogen. Die Krieger ritten ihre Pferde zu Tode und nahmen das Fleisch als Proviant. Neue Reittiere holten sie sich von der nächsten Ranch oder erhielten sie von mexikanischen Schafhirten, zu denen sie eigenartigerweise ein gutes Verhältnis hatten und von denen sie auch mit Waffen, Munition und Lebensmitteln versorgt wurden.

Die US-Armee wurde durch die Blitzaktionen der Apachen zur Verzweiflung gebracht. Noch stärker war die Wirkung der Erfolgsmeldungen auf die Reservationsapachen. Immer mehr verließen bei Nacht und Nebel die Reservationen und schlossen sich Victorio an. Trotzdem behielten die Häuptlinge in den Reservationen einen klaren Kopf und mahnten zur Ruhe. In ihrer blinden Wut warfen die

Armeeoffiziere aber friedliche und kriegerische Apachen in einen Topf und setzten ihre ganze Energie in die Vernichtung der Kampfkraft des gesamten Stammes. Immer wieder war zu beobachten, daß die Soldaten bei der Verfolgung Victorios tunlichst vermieden, ihm zu nahe zu kommen.

Zum erstenmal bekamen sie ihn Ende Mai 1880 zu sehen. Dies war das Verdienst der berühmten Apachen-Scouts; schon General Crook hatte erkannt, daß die Apachen nur mit eigenen Waffen, das bedeutete unter Mithilfe ihrer eigenen Leute, zu schlagen waren. Captain H. K. Parker entdeckte Victorios Versteck, umzingelte es in der Nacht und eröffnete am frühen Morgen das Feuer. Mehrere Männer, Frauen und Kinder wurden getötet. Die Apachen wehrten sich erbittert, den ganzen Tag dauerte der Kampf, bis sich Parker und seine Leute wegen Wassermangels zurückziehen mußten. Dabei stahl er vierundsiebzig Pferde. Die Presse schwelgte über diesen »Sieg« in den höchsten Tönen. Victorio zog sich nach Mexiko zurück und versorgte sich dort mit neuen Kriegern und frischen Pferden.

Als er Ende Juli neuerlich in Texas erschien, löste dies die größte Treibjagd auf Apachen aus, die der Südwesten je gesehen hatte. Zweitausend amerikanische Soldaten marschierten im Westen von Texas und im Süden von New Mexico auf, die Texas Ranger, zahlreiche Milizsoldaten und Freiwillige gesellten sich hinzu. In Chihuahua sammelten sich die mexikanischen Truppen, um zur Hatz auf Victorio zu blasen.

Dieser sah sich nun bedrängt, wohin er sich auch wandte. Kaum wich er einem Angreifer aus, geriet er in den Hinterhalt eines anderen, konnte sich aber mehrmals mit Tollkühnheit wieder retten. Doch letztlich sollte sich das Sprichwort bewahrheiten, wonach viele Hunde des Hasen Tod sind. Hinzu kam noch, daß Amerikaner und Mexikaner gemeinsame Aktionen vereinbarten, daß also der so bewährte rasche Wechsel über die Grenze nichts mehr nützte. Südlich von El Paso vollzog sich sein Schicksal. In den Tres Castillos Mountains geriet er am 9. Oktober 1880 in einen Hinterhalt der Mexikaner. Die Apachen kämpften buchstäblich bis zum letzten Mann und vollbrachten wahre Heldentaten. Ein Tarahumara-Scharfschütze erkannte Victorio im Getümmel und erschoß den großen Mimbreño-Häuptling. Mit ihm verloren sechsundachtzig Krieger ihr Leben. Nur wenige entkamen, Frauen und Kinder wurden gefangengenommen.

Einer der größten und gefürchtetsten Apachenhäuptlinge war tot. Welche Bedeutung er hatte, beschreibt am besten General Crooks Ausspruch:

> »Wenn er ein Weißer wäre, dann würde er als einer der größten Feldherrn, die die Menschheit je gekannt hat, in die Geschichte eingehen.«

Kurz vor der Schlacht war Victorios Unterführer Nana mit einer Abteilung Krieger zur Erkundung der Gegend ausgeritten. Seine Schar blieb unversehrt. Was nun folgte, ist eines der unglaublichsten Kapitel in der Geschichte der Eroberung Nordamerikas.

Ein Apachen-Krieger

DER FERNE WESTEN

NANA

Mimbreño
Geb. um 1805 · Gest. nach 1894 in Fort Sill, Oklahoma

Fotografie

»SEIN HARTES GESICHT WAR
GEZEICHNET VON INTELLIGENZ,
MUT UND GUTMÜTIGKEIT,
ABER AUCH MIT EINEM ZUG VON
GRAUSAMKEIT...«
Captain Bourke

Nana nimmt unter den indianischen Strategen in der nordamerikanischen Geschichte in mehrfacher Hinsicht eine Sonderstellung ein. Waren Crazy Horse, Osceola oder Roman Nose schon rein äußerlich achtunggebietende Erscheinungen, die allein dadurch imstande waren, ihre Krieger mitzureißen, so war Nana mehr als doppelt so alt, als er die Nachfolge Victorios antrat, gekrümmt von Gicht und halbblind. Er vermochte sich zu Fuß nur mühsam fortzubewegen, saß er aber im Sattel, so ritt er wirklich »wie der Teufel« und legte eine Zähigkeit und Ausdauer an den Tag, die höchste Bewunderung verdienen. In einem Alter, in dem die meisten anderen Häuptlinge das Kämpfen den Jüngeren überließen, vollbrachte der greise Apache Leistungen, die ihresgleichen suchen.

Zeit seines Lebens hatte Nana gegen Mexikaner und Amerikaner gekämpft, er machte alle großen Unternehmungen unter Mangas Coloradas und Victorio mit und lernte alle Kniffe des Guerillakrieges kennen, in deren virtuoser Handhabung die Apachen alle anderen Indianerstämme übertrafen.

Jason Betzinez, ein weitläufiger Verwandter Nanas, berichtet in seiner Autobiographie:

> »In seiner Jugend war Nanay[1] ein großer, gutgebauter Mann; er war so stark, daß er einen Pfeil glatt durch einen Stier hindurchschießen konnte. Sogar als alter Mann konnte er das noch, wie ich in der Warm Springs Reservation selbst beobachtete. Unter Mangas[2] und Victorio war er ein stolzer, furchtloser Krieger, ein Kämpfer, der jedem standzuhalten vermochte, der ihn überwältigen wollte. Er war aber auch von freundlichem Wesen und wurde sowohl von unseren mexikanischen Nachbarn als auch von seinem eigenen Volk sehr geschätzt. Wie die meisten Warm-Springs-Apachen war er von Natur aus friedliebend.
>
> Dies alles änderte sich, als er 1879 mit Victorio auf den Kriegspfad ging. Er war von bitterem Haß gegen seine Feinde erfüllt, der ihn in einen rasenden Tiger verwandelte und ihn seine altersbedingte Schwächen... vergessen ließ.«

---

[1] Betzinez' Schreibweise von Nana.
[2] Mangas Coloradas.

Nana begleitete Victorio, als dieser im April 1865 in Santa Rita mit einem Regierungsvertreter zusammentraf. Das Versprechen des Beamten, daß eine Umsiedlung in die Reservation von Bosque Redondo Frieden bringen würde, quittierte Nana mit den sarkastischen Worten:

> »Ich habe keine Taschen, in die ich deine Worte stecken könnte, doch haben sie sich tief in mein Herz geprägt. Ich werde sie nicht vergessen.«

Die zahlreichen Wort- und Vertragsbrüche ließen in Nana aber wieder den alten Haß aufflammen. Als Unterführer Victorios war er an zahlreichen spektakulären Aktionen beteiligt. Ein anschaulicher Beweis für Nanas Vitalität auch im hohen Alter ist die Tatsache, daß er im Alter von dreiundsiebzig Jahren Victorios Tochter heiratete.
Zusammen mit seinem Schwiegervater floh er 1878 aus der San Carlos Reservation, trennte sich aber wenig später von ihm, denn im Dezember kehrte er mit dreiundsechzig Leuten zitternd vor Kälte wieder zurück. Als Victorio nach seiner neuerlichen Rückkehr endgültig das dumpfe Reservationsdasein mit dem freien und ungebundenen Leben in den Bergen vertauschte, da wurde Nana sein gerissenster Unterführer. Zufällig war er mit einer Schar der besten Krieger gerade auf Kundschaft, als Victorio im Oktober 1880 von den Leuten des mexikanischen Colonels Terrazas umzingelt und getötet wurde.
Den Winter verbrachten Nana und seine etwa fünfzig Leute in Mexiko. Irgendwann im Frühjahr 1881 überschritten sie die Grenze nach New Mexico und hielten sich in den Bergen nahe der Mescalero-Agentur auf. Etwa fünfundzwanzig Mescalero-Krieger schlossen sich ihm an. Im Gegensatz zu Victorios Truppe, bei der auch Comanchen und Navaho waren, bestand Nanas Schar nur aus Apachen.
Mitte Juli 1881 zog Nana los, verfolgt von Soldaten, denen einige Mescalero aus der Reservation als Scouts dienten. Nanas Leute hinterließen eine blutige Spur, die durch den Alamos Canyon in die San Andres Mountains führte. Dort gerieten sie am 25. Juli in ein Scharmützel mit ihren Verfolgern. Diese frohlockten bereits, konnten aber nur einige Pferde und Maultiere erbeuten. Die Apachen waren in die Berge verschwunden und ritten zum Rio Grande, über-

querten ihn und töteten drei Weiße. Die Krieger des unheimlichen, greisen Häuptlings gingen immer nach derselben Taktik vor: Blitzschnell tauchten sie auf, töteten einige Weiße und verschwanden mit den erbeuteten Pferden oder Maultieren ebenso schnell wieder, wie sie gekommen waren. Wie zu Victorios Zeiten stand das ganze Land in Aufruhr.

Die Nachrichten von Überfällen Nanas häuften sich: am 11. August fielen bei La Cebolla zwei Mexikaner den Apachen zum Opfer, zwei Frauen wurden geraubt; schon einen Tag später überfiel Nana in der Gegend von Sabinal eine Abteilung der 9. Kavallerie unter Captain Parker; am 13. August fand ein weiteres Scharmützel bei Cuchillo Negro statt, bei dem zwei Soldaten getötet wurden. Fünf Tage darauf stellte sich Leutnant C. W. Smith mit zwanzig Mann den Apachen entgegen. In einem erbitterten Gefecht verloren Smith und vier seiner Soldaten ihr Leben. Während des Kampfes kam ein Trupp Freiwilliger unter George Daly zu Hilfe. Daly fiel im Geschoßhagel der Apachen. Die überlebenden Weißen wandten sich zur Flucht.

Trotzdem wurde Nana langsam der Boden zu heiß. Immer mehr Soldaten strömten ins Land, und Nana zog sich nach Mexiko zurück. Als General Crook 1883 die freien Apachen wieder in die San Carlos Reservation zurückzubringen versuchte, kam auch Nana mit seinen Leuten aus Mexiko zurück. 1885 verließ er neuerlich die Reservation, ergab sich aber im Januar 1886 endgültig. Leutnant Maus nahm auf mexikanischem Boden seine Kapitulation entgegen.

Führt man sich Nanas Taten im Sommer 1881 vor Augen, so kann man sie bei aller damit verbundenen Grausamkeit nur mit Hochachtung betrachten. Der Historiker Wellman schrieb darüber:

> »In weniger als zwei Monaten führte Nana, der durch Alter und physische Gebrechen behindert war, seine Handvoll Krieger mehr als 1000 Meilen durch feindliches Gebiet. Er schlug acht Schlachten mit den Amerikanern und gewann sie alle. Er tötete insgesamt etwa 30 bis 50 seiner Feinde und verwundete eine noch größere Anzahl; er nahm zwei Frauen gefangen und erbeutete nicht weniger als 200 Pferde und Maultiere; er entkam der Verfolgung durch mehr als 1000 Soldaten, nicht gerechnet die drei- oder vierhundert Freiwilligen, und dies alles mit einer Streitmacht von anfangs nur 15 Kriegern.«

Insgesamt waren acht Kavallerieeinheiten und acht Kompanien Infanterie sowie zwei Kompanien Indianerscouts auf Nanas Fährte. Es war nicht nur eine strategische Meisterleistung sondergleichen, dieser Meute von Verfolgern zu entgehen, es war auch eine unglaubliche physische Leistung. Täglich legten Nana und seine Krieger bis zu siebzig Meilen zurück. Es ist nur zu verständlich, daß sie dabei mehr als hundert Pferde zuschanden ritten, die durch erbeutete Tiere ersetzt werden mußten. Daß der Anführer dieses Unternehmens ein hoch in den Siebzigern stehender – nach anderer Version bereits achtzigjähriger – Mann war, steht in der Geschichte wohl einzigartig da und verdient schon allein deswegen festgehalten zu werden. In seiner Zähigkeit, Wildheit und Kühnheit war er der Prototyp eines Apachen.

Im Juni 1871 hatte General Crook das Kommando über das Department Arizona übernommen, war aber nach einigen Anfangserfolgen nach Norden versetzt worden, um gegen die Sioux zu kämpfen. 1882 entsandte die Regierung Crook neuerlich nach Arizona, um den ständigen Auseinandersetzungen mit den Apachen ein Ende zu bereiten. Crooks Einstellung gegenüber den Apachen hob sich wohltuend von der allgemeinen Stimmung unter den Weißen des Südwestens ab.

> »Ich denke, daß der Apache in dunkleren Farben geschildert wird, als er es verdient, und daß seine Untaten eher auf einer ungünstigen Konstellation der Ereignisse beruhen als darauf, daß er schlechter sei als andere Indianer. Er lebt in einem Land, von dessen natürlichen Produkten er nicht leben kann, und muß daher entweder den Boden kultivieren oder stehlen; weil unsere unentschlossene Politik ihm beweist, daß wir sie fürchten, wählt er das letztere, was mit weniger Arbeit verbunden ist und seinen natürlichen Instinkten mehr entspricht.«

Crook scheute sich nicht, die Zustände in den Reservationen genau zu untersuchen und sich über die Sorgen und Nöte der Indianer aus deren eigenem Munde berichten zu lassen. Auf seinem berühmten Maultier »Apache« ritt er, nur von wenigen Soldaten eskortiert, sogar in die Berge, um die Dörfer der noch feindlichen Apachenbanden zu besuchen. Nur sein Mut, den die Apachen auch bei einem Feind anerkannten, bewahrte ihn davor, getötet zu werden.

Nach seiner Rückkehr befahl er seinen Truppen, Siedler, Goldsucher und andere Weiße, die die Rechte der Apachen mißachtet und sich auf ihr Gebiet begeben hatten, zum Verlassen des Apachenlandes zu bewegen. Auch die korrupten Verhältnisse in den Agenturen beseitigte er, so gut es ging. Durch diese Maßnahmen löste Crook einen Großteil der Probleme völlig unblutig. Wenngleich die Mehrheit der Apachen die Schritte des Generals mit Wohlwollen verfolgte und guthieß, gab es eine Gruppe von etwa fünfhundert Apachen – vornehmlich Chiricahua –, die immer noch mißtrauisch waren, die San Carlos Reservation verließen und sich in die Berge zurückzogen. Ihre Führer waren Naiche, Chato und Geronimo. Die weitaus wichtigste Rolle spielte dabei Geronimo.

Kapitulation von Nana und Loco

DER FERNE WESTEN

GERONIMO

Goyathlay (»Der Gähnende«)
Bedonkohe
Geb. Juni 1829 im Quellgebiet des Gila River ·
Gest. 17. Februar 1909 in Fort Sill, Oklahoma

Fotografie

»DIE SONNE GEHT AUF, SCHEINT EINE ZEIT-
LANG, GEHT UNTER, VERSINKT UND IST FORT.
EBENSO WIRD ES MIT DEN INDIANERN SEIN...
NUR EIN PAAR JAHRE WERDEN VERGEHEN, UND
DAS, WAS WEISSE MÄNNER IN IHREN BÜCHERN
SCHREIBEN, WIRD ALLES SEIN, WAS MAN VON
DEN INDIANERN DANN NOCH HÖRT.«

Geronimo, neben Sitting Bull sicherlich der berühmteste Indianer des 19. Jahrhunderts, mußte die letzten Jahre seines Lebens in Gefangenschaft in Fort Sill, Oklahoma, verbringen. Dort erzählte Geronimo seine Lebensgeschichte dem Apachen Asa Daklugie, der sie für den Schulinspektor S. M. Barrett übersetzte. Sie wurde im Kriegsministerium mit derartigem Unbehagen aufgenommen, daß Präsident Roosevelt höchstpersönlich die Erlaubnis zur Veröffentlichung geben mußte. Diese Autobiographie, die unter dem Titel »Geronimo, the Story of His Life« erschien, dient als Grundlage der folgenden Ausführungen. Sie macht es möglich, auch die Jugend des Apachenhäuptlings genauer kennenzulernen, was insofern von Interesse ist, als bei vielen anderen indianischen Persönlichkeiten darüber kaum Angaben existieren.

Geronimo wurde 1829 in der Nähe der Quellen des Gila River in Arizona als Sohn Taklishims, eines einfachen Apachen, geboren. Ursprünglich wurde er Goyathlay genannt, bis ihm die Mexikaner den Spitznamen Geronimo (= Hieronymus) gaben. Während Victorio von den amerikanischen Soldaten manchmal Old Vic genannt wurde, hatte Geronimo den Spitznamen Old Jerome.

Zusammen mit seinen Geschwistern verbrachte er eine sorglose Jugend. Das Land, das sein Stamm, die Bedonkohe-Apachen, damals bewohnte, war äußerst fruchtbar; so war es selbstverständlich, daß auch schon die Kinder zu leichter Feldarbeit herangezogen wurden. Mit acht oder neun Jahren ging Geronimo erstmals auf die Jagd, die neben dem gewöhnlichen Wild vor allem dem Bison galt, das vom Pferd aus gejagt wurde. Später stellte er auch Bären und Berglöwen nach; seine Bewaffnung bestand immer noch aus Speeren sowie Pfeil und Bogen.

Die Bedonkohe-Apachen hatten nur wenig Kontakt mit Weißen; so kam es, daß Geronimo in seiner Jugend höchstens einmal einen Missionar sah. Seine erste nähere Berührung mit Weißen sollte aber von tiefer Tragik erfüllt und für sein späteres Leben ausschlaggebend sein. Mit siebzehn Jahren wurde er in den Rat der Krieger aufgenommen und konnte nun als vollwertiges Stammesmitglied daran denken zu heiraten. Alope, ein Mädchen seines Stammes, das er schon seit längerem verehrte, wurde seine Frau. Sie gebar ihm drei Kinder, und die junge Familie lebte zufrieden und glücklich.

Geronimo war etwa dreißig Jahre alt, als ihn ein Schicksalsschlag traf, der nicht nur sein eigenes Leben, sondern die ganze geschichtliche Entwicklung des Südwestens entscheidend beeinflussen sollte.

Während eines 1858 unternommenen Rittes nach Mexiko, auf dem die Bedonkohe mit den Kaufleuten an der Grenze Handel trieben, wurden die schutzlosen Frauen und Kinder von mexikanischen Soldaten überfallen und rücksichtslos niedergemacht. Unter den Toten befanden sich auch Geronimos Mutter, seine Frau und Kinder. Wie versteinert stand er vor den Leichen derer, die ihm teuer waren.

> »Im Lager brannten keine Lichter; so entfernte ich mich, ohne erkannt zu werden, und ging zum Fluß. Wie lang ich dort stand, weiß ich nicht; als ich aber sah, wie die Krieger sich zur Beratung sammelten, nahm ich meinen Platz ein.«

Dieses tragische Ereignis hatte für Geronimos Leben die gleiche Bedeutung wie ein knappes Jahrhundert zuvor die Mordtat von Daniel Greathouse an der Familie Logans[1]:
Ein friedlicher Mann wurde zum rasenden Racheengel. Geronimo haßte seitdem die Mexikaner wie die Pest und unternahm alles, um seine Rache zu stillen. Sein Vorgehen war von beklemmender Konsequenz. Er verbrannte die Hütte, in der er mit seiner Familie gewohnt hatte, samt allem, was darin war, und meldete sich freiwillig, als Bote seines Stammes, um andere Stämme um Hilfe für einen Vergeltungsschlag gegen die Mexikaner zu bitten. Bei dieser Mission entwickelte er einen derart fanatischen Eifer, daß binnen weniger Monate drei Stämme gewonnen werden konnten. Ehe die Mexikaner es bemerkten, hatten die Apachen die Stadt Arispe erreicht. Die acht Männer, die ihnen die Bewohner entgegengesandt hatten, wurden kaltblütig getötet, um das Militär zu provozieren. Prompt rückten je zwei Kompanien Kavallerie und Infanterie aus. Mit grimmiger Freude erkannte Geronimo, daß auch die Mörder seiner Familie dabei waren. Ein wütender Kampf entbrannte, der mehr als zwei Stunden dauerte und auf beiden Seiten zahlreiche Gefallene forderte. Geronimo kämpfte wie ein Löwe und wurde, als die letzten Mexikaner entflohen waren, von den begeisterten Kriegern zum Kriegshäuptling gewählt.

[1] Vgl. Seite 95

In zahllosen Raubzügen nach Mexiko, die er persönlich anführte, erwarb er sich einen ebenso berühmten wie gefürchteten Namen. Zuerst kämpfte er als Verbündeter von Mangas Coloradas, nach dessen Tod schloß er sich Cochise an. Von da an fühlte er sich als Chiricahua-Apache.

Später betonte Geronimo, daß den Apachen besonders während des Sezessionskriegs allerhand Untaten zugeschoben wurden, die in Wirklichkeit von weißem Gesindel verübt worden waren, das sich auf der Flucht vor dem Gesetz in den Grenzgebieten eingenistet hatte.

Nach Crooks Kampagne war auch Geronimo in die Reservation gegangen; nachdem aber nach Cochises Tod die Verhältnisse unerträglich wurden, verließ Geronimo mit etwa achtzig Kriegern die San Carlos Reservation und führte wieder Krieg gegen Amerikaner und Mexikaner. Im Frühjahr 1877 gelang es dem Agenten der San Carlos Reservation, John P. Clum, Geronimo gefangenzunehmen. Man hatte ihn aufgefordert, nach San Carlos zu kommen, und im Glauben, daß man mit ihm verhandeln wolle, war er auch erschienen. Zu seinem größten Erstaunen aber wurde er entwaffnet und ins Gefängnis geworfen. Erst nach vier Monaten ließen ihn die Amerikaner wieder

Geronimo (rechts) mit drei Apachen-Kriegern

frei. Diese fragwürdige Aktion war natürlich nicht geeignet, in Geronimo Sympathien für die Amerikaner aufkommen zu lassen.
Im September 1881 verließen etwa fünfundsiebzig Apachenkrieger die San Carlos Reservation und brachten sich in Mexiko in Sicherheit; an ihrer Spitze standen Geronimo, Naiche und Juh. Wieder einmal versetzte eine zahlenmäßig relativ kleine Gruppe von Apachen Militär und Zivilbevölkerung in höchste Alarmstufe. Obwohl die Grenze nach Mexiko von amerikanischen Soldaten hermetisch abgeschirmt war, kehrten die tollkühnen Krieger im April 1882 in die Vereinigten Staaten zurück, um ihre Stammesbrüder in der Reservation zu bewegen, sich ihnen anzuschließen. Als sie wieder nach Süden aufbrachen, war die Schar auf etwa dreihundert Krieger angewachsen. Colonel Forsyth, der Anführer der Amerikaner beim Kampf von Beecher's Island, nahm mit vierhundert Mann Kavallerie die Verfolgung auf.
In einem taktisch genialen Rückzugsgefecht gelang es Loco, dem einäugigen Häuptling der Warm-Springs-Apachen, die Verfolger so lange aufzuhalten, bis der Großteil der Krieger die mexikanische Grenze überschritten hatte. Dort gerieten sie in einen Hinterhalt des mexikanischen Obersten Lorenzo García, der mit seinen zweihundertfünfzig Leuten die vorauseilenden Frauen, Kinder und Greise niedermetzelte. Wütend brachten die Krieger die Überlebenden in Sicherheit und zogen sich in die Berge der Sierra Madre zurück. Forsyth, der mit seinen Soldaten inzwischen eingetroffen war, wurde von den Mexikanern die weitere Verfolgung der Apachen untersagt. Diese brannten darauf, sich zu rächen.
Die amerikanische Armee wußte, welche Gefahr die freien Apachen bildeten, und verstärkte die Besatzung der Forts. Man holte sogar wieder den im Kampf gegen die Sioux und Cheyenne erfolglos gebliebenen General Crook zurück. Dieser war davon überzeugt, daß eine Fortsetzung des Krieges gegen die Apachen sinnlos sei, und hielt es für besser, mit Geronimo, den er als »Tiger in Menschengestalt« bezeichnete, und den anderen Häuptlingen zu verhandeln. Nach etlichen Schwierigkeiten gelang es Crook und seinem Expeditonskorps, ein Apachenlager in der Sierra Madre ausfindig zu machen und zu überfallen. Geronimo kehrte gerade von einem Zug gegen die Mexikaner zurück und erklärte sich, als er von der Besetzung des Lagers erfuhr, bereit, mit Crook zu verhandeln.

Geronimo, der von der rauhen, aber offensichtlich ehrlichen Art Crooks angetan war, erklärte sich zur Rückkehr in die Reservation bereit. Gemeinsam mit dem Häuptling Chato wollte er in den nächsten Monaten die restlichen Apachen sammeln und in die San Carlos Reservation führen. Zusammen mit Crook kehrten mehr als dreihundertfünfzig Apachen mit den Häuptlingen Loco, Nana, Mangas Coloradas d. J., Chihuahua und Bonito zurück.
Im Februar 1884 folgten Geronimo und Chato nach. Crooks Plan war gelungen. Länger als ein Jahr herrschte nun Frieden, der lediglich durch eine üble Pressekampagne gegen Crook und Geronimo getrübt wurde. Man forderte Geronimos Tod und beschuldigte Crook, vor diesem »Teufel« kapituliert zu haben.
Es ist bis heute nicht geklärt, welche Gründe Geronimo, Nana, Naiche und Mangas Coloradas d. J. veranlaßten, mit einer Gruppe von etwas mehr als einhundertdreißig Apachen, davon allein einhundert Frauen und Kinder, im Mai 1885 die Reservation wieder zu verlassen. Da dies nach einem verbotenen Tiswin-Gelage geschah, wird der reichliche Alkoholkonsum oft als Ursache angeführt; die Gründe dürften aber komplexerer Natur gewesen sein. Geronimo selbst behauptete, man hätte ihn verhaften und hinrichten wollen, er sei aber rechtzeitig gewarnt worden. Kurz und gut, die Apachen überschritten wieder einmal die Grenze nach Mexiko, wo sie vor dem Zugriff des amerikanischen Militärs sicher waren. Die Presse und der berüchtigte »Tucson Ring« inszenierten eine Hetzkampagne, als sie von der Sache erfuhren, und schrieen nach Krieg.
Der besonnene Crook aber vermied eine größere Strafaktion, warb statt dessen neuerlich Apachen-Scouts an, um die in die Sierra Madre zurückgekehrten Chiricahua zu suchen. Neuerlich verwandelte Geronimo mit seiner Handvoll Leute den Südwesten in einen Hexenkessel. All die Husarenstücke der Apachen aufzuzählen, würde den Rahmen sprengen; wieder einmal verfolgten Tausende Soldaten, Scouts und Freiwillige einige wenige Krieger, die ihre Verfolger buchstäblich an der Nase herumführten. Captain Crawfords Indianerbataillon, das aus Apachen bestand, die gegen ihre Brüder zu kämpfen bereit waren, konnte Geronimo im Januar 1886 in einer Schlucht aufstöbern. Ehe Crawford noch angreifen konnte, waren Geronimo und seine Leute verschwunden. Letztlich waren Geronimo und Naiche aber bereit, mit Crawford zu verhandeln. Dieser

wurde aber wenige Stunden später vom irrtümlich angreifenden Mexikanern getötet. Dem Vertreter Crawfords wollte sich Geronimo nicht ergeben: er verlangte, mit Crook zu sprechen.
Zwei Monate später kam das Treffen bei den San-Bernardino-Quellen zustande. Geronimo ergab sich unter der Bedingung, mit seinen Leuten nach zweijähriger Gefangenschaft in Florida wieder in die Reservation zurückkehren zu dürfen. Etwas leichtfertig sicherte ihm Crook dies zu, doch sein Vorgesetzter, General Sheridan, machte ihm einen dicken Strich durch die Rechnung; er erklärte die Bedingung für ungültig. Da zudem Geronimo und Naiche in der Nacht nach einem Trinkgelage neuerlich verschwanden, geriet Crook ins Kreuzfeuer. Man warf ihm Unachtsamkeit, Eigenmächtigkeit und zu große Toleranz vor. Daraufhin trat Crook am 1. April 1886 verbittert von seinem Posten als Kommandeur des Departements Arizona zurück.
Sein Nachfolger wurde General Nelson A. Miles, der einstige Gegenspieler des Nez-Percé-Häuptlings Joseph. Dieser rührige Offizier schoß nun vollends mit Kanonen auf Spatzen und sandte fünftausend Soldaten und fünfhundert Indianer-Scouts aus, um Geronimo und seine nicht einmal zwei Dutzend Krieger zu verfolgen. Wie vielen Gegnern nur einer von Geronimos Kriegern gewachsen war, zeigt folgende Episode: Ein Trupp von achtzig Mexikanern hatte einen Apachen verwundet und sein Pferd erschossen. Während seine Kameraden in alle Winde zerstoben waren, ging er hinter einem Felsbrocken in Deckung und nahm den Kampf mit den Mexikanern auf; er erschoß sieben von ihnen, vertrieb die übrigen und entschwand in die Berge, wo er wieder mit seinen Leuten zusammentraf.
Monatelang dauerte die wilde Jagd, bei der Geronimo, Naiche und ihre Krieger wahre Heldentaten im Kampf gegen ihre – mit Freiwilligen und Mexikanern schon auf etwa zehntausend Mann angewachsene – Verfolgerschar vollbrachten. General Miles revanchierte sich an den »zahmen« Apachen. Er ließ sie zu Wasser nach Fort Marion in Florida verfrachten; unter ihnen befanden sich auch zahlreiche Armeescouts, ohne deren Hilfe die Amerikaner eine noch weit schlechtere Figur gemacht hätten, als sie es ohnedies schon taten.
Im August war es soweit: Geronimo war des Kampfes müde und verhandelte mit Leutnant Gatewood. Alles, was dieser anbieten konnte, war die bedingungslose Kapitulation und die Verfrachtung nach

Florida, wo die Apachen die Entscheidung des Präsidenten abwarten müßten. Ausschlaggebend war letztlich Gatewoods Bericht, daß alle Chiricahua bereits nach Florida gebracht worden seien, darunter auch Naiches Familie. Nachdem sich Geronimo mit Naiche beraten hatte, willigte er in die Kapitulation ein.

Am 3. September fand im Skeleton Canyon das Treffen mit General Miles statt, bei dem die Übergabe besiegelt wurde. Acht Jahre lang schmachteten die Apachen unter armseligen Verhältnissen in Florida. Entgegen der Zusicherung, sie von ihren Familien nicht zu trennen, steckte man Geronimo und seine Krieger ins Gefängnis von Fort Pickens, während Frauen und Kinder ins Fort Marion geschafft wurden.

Erst acht Jahre später wurden sie nach Fort Sill in Oklahoma überstellt. Obwohl die Lebensbedingungen dort weniger schlecht waren, sehnten sich die Apachen, die formal Kriegsgefangene waren, nach ihrer alten Heimat. Geronimo richtete eine Petition an den Präsidenten der Vereinigten Staaten, Theodore Roosevelt:

> »Es gibt da eine wichtige Frage zwischen den Apachen und der Regierung. Zwanzig Jahre lang waren wir Kriegsgefangene aufgrund eines Vertrages, der zwischen General Miles für die Vereinigten Staaten und mir als Vertreter der Apachen geschlossen wurde. Dieser Vertrag wurde von der Regierung nicht immer eingehalten, obwohl seine Bedingungen zur Zeit eher erfüllt werden als früher.
>
> Im Vertrag mit General Miles erklärten wir uns bereit, in ein Gebiet außerhalb von Arizona zu gehen und ein Leben ähnlich dem der Weißen führen zu lernen. Ich glaube, daß meine Leute nun fähig sind, in Übereinstimmung mit dem Gesetz der Vereinigten Staaten zu leben, und wir würden nun natürlich gerne die Freiheit haben, in das Land zurückzukehren, das durch göttliches Recht uns gehört. Wir sind jetzt weniger, und wir haben gelernt, wie man den Boden bebaut, deshalb würden wir nicht so viel Land brauchen, wie wir früher hatten. Wir wären froh, würden die Weißen den Teil Land, den wir nicht brauchen, bebauen.
>
> Wir müssen jetzt im Land der Comanchen und Kiowa sein, dieses Land ist nicht so, wie wir es brauchen...

Unsere Leute werden hier immer weniger, und sie werden noch weniger werden, wenn sie nicht in ihr Heimatland zurückgehen dürfen...
Meiner Meinung nach gibt es keinen Boden und kein Klima, das dem in Arizona gleicht. Wir könnten genügend gutes Ackerland, genügend Gras, genügend Holz und genügend Bodenschätze haben in dem Land, das der Allmächtige für die Apachen schuf. Es ist mein Land, meine Heimat, das Land meiner Väter, zu dem ich bitte, zurückkehren zu dürfen. Ich möchte meine letzten Tage dort verbringen und in diesen Bergen begraben liegen. Wenn das so sein könnte, würde ich in Frieden sterben, mit dem Gefühl, daß meine Leute, die nun in ihrer Heimat leben, eher wieder mehr würden als immer weniger, wie es jetzt der Fall ist, und daß unser Name nicht ausgelöscht werden würde.
Ich weiß, daß meine Leute, würden sie in dem gebirgigen Gebiet, das am Oberlauf des Flusses Gila liegt (in New Mexico), siedeln, in Frieden leben und nach dem Willen des Präsidenten handeln würden. Sie würden wohlhabend sein und glücklich, den Boden zu bebauen und die Zivilisation der Weißen, die sie nun respektieren, zu lernen. Könnte ich nur dies vollendet sehen, ich glaube, ich könnte all das Unrecht vergessen, das mir widerfuhr, und als zufriedener und glücklicher alter Mann sterben. Doch in dieser Angelegenheit können wir nichts selbst tun – wir müssen warten, bis jene, die die Vollmacht dazu haben, zu handeln belieben. Wenn dies nicht noch zu meinen Lebzeiten der Fall sein kann – wenn ich in Knechtschaft sterben muß –, so hoffe ich, daß man nach meinem Tod dem Rest des Apachen-Stammes das eine Privileg, das sie fordern, zugesteht, nach Arizona zurückzukehren.«

Geronimos Wunsch ging nur teilweise in Erfüllung. Er selbst sollte die Rückkehr seines Stammes nicht mehr erleben. Präsident Roosevelt, zu dessen Amtsübernahme Geronimo nach New York gefahren war, gab dem Häuptling das leere Versprechen, über den Fall mit den zuständigen Stellen zu sprechen, betonte aber gleichzeitig, daß wenig Hoffnung bestehe.
In Fort Sill war Geronimo eine Hauptattraktion für Besucher. Mit

wohligem Schauder betrachteten sie den stattlichen, muskulösen Apachenhäuptling, über den die unglaublichsten Helden- und Greueltaten berichtet wurden und der jetzt ein friedliches Leben als Farmer führte, seiner kränklichen Frau den Haushalt führte, mit Stolz und Liebe an seinen Kindern hing und mit Vorliebe Briefe an seine Stammesbrüder in San Carlos verfaßte. 1903 war er zum Christentum übergetreten und besuchte jeden Sonntag im eleganten Anzug die Kirche. 1905 heiratete Geronimo ein letztes Mal.[1]
Im Sommer desselben Jahres hatte er an der als große »Show« aufgezogenen letzten Bisonjagd teilgenommen. 1908 reiste er einige Monate lang mit »Pawnee Bill's Wild West Show« durch die Lande. Man erzählte, daß der schlaue Häuptling die Messingknöpfe seiner Jacke für einen Dollar pro Knopf an Souvenirjäger verkaufte und nachts wieder neue annähte.
Am 17. Februar 1909 starb Geronimo in einer kleinen Hütte in der Nähe des Krankenhauses von Fort Sill. Kurz zuvor war er bei einem Ritt vom Unwetter überrascht worden und hatte sich eine schwere Lungenentzündung zugezogen.
Kurz vor seinem Tod ließ er sein Pferd zäumen und satteln und ergriff die Zügel. Als er starb, erschoß man das Pferd. Geronimo, der letzte große Kriegshäuptling der Apachen, konnte nun in die ewigen Jagdgründe einziehen. Seine sterblichen Überreste wurden im Apachenfriedhof am Cache Creek beigesetzt; über seinem Grab wurde eine Steinpyramide errichtet, deren Spitze ein Adler krönt.

---

[1] Seine letzte Frau – es war die achte – schenkte ihm zwei Kinder. Auch aus früheren Ehen hatte Geronimo mehrere Söhne und Töchter.

ANHANG

Vertrag

Zwischen den Vereinigten Staaten von Amerika und dem Stamm der Navajo[1]

Beschlossen am 1. Juni 1868
Zur Ratifizierung empfohlen am 25. Juli 1868
Bekanntgegeben am 12. August 1868

Andrew Johnson, Präsident der Vereinigten Staaten von Amerika

an alle, besonders aber an jene, die in den Genuß dieses Vertrages kommen werden.

Ein Vertrag wurde in Fort Sumner, im Gebiet von New Mexico, am ersten Tag des Juni, im Jahr des Herrn eintausendachthundertachtundsechzig von und zwischen Generalleutnant W. T. Sherman und Samuel F. Tappan, den Vertretern der Vereinigten Staaten, und Barboncito, Arivijo und anderen Häuptlingen und Führern des Stammes der Navajo auf seiten der besagten Indianer abgefaßt und beschlossen und von ihnen ordnungsgemäß ebendort unterzeichnet. Dieser Vertrag lautet in Worten und Zahlen wie folgt:
Artikel eines Vertrages und Abkommens verfaßt und begonnen in Fort Sumner, New Mexiko, am ersten Tag im Juni 1868, von und zwischen den Vereinigten Staaten, vertreten durch Generalleutnant W. T. Sherman und Colonel Samuel F. Tappan auf der einen Seite, und dem Stamm der Navajo auf der anderen Seite, vertreten durch seine Häuptlinge und Führer, ordnungsgemäß beauftragt und bevoll-

---

[1] Dem originalen Vertragstext entsprechend wird hier ausnahmsweise die veraltete Schreibweise »Navajo« beibehalten.

mächtigt im Namen aller Mitglieder des besagten Stammes zu handeln (die Namen der besagten Häuptlinge und Führer sind hierzu angeführt):

Artikel 1

Von diesem Tag an soll es keinen Krieg mehr zwischen den Partnern dieses Abkommens geben. Die Regierung der Vereinigten Staaten erstrebt den Frieden und bürgt mit ihrer Ehre dafür. Die Indianer wünschen den Frieden und sie bürgen für die Einhaltung mit ihrer Ehre.
Sollten schlechte Menschen unter den Weißen oder andere Leute, die der Gesetzgebung der Vereinigten Staaten unterstehen, an einem Indianer oder seinem Besitz ein Unrecht begehen, so werden die Vereinigten Staaten, nachdem es dem Agenten gemeldet und dem Kommissar für indianische Angelegenheiten der Indianer in Washington weitergegeben wurde, sofort veranlassen, daß der Gesetzesbrecher inhaftiert und nach den Gesetzen der Vereinigten Staaten bestraft wird und daß außerdem die geschädigten Personen für den erlittenen Verlust entschädigt werden. Sollten schlechte Menschen unter den Indianern ein Unrecht oder einen Raub an einer Person oder an irgend jemandes Eigentum, sei er weiß, schwarz oder ein Indianer, der loyaler Untergebener der Vereinigten Staaten ist, begehen, möge der Navajostamm zustimmen, daß die Navajo nach Meldung und Kenntnisnahme durch ihren Agenten den Verbrecher an die Vereinigten Staaten ausliefern, damit er gemäß den Gesetzen verurteilt und bestraft werde; und für den Fall, daß sie dies absichtlich nicht tun, wird die betroffene Person für ihren Verlust entschädigt vom Jahreseinkommen oder anderen Geldern, die ihnen zustehen oder ihnen zustehen werden auf Grund dieses Vertrages oder möglicher weiterer Abkommen, die noch mit den Vereinigten Staaten abgeschlossen werden. Der Präsident kann solche Anordnungen und Vorschriften erlassen, wenn er es für nötig hält, doch kein Schaden soll beglichen werden, noch soll dafür bezahlt werden, bevor der Fall nicht untersucht und weitergeleitet wurde an den Kommissar für indianische Angelegenheiten, doch keinem, der einen Verlust während einer Vertragsverletzung er-

leidet oder weil er selbst den Vertrag verletzt, sollen die Begünstigungen dieses Vertrages oder der Gesetze der Vereinigten Staaten dafür zukommen.

Artikel 2

Die Vereinigten Staaten erklären, daß das Gebiet, das folgendermaßen begrenzt ist: im Norden durch den 37. nördlichen Breitengrad, im Süden durch eine Ost-West-Linie, die durch Fort Defiance im Cañon Bonito läuft, im Osten durch eine Parallele zum Längengrad, welcher, südlich verlängert, durch Fort Lyon oder Ogo-do-oso, Bear Spring, liefe, und im Westen durch eine Parallele zum Längengrad 109° 30' westlich von Greenwich, vorausgesetzt, daß das Gebiet den Ausgang des Cañon-de-Chelly umfaßt, des Cañons, der in seiner gesamten Länge in diesem Reservat liegt, zum Siedlungsgebiet für den Stamm der Navajo-Indianer bestimmt werden soll. Dies ist hiermit rechtsgültig und gilt auch für andere befreundete Stämme und einzelne Indianer, die sie möglicherweise von Zeit zu Zeit – mit Einverständnis der Vereinigten Staaten – bei sich aufnehmen wollen; und die Vereinigten Staaten erklären, daß keinen Personen, ausgenommen jenen, denen es erlaubt ist, und ausgenommen solche Offiziere, Soldaten, Agenten und Beamte der Regierung oder der Indianer, denen erlaubt wurde, in gesetzlichen Angelegenhieten oder auf Anweisung des Präsidenten diese Reservation zu betreten, jemals erlaubt wird, das in diesem Artikel festgelegte Gebiet zu passieren, darin zu siedeln oder zu wohnen.

Artikel 3

Die Vereinigten Staaten erklären, daß sie veranlassen werden, daß an einigen Stellen der erwähnten Reservation, wo Holz und Wasser zur Verfügung stehen, die folgenden Gebäude errichtet werden: ein Warenhaus, das die Kosten von 2500 Dollar nicht übersteigt; ein Verwaltungsgebäude, das nicht mehr als 3000 Dollar kostet; eine Zimmerei und eine Schmiede, deren Kosten je 100 Dollar nicht überschreiten; und eine Schule und eine Kapelle, sobald genügend Kinder veranlaßt werden können, die Schule zu besuchen; diese soll die Kosten von 5000 Dollar nicht überschreiten.

Artikel 4

Die Vereinigten Staaten erklären, daß der Agent für die Navajo in dem Verwaltungsgebäude wohnen soll; daß er unter den Indianern leben soll und sein Amt immer versehen soll, um sofort und sorgfältig jene Fälle von Anklagen von Indianern oder gegen Indianer zu untersuchen, die einer Nachforschung bedürfen, und auch um die anderen gesetzlichen Pflichten treu auszuführen. In allen Fällen von Raub an Personen oder Eigentum wird er veranlassen, daß Beweismaterial aufgenommen und schriftlich niedergelegt wird und daß seine Ausführungen an den Kommissar für indianische Angelegenheiten weitergeleitet werden; dessen Entscheidungen sind dann für die betroffenen Parteien bindend.

Artikel 5

Sollte ein Mitglied des erwähnten Stammes oder jemand, der legal in diesen aufgenommen wurde, Haupt einer Familie sein und mit Ackerbau beginnen wollen, soll er das Recht haben, in Anwesenheit und unter Beratung des diensthabenden Agenten ein Stück Land innerhalb des erwähnten Reservates, das nicht mehr als 160 Morgen umfaßt, auszuwählen; dieses Stück Land soll, nachdem es gewählt, bestätigt und in das »Grundbuch«, wie es im weiteren beschrieben wird, eingetragen worden ist, nicht mehr Gemeinbesitz sein, sondern kann in den alleinigen Besitz dessen, der es gewählt hat und auch in den Besitz seiner Familie übergehen, solange er oder sie es bebauen. Jede Person über 18 Jahre, die kein Familienoberhaupt ist, kann auf dieselbe Weise vorgehen und veranlassen, daß ihm oder ihr ein Stück Land von höchstens 80 Morgen zum Zweck der Bebauung zugesprochen wird und er damit in den alleinigen Besitz des festgelegten Landes kommt.
Für jedes Grundstück, das auf diese Weise ausgewählt wurde, soll ein Dokument, das eine Bestimmung desselben und den Namen der

wählenden Person enthält, mit einem Vermerk über die Grundbucheintragung derjenigen Partei ausgehändigt werden, der es vom Beamten zugesprochen wurde, nachdem alles von ihm in einem Buch, das in seiner Kanzlei zur Einsichtnahme aufliegt, und das als das »Navajo-Grundbuch« bezeichnet werden soll, festgehalten wurde. Der Präsident kann zu jeder Zeit eine Inspektion des Reservates anordnen, und nach Überprüfung soll der Kongreß den Schutz zur Verbesserung der Rechte der Siedler übernehmen und die Art des von jedem Siedler erhobenen Anspruchs festlegen. Die Vereinigten Staaten können Gesetze betreffend die Veräußerung und Weitergabe von Eigentum zwischen den Indianern und ihren Nachfahren, so wie es den Vereinigten Staaten richtig erscheint, erlassen.

Artikel 6

Um die Zivilisierung der Indianer, die diesen Vertrag unterzeichnen, zu gewährleisten, wird die Notwendigkeit der Erziehung unterstrichen, insbesondere der Erziehung jener, die sich in den oben erwähnten Gebieten niederlassen, und sich deshalb verpflichten, ihre Kinder, männlich und weiblich, im Alter von sechs bis sechzehn Jahren zur Schule zu schicken; und hiermit ist es die Pflicht des Beamten zu überwachen, daß diese Abmachung strikt eingehalten wird; die Vereinigten Staaten erklären, daß für je 30 Kinder des oben erwähnten Alters, die gezwungen werden können, die Schule zu besuchen, ein Haus bereitgestellt wird mit einem Lehrer, der kompetent ist, die grundlegenden Züge der englischen Erziehung zu vermitteln; dieser Lehrer wird unter den erwähnten Indianern wohnen und seine Pflichten als Lehrer gewissenhaft ausführen.
Die Verordnungen dieses Artikels gelten mindestens 10 Jahre.

Artikel 7

Wenn ein Familienoberhaupt ein Stück Land ausgewählt hat und – wie oben beschrieben – ein Dokument darüber erhalten hat, und wenn weiters der Beamte sieht, daß der Indianer beabsichtigt, zur Zufriedenheit aller das Land zu bestellen und vom Ertrag zu leben, dann ist der Indianer berechtigt, Saatgut und Ackerbaugeräte für das erste Jahr zu erhalten, höchstens jedoch im Wert von 100 Dollar; für jedes weitere Jahr, das er bebaut, ist er für eine Zeitspanne von 2 Jahren berechtigt, Saatgut und Geräte im Wert von 25 Dollar in Anspruch zu nehmen.

Artikel 8

Anstelle des Geldes oder anderer Jahreszinsen, die den hier erwähnten Indianern auf Grund dieses oder weiterer Verträge zugesprochen werden, erklären die Vereinigten Staaten, daß sie im Verwaltungsgebäude der erwähnten Reservation 10 Jahre hindurch am 1. September jedes Jahres folgende Artikel ausliefern:
Kleidungsartikel, Güter oder statt dessen Rohmaterial im Wert von höchstens 5 Dollar pro Indianer – den Wert schätzt der Beamte –; jeder Indianer soll angehalten werden, seine Kleidung, Decken etc. selbst herzustellen, und nur mit solchen Gegenständen ausgestattet zu sein, die er selbst herstellen kann. Damit der Kommissar für indianische Angelegenheiten die oben erwähnten Gegenstände richtig schätzen kann, ist es die Pflicht des Beamten, ihm jedes Jahr eine vollständige und exakte Zählung der Indianer vorzulegen, auf deren Grundlage die Schätzung vorgenommen werden kann.
Zusätzlich zu den oben erwähnten Artikeln soll für die Dauer von 10 Jahren alljährlich die Summe von 10 Dollar jenen Personen zukommen, die in den rechtmäßigen Genuß der Vertragsbestimmungen kommen, jenen, die dem Ackerbau oder einem Handwerk nachgehen und vom Kommissar für indianische Angelegenheiten beim Verkauf von solchen Waren, die von Zeit zu Zeit für die Bedürfnisse der Indianer notwendig erscheinen, eingesetzt werden. Wenn man innerhalb dieser 10 Jahre irgendwann den Eindruck hat, man könnte das Geld, das man für die Kleidung verwendet, einer den erwähnten Indianern nützlicheren Sache zuwenden, hat der Kommissar für indianische Angelegenheiten das Recht, das Geld anderen Zwecken zuzuweisen, doch unter keinen Umständen soll die Zuweisung völlig zurückgezogen werden oder eine Zeitlang unterbunden werden, dies alles jedoch unter der Voraussetzung, daß Frieden herrscht. Und der Präsident wird jährlich einen Offizier der Armee abordnen, der bei

der Ausgabe der Güter an die hier genannten Indianer anwesend ist und die Ausgabe bezeugt; er wird die Qualität und die Quantität der Waren und die Art der Auslieferung begutachten und melden.

Artikel 9

In Anbetracht der Vorteile und Gewinne, die dieser Vertrag bringt, und angesichts der vielen Zusicherungen von Freundschaft, wird den Stämmen, die Vertragsbeteiligte sind, zur Bedingung gemacht, daß sie auf jedes Recht, ein Gebiet außerhalb ihrer Reservation zu besetzen, verzichten, doch das Recht behalten, in jedem angrenzenden unbewohnten Landstück zu jagen, solange es in den umliegenden Gebieten genügend Wild gibt, um dies zu verantworten;
und sie, die Indianer, erklären ausdrücklich,
1) daß sie dem Bau der transkontinentalen Eisenbahn, der nun begonnen wurde und weitergetrieben wird, keinen Widerstand entgegensetzen;
2) daß sie sich nicht einmischen in den friedlichen Bau irgendeiner Eisenbahnlinie außerhalb ihrer Reservation, die hier abgegrenzt wurde;
3) daß sie nicht Personen – zu Hause oder auf Reisen – belästigen werden, noch Eisenbahnzüge oder Wagenzüge, Maultiere oder Vieh, das Amerikanern oder Leuten, die mit Amerikanern befreundet sind, gehört, angreifen oder rauben;
4) daß sie nie von Siedlungen Frauen rauben oder Kinder entführen;
5) daß sie nie Weiße töten oder skalpieren, noch versuchen, ihnen etwas anzutun;
6) daß sie sich in Zukunft nicht dem Bau von Eisenbahnlinien, Straßen, Postgebäuden und anderen notwendigen oder nützlichen Dingen, die durch die Vereinigten Staaten gesetzlich befohlen oder erlaubt wurden, widersetzen; doch sollten solche Wege oder Bauten auf dem Gebiet ihres Reservates errichtet werden, wird die Regierung dem Stamm Schadenersatz bezahlen. Die Höhe des angerichteten Schadens wird eine dreiköpfige neutrale Kommission festsetzen, die vom Präsidenten eigens zu diesem Zweck ernannt wird, wobei eines der Kommissionsmitglieder der Häuptlinge oder ein Führer des Stammes ist.

7) daß sie dem Bau von militärischen Stützpunkten oder Straßen, die jetzt gebaut werden oder in Zukunft angelegt werden, keinen Widerstand entgegensetzen, dadurch daß sie diesen Vertrag oder weitere Verträge, die evtl. in Zukunft mit anderen Indianerstämmen gemacht werden, verletzen.

Artikel 10

Kein zukünftiger Vertrag über den Verzicht auf einen Teil der hier beschriebenen Reservation soll Gültigkeit haben oder gegen die Indianer ausgelegt werden, es sei denn, mehr als drei Viertel aller männlichen erwachsenen Indianer, die entweder das betroffene Gebiet besiedeln oder am Vertrag interessiert sind, stimmen dem zu; und kein Verzicht des Stammes soll so verstanden und ausgelegt werden, daß irgendein Mitglied des Stammes ohne seine Zustimmung der Rechte auf ein Stück Land, das er gemäß Artikel 5 des Vertrages wählen kann, beraubt wird.

Die Navajo erklären hiermit außerdem, daß sie nach der Unterzeichnung so in die zur Verfügung gestellte Reservation gehen werden, wie der Agent oder der Beamte, der mit ihrer Ausweisung beauftragt ist, es ihnen vorschreibt; die Vereinigten Staaten werden für ihren Unterhalt auf dem Weg aufkommen und genügend Transportmöglichkeiten für die Kranken und Schwachen bereitstellen.

Artikel 11

Die betroffenen Parteien erklären weiters, daß die Summe von 150000 Dollar wie folgt aufgeteilt werden soll:
1) Etwa 50000 Dollar für die tatsächlichen Kosten der Umsiedlung des Stammes vom Bosque Redondo Reservat zur neuen Reservation.
2) Der Erwerb von 15000 Schafen und Ziegen soll höchstens 30000 Dollar kosten.
3) Der Kauf von 500 Stück Rindern und einer Million Pfund Mais, der gesammelt und in einem Militärstützpunkt nahe der Reservation aufbewahrt wird – welcher dem Befehl des Beamten unter-

steht –, um für den kommenden Winter das Nötigste bereitzustellen.
4) Der Rest, falls vorhanden, wird verwendet, um die Indianer, die bezüglich ihrer Umsiedlung unentschlossen sind, zu unterstützen; die Art und Weise kann der Beamte, der bei ihnen bleibt, bestimmen.
5) Die Umsiedlung dieses Stammes wird unter die oberste Kontrolle und Leitung des militärischen Befehlshabers von New Mexico gestellt, und wenn sie abgeschlossen ist, wird die Führung des Stammes einem eigenen Beamten unterstellt.

Der genannte Stamm erklärt sich durch seine Repräsentanten, die Parteien des Vertrages, einverstanden, daß er die beschriebene Reservation zu seiner ständigen Heimat macht, daß er sich als Stamm nicht irgendwo anders niederlassen wird – ausgenommen das Recht, in den benachbarten Gebieten der bisherigen Reservation zu jagen – und sich den Anordnungen, die in diesem Vertrag beschrieben sind, sowie den Anordnungen des jeweiligen Kommandierenden des Gebietes, in dem das Reservat liegt, unterwirft. Die Parteien des Vertrages erklären weiters, daß jeder Navajo und jeder andere Indianer, der sich außerhalb der genannten Reservation niederläßt, alle Rechte, Privilegien und Vorteile, die in dem Vertrag festgelegt sind, verliert. Außerdem verpflichten sich die Parteien des Vertrages, daß sie alles in ihrer Macht Stehende tun werden, Indianer dazu zu bringen, die nun irgendwo außerhalb des Reservates, das für die Besiedlung und Bewirtschaftung durch Indianer bestimmt ist, ein Nomadenleben führen, die in Kriegszustand leben mit Bürgern der Vereinigten Staaten, ein solches Leben aufzugeben und sich in einer Reservation, die nur für die Besiedlung und Bebauung durch Indianer eingerichtet wurde, auf immer niederzulassen.

Urkundlich dessen, setzen die Parteien ihr Siegel am 1. Juni 1868 in Fort Sumner, N. M.
W. T. Sherman
Lt. Gen'l, Indian Peace Commissioner
S. F. Tappan
Indian Peace Commissioner

Barboncito, Chief
Armijo
Delgado
Manuelito
Largo
Herrero
Chiqueto
Muerto de Hombre
Hombro
Narbono
Narbono Segundo
Ganado Mucho
Riquo
Juan Martin
Serginto
Grande
Inoetenito
Muchachos Mucho
Chiqueto Segundo
Cabello Amarillo
Francisco
Torivio
Desdendado
Juan
Guero
Gugadore
Cabason
Barbon Segundo
Cabares Colorados

Attest:
Geo. W. G. Getty
Col. 37th Inf'y, Bt.Maj.Gen'l U.S.A.
B. S. Roberts,
Bt. Brg.Gen'l U.S.A., Lt. Col. 3rd Cav'y.
J. Cooper McKee,
Bt. Lt.Col.Suegeon U.S.A.
Theo. H. Dodd,

LITERATUR- UND QUELLENVERZEICHNIS

U. S. Indian Ag't for Navajos.
Chas.McClure,
Bt.Maj. and C.S.U.S.A.
James F. Weeds,
Bt.Maj. and Asst.Surg. U.S.A.
J. C. Sutherland,
Interpreter
William Vaux,
Chaplain U.S.A.

Dann wurde der genannte Vertrag dem Senat der Vereinigten Staaten zur Begutachtung übergeben, der Senat setzte sich am 25. Juli 1868 für die Ratifizierung desselben mit einer Resolution folgender Gestalt ein:
Der Senat (zwei Drittel der Senatoren waren anwesend) rät zur Ratifizierung des Vertrages zwischen den Vereinigten Staaten und den Navajo, der in Fort Sumner, N. M., am 1. Juni 1868 abgeschlossen wurde.

Geo. C. Gorham
Secretary,

By. W. J. McDonald
Chief Clerk.

Aus diesem Grunde werde nun bekannt gegeben, daß ich, Andrew Johnson, Präsident der Vereinigten Staaten von Amerika, im Anschluß an die Beratung durch den Senat, wie in der Resolution vom 25. Juli 1868, den genannten Vertrag akzeptiere, ratifiziere und bestätige.
Urkundlich habe ich meinen Namen unterzeichnet und das Siegel der Vereinigten Staaten von Amerika aufgedrückt
So geschehen in Washington, den 12. August im Jahr des Herrn 1868 und im 93. Jahr der Unabhängigkeit von Amerika

Andrew Johnson

LITERATUR- UND QUELLENVERZEICHNIS

Adams, James Truslow (Editor): Atlas of American History, New York 1943
Andrews, Ralph W.: Indian Leaders Who Helped Shape America, Seattle 1971
Andrews, Ralph W.: Indians As the Westerners Saw Them, Seattle 1963
Bakeless, Katherine and John: They Saw America First, Philadelphia, New York 1957
Betzinez, Jason with Nye, Wilbur Sturtevant: I Fought with Geronimo, Harrisburg, Pennsylvania 1959
Biesele, Rudolph Leopold: The History of the German Settlements in Texas, Austin 1930
Biggers, Don H.: German Pioneers in Texas, o. O. 1925
Brininstool, E. A.: Fighting Indian Warriors, Harrisburg, Pennsylvania 1953
Brown, Dee: Begrabt mein Herz an der Biegung des Flusses, Hamburg 1972
Burbank E. A.: Burbank among the Indians, Caldwell, Idaho 1946
Capps, Benjamin: The Indians, Time Inc. 1973
Capps, Benjamin: The Great Chiefs, New York 1975
Cartier, Raymond: Europa erobert Amerika, München 1962
Catlin, George: Letters and Notes on the Manners, Customs, and Conditions of North American Indians, New York 1973
Clarke, T. Wood: The Bloody Mohawk, Port Washington, Long Island New York 1941 (1968)
Congdon, Charles E.: Allegany Oxbow, New York, Salamanca 1967
Cunningham, Frank: Confederate Indians, San Antonio, Texas 1959
Dodge, Richard Irving: Die heutigen Indianer des fernen Westens, Autorisierte deutsche Bearbeitung durch Dr. Karl Müller-Mylius, Wien, Pest, Leipzig 1884
Drake, Francis S.: Indian History for Young Folks, New York 1884
Dresner, Simon: Wege durch die Wildnis, o. O. o. J.

Driver, Harold E.: Indians of North America, Norman 1961
Drucker, Philip: Indians of the Northwest Coast, Garden City, New York 1963
Eckert, Allan W.: Blue Jacket, Boston, Toronto 1969
Ellis, Richard N.: Bent, Carson, and the Indians, 1865, Colorado Magazine 46/1 Winter 1969
Emerson, William C.: The Seminoles: Dwellers of the Everglades, New York 1954
Every van, Dale: Disinherited: The Lost Birthright of the American Indian, New York 1966
Ewers, John C.: Artists of the Old West, Garden City, New York o. J.
Farb, Peter: Die Indianer, Wien, München 1975
Fehrenbach, T. R.: Comanchen, Hannover 1974
Fenton, William N.: Parker on the Iroquois, Syracuse 1968
Fielder, Mildred: Sioux Indian Leaders, Seattle 1975
Fletcher, Sidney E.: The American Indian, New York o. J.
Foreman, Grant: The Last Trek of the Indians, Norman 1946
Forest De, John W.: History of the Indians of Connecticut, o. O. 1964
Frost, Lawrence A.: The Custer Album, Seattle o. J.
Gabriel, Ralph Henry: The Lure of the Frontier, New Haven 1929
Gagern, Friedrich: Das Grenzerbuch, Berlin 1927
Graham, W. A.: The Custer Myth, Harrisburg, Pennsylvania 1953
Hagen von, Victor W.: Sonnenkönigreiche, München, Zürich 1962
Hamilton, Charles (Hrsg.): Ruf des Donnervogels, Zürich 1960
Hartmann, Horst: Die Plains- und Prärieindianer Nordamerikas, Hrsg. vom Museum für Völkerkunde Berlin 1973
Heckewelder, Johann: Indianische Völkerschaften, Kassel 1975 (Reprint der Ausgabe Göttingen 1821)
Hodge, Frederick W.: Handbook of American Indians, New York 1959
Hyatt-Verrill, A.: The Real Americans, New York 1954
Hyde, George E.: Indians of the High Plains, Norman 1959
Ingstad, Helge: Die letzten Apachen, Berlin 1940
Josephy, Alvin M. (Editor): The American Heritage Book of Indians, o. O. 1961
Jones, Douglas C.: The Treaty of Medicine Lodge, Oklahoma o. J.
Kennedy, Michael S.: The Red Man's West, New York o. J.
Klotzbach, Kurt: Wagenspur nach Westen, Göttingen 1974

La Farge, Oliver: A Pictorial History of the American Indian, New York 1956
Lennhoff, Eugen/Posner, Oskar: Internationales Freimaurerlexikon, Wien, München o. J. (unveränderter Nachdruck der Ausgabe 1932)
Linderman, Frank B.: Plenty Coups. Chief of the Crows, London 1930
Lindig, Wolfgang/Münzel, Mark: Die Indianer, München 1976
Lossing, Benson J.: Unser Land. Geschichte der Vereinigten Staaten, New York 1877
Lounsbury, Floyd G.: A Semantic Analysis of the Pawnee Kinship Usage, o. O. o. J.
Marriott, Alice: Kiowa Years, New York 1968
Marschall King, Irene: John O. Meusebach, Austin & London 1967
McCreight, M. I.: Firewater and Forked Tongues, Pasadena, Cal. 1947
McKenney, Thomas L.: History of the Indian Tribes of North America, Philadelphia o. J.
McLuhan T. C.: Touch the Earth. A Self-Portrait of Indian Existence, New York 1971
McReynolds, Edwin C.: The Seminoles, Norman 1957
McSpadden, J. Walker: Indian Heroes, New York 1928 (1950)
Miller, David Humphreys: Custer's Fall, New York 1957
Miller, David Humphreys: Ghost Dance, New York 1959
Mittler, Max: Eroberung eines Kontinents, Freiburg 1968
Möllhausen, Balduin: Wanderungen durch die Prärien und Wüsten des westlichen Nordamerika vom Mississippi nach den Küsten der Südsee, Leipzig 1860
Monture, Ethel Brant: Canadian Portraits, Toronto 1960
Morgan, Lewis H.: League of the Ho-de-no Sau-nee or Iroquois, Reprinted by Human Relations Area Files, New Haven 1954
Murray, Keith A.: The Modocs and their War, Norman 1959
Oehler, C. M.: The Great Sioux Uprising, New York 1959
o. V.: Forgotten Frontier. A Study of the Spanish Indian Policy, Norman 1932 (1969)
Paine, Lauran: Conquest of the Great Northwest, New York 1959
Parker, Arthur C.: The History of the Seneca Indians, Port Washington, Long Island, New York 1926 (1967)
Parkman, Francis: The Conspiracy of Pontiac and the Indian War after the Conquest of Canada, Boston 1875
Peckham, Howard H.: Pontiac and the Indian Uprising, New York 1970

Peithmann, Irvin M.: Unconquered Seminoles, St. Petersburg, Florida 1957
Salisbury, Albert & Jane: Here Rolled The Covered Wagons, Seattle 1948
Schmitt, Martin F./Brown, Dee: Fighting Indian Warriors, New York 1948
Smith, John: Unter den Indianern Virginiens, Leipzig 1926
Sonnichsen, C. L.: The Mescalero Apaches, Norman 1958
Stafford, Harry Errald: The Early Inhabitants of the Americas, New York, Washington, Hollywood 1959
Stöhr, Waldemar: Lexikon der Völker und Kulturen, Reinbek 1972
Swanton, John R.: The Indian Tribes of North America, Washington 1952 (1974)
Tebbel, John: The Compact History of the Indian Wars, New York o. J.
Thomas, Alfred Barnaby (Editor): After Coronado. Spanish Exploration Northeast of New Mexico 1696–1727, Norman 1935 (1966)
Tucker, Glenn: Tecumseh, Bremen 1956
Underhill, Ruth: Here Come the Navaho, United States Indian Service, o. J.
Underhill, Ruth: The Navajos, Norman 1956
Wallace, Anthony F. C.: The Death and Rebirth of the Seneca, New York 1970
Wallace, Ernest/Hoebel, E. Adamson: The Comanches, Norman 1952
Waters, Frank: Book of the Hopi, New York 1963
Wellman, Paul I.: Indian Wars and Warriors, Cambridge, Massachusetts 1959
Weslager, C. A.: The Delaware Indians. A History, New Brunswick, New Jersey 1972
Wied, Maximilian Prinz zu: Reise in das innere Nord-Amerika in den Jahren 1832 bis 1834, Frankfurt/M. 1970 (Reprint)
Willison, George F.: Behold Virginia: The Fifth Crown, New York 1952
Wiltsey, Norman B.: Die Herren der Prärie, Stuttgart 1965
Wissler, Clark: Das Leben und Sterben der Indianer, Wien 1948
Wissler, Clark/Skinner, Constance Lindsay/Wood, William: Adventurers in the Wilderness, New Haven 1925
Wood, Norman B.: Die großen Häuptlinge der Indianer, Frankfurt/M. 1968

LITERATUR- UND QUELLENVERZEICHNIS

Wood, William/Gabriel, Ralph Henry: The Winning of Freedom, New Haven 1927
Wright, Muriel H.: A Guide to the Indian Tribese of Oklahoma, o. O. o. J.
Württemberg, Herzog Paul Wilhelm von: Reise nach dem nördlichen Amerika in den Jahren 1822 bis 1824, Neuausgabe, München, o. J.
Württemberg, Herzog Paul Wilhelm von: Reisen und Streifzüge in Mexiko und Nordamerika 1849–1856, Hrsg. v. Siegfried Augustin, Stuttgart 1986

Darüber hinaus wurden zahlreiche Artikel aus historischen Zeitschriften und Magazinen als Quellen herangezogen, so u. a.
»Colorado Magazine«
»New Mexico Historical Review«
»North Dakota Historical Quarterly«
»Utah Quarterly«
»West Texas Historical Association Year Book«
sowie Artikel aus den in Deutschland erschienenen Zeitschriften »Kalumet« und »Americana«.

PERSONEN- UND ORTSREGISTER

Adobe Walls 371, 382
Adodarhoh 76
Aix-la-Chapelle, Frieden von 82
Albany 82
Albuquerque 478
Alexis, russ. Großfürst 300
Alvord, Henry 369, 378
Amherst, Jeffrey 120, 124 f., 372
Anadarko 372
Ann, engl. Königin 32, 81
Anthony, Major 332 f.
Apache-Paß 494, 499
Applegate, Lindsay 444
Arbuckle, Captain 140
Argall, Captain 31
Arivijo 529
Asa Daklugie 519
Atkinson, General 167 f., 172
Aux Ecores 121
Barboncito 480, 485, 529, 538
Bartlett, J.R. 492
Barrett, S.M. 519
Barry, David F. 290 f., 326
Bascom, Leutnant 499 f.
Baylor, Captain 495
Bear Paw Mountains 421
Bear River 436
Bear Spring 483, 531
Beasley, Major 183 f.
Bedell, Kommandeur 88
Beecher's Island 337, 341, 522
Bent, William 330 f., 335
Benteen 326
Bent, George 335

Big Horn Mountains 279
Big Horn River 315, 343
Big Snake 247
Big Tree 364 f., 369 f.
Big Tree, Vertrag von 104
Birch Coulee 253
Black Beaver 56, 62, 322
Black Dog 217
Black Hawk 12, 73, 162
Black Hills 266, 272, 279 f., 300 f., 318, 329, 345, 356, 358
Black Kettle 277, 299, 328, 338, 340, 357, 363
Black Shawl 282
Black Tooth 143
Blackfoot Crossing 305, 309, 311
Black Fish 140, 145
Black Snake 139 f., 144 f.
Blazer, Arzt 508
Blue Jacket 130, 132, 135, 137, 140 f., 150
Bluff Creek 334
Blunt, James G. 216
Bodmer, Karl 236
Bogus Charley 447
Bolon, A.J. 404
Bonito 523
Bonneville, Colonel 475
Boone, Daniel 138, 144, 146
Boone, Israel 146
Bord, Henry 145
Bosque Redondo 476, 478, 481, 484 f., 500, 506 f., 514
Boston Charley 447 f.
Boudinot Elias, 211, 213

ANHANG

Boudinot, Elias C. 216 f.
Bouquet, Henry 124 f.
Bourgmont, du 373
Bourke, Captain 512
Bow River 305 f.
Boyd, Leutnant 88
Bozeman Trail 261, 263 f.
Braddock, Edward 83, 101, 118, 201
Bradley, General 282 f.
Bradley, James 326
Brave Bear 298
Broadstreet, Colonel 124
Brock, General 159
Brodhead, Oberst 89
Broughton, William 397
Brown, William 285
Brownstown, Schlacht bei 159
Brunot, F.R. 458
Buckongahelas 62
Buffalo Bill s. Cody, William (Bill)
Buffalo Creek, Abkommen von 104
Buffalo Horn 452
Bull Bear 339
Bushy Run 125
Butterfield, Major 88
Cabalero 508
Cabots, John 19 f., 22
Cabots, Sebastian 19 f., 22
Cache Creek 527
Cage, Thomas 126
Cain, A.J. 413
Calhoun, John C. 189
Camp Charlotte 139 f.
Camp Grant 501
Camp Holmes 374

Camp Robinson 280, 282, 301
Campbell, Kommandant 132
Canada Alamosa 502
Canby, Colonel 475
Canby, Edward R.S. 445, 447
Candelaria Mountains 509
Cañon Bonito 531
Canonchet 36, 41, 53
Canonicus 43
Canyon de Chelley 474 f., 477, 482, 531
Cape Girardeau 160
Captain Jack 440
Carleton, General 476 ff., 484, 495, 500
Caroline, Nichte King Hendricks 81
Carr, General 341
Carrington, Colonel 264
Carroll, Major 464
Carson, Kit 457, 476 f., 478 f.
Cartier, Jacques 20, 72, 74, 111
Catatough 29
Catlin, George 196, 236, 238, 240
Champlain, Samuel de 20, 72, 111
Chandler, Innenminister 272
Charbonneau, Baptiste 430, 432
Charbonneau, Toussaint 430 f.
Chardon, Francis A. 240
Charlie Emathla 193 f.
Charlton, John B. 365
Chato 517, 523
Che-cho-ter 193
Cherry Valley 88 f.
Chickahominy-Fluß 27
Chicksika 144, 147, 150

Chief Anderson 64
Chihuahua 523
Chillicothe 137 ff., 144, 146
Chivington, Colonel 299, 330 f.,
   333, 346
Church, Captain 43 ff.
Church, General 193
Chuska Mountains 473, 478,
   480, 484 f., 486 f.
Clairborne, General 184
Clark, General 64, 172
Clark, George Rogers 146
Clark, Ben 350
Clark, Leutnant, Stellvertreter
   General Crooks 282
Clark, William 392 f., 394, 400,
   410, 428 ff.
Clarke, Newman S. 407
Clearwater 418 f.
Clermont 217
Clinch, General 195
Clinton, Gouverneur 82
Clum, John P. 521
Cochise 495 f., 499, 507, 521
Cock, Lasse 58
Cody, William (Bill) 286 f.
Coffee, Colonel 184
Coleman, Whiskyhändler 324
Colley, Indianeragent 331
Collins, Indianeragent 475
Collyer, Vincent 507
Colorado 458
Colorow s. Colorado
Combutwaush 442
Conejos 456
Conness, John 443
Connor, Patrick E. 263 f., 338,
   436

Conolly, Hauptmann 92 f., 95,
   137
Cooley, Davis N. 217
Cooper, James Fenimore 54, 111
Cornelius, Colonel 405
Cornplanter 76, 89 f., 99, 109
Cornstalk 127, 135, 144
Coronado, Francisco Vasquez
   de 228, 353, 488
Craig, Indianeragent 406
Crawford, Captain 523 f.
Crazy Head 286
Crazy Horse 10, 12, 260, 265,
   267, 270-273, 289, 301, 319,
   338, 343, 515
Cremony, John C. 496, 498
Cresap, Captain 93, 95 f., 137
Crockett, Davy 212
Crook, General 235, 246, 276,
   279, 281 ff., 301, 319, 344, 501,
   510, 515 ff., 521 ff.
Crow Dog 302 f.
Crow King 284
Crowfoot 304, 306
Cummings, Major 477
Curly 322
Curry, George 405
Cushings, Leutnant 501
Custer, George Armstrong
   271 f., 277 ff., 281, 286, 293,
   300, 319, 324 ff., 326, 336, 343,
   363, 408, 420, 437
Custer, Thomas 293 f.
Cuyler, Leutnant 124
Dade, Major 194
Dale, Thomas 31
Daly, George 515
Dalyell, Captain 124

Darlington Reservation 344
Davis, Jefferson, Präsident der Südstaaten 495
Davis, Jefferson C., General 447
De la Warr, Lord 31, 55
De Lancey, Gouverneur 82
De Moira, Earl of 87
De Smet, Missionar 269
Dekanawida 74 f.
Delgadito 477, 484
Denonville, Gouverneur 114
Dewdney, Edgar 311
Dieskau, Baron von 83
Dodd, Major 481
Dodge, Henry 373
Doniphan, Colonel 473
Doucett, Missionar 313
Downing, Lewis 217 f.
Drake, Sir Francis 21
Drew, John 215
Dull Knife 263 f., 341, 437
Dundy, Elmer S. 246 f.
Dunmore, Lord, Gouverneur 92, 96, 137 ff.
Eayre, Leutnant 330
Eckitoacup 381
Egan 452
Elk Greek 371
Ellinipsica 140 f.
Elliott, Major 336
Elskwatawa 153
Escalante, Silvestre Velez de 453
Evans, Gouverneur 331 f., 454
Fallen Timbers, Schlacht bei 132, 148, 150
Fetterman, Captain 264, 275
Fitch, James 53

Folger, Isaiah 397
Forks, Hopestill 40
Fort Arbuckle 68
Fort Belknap 65
Fort Bennett 405
Fort Bent 328
Fort Bowie 504
Fort Bridger 435 f.
Fort Buchanan 500 f.
Fort Buford 284
Fort Chartres 125
Fort Clarke 238, 240, 370
Fort Clatsop 431
Fort Cobb 68, 335, 363
Fort Defiance 477 f., 481, 484, 531
Fort Detroit 123 ff.
Fort Dodge 361
Fort Duquesne 83
Fort Edwards 83
Fort Elliott 398 f.
Fort Ellsworth 339
Fort Fauntleroy s. Fort Wingate
Fort Finney 146
Fort Gibson 216
Fort Harmar 102, 146
Fort Industry, Vertrag von 148
Fort Keogh 295, 350, 420
Fort Klamath 444, 449
Fort Laramie 263-266, 272, 289, 298 f., 315, 317, 328, 330, 343
Fort Larned 330, 339, 357
Fort Leavenworth 298 f., 423
Fort Lincoln 293
Fort Loudon 201
Fort Lyon 331 f., 531
Fort Macleod 311
Fort Marion 372, 524 f.

Fort McLean 495
Fort Miami 132
Fort Mims 183
Fort Missoula 419
Fort Monroe 171
Fort Moultrie 196 f.
Fort Parker 380
Fort Phil Kearney 264
Fort Pickens 525
Fort Pitt 123 ff.
Fort Randolph 140
Fort Recovery 131
Fort Richardson 364, 382
Fort Ridgely 253
Fort Robinson 343, 348 ff.
Fort Ross 394
Fort Sill 358, 363 f., 369 ff., 372, 375, 378, 512, 518 f., 525 ff.
Fort Simcoe 408
Fort Smith 65, 68
Fort Snelling 253
Fort Stanton 508
Fort Stanwix 88, 102 f., 140
Fort Steilacoom 404
Fort Sumner 478, 481, 529, 537, 539
Fort Totten 293
Fort Tularosa 502
Fort Walla Walla 408
Fort Walsh 284
Fort Washakie 439
Fort Washington 130 f.
Fort Washita 68
Fort Wayne 129, 134
Fort Wingate (früher Fort Fauntleroy) 478, 481, 484, 486
Fort Wise 330
Fort Yates 285

Four Lakes 408
Franklin, Benjamin 167
Franz I., franz. König 20
Frobisher, Martin 20
Frontenacs 114
Gaines, Edward P. 167, 195
Galbraith, Major 252 f.
Gall 284 f., 326, 343
Gallup, Bahnstation 486
Ganado Mucho 473, 483, 485, 538
García, Lorenzo 522
Garnett, Major 408 f.
Gatewood, Leutnant 524 f.
George Washington (Häuptling der Caddo) 217
German Flats 88
Geronimo 10, 517 ff. (–527)
Gibbon, Colonel 420
Gibbon, General 276 f., 318
Gibson, Grenzjäger 96
Gilbert, Humphrey 20
Gillem, General 445
Girty, Simon 132
Gist, Christopher 201
Gist, Nathanael 201
Gladwyn, Major 124 f.
Gookin, Missionar 53
Goose Creek 319
Gorges, Sir Ferdinando 34
Gosnold, Bartolomeu 34
Grand Canyon 477
Granger, General 502
Grant, Ulysses S. 285, 346, 417, 449, 503, 507
Grasland, Major 173
Grattan, Leutnant 298
Gray Head 334

ANHANG

Greathouse, Daniel 85, 137, 520
Greenville, Ohio Frieden zu 132, 151, 153
Grey Fox s. Crook
Grouard, Frank 282
Hall, Captain 141
Haller, Granville 404
Hancock, General 339 f.
Harmar, General 130, 147
Harney, William S. 65, 217, 298, 328
Harrison, General 133
Harrison, Gouverneur 154 ff.
Hatch, Major 255
Hayes, Rutherford B. 423
Heckewelder, Missionar 60
Hemita Imathla 195
Hennepin, Louis 260
Henry, Guy V. 437
Herkimer, General 88
Herrero Grande 484
Herrero the Blacksmith 475
Hewitt, James 61
Hiawatha 74 f.
Holme, Thomas 59
Hooker Jim 446 ff.
Horseshoe Bend 184 f., 187
Howard, E.A. 245
Howard, General 417 ff., 422, 426
Howard, Oliver O. 503
Howard, Otis O. 417
Hull, General 159
Huntington, Perit J.W. 443 f.
Ilges, Major 290
Irwin, Captain 500
Ishakoly 374
Jack Red Cloud 276

Jackson, Andrew (General/Präsident) 172, 184-187, 190, 193, 203, 211 f., 372
Jackson, David 444
James I., engl. König 21
Jamestown 30 ff.
Japazaw 31
Jason Betzinez 513
Jefferson, Thomas 97, 139
Jeffords, Tom 503, 501 ff.
Jesup, General 195 f.
Jikonsaseh 75
John Jumper 217
John Ross 196, 205, 213 ff.
John Sassamon 40
Johnson Hall 90
Johnson, Andrew 265, 529, 539
Johnson, Guy 87, 89
Johnson, James 489
Johnson, John 87, 89 f.
Johnson, William 79, 81, 86 f.
Joseph 54, 282, 410, 412 ff., 526
Joseph Brant 76, 84, 99, 101, 109, 150
Juan José 489
Ka-ni-ache 457
Kamiaken 400 ff.
Kanawha 91
Kayastah s. Crowfoot
Keam, Thomas 485
Kearnys, General 472 f.
Kelly, Colonel 405
Kemble, Edward C. 244
Kenton, Simon 138, 145
Keokuk 12, 162, 164
Kicking Bear 464 f.
Kicking Bird 362 f.
King Hendrick 76, 79

PERSONEN- UND ORTSREGISTER

King Philip s. Metacom
Kosziuszko, Tadeusz 133
Lacombe, Missionar 307 ff., 312 f.
LaFlesche, Francis 247
LaFlesche, Joseph 245
LaFlesche, Susette (»Bright Eyes«) 245, 247
Lahontan, Louis Armand Baron von 115 f.
Laird, Gouverneur 310
Lake George, Schlacht am 86
Lalawethika s. Tenskwatawa
Lava Beds 442, 445 ff.
Lawyer 406, 413, 416
Lean Bear 330
Leatherlip 112, 155
Leavenworth 362
Lee, Captain 282 f.
Leepers Creek 69, 378
LeForge, Tom 325
Leibniz, Wilhelm 117
Letalashaw 231 f.
Lewis, Andrew 138 f.
Lewis, Meriwether 392 f., 394, 400, 410, 428 ff.
Lincoln, Abraham 255, 330, 443
Linderman, Frank B. 317
Little Arkansas, Vertrag von 362
Little Big Horn 267, 278 ff., 285, 289, 294 f., 324 ff., 343, 346, 408
Little Blue Jacket 147
Little Crow 250
Little Raven 331, 334, 357
Little Robe 341
Little Shield 350
Little Thunder 299

Little Turtle 10, 73, 127 f., 146 ff.
Little Wolf 341, 343 f.
Loco 522 f.
Logan 10, 76, 93 ff., 137, 520
Logan, Benjamin 138, 140, 146
Logen, James 62, 95
Lone Wolf 363 f., 367, 378
Long Earrings 475, 483
Longfellow, Henry Wadsworth 295
Looking Glass 407, 417 ff., 422
Loramie, Peter 144
Los-Pinos-Agentur 456, 458
Lost River 443 f.
Lyon, Nathaniel 215
MacDonald, General 137
Mackenzie, Colonel 343, 346, 372, 382
Macleod, Colonel 308, 312
Mamanti 364, 372
Mangas Coloradas 489, 500, 506, 513, 521
Mangas Coloradas d. J. 523
Mankato 254
Manuelito 475, 477, 482 ff., 538
Manuelito Springs 485
Manuelito, Bahnstation 486
Marcy, Captain 65
Markham, William 58
Mary (Molly), Joseph Brants Schwester 86 f.
Mason, C.H. 404 f.
Mason, John 48
Massasoit 36, 38, 53
Matlack, Timothy 104
Maus, Leutnant 515
May, Karl 110
McCulloch, General 215

McGillivray, Alexander 181, 183
McGregor, Captain 444
McKinistry, Captain 88
McLaughlin, Major 285 ff.
Meacham, A.B. 445, 447
Meckunumps 47
Medicine Bottle 255
Medicine Lodge 69, 334, 340, 359, 361 ff., 376 ff., 381, 402
Meeker, Nathan C. 458
Mendota 249 f.
Metacom 37 ff. (−41), 43, 53, 90, 120, 123, 273
Metmequan 58
Miami 127, 130
Miantonomo 43, 50 ff.
Micanopy 193 ff.
Michillimackinac 120
Miles, General 279 f., 295, 421, 423, 426
Miles, John D. 344, 346 f.
Miles, Nelson A. 524 f.
Mims, Samuel 183
Mirksah 43
Mitch Boyer 325, 327
Möllhausen, Heinrich Balduin 65
Moluntha 145 f.
Monroe, James 189
Montcalm, Marquis von 120
Mooney, William 61
Morgan, George 324
Mount Hope 39 f.
Myrick, Andrew 250, 252 f.
Naiche 504, 517, 522 ff.
Nana 506, 511 ff., 523
Narbona 473, 483

Narvaez, Panfilio de 20, 177
Natcoming 64
Neu-Ulm 253
New Echota 208, 211, 213
Nicaagat 458
Nicketti 27
Niobrara River 242, 244 f., 247
Nokona 381 f.
North Fork 373
North, Frank 229
O'Bail, John 101 f.
Oc-ti-tiani s. Red Jacket
Old Joseph 410
Old Tassel 201
Ollokot 416 f., 421 f.
Olney, Nathan 404
Opechancanough 22, 25, 27, 29 f., 33
Opitchapan 29
Orontony 112
Osceola 190, 228, 273, 283, 506, 513
Otee Amathla 195
Otis, Oberstleutnant 279
Ouray 454 ff.
Owenoco 47, 53
Owhi 406 f.
Pachgantschilhilas s. Buckongahelas
Paha sapa s. Black Hills
Palmer, General 339
Palo Duro Canyon 371, 382
Parker, Anthony 77, 98
Parker, Captain 515
Parker, Cynthia Ann 380 f.
Parker, Ely S. 76, 214 266, 501
Parker, H.K. 510
Parkman, Francis 121

Pathkiller 184
Payne's Landing 193
Pea Ridge, Schlacht von 215
Penagashega 153
Penn, William 58 f., 61 f., 68, 95, 456
Perkasie 58
Perry, Captain 418
Pessicus 52
Petalesharo 229
Petalesharo d. J. 233 f., 226
Peupeumoxmox 403, 405
Pike, Albert 214 f.
Pine Coulee, Schlacht von 252
Pine-Ridge-Agentur 262, 350
Pinos Altos 493 f., 507
Platte River/Platte Bridge 263, 328, 348
Pocahontas 10, 22, 25, 26 ff., 87, 432
Pocasset 38
Point Pleasant, Schlacht am 62, 96, 144, 419
Pokanoket 38
Pomp s. Charbonneau, Baptiste
Pontiac 73, 86, 90, 118, 121, 128, 138, 150, 153, 155, 159, 193
Popé 470
Poppleton, Rechtsanwalt 246
Porcupine 464
Powder River 263, 265, 272, 280, 315, 341 f., 347
Powell, William 192
Prairie du Chien 169
Pretty Eagle 320
Proctor, General 159
Prophet's Town 155, 158
Pucksinwah 137, 139, 143 f., 150

Puget Sound 395 ff.
Pushican 436
Qualchin 404, 406 f., 409
Quanah Parker 371, 378
Queenstown 159
Quenameckquid 60
Quilleriez, Gutsbesitzer 123
Rain-in-the-Face 291
Rains, Major 405
Raleigh, Walter 20
Ramsey, Gouverneur 254
Rawn, Captain 419 f.
Red Cloud 260 f., 265, 271 f., 276, 280, 289, 300 ff., 343, 348 f., 466
Red Hawk 140 f.
Red Jacket 10, 76, 89, 91, 104, 107, 376, 425
Red River 356, 363, 367, 373
Red Tomahawk 287
Reid, John 187
Reno, Marcus A. 325 f.
Republican River 333
Reynolds, Charlie 293
Reynolds, Colonel 276
Riddle, Frank 446
Riddle, Tobey 446 f.
Ridge, John Rollin 213
Ridge, Major 209, 211, 212, 213
Rio Gila 508
Rio Pecos 476, 478, 500
Roberts, Thomas 494 f.
Rodgers, William 145
Rogers, Robert 120
Rolfe, John 31 f.
Roman Nose 10, 263, 328, 331, 334 ff., 513
Romney, George 87

Roosevelt, Theodore 426, 519, 525
Rosebud 276 f., 279 f., 289, 301, 318 f., 326, 346, 350 f., 437
Ross, L.S. 380
Ross, William P. 218
Rundschädel 112
Russell White Bear 327
Russell, S.A. 507 ff.
Sacagawea 10, 428 ff.
Samoset 36
Samuel Checote 217
San Carlos Reservation 504, 507, 514 f., 521 f., 527
Sanborn, General 265
Sand Creek 332 f., 338, 346, 457
Santa Fé 473, 475, 502
Santa Fé Trail 357
Santa Rita del Cobro 489, 491 f., 506 ff., 514
Sassacus 47, 49
Satank 357 ff., 367, 369
Satanta 357, 369 f., 370
Schonchin 442
Schonchin John 446 ff.
Schurz, Karl 247, 459
Scioto River 127, 135
Scott, General 168
Scott, H.L. 325
Scott, Winfield 195
Seattle 395, 402, 425
Sebequanash 50
Sequoya 10 f., 199
Shakamaxon, Vertrag von 58, 68
Shakopee 255
Sheltowee (Big Turtle) s. Boone, Daniel

Sheridan, General 271 f., 276, 335 f., 340, 349, 363, 524
Sherman, General 261, 265, 340, 364, 371 f., 420, 478, 480
Sherman, W.T. 529, 537
Shikellamy 95
Shirland, E.D. 495 f.
Short Bull 464
Sibley, Henry H. 253 ff.
Silver City 508
Simcoe Valley 404
Sitting Bull 12, 260, 267 ff., 290, 294, 310, 343, 418, 421 ff., 465 f., 506, 519
Skeleton Canyon 525
Skloom 406
Slaughter, Leutnant 404
Smith, C.W. 509, 511
Smith, John 21, 25, 27 ff., 32, 34
Smoky Hill 333, 335
Snake River 417 f., 431
Snyder, Captain 421
Soto, Hernando de 20, 177
Spalding, Missonar 412
Spotted Tail 266, 272, 280, 296, 321, 348
Squanto 36
St.Clair, Arthur 131, 147, 150
Stand Watie 215
Standing Bear 242 ff.
Stanley, General 293
Steele, Elisha 443
Steptoes, Edward J., 407 f.
Stevens, Issac I. 398, 400, 402 ff., 406 f.
Stevenson, Captain 65
Stillman, Major 168
Street, General 169

PERSONEN- UND ORTSREGISTER

Sturgis, Samuel 420
Sullivan, General 89
Sully, General 338
Sumnit Springs 341
Sun Eagle s. Tabequana
Sundusky 112
Swansea 43
Swearingen, Charles van 147
Swearingen, Marmaduke van s. Blue Jacket
Sweetwater River, Schlacht am 275
Sword Bearer 320
Tabequana 374
Tahlequah 213, 215
Tall Bull 334, 341
Tammany 56, 60 f.
Tappan, Samuel F. 529, 537
Tatum, Lawrie 363 f.
Tavibo 462
Taza 504
Tecumapease 150
Tecumseh 10, 16, 54, 73, 109, 112, 132 f., 135, 143, 149 ff., 164, 181, 183, 193, 273, 425, 462 f.
Teedyuskung 62
Ten Bears 361 f., 375 ff.
Tenskwatawa 112, 135, 143, 151, 160, 183, 462
Terrazas, Colonel 514
Terry, General 276 f., 284, 324, 327
Thames River 159
Thomas E. 445, 447
Thompson, General 192 ff.
Three Bears 309, 313
Three Pines 196

Tibbles, T.H. 246
Timothy 408
Tippecanoe, Schlacht am 133, 155
Tohottonimme 408
Toohoolhoolzote 417, 421 f.
Touch-the-Cloud 281, 283
Traveling Wolf s. Ishakoly
Tukeytown, Konferenz von 203
Tula Lake 443, 447
Two Moons 276, 326
Uncas 10, 36, 45 ff. (–54)
Vaca, Cabeza da 177
Van Buren, Martin 212
Van Rensselaer, General 90
Vancouver, George 397
Varennes, Pierre de 236
Verendrye, Sieur de la 236
Verrazano, Giovanni da 20
Victorio 492, 504 ff. (–515), 519 ff.
Vore, Major 69
Wabash 127, 154 f., 158, 254
Wahunsonacock 22
Walker Lake 464, 466
Walker, Francis 369, 378
Walker, J. 495
Walla Walla 400, 402 f., 407, 412
Wallowa-Tal 413, 416 f., 421, 425 f.
Wamsutta 38
Warm Springs (Ojo Cliente) 507 f., 513
Washakie 275, 343, 428, 433
Washington, George 102 ff., 107, 131 f., 147 f., 181, 201
Washita River 68, 329, 335 f., 343, 363

Washita-Agentur 69
Wawequa 51
Waymouth, George 34
Wayne, General 104, 131 f., 148
Weatherford, Charles 183
Webster, Rechtsanwalt 246
Weckeah 380 f., 383
Weedom, Frederick 196
Weheequeckhon 59
Wellman, Paul 515
Wells, William 133
Weninock 402
Werowacomoco 25, 27, 29
Wessels, Captain 349
West, Benjamin 58
West, J.R. 496
Wetamoo 38, 44
Wheatley, Indianeragent 313
Wheelock, Eleazar 86
Whipple, Captain 418
Whipple, Leutnant 65
White Bird 417, 422
White Bull 326
Wied, Maximilian Prinz zu 171, 236, 238 ff.
William McIntosh 183, 185, 207
William Weatherford 155, 181, 185, 207
William, Ephraim 83
Williams, Oberst 380
Williams, Roger 43

Williamson, H.E. 320
Williamson, Händler 126
Wilson's Creek, Schlacht von 215
Wilson, David 462
Wilson, Sergeant 324
Winchester Colbert 217
Winthrop, Gouverneur 49 f.
Woipeguand 47
Wood Lake, Schlacht am 254
Wool, General 407
Woosamequin s. Massasoit
Wootonekauske 38
Wounded Knee 291, 452, 462, 464, 466
Wovoka 80, 286, 452, 460 ff.
Wright, Ben 442, 446, 448
Wright, George 406, 408 f.
Württemberg, Paul Wilhelm Herzog von 432
Wynkoop, Major 331 f., 335, 338
Yaqueekhon 60
Yellow Bear 380
Yellow Creek 93, 95
Yellow Hair s. Custer, George A.
Yellowstone River 315, 356, 420
Zarate-Salmeron, Fr.G. 453

DANKSAGUNG

Die Abbildungen in diesem Buch stammen teilweise aus der Sammlung des Autors, teilweise wurden sie von folgenden Personen und Institutionen zur Verfügung gestellt:

>   Frau Ilse Möllhausen, Bleicherode
>   Herrn Heinz Bründl, München
>   Herrn Manfred Grieger, Braunschweig (Südwest-Archiv)
>   Herrn Rüdeger Lorenz, Hamburg
>   Herrn Dr. Friedrich Schegk, München
>   (Archiv für Reise- und Abenteuerliteratur)
>   Herrn Klaus Schmid, München

Ihnen allen sei an dieser Stelle herzlich gedankt. Besonders hervorgehoben zu werden verdienen dabei Frau Ilse Möllhausen, die freundlicherweise die Genehmigung zum Abdruck einiger bisher unveröffentlichter Darstellungen aus den Skizzenbüchern Balduin Möllhausens (1825 – 1905) erteilt hat, und Herr Klaus Schmid, der zudem von vielen alten Vorlagen unter bisweilen schwierigen Bedingungen Reprographien hergestellt, indianische Gegenstände fotografiert und etliche Zeichnungen angefertigt hat.

Für wertvolle Diskussionen und Ratschläge über historische und ethnologische Details bedanke ich mich bei Herrn Manfred Grieger, dem Herausgeber der Zeitschrift »Americana«, und bei Herrn Dr. Ekkehard Koch, Essen.

Mein besonderer Dank gilt jedoch zwei Persönlichkeiten, die auf die Gestaltung des Themas prägend eingewirkt haben, das Erscheinen des Buches aber nicht mehr erleben konnten: Dem Schriftsteller Dr. Rudolf Beissel und meinem Vater, Dipl.-Ing. Konrad C. Augustin, dem ich dieses Buch widme.

Siegfried Augustin

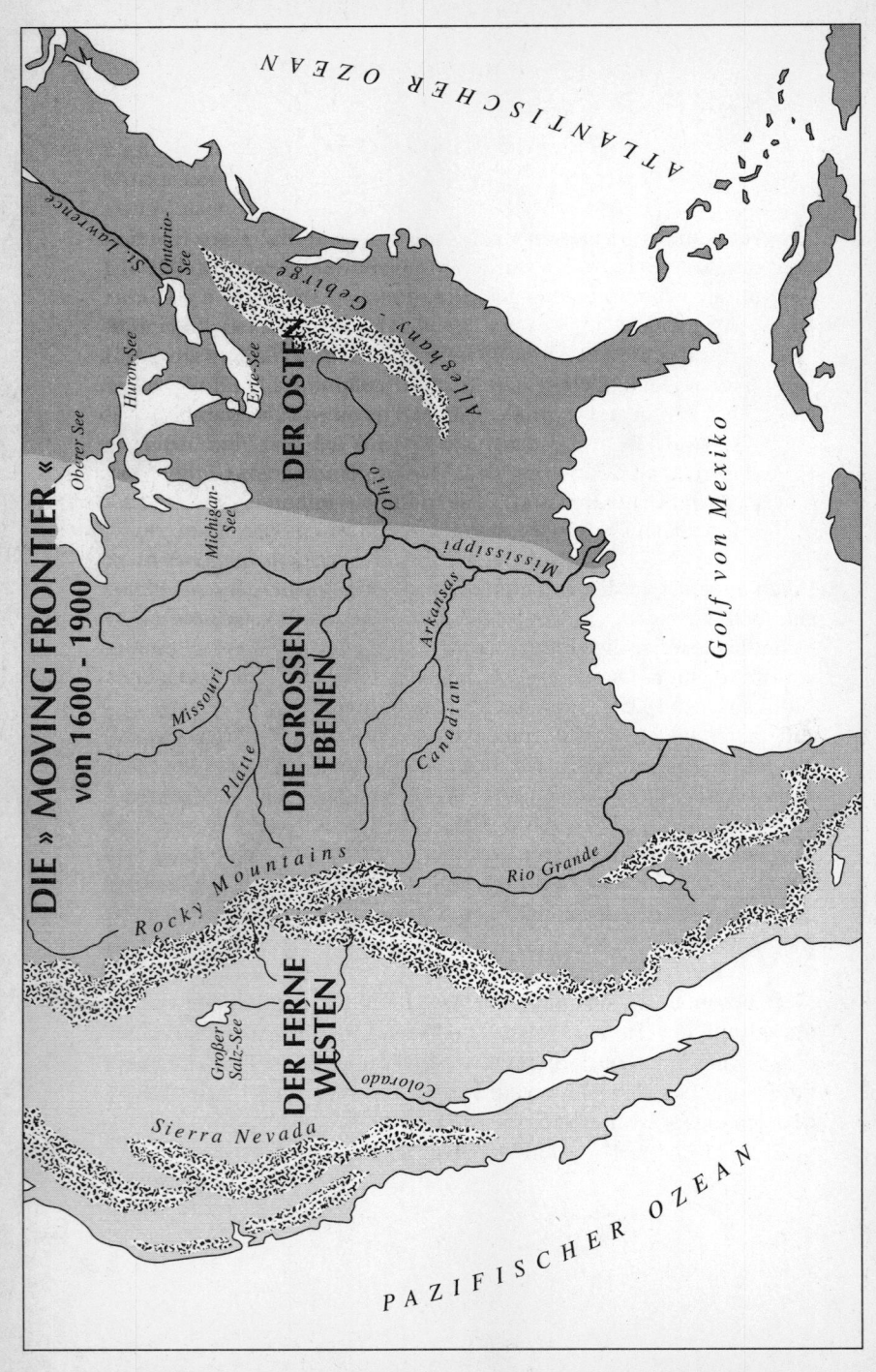